DIE LEVYS

ODER

DIE VERNICHTUNG DES

ALTFRECHENER JUDENTUMS

BAND 3

Egon Heeg

DIE LEVYS

ODER

DIE VERNICHTUNG DES

ALTFRECHENER JUDENTUMS

BAND 3

Die Geschichte der Frechener Juden nach 1918

Mit dem Lebensbericht des Josef Levy als Leitfaden

2009

Herausgeber:	Stadt Frechen – Der Bürgermeister

© 2010 Egon Heeg

Titel:	Egon Heeg, Alexander Entius
Fotos:	Wenn nicht anders vermerkt, aus der Sammlung des Autors
Redaktion:	Egon Heeg, Alexander Entius

Die Reproduktion bzw. Wiedergabe von Texten, Fotos und anderen Teilen dieses Buches bedarf der ausdrücklichen schriftlichen Genehmigung des Autors.

Verlag:	Hahne & Schloemer, Düren
ISBN:	978-3-327312-97-5

Im 2001 erschienenen Band 2 widmete ich diese Buchreihe drei Freunden. Zwischenzeitlich starb einer von ihnen: Josef Levy, der Verfasser des in diesem Buch veröffentlichten Lebensberichtes.

Zum Gedenken an meinen Freund

Joseph Levy

In der Wirtschaftskrise um 1930 waren er und seine Familie selbstlose Wohltäter der Frechener Armen. Bis 1940 lebte die Familie in Frechen, Rosmarstr. 10.
Sie wurde verfolgt, verjagt und nach Lettland deportiert.
Die Eltern, Paula und Norbert, wurden dort Opfer des Naziterrors.

Fern von Frechen, „das er so liebte", verstarb Joseph Levy am 9. 3. 2003 im Staate New York (USA).

Egon Heeg, Antoniterstr. 14, 50226 Frechen

Nachruf in einer Regionalzeitung (2003)

INHALT

VORWORTE ZUM BAND 3 ... 10

„VORWORT" VON JOSEF LEVY ... 13

BEVOR DIE NAZIS AN DIE MACHT KAMEN, 1919 – 1933 ... 15

   Die integrierte Frechener Judenschaft ... 20

      „Sie lebten in guter Harmonie mit ihren christlichen Bürgern."

      Die Wohnplätze jüdischer Frechener im Jahr 1928

      Die Integration in Nachbarschaft und Vereinen

      1925 Das Frechener Judentum in der Hüchelner Jahrtausendausstellung - Prägnantes Zeugnis für die Integration in die Frechener Gesellschaft

   Die gesellschaftliche Außenseiterrolle der Frechener Nazis ... 38

      „Waren wir gottbegnadet, dass wir so früh unseren Führer erkannten?"

      Die Situation der NSDAP vor der Machtergreifung

DIE JUDENVERFOLGUNG IN FRECHEN BEGINNT, 1933 ... 45

   Der 27. Februar 1933 - Der Tag, der alles ändert ... 49

   Vorauseilender Terror der Frechener Nazis gegen hiesige Juden – willkürliche Verhaftung führender Juden ... 53

      Moritz Meyer – Ein auswärtiger Nazi kämpft für seinen „anständigen Juden"

      Arnold Heumann

      Albert Billig

      Die Reaktion der Freigelassenen

   Der 1. April 1933 in Frechen – Reichsweite Boykottaktion der NSDAP ... 59

   Das „Triumvirat" oder: Die nächste Phase des vorauseilenden Terrors in Frechen ... 62

ERSTE BERUFLICHE UND GESELLSCHAFTLICHE AUSGRENZUNGEN DER JUDEN, 1933 – 1935 ... 67

   Die berufliche „Kaltstellung" des Dr. Philipp Sternberg ... 71

Die örtliche Doppelstrategie zur gesellschaftlichen
Isolierung der Juden ... 72

Des Ortsgruppenleiters Terrordrohung gegen den
Kaufmann Rafael Levi

Der Kampf gegen Judenfreunde in der NSDAP

Gegen juden- bzw. levifreundliche ‚Stahlhelmer'

„Die Juden würden Deutschland niemals verlassen…"
Eine Versammlung des Jüdischen Zentralvereins Frechen ... 76

„Stiller Boykott" im Dunkel der Nacht ... 77

Der „Kampf" gegen die jüdischen Metzger und Viehhändler ... 79

IM ZEICHEN DER RASSEGESETZE – RÜCKSICHTSLOSE ISOLIERUNG UND VERDRÄNGUNG, 1936-1938 ... 83

Der fanatische Kampf der „kleinen Hitler"
gegen ‚Volksverräter' und ‚Staatsfeinde' ... 87

Ein politischer Leiter verfolgt einen
‚Judenfreund' und ‚Volksverräter'

Der Fall Sibylla Albring

Offizielle Polizeibeobachtung

Wie gelang es, trotz aller NS-Kontrolle noch
nachbarschaftlichen Kontakt untereinander zu halten?

Die Kommunalbürokratie Frechens schafft die Grundlagen
für die systematische Judenverfolgung ... 97

Die Verdrängung der jüdischen Viehhändler – 1936-38 ... 98

„Verdacht auf Rassenschande" gegen Albert Billigs Knecht

Wieder gegen Albert Billig selbst: Angebliche Devisenvergehen

Die Ausschaltung aller Frechener Viehhändler per Gesetz

DER NOVEMBERPOGROM, 1938 ... 103

Tatorte ... 108

Die Demolierung der Synagoge

Die Wohnung des Synagogenvorstehers Cohnen

Die Metzgerei Schwarz

Bei Samuel und Seligmann

Bei Josef Lippmann und Albert Voos

Im Oberdorf: Wwe. Kaufmann, Levy, Baruch -
Legenden und Wahrheit

In der Wohnung der Familie Isidor (Isaak) Voos

Ein „Nicht-Tatort": Freiheitsring 51 –
Ein Polizist „verhindert" den Terror

Ein Fast-Tatort: Hüchelner Straße 40

Die Gewaltorgie bei Abrahams in der Klarengrundstr. 2

Die Verwüstung des Judenfriedhofs

Kein Abbruch des Terrors trotz Aufrufs zur Einstellung ... 120

UNMITTELBAR NACH DER ‚POGROMNACHT' ... 121

„Dachau 1938" begann auch in Frechen ... 125

Norbert Levy und Josef Baruch wollen ihre Söhne besuchen ... 126

„Entjudung" und „Arisierung" in Frechen ... 127

ENTRECHTETE ZWISCHEN HOFFEN UND VERZWEIFELN 1939 – 1941 ... 131

Die Rückkehr aus der Hölle von Dachau ... 134

Adolf Voos als ‚illegaler' Brikettjunge ... 135

Die Baruchbriefe – Berichte aus einem Kölner „Judenhaus" ... 136

Zwischen Heimweh und Auswanderungsdruck

Die Levys in Frechen aus der Sicht der Baruchbriefe

Kontakte zur „alten Heimat", zu Freunden und Helfern

Zwischen Euphorie und Verzweiflung

DEPORTATION ... 159

DER „ABSCHIED" VON KÖLN ... 161

DIE ANKUNFT IN RIGA ... 162

Der Massenmord in Riga am 30.11. und 8.12.41 ... 163

IN DER HÖLLE DES KZ SALASPILS ... 164

Grenzenloser Terror in Salaspils ... 165

DAS GETTO IN DER ALTSTADT VON RIGA (BESCHREIBUNG) ... 167

Lebensmittelversorgung: „Sterberationen" ... 170

Max Gymnich - Der Kölner SS-Unterscharführer in Riga ... 170

IM LAGER JUNGFERNHOF ... 173

DIE AUFLÖSUNG DES GETTOS – BEIM ARMEEBEKLEIDUNGSAMT ... 174

„DEPORTATIONEN" ZURÜCK INS REICH ... 177

    Die Deportation von „jüdischen Mischehen" bzw. „Mischlingen" ... 179

    Das weitere Schicksal der Verfolgten aus „Mischehen" ... 183

ENDLICH WIEDER FREI ... 185

DIE BEFREIUNG - 1. MAI 1945 ... 187

    Der Retter im letzten Moment
    Graf Folke Bernadotte (2.1.1895 - 17.9.1948) ... 189

FREIHEIT IN SCHWEDEN UND DEN USA ... 191

SCHLUSSWORT VON JOSEF LEVY ... 196

… UND DIE FRECHENER TÄTER? ... 201

    Und wie sah es um die Ahndung der hiesigen Judenverfolgung aus?

    Das öffentliche Interesse an einer Ahndung der örtlichen Naziverbrechen

NACHTRÄGE ZUM BAND 2 ... 204

    Ergänzungen bzw. neue Erkenntnisse: Weitere jüdische Frechener, die noch nach dem 30. Januar 1933 in Frechen lebten

    Ergänzende Erkenntnisse und Korrigenda zu den Personen in Teilband 2

GEDENKBLATT ... 207

LITERATUR ... 209

ABBILDUNGSNACHWEIS ... 211

ANHANG ... 212

    Hintergrundinfo 1 – Die „Nacht" vom 30. zum 31. Januar 1933
    Hintergrundinfo 2 – Dr. Toll
    Hintergrundinfo 3 – Der 21. Juni:
        Die Machtergreifung im Kreis und in Frechen
    Hintergrundinfo 4 – Quellenbeispiele: Zeitungsberichte 1947-50

ANMERKUNGEN ... 222

VORWORTE ZUM BAND 3

Die Geschichte der Frechener Juden war ursprünglich als Gesamtband geplant. Sie wurde in diesem Sinne auch von mir zunächst geschrieben. Doch aus finanziellen Gründen mußte sie schließlich in Teilbänden veröffentlicht werden. Das bedeutete aber, daß die Gesamtkonzeption stark geändert werden mußte bzw. das vorhandene Gesamtwerk umgeschrieben, ja sogar wesentlich „auseinander-geschrieben" werden mußte. Diese Zusammenhänge und Hintergründe sind umfassend in Vorwort und Einleitung des bereits 2002 erschienenen Bandes (Bd. 2) beschrieben und erläutert.

Meine ursprüngliche Fassung der Geschichte der Frechener Juden in einem Gesamtband hatte bereits, wie der Titel „Die Levys – oder die Vernichtung des altfrechener Judentums" andeutet, ein besonderes stilistisches Mittel, um diese Geschichte dem Leser eindringlicher zu machen: Die Darstellung erfolgte mittels eines durchlaufenden personifizierten „Leitfadens: das Leben des Joseph Levy und seiner Vorfahren, die in früheren Jahrhunderten in der hiesigen jüdischen Gemeinde eine tragende Rolle spielten." (Die Levys… Bd. 2*, S.13)
Diese Leitfaden-Idee bleibt auch in dem jetzigen Teilband bestehen.

Allerdings erwies es sich bei der nunmehrigen Neukonzeption als sinnvoll, daß dieser Band, der das Leben des Joseph Levy als Leitfaden hat (also die Zeit der Weimarer Republik, die des 3. Reiches sowie teilweise die Nachkriegszeit), als Band 3 dem Gedenkband (Band 2) folgt. Der Grund dafür ist die Tatsache, daß der Band 2 bereits wichtige, wenn auch knappe Informationen zum 3. Reich enthält und daß dieser jetzige Band 3 darüber hinausgeht und in der Nachkriegszeit endet.

Zum Inhalt und zur Konzeption dieses Bandes

Der Leitfaden ist hier die Lebensgeschichte des Joseph Levy. Diese wird in einer besonderen Weise dargestellt.
Auf meine Bitte hin erzählte mir Joseph Levy im Februar 1989 auf einem Tonband seine Biographie. Diese Tonbandfassung wird hier möglichst wortgetreu wiedergegeben und dient so als personifizierter Leitfaden der jüdischen Geschichte Frechens im 3. Reich. Es sind von mir nur dann die allernotwendigsten sprachlichen bzw. grammatikalischen Korrekturen vorgenommen worden, wenn es beim Leser eventuell zu Verständnisproblemen kommen könnte.
Dieser Lebensbericht Josef Levys ist in große inhaltliche Kapitel aufgeteilt, die mit jeweils eigenen Überschriften versehen sind. Es sind Kapitel über die Lebenszeit in Frechen bzw. die später erzwungenen Aufenthalte in Köln, über die Deportation in den Osten sowie über die Befreiung und die Zeit in Schweden und den USA.

Alle Hauptkapitel bzw. Geschichtsphasen beginnen mit diesem jeweiligen Biographieteil des Joseph Levy. Diese Lebensabschnitte stellen damit als Hauptaussage der einzelnen Kapitel die Sicht dieses betroffenen Opfers dar. Deshalb ist diese jeweilige Tonbandabschrift wegen ihrer Bedeutung als Leitlinie in großen fettgedruckten Buchstaben gehalten. (In einem Fall wird im nachfolgenden Tonbandzitat wegen des Sinnzusammenhanges der letzte Satz des Vorgängertextes wiederholt (Josef Levy VI). Das geschieht aber in einer normalen Schriftgröße.)

Unter den jeweiligen „Teilberichten" des Joseph Levy folgt hinsichtlich aller seiner Lebensphasen in Frechen eine breite Darstellung der Judenverfolgung hier am Ort.
Sie ist notwendig, weil Joseph Levy vor allem seine persönlich schrecklichsten Erfahrungen aus der

Nazizeit schildert („Kristallnacht" in Frechen, Gefängnis Brauweiler, KZ Dachau und die Schrecken im Osten) und die anderen Phasen in Frechen nur komprimiert zusammengefaßt berichtet.

Diese breite Darstellung der Frechener Epoche hat aber noch zwei weitere Gründe:
1. In Frechen begann die Verfolgung der Frechener Juden. Von Frechenern wurde der erste Terror ausgeübt, wurden die ersten Weichen für die Vorbereitung der späteren Verjagungen und Deportationen gestellt.
2. Außerdem belegen und vertiefen diese Darstellungen detailliert das von Joseph Levy Gesagte hinsichtlich seiner Person und seiner Familie, aber auch hinsichtlich der anderen Frechener Juden in dieser Zeit.

In diesem Band 3 erfolgt – im Gegensatz zu Band 2 – die detaillierte Darstellung der jüdischen Geschichte Frechens **exemplarisch plattformartig.** Das heißt: Sie besteht meist aus einzelnen konkreten Beispielen für die von Frechener Nazis manchmal sogar vorauseilend betriebene Judenverfolgung.

Eine wichtige Erweiterung eines Kapitels dieses Bandes erfolgte in fast letzter Minute aufgrund einer plötzlich auftauchenden Quelle:
Während der Niederschrift bzw. Neuschrift dieses Teilbandes 3 erhielt ich überraschenderweise von Dr. Steven Baruch ein umfangreiches Convolut von Briefen seiner Großeltern Josef und Dora Baruch, die 1942 nach Theresienstadt deportiert worden waren und dort umgekommen bzw. verschollen sind. Diese Briefe hatten sie, vornehmlich die Mutter, an ihre beiden nach England und in die USA ausgereisten Söhne von 1939 bis 1941 in dichter Folge geschrieben. Das war zu einer Zeit, als sie bereits aus Frechen geflohen waren und in einem Kölner ‚Judenhaus' lebten. Diese Briefe enthalten vor allem zeitnahe Einzelheiten über ihr Leben in Köln, über das Leben ihrer alten Nachbarfamilie Levy aus Frechen, über die Kontakte zu anderen Frechener Juden, über noch funktionierende Beziehungen zu alten Nachbarn und Freunden in Frechen und in Köln usw.; aber auch über ihre Hoffnungen, Ängste und Sorgen. Es ist also ein Quellenmaterial/Wissen über spezielle Umstände, über die bisher noch wenige Details bekannt sind.
So ist gerade die Lebensbeschreibung des Josef Levy über diese kurze Epoche wesentlich durch diese **„Baruch-Briefe"** bestätigt und umfangreich vertieft worden.
Die **„Baruch-Briefe"** sind nur schwer lesbar; u.a. wegen des seltenen Gebrauchs von Satzzeichen. Um die vielen Zitate dem Leser verständlicher zu machen, werden wichtige Pausen zwischen verschiedenen Sinnzusammenhängen durch von mir eingesetzte Zeichen (Schrägbalken = „/") gekennzeichnet.

Da mir in diesem Band 3 besonders die Sichtweise der betroffenen Frechener Juden wichtig ist, sind hier nicht nur die Tonbandaussagen des Joseph Levy fettgedruckt. Es sind auch in meinem allgemeinen geschichtlichen Text alle anderen Zitate, die von ehemaligen Frechener Juden stammen, durch Fettdruck hervorgehoben. Das gilt für zeitgenössische sowie gegenwärtige Aussagen oder Schrifttexte (z.B. auch für Zitate aus den „Baruch-Briefen").

Der Bericht Joseph Levys über die Deportation nach Riga und sein weiteres Schicksal ist detaillierter und umfangreicher als sein Eingangsbericht über Frechen und Köln. Er ist dadurch allein schon besonders eindringlich und spricht für sich selbst. Hier geht es im Wesentlichen um das persönlich erlebte und exemplarisch geschilderte schreckliche Schicksal einer Familie. Es ist gleichzeitig ein eindringliches Beispiel für die Schicksale aller anderen Frechener Juden, die man im Band 2 in knapper und nüchterner Form nachlesen kann.
Es sind deshalb hier nur noch geringfügig erklärende Ergänzungsartikel zu lesen.

Als zusätzliche Textbeiträge im Anhang, **„Hintergrundinformationen"** genannt, erscheinen zu einigen Kapiteln umrahmte Erläuterungen und Zeitberichte, die ich für das tiefere Verständnis des Haupttextes unbedingt für nötig erachte.

Das dem Buch zugrunde liegende Quellenstudium erfolgte seit 1968; vor allem in den 1970er Jahren. Damals waren die meisten Frechener Archivalien, insbesondere auch die der Weimarer Zeit und des

3. Reiches noch nicht erfaßt; d.h.: Sie besaßen noch keine Aktennummern und waren auch noch nicht paginiert. (Ich habe damals selbst noch zusammen mit Karl Goebels Frechener Akten des 19. Jahrhundert paginiert).

So sind die betreffenden Schriftstücke, die noch keine Aktennummer besaßen, hier umschreibend mit Titel, Inhaltsangabe oder Datum zitiert. Später von mir durchgearbeitete Akten sind natürlich mit den inzwischen erfolgten Aktennummern und Blattzahlen angegeben.

Dank

Ich danke vor allem meinem Freund Dr. Steven Baruch für die großzügige Zurverfügungstellung der bedeutsamen Briefe seiner Großeltern für diesen Band 3.

Außerdem sage ich Dank
dem Stolberger Forscher U. Flecken für seine detaillierten Ergänzungen und Ratschläge hinsichtlich meines veröffentlichten Gedenkbandes (Band 2),
Frau Anna S., geb. Cremer für ihre persönlichen Informationen zu ihrer Familie und zu anderen verfolgten Personen aus Frechen,
Frau Prof. Dr. Kramer, Freie Universität Berlin, Institut für Soziologie, und Herrn Malte Holler (Berlin) für die hilfreichen Informationen bezüglich des in Frechen geborenen Frauenarztes Dr. Max Samuel,
der Stadt Haren/Ems (Frau Graveler-Groß u. Herr Kerssel) für ihre unbürokratisch schnelle Hilfe,
Herrn H. Beißel für detaillierte Informationen und Unterlagen,
dem Stadtarchiv Frechen (Herrn Richartz/Herrn Entius)
sowie einer Reihe anderer Personen, die mir nach Abschluß des Bandes 2 noch zusätzliche Nachrichten zukommen ließen.
Insbesondere sage ich Dank meiner Frau Marianne und meiner Tochter Gudrun für die kritische Durchsicht des Manuskripts.

Frechen, im September 2009

Egon Heeg
Antoniterstr. 14
50226 Frechen
Tel.: 02234/56566

*Egon Heeg, DIE LEVYS oder DIE VERNICHTUNG DES ALTFRECHENER JUDENTUMS, Band 2 – Gedenkbuch
ist zum Preis von 9,50 Euro noch erhältlich im Stadtarchiv Frechen, Hauptstr. 110-112, 50226 Frechen.

„Zeigt Civilcourage, wehrt den Anfängen!"

Hilde Sherman, Leidensgefährtin von Joseph (Josef) Levy in Riga und Verfasserin des ungemein eindringlichen Buches „Zwischen Tag und Dunkel – Mädchenjahre im Getto" schrieb mir am 2.9.2001 obige Widmung. Es sind Worte, die sie in ihren **„*langjährigen Vorträgen immer den Jugendlichen mit auf den Weg"*** gab.

„VORWORT" VON JOSEF LEVY
(aus: „Lebensbericht des Josef Levy", Levy-Tonband 1, 1989)

Josef Levy (Teil I):

„Sehr geehrter Herr Heeg!
Bei unserem Briefwechsel baten sie mich, über das Schicksal meiner Familie und den übrigen Juden, die früher im Orte Frechen lebten, zu berichten. Da ich keine gesunde Person bin, wird mir ein solches Unternehmen schwer fallen. Da selbige Angelegenheit mit viel Traurigkeiten zusammenhängt. Habe mir jedoch fest vorgenommen, selbiges durchzuführen. Ich möchte Sie darauf aufmerksam machen, daß ich eine ehrliche Person bin und Ihnen keine Greuelmärchen, sondern die absolute Wahrheit erzählen werde.

Von Anfang an möchte ich Ihnen auch ans Herz legen, daß ich nicht verblindet von Haß bin und niemals das ganze deutsche Volk für die Naziverbrechen verantwortlich machte. Es gab herzensgute Menschen, die leider unter der Hitlerdiktatur nicht so handeln konnten, wie sie es sich gewünscht hätten. Ich möchte besonders den folgenden Personen danken, mit welchen ich nach dem Kriege korrespondierte:
Sybilla Geuer und Familie; Frau Billa war wie eine zweite Mutter zu mir.
Familie Matthias Schuh, Familie Christian Herwegen, Familie Peter Schultes, und Frau Hugo Schumacher, Frau Geuers Tochter.
Unsere Nachbarin, Frau Stemmler, schickte mir ein Schulbild. Ihr Sohn Fritz war mein treuer Freund, sogar noch in der Hitlerzeit. Ich bedauere

bis heute, daß er an der Front sein Leben lassen mußte. Ich war selbst zweimal während einer Europareise in Frechen, wo ich natürlich den jüdischen Friedhof wegen meiner dort beerdigten Verwandten besuchte. Ich fand den Friedhof in guter Verfassung. … ."

Joseph Levy erwähnt hier nur die alten Freunde und Nachbarn, mit denen er nach dem Krieg wieder Kontakt aufnehmen konnte. Es gab auch etliche andere *„herzensgute Leute",* an die er sich im Laufe unserer zahlreichen Gespräche, die wir nach 1989 führten, wieder erinnerte. Er wünschte, daß ich dies an dieser Stelle ausdrücklich sage. Einige dieser Personen wurden bereits im Band 2 genannt. Weitere sind auch in diesem Band erwähnt.

Im Jahr 2001, Josef Levy wurde 80 Jahre alt, initiierte ich eine Ausstellung mit einer überaus erfolgreichen Briefkasten- bzw. Glückwunschaktion.[1] Dadurch entstanden auch erstmals wieder Kontakte mit anderen ehemaligen ‚guten Bekannten'.

BEVOR DIE NAZIS AN DIE MACHT KAMEN

1919 - 1933

Josef Levy (Teil II):

Josef Levy im Alter von ca. 4 Jahren

„…Ehe ich mein Leben vor der Hitlerzeit beschreibe, möchte ich mich für Nichtwissende doch einmal vorstellen.

Mein Name ist Josef Levy. Wurde am 27. Mai 1921 in Frechen als Sohn des Metzgermeisters Norbert Levy und dessen Ehefrau Paula, geb. Cohen geboren. Mein Vater hatte eine gutgehende Ochsenmetzgerei und war ein angesehener und beliebter Geschäftsmann. Er kämpfte für das Deutsche Reich im 1. Weltkrieg und erhielt das Eiserne Kreuz 2. Klasse. Er war ein Mitglied im hiesigen Kegelklub und gehörte dem Schützenverein an. Wenn meine Erinnerung mich nicht täuscht, war er sogar einmal Schützenkönig. Meine Mutter, die in ihrer Gutmütigkeit einem Engel gleichkam, kochte jeden Mittag für bedürftige ‚arische' Frechener Bürger einen riesigen Topf mit kräftiger Rindfleischsuppe. Davon abgesehen hatten wir jeden Mittag die unterernährte Tochter der armen Witwe Michels als Gast. Wenn ich an meine liebe

Gefreiter Norbert Levy (X) an der Ostfront 1917

Josef Levy (1) mit Freund Fritz Stemmler (2) in der Severinschule (Lehrer Kruse)

Mutter denke, kommt mir immer wieder in den Sinn, wie eine solche wundervolle Person so ein schreckliches Ende durch Nazihand finden würde.

Die Frechener Juden waren schwer arbeitende Menschen, die sich auf ehrliche Weise ihr Brot verdienten. Sie lebten in guter Harmonie mit ihren christlichen Bürgern und, ich bin mir sicher, hatten deren vollen Respekt. Ich war der einzige jüdische Schüler meiner Klasse und gedenke nicht einmal einen antijüdischen Vorfall gehabt zu haben. Ich war voll im Kreis der christlichen Kinder eingereiht und lebte unter Ihnen als ein Freund...."

Rafael Levi (1) bei der Sänitätstruppe, o.D.

Jüdische Soldaten aus Frechen im 1. Weltkrieg

Unteroffizier Bernhard Cohnen an der Ostfront, 1917

Alfred Schwarz (2) im Elsaß. Im Bild auch einige andere Frechener.

Für Joseph Levy lebten die Frechener Juden vor 1933 in Harmonie mit ihren *„christlichen Mitbürgern"*. Nicht anders äußerten sich die übrigen ehemaligen jüdischen Frechener, mit denen ich ab 1989 intensiveren Kontakt aufnahm. Sie hatten recht. Denn ihre antisemitischen Gegner, die Nationalsozialisten, waren bis dahin vom Großteil der Bevölkerung Frechens gemiedene oder sogar belächelte Außenseiter. Es gab selbst in der Spätzeit der Weimarer Republik hier nur eine Minderheit, die NSDAP wählte; aus welchen Gründen auch immer (stets unter 20%). Wobei nur ein kleiner Teil davon sich angesichts der überwiegenden gesellschaftlichen Geringschätzung der ‚Hitler-Partei' offen zu ihr zu bekennen wagte. Und nur ganz wenige gab es, die sich antisemitisch äußerten. Andererseits gab es hier, zumindest bis in die Anfangsjahre des 3. Reiches, durchaus NSDAP-Mitglieder oder -Anhänger, auch wenn das ein Widerspruch in sich ist, die keine judenfeindliche Einstellung hatten und mit Frechener Juden befreundet waren oder engere Kontakte pflegten.

Das war in vielen Gegenden Deutschlands schon vor 1933 anders. **So scheint es mir zunächst geboten, die Situation beider Gruppen im Frechen der Weimarer Zeit, die der Frechener Judenschaft und dann die der Nationalsozialisten, detailliert gegenüberzustellen.**

Die integrierte Frechener Judenschaft

„Sie lebten in guter Harmonie mit ihren christlichen Bürgern."

Norbert Levy, der Vater von Josef Levy, kehrte 1918 im Alter von 32 Jahren aus dem 1. Weltkrieg zurück. Er war einfacher Soldat an der Ostfront gewesen und hatte das Eiserne Kreuz 2. Klasse für seine Tapferkeit erhalten. Im Gegensatz zu den meisten anderen jüdischen Soldaten war er jedoch nicht mit überschäumender nationaler Begeisterung in den Krieg gezogen. Er war froh, als das Völkermorden vorbei war. Denn der gelernte Metzger wurde zu Hause in Frechen dringend gebraucht. Jetzt konnte er endlich seinen familiären und beruflichen Aufgaben nachkommen.

Norbert Levy, damals noch Junggeselle, mußte dringend den Familienbetrieb in der Rosmarstraße 10 übernehmen, der noch von seinem betagten Vater, seiner Mutter und seiner Schwester Jeannette Meyer über den Krieg hinweg mühsam aufrechterhalten worden war. Ohne eine eigene Familie ging das kaum. Er heiratete 1920 eine Horremerin, Paula Cohen, die 31-jährige Tochter eines dortigen Viehhändlers. Das war in jeder Hinsicht ein glücklicher Umstand. Mit dieser Frau an seiner Seite begann ein ungewöhnlich einvernehmliches Familienleben. Dank ihrer geschickten und tatkräftigen Hilfe prosperierte der kleine Metzgerladen bald im bescheidenen Maße.

1921 starb sein Vater Andreas im Alter von 78 Jahren; kurz vor der Geburt von Joseph Levy. 1927 kam die Tochter Gustl zur Welt.

Elternhaus der Paula Cohnen (verh. Levy) in Horrem. Sie sitzt im offenen Fenster. Vor 1921

1924 hatte Norbert Levy genügend Geld zusammen, um eine kleine bauliche Maßnahme am uralten Fachwerkhaus der Familie vorzunehmen. Das bisherige Ladenlokal des Metzgereibetriebes befand sich in einem straßenseitigen Zimmer des Hauses. Ein normales Hausfenster dieses Raumes diente mittlerweile als wenig werbeträchtiges ‚Schaufenster'. Früher hatten die Frechener Händler bzw. Geschäftsleute ihre Ware einfach vor dem Haus aufgestellt bzw. aufgehängt, auch die Metzger. Das war bei Fleischereien aus hygienischen Gründen nicht mehr erlaubt.

Im April 1924 stellte Norbert Levy den Bauantrag, *„Betreffend die Vergrößerung eines bestehenden Fensters zu einem Ladenfenster"*. Der Bauunternehmer Mathias Scheidweiler baute ihm anstelle des alten Fensters jetzt ein richtiges, wenn auch kleines Schaufenster ein. Nun konnte er erstmals seine Ware dort für die Passanten gut sichtbar hinter der Scheibe

Metzgerei Levy mit dem neuen Schaufenster (oben: Paula Levy; u.l.: eine Haushaltshilfe), 1925

ausstellen.[2]

Etwas besser situierte jüdische Geschäftsleute hatten schon kurz vor dem 1. Weltkrieg – oder ebenfalls jetzt im bescheidenen Aufschwung der 1920er Jahre – ihre alten Fachwerkhäuser durch städtische Neubauten mit großen Schaufenstern ersetzt: die Metzgerei Cohnen, die Metzgerei Alfred Schwarz, die Textil- bzw. Manufakturwarenhandlungen Meyer und Isidor Voos oder auch der direkte Nachbar des Norbert Levy, der Kolonialwarenhändler Josef Baruch. Das imposanteste Beispiel für eine solche Baumaßnahme lieferte die Familie Samuel im Unterdorf. Zur Einrichtung seines neuen ‚Salamander-Schuhgeschäftes' baute Philipp Samuel seinen Vorkriegsneubau im Erdgeschoß um. Er ließ dort 1925 eine Schaufensterfassade in der damals neuen und beliebten Köln-Frechener Baukeramik des Kalscheuerwerkes (Ooms'sche Keramik) gestalten, die durch die Kölner Messebauten von 1924 einen überregionalen Ruf gewonnen hatte.[3]

Dies war nicht nur eine bauliche Erneuerung, sondern sie zeigt auch, daß sich einige jüdische Betriebe bzw. Geschäfte der strukturellen Entwicklung Frechens seit der Industrialisierung anpaßten. Philipp Samuel wurde zu dieser Zeit (1928) als Vieh-, Spezerei- und Schuhwarenhändler geführt. Sein Schwiegersohn betrieb gleichzeitig noch eine Metzgerei. Das zeigt, wie flexibel die Samuels ihr Geschäftswesen vom ursprünglichen Viehhandelsbetrieb des 19. Jahrhunderts dem sich entwickelnden städtischen Leben anglichen. Ähnliche neue jüdische Gewerbe waren auch die Kleider-, Porzellan-, oder Spielwarengeschäfte usw.

Über den *„Jahresumsatz"* der Metzgerei Norbert Levy in der Weimarer Zeit und der Anfangszeit des 3. Reiches konnte in den Wiedergutmachungsverfahren nach dem Krieg wegen des kriegsbedingten Verlustes der Unterlagen der *„zuständigen Finanzämter"* keine Angaben mehr gemacht werden. Doch gemäß glaubhafter Zeitzeugenaussagen wurde festgestellt: *„Jede Woche schlachtete Levy ungefähr ein Stück Großvieh oder zwei Kälber. Schweine wurden in dem Betrieb nicht geschlachtet."*[4] Die jüdischen Metzgereien Frechens waren schon immer aus religiösen Gründen reine Ochsenmetzgereien. Nur der Metzger Fritz Seligmann wich inzwischen von dieser Tradition ab und verkaufte zusätzlich auch Schweinefleisch.

Ein kleiner mittelständischer Betrieb, wie jener der Metzgerei des Norbert Levy, in dem die Kinder, der Haushalt und der Betrieb gleichzeitig versorgt werden mußten, war, wie auch die meisten anderen jüdischen Metzgereien oder die Kolonialwarenhandlung Baruch, nur mit Haushaltshilfen zu bewältigen. *„Je nach Bedarf wurde"* bei Levys im Geschäft auch *„eine Aushilfskraft eingestellt."*[5] Das waren Töchter aus

Metzgerei Cohnen um 1925 – Personen v.l.n.r. Manfred, Bernard, Amalie und Henny Cohnen, Maria (Hausmädchen), Henny´s Freundin, Großmutter Carolina Cohnen und B. Möltgen

Frechener Tageblatt vom 30.11.1929

armen Arbeiterhaushalten, die Zeit ihres Lebens von der Güte der Familie, vor allem jener der Mutter, regelrecht schwärmen sollten. Tatsächlich vergaßen die Levys, wie auch die benachbarten Baruchs, bei ihrem bescheidenen wirtschaftlichen Erfolg nicht, daß sie inmitten des Oberdorfes in einer überwiegend armen Nachbarschaft wohnten. Treibende Kraft des sozialen Engagements war dabei vor allem die Mutter Paula Levy. Sie fühlte sich als fromme Jüdin traditionell verpflichtet, anderen Menschen zu helfen. Sie tat es in einem derartigen Maß, daß ihr diesbezüglicher Ruf bei den alten ‚Oberdorfern' bis heute überliefert ist. Geradezu legendär ist das Verteilen der Rindfleischsuppe an die Armen im damaligen ‚Oberdorf'. Im Band 2 ist dies eingehend von mir gewürdigt worden.[6] Die „arme Wwe. Michels" im obigen Bericht Josef Levys, deren unterernährte Tochter bei den Levys mittags mit zu Tisch saß, war die Witwe von Peter Michels, die ebenfalls in der Rosmarstraße wohnte.[7]

Aber auch bei den meisten anderen alteingesessenen jüdischen Geschäftsleuten mußte so gewirtschaftet werden wie bei den Levys. Beispielsweise wird über die Viehhandlung und Metzgerei Heumann in der Antoniterstraße berichtet, daß Frau Heumann seit 1929 bis zum 9.7.1933, dem Tag ihrer illegalen Flucht vor dem Terror der Frechener Nazis, *„in der Metzgerei ihres Mannes als Verkäuferin"* arbeitete. Sie *„ersetzte im Betrieb ihres Mannes eine Angestellte. Es wurde für den Haushalt stets eine Hausangestellte gehalten, damit sich Frau Heumann voll dem Beruf widmen konnte."*[8]

Die Mehrzahl der anderen jüdischen Geschäftsleute hatten einen ähnlich guten sozialkaritativen Ruf wie die Levys: Die Baruchs nebenan (Kolonialwarenhandlung) oder die Voos (Manufakturwarenhandlung) und die Gebrüder Schwarz (Metzger); ebenso die etwas

Frechener Tageblatt vom 30.11.1929

wohlhabenderen jüdischen Geschäftsleute im Unterdorf: die Metzgerfamilie Cohnen und die Samuels (Schuhwarenhandlung). Die Geschwister Levi, die Spielzeug und sogar katholische Devotionalien verkauften, sowie die Inhaber des bei den Arbeitern wegen der billigen Waren beliebten Kleidergeschäftes Meyer, auch „Meyers Kaufhaus" genannt, unterstützten beispielsweise regelmäßig arme katholische Kommunionkinder. In der Not- und Krisenzeit der Weimarer Republik half Moritz Meyer sogar so häufig und vielfältig, daß ihm im Frechener Tageblatt ein eigener Artikel unter der Schlag-

> *: Eine hochherzige Tat. Daß der Ruf „Alle müssen helfen" auch hier nicht ungehört geblieben ist, beweist wiederum eine Tat sozialer Hilfe unseres Mitbürgers Moritz Meyer, Inh. des Meyer's Kaufhaus, Frechen. Außer den bereits den verschiedenen Wohlfahrtseinrichtungen zur Verfügung gestellten Gutscheinen für Brot, Speck usw. hat Meyer's Kaufhaus neuerdings dem Frechener Wohlfahrtsamt 50 Gutscheine zu 2.— Mark zum beliebigen Warenbezug überwiesen. Wir hoffen, daß weitere Kreise diesem Beispiel folgen werden.

Frechener Tageblatt vom 14.12.1931

zeile *„Eine hochherzige Tat"* gewidmet wird, in dem dann von einer *„Tat sozialer Hilfe unseres Mitbürgers Moritz Meyer"* die Rede ist.[9]

Wohlgemerkt! Alle diese jüdischen Geschäftsleute gehörten zur Mittelschicht und nicht zur reichen Oberschicht des alten Adels bzw. der Großgrundbesitzer oder der neuen Industriellen im Bergbau und in der Steinzeugindustrie.

Neben diesen mittelständischen jüdischen Betrieben, zu denen auch die etwas wohlhabenderen Viehhändler Billig und Heumann sowie der letzte Pferdehändler Liff gehörten, gab es außerdem auch arme bis bitterarme jüdische Familien, die sich mit allerlei Kleinhandel, vor allem ‚Rohproduktenhandel' über

Wasser halten mußten (die Familien Abraham, Albert Voos und Lippmann).

Über die Lebensverhältnisse der Familie Abraham aus der Klarengrundstraße gibt es noch schriftliche Zeugenaussagen. Dazu berichtete eine ehemalige Nachbarin: *„Ich hatte früher ein Lebensmittelgeschäft in der Klarengrundstraße und kannte deshalb die Familie Abraham. Die Abrahams kamen zu mir zum Einkaufen des Hausbedarfs."* In den 1920er Jahren hatte der Fabrikant Balkhausen kleine Häuser zum Verkauf an Bergarbeiter errichtet. *„Ein solches 1-Familienhaus haben auch die Eheleute Abraham gekauft. Den Kaufpreis haben sie sich aber mühsam zusammen sparen müssen. Soweit ich mich entsinne, haben die Abrahams nie in einem abhängigen Arbeitsverhältnis gestanden. Das Fuhrgeschäft des Vaters des Max Abraham warf jedoch nur so viel ab, daß es gerade zum Leben reichte. Wenn gesagt worden ist, die Vermögensverhältnisse der Abrahams hätten denen eines Fabrikarbeiters zur damaligen Zeit entsprochen, so bin ich der Meinung, daß sie äußerstenfalls so viel hatten, wie ein Bergarbeiter."* (Ein Bergarbeiter verdiente damals ca. 70 RM wöchentlich) *„So viel ich weiß, hat Max Abraham keinen Beruf erlernt, sondern hat […] Ziegen und Schafe an und verkauft, zum Teil auch geschlachtet und dann das Fleisch verkauft, ebenso die Felle."*[10]

Ein einstiger Schulkamerad des Max Abraham konnte noch weitere Angaben zur beruflichen Tätigkeit der Abrahams machen: *„Der Vater des Max Abraham hatte seinerzeit Pferd und Wagen und betätigte sich hiermit als Fuhrunternehmer, handelte aber auch mit Altmaterial. Zuletzt ging er als Hausierer von Haus zu Haus und bot die üblichen Bedarfsgegenstände feil wie Schnürsenkel, Schuhcreme, Aufnehmer, Kragenknöpfe, usw."*[11]

Noch ärmer als die Abrahams, ja regelrecht bitterarm waren die beiden anderen Rohprodukten- bzw. Lumpenhändler, die Familien Albert Voos und insbesondere Lippmann.

Amalie und Johanna Baruch in ihrem Fachwerkhaus Mühlengasse 6, um 1937

Wohnplätze jüdischer Frechener

Wohnhaus des Lumpenhändlers Albert Voos (Sternengasse 35), um 1937/38

Metzgerei Bernhard Schwarz (Pfeil), 1925

Helena Levi mit ihren Angestellten vor ihrem Spielwarengeschäft, um 1923

Wohnhaus Moritz Kaufmann (1), Kaufhaus Moritz Meier (2), Viehhandlung Billig (3), Metzgerei Carl Levi (4), Hauptstraße um 1925

Die Wohnplätze jüdischer Frechener im Jahr 1928
(29 Wohnplätze, 31 Haushaltungen)

Auszug aus: Egon Heeg, Die Wohnplätze jüdischer Frechener von 1795 bis 1940[12]
(Die Liste von 1929 wurde bereits vorveröffentlicht (Stand v. 1997) in: Dr. Elfi Pracht, Jüdisches Kulturerbe in NRW, Teil 1, Regierungsbezirk Köln, Bachem-Verlag, Köln 1997)

Antoniterstraße

Nr. 10 Heumann Arnold, Viehhändler

Breite Straße

Nr. 18 Lippmann Josef, Händler

Nr. 45 Dr. Sternberg Philipp, Tierarzt

Clarengrundstraße

Nr. 2 Abraham Hermann, Händler

Nr. 2 Abraham Max, Viehhändler

Hauptstraße

Nr. 14 Levi Helena, Spielwarenhandlung

Nr. 16, Schwarz Alfred, Metzgerei

Nr. 26 Samuel Philipp, Spezerei,-, Schuhwaren- und Viehhandlung (Schuhgeschäft in Hauptstr. 28)

Nr. 28 Schwarz Max, Viehhändler (Schuhgeschäft von Ph. Samuel, siehe Hauptstr. 26)

Nr. 44 Levi Abraham, Viehhändler

Nr. 74 Schwarz Andreas, Metzgerei,

Nr. 74 Schwarz Wilhelmine, Kontoristin

Nr. 83 Cohnen Bernhard, Metzgerei

Nr. 84 Abraham, Salomon, Händler

Nr. 115 Herz Geschwister, Manufakturwarenhandlung

Nr. 117 Herz Friedrich, Herrenkleidergeschäft

Nr. 133 Voos Josef, Manufakturwarenhandlung

Nr. 148, Kaufmann Jonas Wwe., o. G.

Nr. 152, Kaufmann Moritz, o. G.

Nr. 156 Meyer Moritz, Manufakturwarenhandlung

Nr. 158 Billig Albert, Viehhändler

Nr. 162 Levi Karl, Metzgerei

Nr. 189 Hermann Hugo, Lederwaren

Nr. 197 Meyer Moritz, Metzgerei, Viehhandlung

Nr. 200 Voos Isidor, Manufakturwarenhandlung

Kölner Straße

Nr. 9 Liff Max, Pferdehändler

Mühlengasse

Nr. 6 Baruch Amalie, Händlerin

Nr. 8 Baruch Johanna, Rentnerin

Rosmarstraße

Nr. 12 Baruch Josef, Spezereiwarenhandlung

Nr. 10 Levy Norbert, Metzgerei

Sternengasse

Nr. 35 Voos Albert, Händler

Die Integration in Nachbarschaft und Vereinen

Die altfrechener Juden waren vor der Nazizeit in ihre historisch gewachsenen Nachbarschaften integriert. Das berichten übereinstimmend neben Josef Levy auch die anderen ehemaligen Frechener Juden sowie sonstige Frechener Zeitzeugen. Gebietsmäßig gesehen bezieht sich das ausschließlich auf den schon uralten, vorindustriellen Bereich des Zentralortes Frechen, in dem die alteingesessenen Juden noch immer lebten. Ihre gelungene Integration in diese Ortsgemeinschaft beruhte insbesondere darauf, daß die Frechener Judenschaft als Minderheit über die Jahrhunderte hinweg gelernt hatte, sich einzubinden. Ähnliches berichten Gerdt Fried über die Juden Kerpens und H.D. Arntz über einige Voreifeler Orte, in denen seit Jahrhunderten Juden lebten.[13]

Die Frechener Juden waren, ähnlich wie die in der Voreifel, besser integriert als die Mehrzahl jener Protestanten, die mit der Industrialisierung und nach dem ‚Kulturkampf' zugezogen waren.[14] Diese eingewanderten Evangelischen wohnten zum großen Teil in neuen Siedlungsgebieten des Bergbaus - Wachtberg und Herbertskaul. So lebten diese vom Altort Frechen auch räumlich getrennt, fast in einer Welt für sich. Sie zählten hinsichtlich ihres wirtschaftlichen und gesellschaftlichen Status oft zur mittleren bis höheren Angestelltenschicht als Techniker, Ingenieure und Verwaltungsleute der Braunkohlenbetriebe. In den Augen der alteingesessenen, meist katholischen Bevölkerung galten sie als Bessergestellte.

Ein besonderer Integrationsfaktor für die Juden war auch die Tatsache, daß manche jüdische Eltern ihre Kinder in katholische Kindergärten schickten. Außerdem besuchten ihre Kinder zwangsläufig seit dem letzten Drittel des 19. Jahrhunderts hier die christlichen, meist katholischen Volksschulen, in deren Schulleben sie, nach den Aussagen der mir bekannten Überlebenden, problemlos eingebunden waren. (Die jüdische Schule war wegen der ständig abnehmenden Schülerzahl eingegangen. Grund dafür war die starke Abwanderung der Frechener Juden nach Köln, seitdem die Stadt Köln wieder für Juden offen war. Außerdem konnte sich die kleine Gemeinde eine eigene Schule finanziell nicht mehr leisten).

Gustl Levy (Oval) im katholischen Kindergarten St. Severin, um 1931

Jüdische Kinder und Jugendliche in der Schule

Gustl Levy (vorne) im
1. Schuljahr der Severinschule

Henny Cohnen (1) und ihre Freundin Elisabeth Kohlbecher (2) in der Haushaltungsschule, 1936

Frieda Baruch (1) in der Marienschule, 1921 (zweites Schuljahr, Lehrerin Müller, später verheiratete Briefs)

„Samuel" (Vorname unbek.) (2) und Albert Lippmann (3) im 1. Schuljahr (Marienschule), 1930

Josef und Gustl Levy auf dem Schoß ihres Großvaters Cohen, um 1930

Norbert Levy mit Tochter Gustl im Stadtwald, um 1930

Dadurch nahmen sie auch von Kind an wie selbstverständlich am gesamten täglichen Leben der Gleichaltrigen in der Nachbarschaft teil. Dagegen gingen die evangelischen Kinder seit dem Anwachsen des protestantischen Bevölkerungsanteils, aufgrund der Industrialisierung, in ihre eigene Schule.

Nachweislich vieler Zeitzeugenaussagen funktionierte fast überall im alten Ort Frechen die traditionelle Nachbarschaftshilfe, ungeachtet ob es Juden oder Christen waren. Das beruhte besonders auf der gegenseitigen Hilfe der direkten Nachbarn, vor allem der Frauen. Im ärmeren Oberdorf war diese Hilfe unter Frauen sehr ausgeprägt.

Natürlich gab es noch weitgehend die bewußte Einordnung in die traditionelle Religionsgemeinschaft, die u. a. den Rhythmus des Alltags bestimmte. Doch dies wurde von allen drei Religionsgruppen in gleicher Weise beachtet. Andererseits hatte man über viele Generationen gelernt, den anderen in seiner religiösen Eigenart zu akzeptieren. Diese Akzeptanz ging üblicherweise soweit, daß Nachbarschaftshilfe auch bedeutete, dem jüdischen frommen Nachbarn beispielsweise regelmäßig Tätigkeiten auszuführen, die der am Sabbat nicht machen durfte. Die alteingesessenen jüdischen Nachbarn hatten zwar ihre religiösen Besonderheiten, darüberhinaus waren es aber Leute, die das

gleiche miterlebt und erlitten hatten und sogar die gleiche Sprache, das Frechener Platt, sprachen.[15]

Die Integration der erwachsenen jüdischen Männer zeigte sich vor allem im gemeinschaftlichen Freizeitverhalten mit anderen Nachbarn oder Frechenern beim Stammtisch, beim Kegeln oder Skatspielen. Natürlich waren sie auch in Vereinen. Fast alle, die „gedient" hatten, waren in Kriegervereinen. Albert Billig, der Synagogenvorsteher, wurde sogar beim 50-jährigen *„Jubelfest des Kameradschaftlichen Kriegervereins"* im Schützenhaus am 19. Juni 1932 im Schützenhaus für seine 25-jährige Mitgliedschaft besonders geehrt.[16]

Norbert Levy und andere gleichaltrige Juden, die junge Generation der Zeit vor dem 1. Weltkrieg, waren aktiv im Turn- und Stemmclub gewesen; so auch Josef Baruch, Emil Levy, Carl Levy[17]. Das war typisch für diese Generation. Zeitweise hatten sie dort vor und nach dem 1. Weltkrieg auch Vorstandsfunktionen ausgeübt, als Beisitzer und Protokollführer. Der Metzger Carl Levy, der Vetter von Norbert Levy, wurde noch in der Weimarer Zeit, im Alter von 38 Jahren zum 2. Vorsitzenden gewählt. Später liest man nichts mehr von aktiven jüdischen Mitgliedern in diesem Verein.[18]

Carl Levi und Norbert Levy waren im Turn- und Stemmclub aktiv.

Die jüdische Jugend, wie auch die übrige Jugend der 20er Jahre, interessierte sich kaum noch für den reinen Kraftsport, sondern eher für den nun beliebten Mannschaftssport (Fußball, Handball, Hockey) oder auch für die Leichtathletik. Aus diesem Grunde versuchte der Club sich auch inhaltlich im Sportangebot an die neue Situation anzupassen. In der Weimarer Zeit hieß er deshalb nun „Turn- und Sportclub". Doch die Jugendlichen gingen meist gleich zu den neuen Clubs."[19]

Josef Levy selbst hat nur die späten Jahre der Weimarer Republik bewußt erlebt; und diese aus der speziellen Sicht eines Kindes. Seine Erinnerungen an diese Zeit sind deshalb stark familiär bezogen oder auf seine Schulerlebnisse bzw. auf den Umgang mit anderen Kindern fokussiert. Doch in seinen Beschreibungen läßt er keinen Zweifel daran, daß die Frechener Judenschaft damals gesellschaftlich im Ort voll integriert war und ihm selbst antisemitische Erfahrungen bis 1933 fremd waren. Er bestätigt damit die vom Autor schon im Band 2 komprimiert beschriebene *„Ausgangslage vor der Machtergreifung"*[20]: Einerseits die gesellschaftlich weitgehende Integration der schon seit Jahrhunderten hier ansässigen Juden und indirekt damit auch andererseits die krasse Außenseiterrolle der relativ wenigen hiesigen Nazis.

Josef Levy war nicht nur voll integriert in seine Schulklasse, sondern genauso auch in das Nachbarschaftsleben, das nachmittägliche Spielen der Kinder sowie in das damals übliche Vereinsleben. Da die Jugend der Weimarer Zeit neben der Leichtathletik vor allem den Mannschaftssport bevorzugte, wundert es nicht, daß auch Josef Levy ein glühender Verehrer der Spieler der 1. Mannschaft von Frechen 20 war, *„welche in meinen Jugendjahren von mir als Helden angesehen wurden. Ich gedenke besonders Fritz Peskoller, welcher ein guter Freund von Erich Baruch war."*[21]

So war er damals auch Mitglied des Fußballvereins ‚Spielvereinigung Frechen 20' und spielte in dessen Schülermannschaft. Der ältere Nachbar Erich Baruch war ebenfalls im selben Verein. Über ihn schrieb Josef Levy dem Autor: *„Erich war zwar kein besonders talentierter Fußballspieler, aber ein treuer Anhänger des Klubs, für welchen er öfters Artikel im Frechener Tageblatt schrieb."* Der damalige Redakteur dieser Tageszeitung, die in der Druckerei Dennert erschien, war tatsächlich froh, daß er mit Erich Baruch jemand hatte, der fachmännisch über den Frechener Fußball schrieb.[22] Ähnlich war es auch bei den anderen jüdischen Kindern und Jugendlichen, von denen ich erfuhr. Manfred Cohnen war sogar Mitglied des katholischen Sportvereins DJK. Er gehörte 1927 als 14-jähriger zur Handballmannschaft der DJK-Rhenania, die von Johann Köllen geleitet wurde.[23] Die beiden Schwestern Henriette und Wilhelmine Schwarz spielten zu dieser Zeit in der Damen-Hockeymannschaft des Rasensportclubs (FCfR) Frechen.[24]

Jüdische Kinder und Jugendliche konnten sich auch anderweitig in Vereinen betätigen; beispielsweise in unterschiedlichsten Vereinen Theater spielen. So spielte Henny Cohnen in einer Kindertheatergruppe des Vaterländischen Frauenvereins, die im Kolpinghaus auftrat.

Es gab laut Adressbuch auch einen *„Jüdischen Männer= und Jünglingsverein"*. Der hatte seinen Vereinssitz in einem alten Fachwerkhaus an der Hauptstraße 56 (heute Kreissparkasse) und stand unter Leitung von Albert Billig.[25] Doch über ihn gibt es weder mündliche Überlieferungen noch aktenkundige Nachrichten. Es konnte sich auch keiner der von mir befragten ehemaligen Frechener Juden erinnern. Er war wohl bedeutungslos, weil die jüdischen Jugendlichen es vorzogen, sich in anderen Vereinen oder zeitgemäß ungebunden in informellen Gruppen zu betätigen.

Vereinshaus (Holzfassade) des „Jüd. Männer- und Jünglingsvereins" (Hauptstraße 56), 1926

Gustl Levys glückliche Kindheit war noch kürzer als die ihres Bruders. Als sie sechs Jahre alt wurde, waren die Nazis in Frechen schon an der Macht. Zum Glück ging sie damals bereits etwa zwei Jahre in den katholischen Kindergarten von St Severin, in dem sie zusammen mit den anderen Kindern aus dem Oberdorf zumindest eine ungestörte Kleinkindheit verbrachte.

In welchem Schützenverein der Vater Norbert Levy gewesen ist und ob er einmal Schützenkönig war, ist wegen der bisher fehlenden Unterlagen nicht zu eruieren. Jedenfalls meinte das älteste noch lebende Mitglied des „Frechener Schützenvereins", sich erinnern zu können, daß er dort Mitglied gewesen sei.[26]

Eine besondere Rolle spielte der „Vaterländische Frauenverein" im gesellschaftlichen Leben Frechens. In diesem der Wohlfahrt verschriebenen Verein waren die Frauen oder Töchter der politischen, wirtschaftlichen und gesellschaftlichen Oberschicht Frechens vertreten. Bezeichnenderweise war die Frau des Bürgermeister Dr. Toll die Vorsitzende. Hier war die Tochter des wohlhabenden Viehhändlers und damaligen Synagogenvorstehers Albert Billig, die 1905 geborene Erna Billig, Mitglied. Daß sie, nach bisherigem Wissen, die einzige jüdische Frau in diesem prominenten Frauenverein war, liegt an der Tatsache, daß die Frechener Juden in der Regel nicht zur wirtschaftlichen Oberschicht gehörten.

Einige Juden, die aufgrund ihres Handelsgeschäftes berufsbedingt auch Motorfahrzeuge besaßen, insbesondere die Viehhändler, waren auch im „Motorrad=Club", dem Vorläufer des ADAC. Damit zählten sie aber im Bild der Öffentlichkeit zu den wohlhabenderen Einwohnern. Das war ein Fakt, den die Nazis in der Weimarer Zeit permanent propagandistisch auszuschlachten versuchten. Das geschah durch übelste Haßtiraden vor allem der beiden (Frechener) Führer der NSDAP, Heinrich Loevenich und Reiner Stumpf.[27]

Henny Cohnen (X) in der Theatergruppe des Vaterländischen Frauenvereins im Kolpingsaal, vor 1933.

Hockey-Damenmannschaft des FCfR Frechen; Wilhelmine Schwarz (1) und Henriette Schwarz (2), um 1925

Zusammenleben in Vereinen

Manfred Cohnen im Trikot der Handballmannschaft der katholischen DJK

Vaterländischer Frauenverein, u.a. Erna Billig (X), um 1928

Motorradclub Frechen vor der Gaststätte Kleefisch, um 1926

1925 Das Frechener Judentum in der Hüchelner Jahrtausendausstellung
Prägnantes Zeugnis für die Integration in die Frechener Gesellschaft

Wie vorher schon waren die Juden Frechens auch in der Weimarer Zeit allgemein in Politik und Öffentlichkeit akzeptiert. Traten ihre führenden Vertreter auch selbst parteipolitisch kaum auf, so zählten sie doch zu der gesellschaftlichen Führungsschicht Frechens, wurden respektiert und selbstverständlich auch von den lokalen politischen Eliten der Gemeinde beachtet bzw. gehört. Dies gilt auch für die Zentrumsbürgermeister Keimes und Dr. Toll. Die jüdischen Repräsentanten wurden zu allen öffentlichen Anlässen, wie beispielsweise zur Einweihung des Neu- bzw. Erweiterungsbaus der katholischen Ringschule (1927), vom Bürgermeister eingeladen. Diese Feier beispielsweise wurde im Saal des Schützenhauses als gemeinsames „Frühstück" für die Vertreter aller gesellschaftlichen Gruppen, von den Parteien über die Religionsgemeinschaften bis zu den Gewerkschaften durchgeführt.

Frechener Tageblatt vom 03.10.1931

Frechener Tageblatt vom 13.04.1931

Die öffentliche Akzeptanz der Juden als Religionsgemeinschaft und als Einzelpersonen zeigt sich auch in Zeitungsmeldungen der meistgelesenen Zeitung am Ort, des zentrumsnahen „Frechener Tageblattes" des katholischen Verlegers Dennert. Als die Wwe. Karoline Cohnen ihren 80. Geburtstag beging, berichtete diese Zeitung in einem Artikel unter dem Titel „Hohes Alter" in einem herzlichen, fast persönlich-vertrauten Ton darüber.[28] In ähnlicher Weise wurde im Oktober dem „Altveteran", Herrn Moses Liff, zum 90. Geburtstag gratuliert: *„Er ist noch einer von den Mitkämpfern von 1866 und 1870=71[...].Wir wünschen ihm alles Gute für seinen ferneren Lebensabend."*[29]

Diese Zeitung berichtete nicht nur über katholische Besonderheiten und Aktivitäten, sondern auch über solche der Synagogengemeinde. So liest man beispielsweise in der Ausgabe vom 9. Oktober 1931: *„Ein festreicher Monat ist der Oktober für die Israeliten."* Nachfolgend werden dann deren Fest- und Kalenderbesonderheiten dem christlichen Leser aufgeschlüsselt.[30] Auch waren in der Weimarer Zeit Anzeigen jüdischer Geschäfte in dieser Zeitung üblich.

Frechener Tageblatt vom 09.10.1931

Ein besonders eindrucksvolles Zeugnis für die selbstverständliche Integration der Juden im Frechen der Weimarer Zeit war aber die „Hüchelner Jahrtausendausstellung" im Jahre 1925 gewesen.

Damals war das Rheinland noch von den Alliierten besetzt. In jenem Jahr „feierte" man hier, politisch gewollt, aber *„schwach legitimiert"* die tausendjährige Wiederkehr der Einverleibung des mittelfränkischen Lothringens und damit des Rheinlandes in das ostfränkische Reich. Der zentrale Erinnerungsort war die Jahrtausendausstellung in der Kölner Messe. Für Adenauer als Organisator der Rheinlandfeiern war diese Ausstellung nicht nur der *„Nachweis stolzer deutsch-rheinischer Kulturkontinuität, sondern auch deutscher Friedensgesinnung und deutschen Freiheitswillens".*[31] In diese Darstellung rheinischer Kulturkontinuität war selbstverständlich auch die jüdische Kultur eingebunden. Ihr waren drei kleinere Räume gewidmet, die eigens von einem kulturhistorischen Fachmann, dem jüdischen Gemeinderabbiner Kober sowie der Kölner Kunsthistorikerin Elisabeth Moses gestaltet wurden.

Im historischen Hochgefühl dieser Zeit entstand erstaunlicherweise auch eine einzigartige „Jahrtausendausstellung" in Frechen, genauer gesagt in Frechen-Hücheln. Diese kleine, aber feine Ausstellung zeigte mehr und eindeutiger noch für Frechen als die Kölner für die nahe Großstadt, wie selbstverständlich hier das Judentum in das kulturelle Leben Frechens zu dieser Zeit integriert war. Initiatoren dieser Ausstellung waren die beiden Hüchelner Heimatforscher, der Lehrer Rudolf Niemann und der Postobersekretär Heinrich Höschler.

Die beiden Initiatoren hatten zunächst nur eine kleine Heimatausstellung geplant. Diese weitete *„sich jedoch aus und wurde zu einer Jahrtausendfeier des Landkreises Köln."* [32]

Denn es gelang den Beiden, eine immense Begeisterung in der Bevölkerung für ihr Vorhaben zu wecken. Sie konnten einerseits fast die gesamte Hüchelner Bevölkerung zur aktiven Mitarbeit über Monate hin bewegen. Andererseits waren viele Leute in Frechen und Umgebung, aber auch Museen, spontan bereit, eine Fülle von vielfältigen Objekten zur Verfügung zu stellen. 2/3 der ca. 1800 Leihgaben kamen allein aus Privatbesitz. So wurde aus der Heimatausstellung eine kleine, aber umfassende Jahrtausendausstellung der rheinischen Region um Frechen. Für die Eröffnungsfeier am 30. Mai 1925 erhielt der Kaufmann Josef Baruch als Vertreter der Judenschaft eine Ehrenkarte. Die Festrede hielt Professor Adam Wrede.

Eröffnungsfeier
der
Heimatausstellung
in Hücheln
am
Pfingst-Samstag, 30. Mai 1925
nachm. 5 Uhr in der Ausstellungshalle.

1. Eröffnungsmarsch . . . von Blankenburg
2. Chor: Ein Sang dem Rhein . von G. Kern
3. Begrüßung
4. Eröffnung der Ausstellung durch den Ehrenvorsitzenden Herrn Landrat Heimann
5. Musikvortrag: Volkslied
6. Chor: Es steht ein Lind . von Jos. Schwartz
   Insbruck ich muß dich lassen von H. Jüngst
7. Vortrag von Universitätsprofessor Dr. A. Mrede: Bedeutung und Pflege des Volkstums
8. Gemeinsames Lied: Am Rhein
9. Musikvortrag.

Programm der Eröffnungsfeier der Hüchelner Heimatausstellung, 1925

Was war aber das Besondere dieser Ausstellung in Bezug auf die Emanzipation der Frechener Juden?

Hier lag die gesamte Ausstellungsplanung in einer Hand. Sie stammte ausschließlich von den beiden Hüchelner Initiatoren. Sie entwarfen 14 Themenbilder: von der *„Frühgeschichte"* bis zur *„Keramik der Jetztzeit"*.[33] Auch die traditionellen Religionsgemeinschaften Frechens wurden dort vorgestellt.

Doch das Auffällige dabei war dies: Die beiden Hüchelner Initiatoren kamen erst gar nicht auf die Idee, die drei Religionsgemeinschaften in getrennten Abteilungen zu zeigen. Sie stellten ihre eigene katholische Religion und die beiden Minderheitsreligionen, die protestantische sowie die jüdische, wie selbstverständlich - ohne jede Trennung - in einem einzigen Bild vor. In einem hufeisenförmigen Raumbild waren die religiösen Objekte der drei Frechener Religionsgemeinschaften gemeinsam zu sehen. Im zentralen Mittelpunkt dieses Themenbildes, *„Religiöses"* genannt, standen sogar die jüdischen Sakralobjekte, links davon katholische und rechts evangelische.

Heinrich Höschler *Rudolf Niemann*

*Die Abteilung „Religiöses" in der Hüchelner Jahrhundertausstellung, 1925
links: Katholizismus, Mitte: Judentum, rechts: Protestantismus*

Besser kann kaum die selbstverständliche Integration der Frechener Judenschaft in der althergebrachten Dorfgemeinschaft dokumentiert werden als durch dieses Ausstellungsbild, eine Darstellung ohne die geringsten Berührungsängste.

Die beiden Planer hatten bei Frechener Juden, vornehmlich Mitgliedern des Synagogenvorstandes, eifrige Unterstützung für ihr Vorhaben gefunden. Diese stellten neben unterschiedlichen historischen Kulturgegenständen für andere Ausstellungsbereiche vor allem private religiöse Belegstücke zur Verfügung. Die meisten Objekte lieferte der ‚Oberdorfer' Kaufmann Josef Baruch.

Neben einer Tabakpfeife für einen anderen Themenbereich gab er folgende religiöse Objekte: eine Sabbatlampe, eine Zinnkanne, einen Zinnteller mit Gravur, eine irdene Tonschüssel mit dem Bild des „Moses mit den Gesetzestafeln" (= „1 Schottel Moses"), einen kleinen Matzenteller und ein Pergament bzw. eine Pergamentgeschichte „Ester".[34]

Der Viehhändler Billig lieh eine große Sabbatlampe sowie eine Osterschüssel. Vom Viehhändler Heumann stammten ein „mosaisches Bild" sowie „1 hebräisches Buch",

Der Pferdehändler Moses Liff gab u.a. ein religiöses Buch in „hebräischer Schrift", „jüdische Bibel" bezeichnet, und Abraham Levi lieferte einen „Kasten m. Elfenbein" von unbekannter Bedeutung.[35]

‚Mosesteller', hergestellt in der Töpferei Mück, o.D.

In den zweieinhalb Monaten ihrer Öffnung wurde die Ausstellung von über 10 000 Personen besucht und fand großen begeisterten Widerhall in der regionalen Presse. Allein 74 Schulklassen der Großregion besuchten die Ausstellung. Hinterher wurde diese enorme Leistung in der Presse wie folgt kommentiert: *„Es wird wohl einzig dastehen, daß ein Ort von der Größe Hüchelns ein solch groß angelegtes Unternehmen veranstalten und über zwei Monate durchhalten kann…".[36]*

Die gesellschaftliche Außenseiterrolle der Frechener Nazis

Karikatur eines SA-Aufmarsches im Frechener Tageblatt vom 07.04.1932
Noch weist darin der ‚Schutzpolizist' die Nazis in ihre Schranken

„Waren wir gottbegnadet, dass wir so früh unseren Führer erkannten?"

Während die alteingesessenen Juden integrierte Mitglieder der Frechener Gesellschaft waren, waren die Nationalsozialisten, deren Ortsgruppe 1925 von Reiner Stumpf gegründet wurde, vor 1933 eine kleine, weitgehend gemiedene und verachtete Minderheit. Diese Ausgrenzung von der übrigen Dorfgesellschaft war dadurch verursacht, daß die hiesigen Nazis sich aufgrund ihres extrem nationalistischen Gehabes sowie ihrer rabiaten Hetze gegen Andersdenkende und auch aufgrund ihres radikalen Antisemitismus selbst provokativ ausschlossen und für die übrige Gesellschaft untragbar waren. Vor allem in Zeitungsartikeln

Hetzartikel gegen den Frechener Kaplan Havenith im Westdeutschen Beobachter vom 20.06.1931

des ‚Westdeutschen Beobachters' hetzten sie in übelster Art gegen jeden, der sich nicht nationalistisch gebärdete; vom Bürgermeister Dr. Toll („*Cliquenwirtschaft auf dem Rathaus*") über katholische Priester („*schwarze Marxisten*"), wie insbesondere den Kaplan und Jugendpräses Havenith von St. Audomar, den Redakteur des Frechener Tageblattes Dennert, über SPD-Führer bis zum Synagogenvorsteher Billig. Den nannten sie „*Oberasiat Billig*", weil er für sie der angeblich wahre Herr Frechens war.[37] Die beiden Führer der Frechener NSDAP vor der Machtergreifung, Reiner Stumpf und Heinrich Loevenich, überboten sich dabei gegenseitig in der Benutzung hetzerischer Verbalinjurien

Heinrich Loevenich, um 1928; er war der „Klüttemann" s.u.!

FRECHEN

Einen schönen Gruß an „Flinten=Mathieu" und herauswerfen, daß sie den Hals brechen, braucht er keine Nazisozi, da dieselben ihm nur unbekannte N.S. als Horchposten in das Lokal schicken.

Und noch nen schönen Gruß. Mit dem Brotlosmachen soll er sich etwas beeilen, da die N.S. ihn nicht nur brotlos zu machen suchen, sondern ihn dem andern Wirt nach Bonn nachschicken wollen.

Der hohen Gesellschaft, die jetzt bei Flinten=Mathieu verkehrt, Dr. Toll (Cliquen=Wirtschaft auf dem Rathause folgt nächstens) und Oberasiat Billig mit Anhang entbieten wir Frechener Nationalsozialisten als Staatsbürger 2ter Klasse aller untertänigsten Gruß und versichern sie unserer besonderen Gunst und Huld.

Flinten=Mathieu contra Stahlhelm nächsten „Westdeutschen Beobachter".

Zu beziehen durch:

Reiner Stumpf, Frechen, Hauptstr. 10.

Westdeutscher Beobachter vom 12.02.1928

Westdeutscher Beobachter vom 15.06.1929

FRECHEN

Im Gasthof „Zum Freischütz" ist Ball. Der Frechener Club für Motorsport, ein von Juden stark durchsetztes Gebilde, hat eingeladen. So ist es denn auch nicht zu verwundern, daß die Frechener Krummnasen den Hauptteil der Besucher stellen. Lustig und fidel trampeln sie mit ihren Plattfüßen den Boden. Eine dunstige Knoblauchwolke hängt unter der Decke und erfüllt den ganzen Raum mit ihrem Geruch. Unter den Juden sitzen einige junge deutsche Männer, Frauen und Mädchen, die noch nicht erkannt haben, daß sie nicht in die Gesellschaft dieser wollüstigen, geilen Judenbande gehören, die noch nicht erkannt haben, daß der Jude der Todfeind alles deutschen Wesens ist, ja blutsmäßig sein muß. Der Synagogenvorsteher Billig ist auch da. Er weiß, heute feiern „seine Leut" und da muß er dabei sein. Einst scheute er das Lokal „Zum Freischütz"; es war damals, als diese Hakenkreuzler, jene Menschen, von denen der Jude Levy sagt, daß sie schlimmer als ein Stück Vieh seien, noch in diesem Lokal verkehrten. Aber heute, wo der Herr Stahlhelmwirt den größten Teil seiner nationaldenkenden Gäste verloren hat durch sein „arbeiten" im Interesse des Juden, heute besucht auch der Jud Billig dieses Lokal wieder. Und so sah man denn, wie sich alt und jung Juda bei jedem Tanz auf die deutschen Mädchen stürzten. So ging es weiter bis zum Morgen. Die Plattfüße hatten sich heißgetrampelt und gaben einen fürchterlichen Geruch ab. Die Knoblauchwolke hatte sich über das ganze Lokal ausgedehnt kurz, es war eine Luft zum !.....

Der Jud Billig freute sich. So ist's richtig. So muß es sein. Dasselbe Lokal, das den Nationalsozialisten durch den „nationalgesinnten" Wirt entzogen wurde, dient heute den Juden als Tanzboden. „Jude, du hast gesiegt", könnte man rufen, aber abwarten, wir sind auch noch da. Die Liebe zu unserem Volke aber auch der fanatische Haß zu seinen Feinden, läßt uns nicht schlafen. Wir werden aufklären und unseren Volksgenossen zeigen, wo ihre Feinde sitzen und wer Knecht dieses Feindes ist.

Am Morgen schickte sich der Jude Billig an das Lokal zu verlassen. Da erblickt er in der Nähe des Einganges einen blonden jungen Menschen. Haß lodert aus den Augen des Juden. Er wittert den Feind. Nach kurzem Wortwechsel wird der Jude handgreiflich. Aber hier war er an die richtige Adresse gelangt. Des Juden Nasenbein knirscht, eine deutsche Arbeiterfaust weist ihn hinter die Schranken. Es war kein Hakenkreuzler, aber Antisemit ist er nun bestimmt. Der Wirt erscheint auf dem Plane und, wie es nicht anders zu erwarten war, weist er dem Deutschen die Tür. „Albert, du bleibst da," gellt seine Stimme. Albert war der Jude! Jawohl, Albert, bleibe da, aber du deutscher Freund, wach auf. Sieh, was um dich herum vorgeht. Erkenne den Juden und seine Knechte. Kämpfe mit uns in der Naitonalsozial. deutschen Arbeiterpartei.

Der Klüttemann.

gegen ihre politischen Gegner bzw. die Juden.³⁸ Bezeichnenderweise tat dies Reiner Stumpf, der 1933 Frechener Ortsgruppenleiter sein sollte, schon in der Weimarer Zeit in Zeitungsartikeln des Westdeutschen Beobachters unter voller Nennung seines Namens, während Heinrich Loevenich, der seit Oktober 1930 zum Kreisleiter des gesamten Landkreises Köln aufgestiegen war, vorsichtigerweise vor der Machtergreifung seine Hetzartikel stets unter dem Decknamen „Der Klüttemann" schrieb.³⁹ Später aber, als er an der Macht war, betonte er stolz seine Autorenschaft.⁴⁰ Diese fanatischen rassistischen Nationalsozialisten wurden wegen dieses Verhaltens nicht nur von breiten Bevölkerungskreisen gemieden, sie erhielten in der Regel auch keine Arbeit in Frechener Betrieben. Die meisten Unternehmer wollten solch einen Unruhefaktor nicht im Unternehmen haben. Einzige auffällige Ausnahme waren zu Beginn der 1930er Jahre die Braunkohlenbetriebe auf dem Wachtberg, die der „I.G.-Farben" gehörten.

Deren Leitungen, Verwaltungsleute und auch techn. Führungskräfte, stammten meist aus den Bergbaugebieten Mitteldeutschlands und waren in der Regel nationalistisch eingestellt.

Immerhin konnten die Nationalsozialisten beispielsweise im Fabrikbetrieb Wachtberg der „IG.-Farben"(!) schon vor 1933 eine erste Jugend-Betriebszelle bilden.⁴¹

Wie sehr die Nazis - und nicht die in ihren Augen jüdischen „Volksschädlinge" - aufgrund ihrer radikalen Äußerungen und Verhaltensweisen in der Weimarer Zeit die Außenseiter der Frechener Gesellschaft waren, wollen wir uns im folgenden von ihnen selbst in ihren eigenen Worten schildern lassen!

Es ist der Auszug eines Berichtes aus dem Jahre 1934. Der Kreiskulturwart Herrlich forderte damals in einem Rundschreiben die landkölner Ortsgruppenleiter auf, einen *„Aufsatz zum Thema **KAMPF DER NSDAP FUER DIE DEUTSCHE KULTUR UND DIE UNWISSENHEIT DER BEVOELKERUNG IN DER DORTIGEN ORTSGRUPPE"*** zu schreiben.⁴²

Am 10.1.1934 schickte ihm der hiesige Ortsgruppenleiter Reiner Stumpf den geforderten Bericht zu. Darin heißt es u. a. über die Situation der Frechener NSDAP in der Weimarer Zeit:

„Der Wille zur Neugestaltung der Lebensbedingungen, wie man dieselben von dem Weimarer System von 1918 aufzwingen wollte, veranlasste einige junge Menschen aus Frechen, sich dem damals kaum bekannten und noch viel mehr unerkannten deutschen Manne Adolf Hitler anzuschließen, um mit ihm und seinen Ideen den deutschen Staat zu erkämpfen. Dieser Kampf stellte diese Einzelnen außerhalb der damaligen Gesellschaftsordnung. Ausgestoßen, verlacht und verspottet machte man sich in dem Anfangsstadium dieses Kampfes nicht die Mühe, diese Idioten, Verrückten, Hirnverbrannten und wie die Ausdrücke mehr lauteten, in direkter Art und Weise zu bekämpfen. Hierbei ist zu betonen: Hiebe, Schläge und persönlicher Kampf, Mann gegen Mann sind einfacher zu führen und zu ertragen, als der Kampf der Gegenseite mit Hohn und Spott. Wenn hierdurch auch einige abfielen, der Kern blieb, der die Abgefallenen zu ersetzen wusste."

Und:

*„Alle zu uns stossende Volksgenossen waren mit dem Eintritt in die Partei wie schon eingangs bemerkt, für das bürgerliche Leben und […] Gesellschaft erledigt. Dieses blüte <sic!> dem Arbeiter so gut wie dem Kaufmann. So war es eine Naturnotwendigkeit, dass wir uns unsere Mitglieder zum überwiegend grössten Teil aus der Jugend suchen mußten, aber auch fanden. Nichts oder kaum etwas zu verlieren („Verlieren" ist im Text später (?) durchgestrichen worden), konnten dieselben nur alles gewinnen. Ehrend sei hier der an Jahren alten, aber im Herzen jungen Pg. gedacht, die ihre sogenannte bürgerliche Ehre verlieren konnten und geschäftliche Rückschläge nicht geahnter Art und Schwere erlitten. Dieser Boykott wurde heraufbeschworen von dem vereinigten Zentrums- und S.P.D.-Klüngel. Dabei hatte gerade Frechen als Zentrumsbürgermeister einen Dr. Toll, der nebenbei Kreisparteichef dieser üblen Partei war und nicht als unfähigen Parteichef. Beamtenschaft privater wie behördlicherseits war entweder schwarz oder stand als Stahlhelmer uns entgegen. Die sogenannte Intelligenz bezeichnete unseren Kampf als fruchtlos und Kinderei und nannte unseren Führer einen Utopisten. O ihr Klugschnacker. Oftmals fragen wir uns, waren wir gottbegnadet, dass wir so früh unseren Führer erkannten? Hier offenbart sich bestimmt das Wort, dass die Kräfte zum Wiederaufbau aus dem unverbrauchten Stande des deutschen Hand- und Kopfarbeiters kommen."*⁴³

Diesem Inhalt und Jargon des Aufsatzes ist nichts hinzuzufügen. Er spricht für sich selbst.

Die Situation der NSDAP vor der Machtergreifung

Die im obigen Eigenbericht geschilderte Situation der NSDAP Frechens zeigt trotz aller heroischen Verklärung ihre ziemlich hoffnungslose Randgruppenrolle im gesellschaftlichen und politischen Frechen vor 1933.

Obwohl für rheinische Verhältnisse sehr früh, im Jahre 1925, als eine der ersten beiden Ortsgruppen des Landkreises Köln von Reiner Stumpf gegründet, war sie bis 1933 unbedeutend klein und zeitweise, vor allem seit dem Herbst 1932, in ihrer Existenz gefährdet. Daß die Partei in Frechen und auch im gesamten Landkreis Köln 1933 überhaupt noch bestand, lag im Wesentlichen an deren Kreisleiter Heinrich Loevenich.

Er, ein gebürtiger Frechener, war 1926 Mitglied in der NSDAP geworden (Mitgliedsnr. 44 154). Im selben Jahr noch war er von Köln aus für einige Monate zum Ortsgruppenleiter in Frechen bestimmt worden, um die winzige Frechener Ortsgruppe zu sichern bzw. am Leben zu erhalten. Als ihm das einigermaßen gelungen war, wurde deren Gründer Reiner Stumpf Ortsgruppenleiter in Frechen. Heinrich Loevenich stieg auf zum Kreisleiter; zunächst ab 1927 als Kreisleiter für Bergheim und den halben Landkreis Köln, schließlich ab 1930 ausschließlich für den gesamten Kreis Köln-Land. Er sollte nun im gesamten Landkreis Köln eine feste Basis außerhalb Kölns aufbauen. Da der Sitz der Kreisleitung in Köln, also gleichzeitig in der Nähe der Kölner NSDAP und der Gauleitung war, bedeutete diese ständige Nähe für seine Parteikarriere eine günstige Konstellation. Er gewann so auch die Nähe und das Vertrauen der Gauleitung.[44]

Ein persönlicher Erfolg Loevenichs war allein schon die Tatsache, daß er in den südlichen Industriezonen des Landkreises die Ortsgruppen behaupten konnte. In den ländlichen Bezirken des Nordkreises sah es für die Partei vor der Machtergreifung ohnehin noch schlechter aus. Hier hatte er vor 1933 erhebliche Mühe, Ortsgruppen ins Leben zu rufen. Bei seiner Landkreisarbeit halfen ihm die „Erfahrungen", die er durch seine aktive Teilnahme auch am Kölner Parteileben machte, und vor allem die guten Beziehungen und die entsprechende Unterstützung der nahen Kölner NSDAP samt ihrer paramilitärischen Truppen (SA / SS) sowie sein gutes Verhältnis zum Gauleiter Grohé.

Während im Reich die NSDAP in der Endphase der Weimarer Republik schon große Wahlerfolge zeitigte, in vielen Gegenden sogar absolute Mehrheiten erzielte, blieb die Partei im Rheinland trotz prozentualer Zunahmen doch vergleichsweise schwach und wurde nicht zur Massenpartei.

Bei den Reichstagswahlen 1930 hatte die NSDAP im Wahlkreis Köln-Aachen zwar einen Überraschungserfolg erzielt, indem sie aufgrund von 14,5 % der Wählerstimmen mit SPD und KPD gleichzog. Doch mit 30,4 % blieb das katholische Zentrum die eindeutige politische Führungskraft. (In Frechen erhielt die NSDAP 16,9% der Stimmen.)

In allen Gemeinden des Landkreises Köln war die NSDAP bis 1933 noch immer ohne jeden politischen Einfluß, weil sie aufgrund der Gemeindewahlen von 1928 kaum in den kommunalen Parlamenten vertreten war. Im Rat der Gemeinde Frechen saß bis zur Machtergreifung nur ein Abgeordneter der Partei (Heinrich Loevenich). Der NSDAP blieb eigentlich nur das auffällige Auftreten in der Öffentlichkeit bzw. die beschränkte Einflussnahme durch ihre eigene Presse, die kaum gelesen wurde.

In Frechen und im Landkreis Köln wurde die Politik vom Bürgermeister Dr. Toll, der gleichzeitig Zentrumschef im Kreis war, in der Art eines Konrad Adenauer gestaltet. Dr. Toll hatte erkannt, daß es in Frechen trotz aller Demokratiefeindlichkeit und gewalttätigen Auswüchse beider radikalen Parteien – sowohl der KPD als auch der NSDAP – doch einen entscheidenden Unterschied zwischen beiden gab. Die hier inzwischen starke extreme Linke konnte er dank ihrer Führungsperson, des Fraktionsvorsitzenden der KPD Johann Bürger, immer wieder in politische Entscheidungsprozesse einbinden. Bei der irrational fanatischen und antisemitischen NSDAP des Landkreises und Frechens war dies nicht möglich.

Beide radikalen Parteien ließ Dr. Toll als örtlicher Polizeichef vorschriftsmäßig genauestens beobachten, schritt gegen Gesetzwidrigkeiten ein und ließ von seinem Syndikus Dr. Effertz penible Wahlstatistiken anfertigen und unter allen Aspekten auswerten, um insbesondere die Entwicklung der als gefährlich eingeschätzten NSDAP zu untersuchen und einzudämmen.

Denn das politische Klima im nahen Köln hatte sich seit 1930 sehr verschlechtert, insbesondere aufgrund zunehmender Gewaltakte der dortigen Nazis. Es bestand die potentielle Gefahr, daß dieser Terror samt dem radikalen Rüpelton in das Umland, den Landkreis Köln, herüberschwappen würde.

> :: **Verbrannte Wahllügen.** Arges Pech widerfuhr einem Lieferwagen des Westdeutschen Beobachters. Der Wagen hatte in der Hubert-Prott Straße eine Panne. Als der Führer diese beheben wollte, machten sich kommunistische Parteiangehörige heran, zogen die Zeitungspakete heraus und warfen dieselben auf ein nebenliegendes Feld, wo sie verbrannt wurden. So wurden 9000 Exemplare des Westdeutschen Beobachters vernichtet. Die balkendicken Wahllügen sorgten alsbald für ein lichterlohes Feuerchen.

Das Frechener Tageblatt (zentrumsnah) berichtet mit unverhohlener Freude über das Verbrennen von Nazizeitungen durch Kommunisten, 30.07.1932

In den öffentlichen Auseinandersetzungen mit dem ebenfalls radikalen und gewaltbereiten Gegenpart, der in Frechen zahlenmäßig stärkeren KPD, hatte jedoch die hiesige NSDAP bzw. ihre SA bis 1933 einen schweren Stand. Sie konnte nur einigermaßen mithalten, weil der Kreisleiter Loevenich es verstand, unter ständigem Heranziehen von jeweils ortsfremden NS-Verbänden, u.a. auch aus Köln, ‚Masse' zu demonstrieren. Eine Taktik, die wegen der Überstrapazierung von eigenen Leuten durch sehr häufigen Einsatz in den verschiedensten Orten langfristig problematisch sein konnte und ab 1932 wurde. Trotzdem zogen die Nazis in den teilweise blutigen Auseinandersetzungen mit den Kommunisten in Frechen insgesamt den Kürzeren. Vor allem auch hinsichtlich der Größe und Zahl der organisierten Veranstaltungen oder Propagandamärsche, die sie „Aufmärsche" nannten.

Das größte Problem für die Nationalsozialisten in Frechen war, daß sie hier eine geringe Akzeptanz in Gesellschaft und Bevölkerung besaßen. Deswegen war es, wie von der NSDAP selbst beschrieben (s.o.!), besonders schwierig, Mitglieder zu bekommen und sie zu halten. Wenn wir bisher auch keine exakten Zahlen der NSDAP-Mitglieder Frechens für die Zeit zwischen 1928 und 1933 haben, so ist doch mit Sicherheit anzunehmen, daß die Mitgliederzahl bis zur Machtergreifung sehr gering war. Nach einer kurzfristigen Phase einer leichten Zunahme aufgrund einer Reihe von Beitritten im Wahljahr 1930 stagnierte sie wieder. Das heißt, daß sie nur im unteren zweistelligen Bereich (zwischen 20 und 50) lag.

Ein starkes Indiz dafür sind folgende aktenkundigen Nachrichten:
1933 konnte der Ortsgruppenleiter nur 2 Mitglieder „mit der Mitgliedsnr. unter 100000" nennen, die also bis zum 1. Juli 1928 eingetreten waren: Sich selbst (Mitgl.Nr. 13491) und Jakob F. (Nr. 94036).[45] Es müssen also die meisten der frühen Mitglieder wieder ausgetreten oder weggezogen sein. Im Sommer 1934 mußten alle ‚alten Kämpfer' („älteren Parteigenossen") der Frechener NSDAP gemeldet werden (bis zur Mitgliedsnummer 300 000). Das waren alle, die bis zum 1.9.1930 in Frechen eingetreten waren. Der Ortsgruppenleiter Reiner Stumpf konnte nur 19 Leute angeben.[46]

Aber auch von den Wählern der extremen Rechten (NSDAP/DNVP) waren nur wenige, die sich in der Weimarer Zeit öffentlich in Frechen zu ihrer politischen Einstellung bekannten. Dies zeigte sich bei den Anträgen der „rechten" Volksbegehren, bei denen die Unterstützer sich namentlich eintragen mußten. Für das Volksbegehren der rechtsextremen Parteien („Freiheitsgesetz") am 16.-19.10. 1929 trugen sich nur 94 Personen ein. Das waren 1,59% der Stimmberechtigten. Davon waren 70,21% Zugezogene, also nicht in Frechen geborene. Interessanterweise waren allein 71,06% (= 49 Personen) auf dem Wachtberg beschäftigt.[47]

Selbst 1931, als der rechtsgerichtete „Stahlhelm" (Verband der Frontsoldaten), also nicht die rechtsextremen Parteien selbst, ein Volksbegehren zur „Auflösung des Landtages" einleitete, gab es nur 357 namentliche Antragsteller (4,07% der Wahlber.). Von den Unterzeichnern waren 68,35 % Zugezogene.[48] Von den 246 Männern, die unterschrieben, waren 108 Angestellte und Arbeiter des Braunkohlenbergbaus. Davon waren, ähnlich wie 1929, allein 89 Personen bei dem I.G.-Farbenbetrieb ‚Wachtberg' beschäftigt. Entsprechend fiel auch der höchste Unterschriftenanteil auf den Wohnbezirk Wachtberg/Herbertskaul (94 Männer und Frauen). So nimmt es nicht wunder, daß dieses Wohngebiet auch zu dem Wahlbezirk Frechens zählte, der regelmäßig bei den Wahlen des Jahres 1932 relativ hohe oder höchste NSDAP-Anteile aufwies (zwischen 20 und 30 %).[49] Interessanterweise gehörte auch der evangel. Pfarrer Frechens mitsamt seiner Frau und einer Tochter zu den namentlichen Unterzeichnern des Volksentscheidantrages.[50]

Daß es um die Situation der Frechener NSDAP trotz eines gewissen Wähleranhangs schlecht bestellt war, zeigt die folgende Entwicklung: Als die Partei zu Beginn des Mehrfach-Wahljahres 1932 im Reich alles daran setzen wollte, endlich absolute Mehrheiten bei der Reichspräsidentenwahl und den anstehenden Parlamentswahlen zu erreichen, mußten auch die Ortsgruppen im Landkreis Köln sich äußerst anstrengen, erheblich bessere Wahlergebnisse als 1930 zu erzielen.

Um dieses Ziel erreichen zu können, sah sich Heinrich Loevenich offensichtlich gezwungen, neben seinem Kreisleiteramt im Frühjahr 1932 gleichzeitig wieder die hiesige Ortsgruppenleitung persönlich zu übernehmen. Immerhin gelang es ihm, vor der Reichspräsidentenwahl in Frechen eine Versammlung mit ungewöhnlich großer Beteiligung aufzuziehen (400 Personen), wobei die dort gehaltenen Reden von amtlichen Beobachtern als *„scharf"* bezeichnet wurden. Die KPD beteiligte sich kaum an diesem Wahlkampf, obwohl sie Thälmann als eigenen Kandidaten hatte.[51]

Doch diese Reichspräsidentenwahl wurde ein ‚Flop' für die NSDAP: Im ‚Radikalenbericht' des Frechener Bürgermeisters an den Landrat heißt es am 16.3.1932, daß die NSDAP wegen der Reichspräsidentenwahl eine *„aussergewöhnlich intensive und umfangreiche Agitation betrieben hat. Ihre rege, auf Massenwerbung abgestellte Versammlungstätigkeit wurde unterstützt durch Verbreitung zahlreicher Flugblätter. Einen nennenswerten Erfolg scheint sie aber weder in Frechen noch in den Außenbezirken gehabt zu haben."* Hitler erhielt hier im 1. Wahlgang nur 12,7% der Stimmen. 1930 hatte die NSDAP als Partei immerhin noch 16,9% bekommen. Der Kommunist Thälmann erhielt dagegen 29,1% in Frechen.[52]

Dieses magere Ergebnis für Hitler mag noch zum Teil an der Person Hindenburgs als Gegenkandidat Hitlers gelegen haben. Doch auch die Landtagswahl im März (Frechen=17,44% NSDAP) sowie die Reichstagswahl im Juli 1932 (Frechen= 15,22 % NSDAP) brachten den Nazis nicht den erhofften Durchbruch; weder in der Gemeinde, noch im Kreis, noch allgemein im Rheinland.

Sehr bald, spätestens im Sommer, gab Heinrich Loevenich sein zusätzliches Amt als Ortsgruppenleiter in Frechen wieder ab. Vermutlich hatte er auch gedacht, seinem direkten Gegenspieler Dr. Toll, dem Kreisvorsitzenden des Zentrums und Bürgermeister von Frechen, in dessen eigener Gemeinde im Wahlkampf Paroli bieten zu können. Doch das führte neben den schlechten Wahlergebnissen zu lästigen bürokratisch-rechtlichen Auseinandersetzungen mit Dr. Toll, weil dieser als Ortspolizeiverwalter konsequent die Tätigkeit der „radikalen Partei", der NSDAP, beobachten ließ und jedwede gesetzliche Überschreitung ahndete. Infolgedessen mußte Loevenich sich als Ortsgruppenleiter rechtfertigen bzw. äußern. Klugerweise zog er sich jetzt wieder auf seine rein übergeordnete Führertätigkeit als Kreisleiter zurück.

Unter seiner Regie versuchte die NSDAP des Landkreises nun mit allen taktischen Mitteln, ihre Stellung bei den Wahlen, aber auch hinsichtlich der Mitgliederzahl zu verbessern. Es wurden möglichst viele Propagandaveranstaltungen organisiert, um Masse zu demonstrieren (Aufmärsche, Propagandafahrten, Versammlungen). Dazu mußten auswärtige Kräfte in die einzelnen Veranstaltungsorte abkommandiert werden.[53] Die Partei gab sich nun „alle erdenkliche Mühe", im Landkreis *„– namentlich seinem nördlichen Teile – festen Fuß zu fassen."*[54]. Sie beabsichtigte gemäß Behördeninformationen Infiltrierungsversuche in den starken katholischen Jugendverbänden *„mit dem Ziele der Zerstörung der betr. Organisationen ..."*[55] Die waren aber, wenn sie wirklich unternommen wurden, völlig erfolglos bei der starken pazifistisch und antinationalsozialistisch erzogenen katholischen Jugend Frechens.

Heinrich Loevenich trat nun plötzlich in seinen öffentlichen Wahlreden laut Polizeiberichten viel aggressiver auf. *„Sodann ist aufgefallen, dass bedauerlicherweise Weise der Kreistagsabgeordnete Loevenich aus Frechen in den letzten Tagen seine Ausführungen auf einen stark radikalen und verhetzenden Ton abgestellt hat."*[56]

Die Reden waren offensichtlich so verhetzend, daß die Polizei sie fortan mithören und protokollieren mußte zur Überprüfung ihrer Rechtsstaatlichkeit.[57]

Das zeigte sofort Wirkung. In den folgenden Monaten gab es keinerlei derartige Meldung gegen Loevenich mehr. Er vermied es wieder, typisch für ihn, angesichts eventueller juristischer Folgen und Probleme, selbst offen hetzend aufzutreten.

Doch hinter dem martialischen und betriebsamen äußeren Erscheinungsbild der hiesigen NSDAP verbargen sich wachsende Probleme!

Die Partei geriet im gesamten Landkreis im Laufe des so wichtigen Wahljahres immer mehr in die Krise. Nach der für Hitler gescheiterten Reichspräsidentwahl wirkten über Monate die Aktivitäten der NSDAP in Frechen schwach gegenüber denen der ihnen verhaßten linksextremen Konkurrenz, der Frechener KPD, die ständig und zunehmend mit Aktionen (Versammlungen, Aufmärsche) auffiel, die meist größere Teilnehmerzahlen aufwiesen.

Die einzelnen Ortsgruppen der NSDAP im Landkreis waren finanziell stark verschuldet. Vor allem auch die Frechener Mitgliedsbeiträge wurden nur schleppend bezahlt. Da verlangte der Kreisleiter Loevenich im Auftrag der Gauleitung von den Ortsgruppenleitern, noch weitere Wahlkampfspenden bei den Mitgliedern einsammeln zu lassen. Die Ortsgruppen konnten kaum noch Veranstaltungen finanzieren. Einzelne Ortsgruppenleiter erschienen nur noch unregelmäßig zu Besprechungen beim Kreisleiter. Die unbefriedigenden Wahlergebnisse des Jahres taten ein Übriges und schwächten offensichtlich zusätzlich die Bereitschaft der Mitglieder zum Engagement. Schon ab Mitte des Jahres 1932 sah Loevenich sich gezwungen, massiv auf seinen ‚Führer'-Anspruch zu pochen und mit drakonischen Parteistrafen zu drohen im Falle einer Befehlsverzögerung oder Verweigerung.

Hier nur einige Beispiele:
Am 20. 9. 32 schrieb er in einem parteiamtlichen Rundschreiben u.a.: *„Die ev. Beantwortung aller Schriftstücke hat stets sofort zu erfolgen. Im andern Falle werde ich den säumigen Ortsgruppenleiter beurlauben und dem Gauleiter melden."* [58] Am 29. 9. 1932 forderte er die bisher nicht eingegangenen Wahlbeiträge bis zum 3. Oktober um 10 Uhr ein und drohte: *„Diejenigen Ortsgruppenleiter, die diesen Termin verstreichen lassen, ohne die gesammelten Beiträge abgeliefert noch entsprechende Meldung gemacht zu haben, werde ich in meinem Bericht an den Gauleiter besonders benennen. Bei der Meldung des Sammelergebnisses müssen die Pgg."* (= Parteigenossen) *„aufgeführt werden, die einen Beitrag zur Wahlspende nicht gezeichnet haben...."* [59]. Am 26.10. 1932 kritisiert er das Fehlen einiger Ortsgruppenleiter bei den befohlenen Besprechungen in der Kreisleitung und droht schließlich: *„Ich weise noch darauf hin, dass ich in Zukunft nicht mehr gewillt bin mit Ortsgruppenleitern zusammenzuarbeiten, die* *den Anordnungen der Kreisleitung nicht Folge leisten."* [60]

Dies geschah mitten im Wahlkampf für die Reichstagswahl im November. Noch einmal konnte die NSDAP für den 5.11.32 auf Drängen und mit Unterstützung des Gaus eine Großkundgebung in Frechen durchführen. Der willkommene Anlaß war die Rede eines übergelaufenen Kommunistenführers und Bergarbeiters aus dem Ruhrgebiet. Die Polizei stellte einen Versammlungsbesuch von 400 Personen fest.[61] Die Partei hatte offensichtlich wieder Leute aus dem gesamten Landkreis und Köln aufgeboten.

Doch trotzdem wurde die Wahl zum Fiasko: Die NSDAP erhielt in Frechen nur noch 992 von 8174 Stimmen (12,14%). Die Krise der Partei im Kreis und in Frechen spitzte sich weiter zu. Ende November sah sich der Kreisleiter durch den Gau gezwungen persönlich im Kreis bei den einzelnen Ortsgruppen die Finanzunterlagen zu überprüfen.[62]

Besonders eklatant war zu jener Zeit die Schwäche der Frechener NSDAP hinsichtlich ihrer Mitgliederstruktur. Das zeigt folgender Vorgang: Als der Kreisleiter Loevenich am 24.11.1932 von den Ortsgruppen die Angabe von Mitgliedern mit 11 gesellschaftsrelevanten Berufen einforderte (wie *„1. Geistliche"*, *„2. Lehrer aller Grade"*, *3. Berater an Museen..."* *„4 Tonkünstler"* usw.), erhielt er aus Frechen zu 10 (!) Punkten bzw. Berufssparten Fehlanzeigen. Nur zu Punkt 2 konnte der Ortsgruppenleiter Reiner Stumpf einen (!) *„Volksschullehrer der evgl. Schule"* melden: *„Paul E."* [63]

Im Winter 1932/33 stand die Frechener NSDAP - wie auch die des Kreises - offensichtlich am Rande des Zerfalls. Die Befehlskette der landkölner NSDAP funktionierte nur noch bedingt: Die seit Monaten schwindende Beachtung von Anordnungen und Befehlen des Kreisleiters seitens einer Reihe von Ortsgruppenleitern war ein deutliches Zeichen für eine wachsende Autoritätskrise Heinrich Loevenichs bzw. seiner landkölner Partei. Denn das Beharren auf Befehl und Gehorsam war für die Führerpartei NSDAP unerläßlich. Die Partei konnte vom Kreisleiter Heinrich Loevenich nur noch mit massivem Befehlsdruck bzw. Drohungen zusammengehalten werden.

So schien damals für die Frechener Juden diese hiesige NSDAP trotz ihres aggressiven Gebarens keine ernst zu nehmende Gefahr zu sein; eher eine skurrile Randerscheinung.

DIE JUDENVERFOLGUNG IN FRECHEN BEGINNT

1933

Josef Levy (Teil III):

„…Dieses friedliche Dasein änderte sich natürlich drastisch, als die Nazis 1933 zur Macht kamen. Die antisemitischen Aktionen begannen sofort. Die Juden wurden als Unmenschen erklärt und als schuldig befunden für das Übel nicht nur in Deutschland, sondern in der ganzen Welt.

Stufenweise wurden wir durch die Hitlerdiktatur erniedrigt und gedemütigt. Man boykottierte jüdische Geschäfte und versuchte alles nur Mögliches, um Juden in ein schlechtes Licht zu präsentieren.…"

Angesichts der hemmungslosen Hetze beider Frechener Naziführer, Heinrich Loevenich und Reiner Stumpf, in den Jahren vor 1933 gegen die Juden als Urheber ‚allen Übels' in der Welt – vor allem des Kommunismus und Marxismus – war anzunehmen, daß sie sofort ihren Haß in Maßnahmen gegen die Juden umsetzen würden, wann immer sie die Macht und damit die Gelegenheit dazu haben würden.

Die Gelegenheit zur realen Durchsetzung ihres Fanatismus gegen die Juden und andere schien sich unerwartet am 30. Januar 1933 zu ergeben. Es war die Übergabe der Macht im Reich an Hitler durch den Reichspräsidenten Paul v. Hindenburg. Vielerorts in Deutschland kam es auch sofort zu antijüdischen Exzessen.

Doch in Frechen waren bisher, wie schon geschildert, nicht die Juden, sondern die Nationalsozialisten selbst gesellschaftliche Außenseiter.
So mußten sie erst ihre Außenseiterrolle überwinden, indem sie die Macht in der demokratisch gelenkten Gemeinde usurpierten. Dies geschah, wie schon an anderer Stelle erläutert, durch die dem preußischen Innenminister Göring unterstellte und von dort zunehmend gelenkte Polizei.[64] Forciert wurde diese Entwicklung nach dem 30. Januar allgemein durch das immer rabiatere Auftreten der Nationalsozialisten, vor allem der SA. Im damaligen NS-Sprachgebrauch hieß das: durch die sogenannte „nationale Revolution".

Hier zunächst mit wenig Erfolg! Die hiesige NSDAP war, sowohl im Kreis als auch in Frechen selbst, zu Anfang Januar 1933 noch zu schwach, zu ausgegrenzt und dazu in einem ziemlich prekären Zustand. Sie war auf einem kritischen Tiefpunkt angelangt, wie wir schon im vorigen Kapitel ausführlich gesehen haben. Dieser Zustand dauerte auch im Januar 1933 an.

Nach wie vor hatte der Kreisleiter Loevenich massive Probleme mit der Durchsetzung seiner und übergeordneter Befehle. In seiner „Befehlskette" nach unten ‚knirschte' es ständig. So war er weiterhin damit beschäftigt, das parteiobligatorische Führerprinzip wieder strikt durchzusetzen und die entschlossene Einsatzfreudigkeit und -bereitschaft aller Parteimitglieder wieder herbeizuführen. Das geschah noch immer mit massiver Kritk an Ortsgruppenleitern und Parteimitgliedern und mit der Androhung von Parteiausschluß oder Absetzung, wenn man nicht sofort seine Befehle befolgte.[65]

Noch demonstrativeres massenhaftes Auftreten sollte diese labile Situation der Partei im Landkreis stabilisieren und gleichzeitig der Öffentlichkeit wachsende Stärke vorgaukeln. So befahl und arrangierte er kurzfristig für den 22. Januar 1933 - offensichtlich mit massiver Unterstützung des ‚Gaues' - einen Propagandamarsch mit Musikkapelle, der von Köln nach Frechen und wieder zurück führte. Hierbei wurden ca. 700 Marschteilnehmer (SA und SS vornehmlich) aus der gesamten Region aufgeboten, die vom Aachener Weiher in Köln aus loszogen. Erst am Bahnhof Frechen schlossen sich die Frechener Vertreter der Partei (die sog. „Amtswalter") an, während sich der Kreisleiter Loevenich und der Ortsgruppenleiter Stumpf an die Spitze des „Aufmarsches" setzten.[66] Diese einmalige Aktion änderte aber nichts an der Tatsache, daß selbst nach der ‚Machtergreifung' Hitlers der beschriebene mißliche Zustand der hiesigen NSDAP zunächst anhielt.

Doch die unvermittelt errungene Macht im Staat und ihre zunehmende Festigung erwiesen sich, mit einer gewissen Zeitverzögerung, als entscheidend motivationsfördernd und hilfreich. So konnte der Kreisleiter schließlich doch wieder die Ortsgruppenleiter und Parteimitglieder ‚auf Linie' bringen; d.h. die straffe Organisation nach dem Führerprinzip durchsetzen und damit seine eigene Macht sichern.

Im gesamten Februar 1933 scheinen jedoch die kommunalen Machtverhältnisse in Frechen, also im Rathaus, stabil geblieben zu sein. Der Bürgermeister Dr. Toll berichtete als örtlicher Polizeichef am 14. Februar wie eh und je an den Landrat Heimann über die Tätigkeiten der republikfeindlichen radikalen Parteien, d.h. sowohl über die der NSDAP als auch die der Kommunisten.[67]

Obwohl Göring bereits in einem Runderlaß vom 17. Februar aus gegebenen Anlässen örtlichen „Polizeiverwaltern", die seiner Ansicht nach „infolge ihrer parteipolitischen Einstellung ihrer Aufgabe nicht gewachsen waren", mit Konsequenzen drohte und zur Sicherung der „staatlichen Autorität" u. a. „staatliche Schutzpolizei- und Landjägereibeamte gemäss § 7 PVG" zuzuteilen in Aussicht stellte, ließ Dr. Toll sich durch diesen „Druck von oben" noch nicht beeindrucken.

Allerdings mußte der Bürgermeister am 21. Februar aufgrund einer, wie er angab, „allgemeinen Anweisung" von Göring eine Sitzung zwecks eventueller Versöhnung mit den nationalen Verbänden einberufen, die er jedoch noch souverän abwickelte.[68]

Den ihm auferlegten Tagesordnungspunkt „Heranziehung von SA, SS und Stahlhelm als Notpolizei" münzte er kurzerhand in eine „informatorische Besprechung" um. Er verhinderte eine sofortige lokale Entscheidung mit dem Hinweis auf eventuelle regionale Lösungen.

Auf diese Weise konnte er sich diese „Hilfstruppen" vorerst, d.h. bis zum 15. März, aus dem Rathaus heraushalten.[69] Vielerorts in Deutschland – auch in Köln – wurde diese Hilfspolizei schon Mitte Februar eingesetzt. Weiterhin erklärte er ausdrücklich, daß er nur als Ortspolizeivorstand, aber nicht als Gemeindevorstand zu „Gehorsam gegenüber den vorgesetzten Staatsbehörden" verpflichtet sei.[70]

Er ließ sich von den anwesenden „Vertretern der nationalen Verbände", Heinrich Loevenich, Reiner Stumpf, Hermann Böhm und Ernst Huck sowie vom örtlichen Stahlhelmführer Josef Gummersbach unwidersprochen bestätigen, daß es keine Notwendigkeit zur Versöhnung gebe, weil es für diese Verbände nie Anlaß „zur Klage wegen ungerechter Behandlung" gegeben habe. Da er die Gefährlichkeit des Kreisleiters Loevenich schon richtig einschätzte, ließ er sich von diesem noch gesondert öffentlich bestätigen, daß jener keine Bedenken habe gegen seine (Dr. Tolls) „nationale und politische Zuverlässigkeit" sowie die des Gemeindesyndikus Dr. Effertz. Loevenich wagte zu diesem Zeitpunkt noch nicht den geringsten Widerspruch trotz der seit Jahren latenten Spannungen zwischen ihm und Dr. Toll.[71]

Doch ein Ereignis, der Reichstagsbrand am 27. Februar 1933, sollte die Situation schlagartig ändern. Der nun einsetzende staatlich gelenkte Terror ermöglichte es den Frechener Nazis, auch die hiesigen Juden vorauseilend zu verfolgen.

Der 27. Februar 1933
Der Tag, der alles ändert

Selbst am Tage des Reichstagsbrandes, am 27. Februar, schien in Frechen alles wie immer:

Denn an diesem Tage beschwerte sich der Ortsgruppenleiter der NSDAP Reiner Stumpf beim Kreisleiter Loevenich, daß der Frechener Gemeindesyndikus Dr. Josef Effertz (als Ortspolizeibehörde) schon wiederholt seinen *„Aufforderungen"*, Maßnahmen gegen KPD und SPD durchzuführen, nicht nachgekommen sei. Er hatte u. a. Versammlungsverbote und das Abhängen von Schaukästen verlangt. Reiner Stumpf schloss mit der Forderung *„Bei Dr. E. wäre meines E. ein kleiner Hinweis von Nöten."*[72] Diese Bemerkung war nichts anderes als eine Aufforderung, dem Dr. Effertz mit Gewalt zu drohen. Sie zeigt bereits die wachsende Unverfrorenheit und Ungeduld des hiesigen Ortsgruppenleiters. Er hoffte offensichtlich auf ‚tatkräftige' Hilfe aus Köln angesichts der dort schon stärker und gewalttätiger agierenden Nazis.

Andererseits protestierte ebenfalls am 27. Februar der Fraktionsvorsitzende der KPD Johann Bürger brieflich heftig beim örtlichen Polizeichef Dr. Toll wegen Polizeimaßnahmen gegen die KPD. Die offene Art des gesamten Briefinhaltes zeigte, daß er glaubte, in Frechen herrschten rechtlich noch Weimarer Verhältnisse. Das heißt u. a., daß er offensichtlich meinte, der Bürgermeister besitze noch uneingeschränkt die Polizeihoheit und somit sei die bisher unter Dr. Toll übliche Rechtssicherheit garantiert. So schrieb er erstaunlich offen in diesem Brief Folgendes: *„Wohl kann man die Partei verbieten, aber die Lehren von Karl Marx und Lenin, die in Millionen Köpfen verankert sind (,) kann man nicht verbieten. Den Hunger der Millionenmassen kann man auch nicht mit einem Federstrich beseitigen. Aus diesen Gründen wird trotz alledem der Kommunismus Sieger bleiben."*[73]
Der Bürgermeister schrieb ihm als Antwort: *„Die von mir getroffenen polizeilichen Maßnahmen […] sind nicht aus eigner Entschließung, sondern auf Grund von mir zugegangenen grundsätzlichen Anweisungen der Landesbehörde ergangen. Ohne auf Einzelheiten eingehen zu können, muß ich Ihnen mitteilen, dass ich zu meinem Bedauern zu einer Zurücknahme oder Abänderung der Anordnungen nicht in der Lage bin."*[74] Tatsächlich waren diese Maßnahmen bereits auf Befehl des von Göring eingesetzten Polizeiführers West unter dem Kommando eines Frechener Landjägerbeamten durchgeführt worden.[75]

Diese Mitteilung des Bürgermeisters, die möglicherweise auch als Warnung, vorsichtiger zu sein, gedacht war, hat Bürger sicher nicht mehr empfangen können.
Denn ausgerechnet am selben Tag, dem 27. Februar, fand ein Ereignis statt, das alles änderte: der Reichstagsbrand. Van der Lubbe, ein niederländischer Linksanarchist, war der Brandstifter. Die Tat wurde sofort von den Nazis den Kommunisten in die Schuhe geschoben. Dabei ist der Fall bis heute nicht eindeutig geklärt.

Günstiger konnte es für die neuen Machthaber im Reich nicht kommen.
Das Ereignis war ein Glücksfall für sie. *„Hitler nutzte sofort die Gunst der Stunde und rief den Notstand aus"*, um einer angeblich bevorstehenden kommunistischen Revolution zuvorzukommen.[76] Am nächsten Tag erließ Hindenburg die „Reichstagsbrandverordnung", die den Polizeistaat gesetzlich sanktionierte. Nun konnte jeder auf bloßen Verdacht hin oder sogar zu seinem angeblich eigenen Schutz verhaftet werden.

Bemerkenswerterweise gleichzeitig (28.02.1933) verschickte der Regierungspräsident an alle Ortspolizeibehörden – wohl zur Betonung der Größe der Umsturzgefahr – einen angeblichen Aufstandsaufruf des Rotfrontkämpferbundes. Das Schriftstück stand unter der *„Parole"*: *„Massenentwaffnung der SA und SS. Sturz der faschistischen Diktatur".*[77] In dem dezidiert ausgearbeiteten Plan wird auch von einer Einheitsfront mit christlichen, sozialdemokratischen und Reichsbannerarbeitern gesprochen.[78]
Eine illusorische Vorstellung: Denn bisher

waren in Frechen führende SPD-Leute von der KPD nur – auch gewalttätig – verfolgt worden.

Nun wurde die Bevölkerung durch die schon weitgehend gleichgeschaltete Presse und den Rundfunk mit den entsprechenden Schreckensmeldungen vom kommunistischen Aufstand überflutet und emotional verunsichert. Es herrschte ab dem 1. März in Deutschland ein staatlich gedecktes Terrorklima und in der Bevölkerung eine kommunistische Aufstandspsychose, die durch die skrupellose Reichstagsbrandpropaganda der Nazis in Presse und Rundfunk geschürt wurde. ‚Staatsfeindlich' waren nicht mehr die Radikalen von links und rechts, sondern nur noch die von links. Die Rechtsradikalen waren plötzlich die Garanten des jetzt „nationalen Staates"; vor allem die gewaltbereiten Schlägertrupps der Nationalsozialisten, die SA und SS. Fortan stand jeder in Gefahr, verdächtigt zu werden, d.h. zu den Kommunisten zu gehören oder ihr Kollaborateur zu sein. Jeder stand unter ständigem Rechtfertigungszwang, der nicht Nationalsozialist oder zumindest deutschnational eingestellt war.

Jetzt entwickelte sich auch hierzulande die Hochzeit der sogenannten „Nationalen Revolution".
Die paramilitärischen Trupps der Nationalsozialisten, SA und SS, gebärdeten sich revolutionär d. h. brutal und rücksichtslos, um auch auf unterster Ebene, in den Kommunen, an die Macht zu kommen. Sie inszenierten eine ständige Orgie der Gewalt. Das war für diese ‚Revolutionäre' nahezu risikolos, weil deren Gewalttaten durch die „nationale Regierung" in Person Görings und die von ihm zunehmend gelenkte Polizei gedeckt, geduldet und inoffiziell auch schon gefördert wurden; ganz gemäß dem damaligen Ausspruch Görings: „Wo gehobelt wird, fallen auch Späne!"

Der Wahlkampf zu den Reichstagswahlen vom 5. März und zu den für Frechen so wichtigen Kommunalwahlen vom 12. März wurde so durch ständigen Terror unterschiedlichster Art gegen alle nicht nationalistischen Parteien, Personen und Gruppen massiv einseitig gestört und im Grunde zur demokratischen Farce.

In der Nacht zum 1. März setzte im Landkreis Köln und vor allem in Frechen die Verfolgung der Gegner der Nationalsozialisten im Rahmen der polizeistaatlichen Schutzhaftmaßnahmen ein. Das heißt: Es wurden Verhaftungen vorgenommen aufgrund willkürlicher Verdächtigungen oder sogar aufgrund der angeblichen Absicht, den Verhafteten selbst schützen zu müssen.

Von nun an hatte der Bürgermeister kaum noch Einfluß auf polizeiliche Maßnahmen. Verstärkend kam hinzu, daß ab dem 2. März Schutzhaftnahmen nur noch von der Kreisverwaltung ausgesprochen werden durften. Außerdem drohte Göring erneut in einem Erlaß vom 8. März 33: *„Das Verhalten unzuverlässiger Polizeiverwalter ist durch Einleitung dienststrafrechtlicher Maßnahmen zu ahnden…."* [79]
Dr. Toll konnte nur noch versuchen, Abmilderungen bzw. Rücknahmen von Verhaftungen in Einzelfällen zu erreichen. Das versuchte er auch und erreichte es gelegentlich, wie wir noch sehen werden. Außerdem sorgte er dafür, daß polizeiliche Verhaftungen bzw. Verhöre korrekt verliefen, was damals schon keine Selbstverständlichkeit mehr war.

Nun lieferten die hiesigen Parteigewaltigen der NSDAP, quasi als ernannte Fachleute für das Erkennen von Staatsfeinden, im Rahmen der staatlicherseits angeordneten pflichtgemäßen Beratung der Polizeibehörden durch sie, die Namen von Verdächtigen. Die wurden dann wegen eventueller Staatsgefährdung oder auch wegen ihrer angeblichen eigenen Gefährdung in Schutzhaft genommen.
Das ging auf Befehl des Kreisleiters Loevenich innerhalb der NSDAP streng nach dem Führerprinzip. Die Ortsgruppenleiter sammelten Namen und eventuelle „Gründe" und reichten sie dann an den Kreisleiter weiter. Loevenich besprach sie dann mit diesen und übergab sie anschließend nach eigener Entscheidung an die Polizeibehörden zur „Schutzhaftnahme". Parteigenossen einschließlich Ortsgruppenleitern verbot Loevenich ausdrücklich, selbst irgendwelche Meldungen jedweder Art an Behörden machen zu wollen. Wer nicht strikt das „Führerprinzip" einhielt, dem drohte Loevenich schon seit Monaten, wie wir schon gesehen haben, mit dem Parteiausschluß wegen Disziplinlosigkeit (s.o.!).

Seitdem war in Frechen der Ortsgruppenleiter Reiner Stumpf in der Regel der zentrale und verschwiegene Ansprechpartner aller Informanten und Denunzianten. Er entschied über die Weitergabe und war damit der Herr über das Schicksal der Denunzierten. Jetzt sahen die

Frechener Nazis ihre Stunde gekommen, um mit ihren Gegnern abzurechnen und ungestraft „alte Rechnungen zu begleichen". Als erstes sorgten sie dafür, daß ihre, hinsichtlich der Bereitschaft zu physischer Gewaltanwendung, gefährlichsten Feinde, die Kommunisten, speziell die Mitglieder des in bewaffneten Auseinandersetzungen geübten Rotfrontkämpferbundes (RFB), in Schutzhaft kamen.

Vordergründig ging es dabei um die „*Verhinderung eines bewaffneten kommunistischen Aufstandes und um die Einziehung der kommunistischen Waffen, speziell Schusswaffen durch die Polizei.*"[80] Waffen gab es tatsächlich, wie man in Frechen aus Erfahrung wußte. Sie wurden schon häufiger in den Straßenkämpfen zwischen den Kommunisten und der SA auf beiden Seiten eingesetzt. Die Kommunisten hatten hier auch bis zur Machtübernahme Hitlers mehr Waffen als die Nazis. Es ging aber nun vor allem um Rache für eine heftige Schießerei in der Nacht des 30. Januar zwischen Nazis und Kommunisten, bei denen ein SS-Mann angeschossen worden war (siehe Anh. / Hintergrundinformation 1).

So wurden in der Nacht vom 28.2. zum 1. März siebenundzwanzig „Kommunistenführer" bzw. RFB-Leute „*anweisungsgemäß*" aufgrund § 22 der Reichstagsbrandverordnung von der Frechener Polizei unter Leitung der Gendarmerie (Landjägerei) verhaftet.[81] Die Anweisungen waren vom Landrat auf Forderung des NSDAP-Kreisleiters Loevenich gekommen. Weitere folgten in den Tagen danach. Der Frechener Bürgermeister war zwar weisungsgebunden. Doch er lehnte Verhaftungen sofort ab, wenn er feststellte, daß die betreffenden Personen „*nicht zu den führenden Persönlichkeiten der KPD*" gehörten oder wenn es große soziale Härten gab[82] (siehe Anh./Hintergrundinformation 2).

Bei diesen Festnahmen blieb es nicht. Ausgerechnet am Sonntag der Gemeinderatswahl (12.03.33) wurden erstmals Nichtkommunisten verhaftet und in das Gefängnis Klingelpütz eingeliefert: der Gewerkschaftsführer Christian Kaiser, der Führer des ‚Reichsbanners' der SPD Emil Schröter; außerdem der SPD-Gemeinderatskandidat und Führer der „Eisernen Front" Paul Warmke sowie der bisherige Fraktionsvorsitzende der SPD, Peter Kaiser. Letzterer war ein Mann, der bisher immer nur von Kommunisten verfolgt, bedroht und tätlich angegriffen worden war. Diese unglaublichen Rechtsbrüche am Sonntag der Kommunalwahl waren nur möglich, weil dabei SA und SS schon eingeschränkt als eine Art Hilfspolizei auftraten. Obwohl es in Frechen offiziell noch keine Hilfspolizei gab, wurden auf höhere Anweisung hin, wegen der angeblichen Gefahr marxistischer Angriffe speziell „*zur Sicherung der Wahllokale*" SA und SS anstelle der bisher üblichen Feuerwehr eingesetzt.[83]

Die offizielle Rundverfügung des Regierungspräsidenten zu diesen Verhaftungen der führenden SPD-Kandidaten am Wahltag datierte erst einen Tag später (13. März 1933).[84] Dr. Toll hielt am gleichen Tag, offensichtlich verärgert, in einer Meldung an den Landrat fest, daß die Verhaftungen am Wahlsonntag allein auf „*Veranlassung der Kreisstelle der NSDAP*", also des Kreisleiters der NSDAP Loevenich erfolgten.[85] Das geschah allerdings, wie schon vorher, unter der Leitung eines Oberlandjägers.

Bei diesen Verhaftungen blieb es nicht. Es wurden 81 Personen aus Frechen innerhalb weniger Monate im Rahmen dieser „Kommunistenverfolgung" für unterschiedlich lange Zeit verhaftet, darunter etliche Nichtkommunisten (über 10 %).[86]

Darüberhinaus gab es noch viel mehr Verhaftungen bis ins Jahr 1934 hinein, oft durch SA und SS, die nur einen Tag oder wenige Stunden dauerten. Unter diesen Kurzzeitverhafteten waren Leute unterschiedlichster Richtungen wie Sozialdemokraten, christliche Gewerkschafter oder katholische Jugendführer.[87]

Die nationalsozialistische Hilfspolizei (SA / SS) fühlte sich währenddessen in ihrem Machtrausch schon so stark, daß sie sogar auf eigene

Emil Schröter, der Führer des Reichsbanners der SPD in Frechen

Faust gegen Stahlhelmleute, ihre „nationalen" Verbündeten, vorging und diesen die Waffen abnahm.

Seit Mitte März wuchs mit der zunehmenden Macht der hiesigen NSDAP auch bei Teilen der Bevölkerung die Akzeptanz dieser Partei. Einerseits waren es die stillen Sympathisanten, die sich nun trauten offen einzutreten, andererseits auch manche, die nun aus reinem Opportunismus die Seiten wechselten. Bald hatte die Partei auch Mitglieder aus fast all jenen gesellschaftsrelevanten Gruppen, die noch im Winter 1932/33 in ihr nicht vertreten waren (siehe vorheriges Kapitel). Insbesondere manche Beamten, die wegen des Gesetzes zum Schutze des Berufsbeamtentums um ihre Stellung fürchteten, traten aus Angst vor einer Entlassung ein (die sogenannten „Märzgefallenen"!). Diese opportunistischen Vorgänge veranlaßten offensichtlich den Kaplan Havenith von St. Audomar, im Frechener Tageblatt vom 8. Mai 1933 eine scharfe Glosse „*Regenwurmrückgrat*" zu schreiben zusammen mit einem Artikel „*Rasse*" gegen die Rassenideologie.[88]

Bis zum Frühjahr 1934 wuchs die Mitgliedschaft der Frechener NSDAP immerhin auf 359 Personen im Gemeindegebiet Frechens.[89] Kein berauschendes Ergebnis im reichsweiten Vergleich. Bis zum Sommer 1934 sank sie sogar wieder auf 342 Personen, bei einer Einwohnerzahl von 15682 und Anzahl der Haushaltungen von 3976.[90] Doch dabei blieb es zunächst. Denn im Dezember 1934 gab es die Gesamt-Mitgliederzahl von 343 (330 Männer und 13 Frauen).[91]

Diese ‚Kommunistenhatz' infolge des Reichstagsbrandes war für die Frechener Nationalsozialisten auch der geeignete Moment, um hiesige Juden zu verfolgen.

Mutige Artikel des Kaplans Havenith gegen Opportunisten und die Rassenideologie.
(Frechener Tageblatt vom 08.05.1933)
Er betont im Artikel „Rasse" (hier: Ausschnitt) den überragenden Wert der sich gegenseitig befruchtenden Kulturen Europas.

CARL HAVENITH
Präses des Jugend- und Jungmännervereins St. Audomar
Frechen, 15. Mai 1931 — 8. Februar 1934.

Carl Havenith mußte auf Druck der NSDAP Frechen verlassen (vielverkaufte Abschiedspostkarte)

Vorauseilender Terror der Frechener Nazis gegen hiesige Juden - willkürliche Verhaftung führender Juden

Nach dem Reichstagsbrand erkannten die Frechener Nazis sofort die Möglichkeit, hier ihre stets propagierte Abrechnung mit den Juden endlich zu praktizieren. Dies geschah im Rahmen der oben erwähnten polizeistaatlichen Willkürmaßnahmen aufgrund der Reichstagsbrandverordnung. Dazu wurde die damit verbundene Kommunistenverfolgung als Vehikel benutzt. Denn für die hiesigen Naziführer standen Juden, wie schon erwähnt, ohnehin mit dem Kommunismus im Bunde. In ihrem abstrusen Weltbild waren Juden die Drahtzieher dieser linken Ideologie.

So begann die Judenverdächtigung bzw. -verfolgung in Frechen schon am Tag nach dem Reichstagsbrand, am 28. Februar, mit einem nebensächlichen, mehr kuriosen Fall. Er hatte mit Frechen eigentlich nichts zu tun. Er war jedoch charakteristisch für die damals durch Presse und Funk aufgeheizte Stimmung und typisch für viele spätere Verfahrensabläufe bei antijüdischen Maßnahmen in Frechen. Er war auch typisch für das Verhalten mancher sogenannten „politischen Leiter" in der Frechener Ortsgruppe der NSDAP:

Der Betriebsleiter Hesemann der Brikettfabrik Schallmauer, ein führendes NSDAP-Mitglied und späterer Beigeordneter in Frechen, war offensichtlich von den kommunistischen Aufstandsgerüchten so überzeugt, daß er seinen Betrieb sofort nach möglichen ‚roten' Staatsfeinden oder Terroristen durchleuchtete. Schnell fiel ihm auf, daß in einem Wohnhause der „Firma Schallmauer" in Gleuel (!) eine russische Jüdin wohnte, deren *„Mann vor längerer Zeit ausgewiesen wurde."*[92] Bei dieser Konstellation ‚russisch' und ‚jüdisch' läuteten bei ihm sofort die Alarmglocken. Da auch noch deren Schwester aus Riga zu Besuch war, vermutete er *„jedoch stark, dass Frau R. sowie ihre angebliche Schwester Agentinnen der Sowjetrepublik sind und mit der KPD in Verbindung stehen...."*, obwohl er schon festgestellt hatte, *„dass die Frau sich von den berüchtigten Gleueler Kommunisten fernhält."*[93] Er meldete seinen Verdacht, wie vom Kreisleiter vorgeschrieben, streng nach Parteiorder seinem Ortsgruppenleiter R. Stumpf. Dabei empfahl er diesem *„eine Haussuchung, jedoch nicht durch die Landjägerei sondern durch die polit. Polizei".*[94]

Reiner Stumpf leitete die Meldung weiter an den Kreisleiter Loevenich zwecks eventueller Maßnahmen; nicht ohne anzumerken, daß dieser Fall ja nicht in seinen Frechener Bereich gehöre, da die Frau in Gleuel wohne.[95]

Hatte dieser Fall auch nichts mit Frechen zu tun, so wurde jetzt von den hiesigen Naziführern selbst – vorauseilend jeder staatlichen oder gesamtparteilichen Direktive – hier die Judenverfolgung eingeleitet. Gezielt wurden nun drei Frechener Juden wegen des angeblichen Verdachts auf kommunistische Umtriebe verhaftet und ins provisorische Polizeigefängnis am Bonner Wall in Köln gebracht. Keiner von ihnen war Kommunist oder hatte kommunistischer Agitation Vorschub geleistet. Aber als Juden standen sie ja ‚per se' unter Verdacht.

Die ‚Auswahl' der Verhafteten war perfide ausgedacht:

Es waren nicht irgendwelche Juden, die sie verhafteten. Es waren nur solche, die eine herausragendere gesellschaftliche und wirtschaftliche Rolle spielten oder gespielt hatten. Auf diese Weise konnten die Nazis allen Frechener Juden demonstrieren, daß keiner mehr vor Gewaltmaßnahmen sicher sei und der gesellschaftliche Einfluß ihrer Vertreter jetzt rücksichtslos und erfolgreich bekämpft werden könne und werde. Es waren also nicht nur Droh- und Machtgebärden gegenüber allen Juden, sondern auch unausgesprochene gegenüber der noch im Amt befindlichen Gemeindeführung, dem Bürgermeister Dr. Toll.

Da war vor allem der von den beiden Naziführern seit Jahren verteufelte Synagogenvorsteher und Viehhändler Albert Billig. Außerdem war da ein zweiter Viehhändler, Alfred Heumann. Der wohnte am Rathaus, direkt gegenüber von Bürgermeister Dr. Toll. Beide wurden wahrscheinlich auch ausgesucht, weil sie Viehhändler waren. Denn die Nazis wollten vor allem die jüdischen Viehhändler schnell aus der Wirtschaft ausgrenzen.

Als dritten Schutzhaftgefangenen nahmen sie den Kaufmann Moritz Meyer, der wegen seiner sozialen Taten in Frechen allseits besonders bekannt war. Er war der Inhaber des „Kaufhauses Meyer", das bevorzugt von Arbeitern wegen der günstigen Preise frequentiert wurde. Alle drei Juden wurden pauschal verdächtigt, die KPD unterstützt zu haben. Sie wurden deshalb ‚zu ihrem eigenen Schutz' in Schutzhaft genommen, da ihnen angeblich der Volkszorn drohte.

Moritz Meyer –
Ein auswärtiger Nazi kämpft für seinen „anständigen Juden"

Am 13. März wurde Moritz Meyer von der Polizei in Schutzhaft genommen. Frau Meyer glaubte an einen Irrtum. Sie ging sofort dagegen an. Am Vormittag des 17. März fuhr sie in Begleitung eines Geschäftsfreundes ihres Mannes, des Herrn Hugo Hirth aus Köln, zum Landratsamt nach Köln. Dort wurde sie dann an den Kreisoberinspektor Müller verwiesen. Dem trug sie *„den gesamten Fragenkomplex in Angelegenheiten"* ihres Mannes vor. Ein vorgeschobener Hauptgrund für die Schutzhaft war offensichtlich auch die Behauptung, daß *„die Bevölkerung Frechens gegen"* ihren Mann eingestellt sei. Das reichte seit 2 Wochen aus, um jemanden „zu seinem eigenen Schutz" zu verhaften. Eine typische Begründung, die in den Monaten der Machtergreifung immer wieder von den hiesigen Nazis angeführt wurde; selbst beim späteren Sturz des Frechener Bürgermeisters und des Landrates. „Bevölkerung" oder sogar „gesamte Bevölkerung" bedeutete da in Wirklichkeit nur die „nationalgesinnte Bevölkerung", d.h. die Nationalsozialisten, Deutschnationale oder sogar nur SA- oder SS-Schläger. Alle, die nicht mitmachten oder dagegen waren, zählten nicht zur „Bevölkerung" und konnten als „Volksschädlinge" verfolgt werden.

Nach dem Gespräch mit dem Kreisoberinspektor Müller gab Frau Meyer *„schriftliche Beschwerde gegen die Verhaftung"* ihres Mannes zu Protokoll, in der sie ausdrücklich gegen diese *„vermeintliche Annahme"* anführt, *„dass nach der Teilnahme aus allen Kreisen der Bevölkerung, (auch aus nationalsozialistischen), das gerade Gegenteil der Fall ist."*

Zur Sicherheit schrieb sie am gleichen Nachmittag noch einen Brief an den Bürgermeister Dr. Toll, in dem sie ihn über die Vorgänge und die Beschwerde unterrichtete. Abschließend bat sie ihn, dem sie aus langjähriger Erfahrung offensichtlich besonders vertraute, um Unterstützung mit den Worten: *„... bitte ich Sie ergebenst, unter Berücksichtigung, dass Ihnen als Bürger und Mensch mein Mann in jeder Weise als eine friedliche Persönlichkeit bekannt ist, zu deren Verhaftung keine Veranlassung vorlag, meinen Antrag auf Freilassung meines Mannes, zu unterstützen. Ich hoffe sehr, sehr verehrter Herr Bürgermeister, dass Sie mir in diesen schweren Stunden, die ich infolge der Verhaftung meines Mannes durchlebe, in jeder Beziehung beistehen werden. Ich danke Ihnen im Voraus für Ihre Bemühungen und zeichne mit vorzüglicher Hochachtung ..."*[96]

Noch vor wenigen Wochen hätte dieser Brief an den Bürgermeister sofort Wirkung gezeigt und zur Freilassung des Mannes geführt. Doch Dr. Toll war zwar noch immer der gewählte Bürgermeister und, was noch wichtiger war, der Chef der Frechener Polizei, aber hinsichtlich der Kommunistenverfolgung und der damit verbundenen Verfolgung aller Nazigegner hatte er kaum noch Einfluß auf die Polizei. Es setzte jetzt eine schnell zunehmende Schwächung der örtlichen Polizeiverwaltung ein. Die Erklärung der Schutzhaft war den Bürgermeistern seit dem 2. März entzogen. Außerdem drohte Heinrich Loevenich, der Kreisleiter der NSDAP und nun, nach der Kommunalwahl, der neue Vorsitzende der NS-Fraktion im Gemeinderat, dem Frechener Verwaltungschef mit Untersuchungen über angebliche Mißwirtschaft und Gesetzwidrigkeiten im Amt. Dr. Toll mußte infolgedessen jederzeit damit rechnen, daß sein bisher konsequenter Einsatz gegen „staatsfeindliche Parteien", speziell die NSDAP, und seine frühere taktische Zusammenarbeit mit der KPD und SPD sowie sogar seine Geldspenden an deren Wohlfahrtsorganisationen ihn selbst zur „Inschutzhaftnahme" führen könnten. Das war keine leere Drohung: Tatsächlich wurde gegen ihn und andere Zentrumsbürgermeister im Kreis 1933/34 „Material" zu sammeln versucht, um sie unter Druck zu setzen bzw. aus dem Amt zu drängen.[97]

Trotzdem hat Dr. Toll sich bemüht, Verhaftungen zu verhindern oder aufzuheben. Einige solcher Fälle sind noch belegbar: Er wandte sich beispielsweise gegen die vom Kreisleiter Loevenich geforderte Verhaftung der Arbeiter Peter Wienand und Matthias Münchrath, weil diese beiden keine *„führenden Persönlichkeiten der K.P.D."* seien. Die „Inschutzhaftnahme" des Jakob Juchem verhinderte er mit der Begründung, *„weil seine Ehefrau z. Zt. lebensgefährlich erkrankt ist."*[98] Sein Versuch, auch die *„Freilassung"* des SPD-Mitgliedes Fritz Münchrath zu erreichen, scheiterte am Einspruch des Ortsgruppenleiters der NSDAP *„im Einvernehmen mit dem Kreisleiter"* Loevenich.[99]

So ist anzunehmen, daß er dies auch im Fall Moritz Meyer versucht hat. Zumindest hat er am 22.3.33 dem Landrat zugunsten des jüdischen Schutzhäftlings geschrieben, *„daß Meyer mehrmals die Frechener Notgemeinschaft mit Spenden bedacht hat, zuletzt am 14.2.d.Js. mit 100.- RM."*[100]

```
                    A b s c h r i f t .
        Nationalsozialistische Deutsche Arbeiterpartei.

Kreisleitung Köln-Land.            Köln, den 2.3.1933.
Der Kreisleiter.

              Herrn Landrat in Köln.

Betr. Inhaftnahme Kommunistischer Führer.

     Im Anschluss an mein Schreiben vom 1.3. bitte ich dringend um
     Inhaftnahme des KPD Führers W i e n a n d aus Frechen. Wienand
     ist am Frechener Wasserwerk beschäftigt, wo ihm die Möglichkeit
     zur Verübung von Sabotageakten gegeben ist.
     Wienand ist als einer der Hauptheizer in Frechen bekannt. Es ist
     unbedingt erforderlich, dass in seiner Wohnung eine Durchsuchung
     vorgenommen wird.
                                  gez. Loevenich.
Der Landrat.                      Köln, den 4.3. 1933

     Ur. geg. Rückg.
     dem Herrn Bürgermeister
     Frechen

     zur Kenntnis und Nachprüfung des Falles Wienand ergebenst
     übersandt. Falls Wienand zu den führenden Persönlichkeiten
     der KPD. gehört, bitte ich um seine Inschutzhaftnahme.
                      I.V.
                      gez. Dr. Mies.

Der Bürgermeister                 Frechen, den 8.3.1933
A D Nr. 213/11

     1. Ur.
         ergebenst zurückgereicht. Nach den amtlichen Informatio-
         nen gehört Wienand nicht zu den führenden Persönlichkeite
         der KPD. In früheren Jahren soll er sehr agitatorisch für
         die Partei tätig gewesen sein, in den letzten Jahren ist
         er aber nicht mehr hervorgetreten. Auch die Betriebslei-
         tung des Wasserwerks hat gegen seine Weiterbeschäftigung
         keine Bedenken. Bei einer heute vorgenommenen Haussuchung
         sind nur nationalsozialistische Druckschriften gefunden
         worden.
                ++                                    ++
     2. / Zu den Akten.
```
-9. März 1933

Bürgermeister Dr. Toll widerspricht der Forderung des NSDAP-Kreisleiters Loevenich an den Landrat, den Kommunisten Wienand zu verhaften. **Ein Musterbeispiel für den von Göring angeordneten Verfahrensablauf bei der Inschutzhaftnahme.**

Als Frau Meyer aber trotzdem nach acht Tagen noch nichts von ihrem Mann hörte, griff sie zu einem anderen Mittel. Sie bat ein NSDAP-Mitglied, einen guten Geschäftspartner ihres Mannes, um Hilfe.

Der war sofort bereit, sich parteiintern einzusetzen, weil er glaubte, daß Meyer zu den *„anständigen Juden"* gehöre. Dieser Nationalsozialist ging am 28. März ins ‚Braune Haus' der Gauleitung der NSDAP in der Kölner Mozartstraße, um den Fall Meier zu klären und den jüdischen Geschäftspartner herauszuholen. Dort, in der eigentlichen regionalen Zentrale des pseudolegalen Polizeiterrors, erfuhr er, daß der *„Pg. Löwenich"* - gemeint war der Kreisleiter Heinrich Loevenich - *„verschiedene Beschuldigungen erhoben"* hatte, die zur *„Schutzhaft"* des Moritz Meier geführt hatten.[101] Der oberste Nazi des Landkreises Köln war also nach NSDAP-Angaben der eigentliche Initiator dieser Maßnahme. Karl Seyfang, so hieß das vorsprechende NSDAP-Mitglied, widerlegte pikanterweise die Beschuldigungen aus seiner Sicht, der Sicht eines Parteigenossen der Kampfzeit vor 1933. Sein Wort konnte man nicht einfach hinwegwischen.

Offensichtlich wurde der Kreisleiter telefonisch um Stellungnahme gebeten. Er gab sofort nach. *„Es soll hier eine Verwechslung mit dem Juden L. Meier" vorliegen"*, hieß es jetzt. Heinrich Loevenich stellte deshalb Moritz Meyers *„baldige Entlassung in Aussicht."*

Am Ende seines Besuches wurde Seyfang aufgefordert, sein Anliegen der politischen Abteilung der NSDAP-Gauleitung schriftlich zukommen zulassen. Als am nächsten Tag noch nichts geschehen war, schrieb Seyfang einen ausführlichen Brief, der hinsichtlich seiner zwiespältigen Meinung über Juden und speziell den Juden Meier und hinsichtlich der Details über die Vorgänge um dessen Verhaftungsumstände sehr interessant ist: *„Ich bin PG und seit dem Jahre 1910 Versicherungsvertreter. Als solcher pflege ich mit allen Berufsklassen und Angehörigen aller Religionen zu verkehren, darunter auch Juden. Ich habe hierbei anständige und weniger anständige kennen gelernt und auch solche, die mir wegen meiner politischen Einstellung die Tür wiesen.*

Zu den anständigen Juden rechne ich Herrn Meier, der vor 14 Tagen verhaftet worden ist.

Soweit ich Gelegenheit hatte Herrn Meier im geschäftlichen Verkehr kennenzulernen, kannte ich ihn als vollkommen unpolitisch, entgegenkommend und hilfsbereit."

Weiterhin betonte er, daß auch Meiers *„Schutzhaft"* nach seinen *„Erkundigen und Mitteilungen"* *[...] „leicht aufgehoben werden"* könnte, weil Moritz Meyer *„in Frechen angesehen und geachtet"* sei *„und auch durch seine Wohltätigkeit bekannt"* sei. *„Nur das eine ist vielleicht unangenehm für ihn, dass er nämlich Jude ist."*[102] Das heißt im Klartext, die Schutzhaft des Moritz Meyer, die angeblich nur zum Schutz des Verhafteten vor dem eventuell ‚berechtigten Zorn' des Volkes diente, erwies sich als Schwindel. Weite Teile der Frechener Bevölkerung achteten den jüdischen Geschäftsmann selbst nach Meinung eines Nazi.

Zum Schluß appelliert Seyfang noch einmal an das Gerechtigkeitsgefühl der Parteiführer: *„Ich weiß unsere Führer haben ein besonderes Gerechtigkeitsgefühl auch dem Gegner gegenüber und wenn es auch ein Jude ist. Das gibt mir den Glauben, dass Sie nach bestem Wissen und Gewissen handeln werden und den Juden [...] nicht länger festhalten als nötig ist."* Und *„[...] bitte ich Sie, den Fall Meier einer Prüfung zu unterziehen und glaube ich alsdann bestimmt, dass Sie ihn freilassen werden. Zu einer persönlichen Besprechung stehe ich Ihnen jederzeit zu Diensten. mit ‚Heil Hitler'"*.[103]

Kreisleiter Heinrich Loevenich erhielt das Schreiben von der Gauleitung zur Stellungnahme bzw. zur Beurteilung. Zu glauben, daß ein solcher Appell an sein „Gewissen und Gerechtigkeitsgefühl" ihn hätte beeinflussen können, war eine Fehleinschätzung. Da zählte selbst sein Wort nicht, das er einem alten Parteigenossen, dem Karl Seyfang, gegeben hatte. Er dachte offensichtlich nicht daran, die Freilassung beim Landrat zu bewirken oder besser gesagt dem Landrat ‚aufzutragen'. Stattdessen wurde die im Brief Seyfangs erwähnte Wohltätigkeit des Moritz Meyer lapidar durch einen handschriftlichen Vermerk „Unterstützung der K.P.D." ergänzt.[104] Damit war gemeint: Der jüdische Geschäftsmann hätte u. a. Geld für die kommunistische Wohlfahrtshilfe („Rote Hilfe") gespendet. Das galt aber bereits als ein Verbrechen wegen Kommunistenfreundlichkeit.

Auch Seyfangs Initiative hatte vorerst keinen Erfolg. Moritz Meyer blieb weiterhin in Köln in Schutzhaft (Bonner Wall). Eineinhalb Jahre später wäre Seyfang wegen dieses Einsatzes für einen Juden vor ein Parteigericht gestellt worden.[105] Erst am 4. April wurde Moritz Meyer entlassen.

Doch was war mit der angeblichen Verwechslung Moritz Meyers mit einem gewissen L. Meyer, wie der Kreisleiter angegeben hatte?

Der hieß in Wirklichkeit Ludwig Meyer. Er lebte mit seiner Familie in Jülich. Die Umstände seiner damaligen Verhaftung sind bisher unklar. Was hatte der Mann mit dem Landkreis Köln und zumal mit dem Kreisleiter Loevenich zu tun?

Noch rätselhafter wird der Fall dadurch, daß sich herausstellte, daß dieser Ludwig Meyer in Frechen geboren war und ein Sohn von Moritz Meyer war. Er galt nun plötzlich - vorübergehend - als Frechener Fall. Seine Frau, eine Jülicherin, logierte jetzt - ebenfalls vorübergehend - bei den Schwiegereltern und wurde plötzlich als Frechener „Bürgerin" geführt. Vielleicht hing das damit zusammen, daß die Familie Meyer versuchte, über Dr. Toll und seine Frau auch den Sohn Ludwig aus der Schutzhaft zu bekommen. Die Aufhebung der Schutzhaft lag jedoch beim Kreis und hing letztendlich von der Zustimmung des NSDAP-Kreisleiters Loevenich ab. Die Familie entschloss sich, aufgrund des Rates der Familie Toll zu einer ‚sozialen Tat', die sie eigentlich schon traditionell zu tun pflegte: Frau Ludwig Meyer schrieb als **„Bürger von Frechen"** eine Verpflichtungserklärung, daß sie für die Frechener **„Kommunionkinder Stoff für zehn Kommunionkleidchen und 5 zweiten Tageskleidchen"** spenden werde.[106]

Daraufhin blieb dem Kreisleiter der NSDAP, zur damaligen Zeit, offensichtlich nichts anderes übrig, als der Entlassung des Sohnes von Moritz Meyer ebenfalls zuzustimmen. Denn Begründungen hatte er keine, außer der fadenscheinigsten: Dessen Leben sei wegen des Volkszorns bedroht.

So konnte Dr. Toll der Familie Meyer mitteilen, daß auch Ludwig Meyer am 8. April vom Landrat ‚enthaftet' wurde unter der Bedingung (der NSDAP-Kreisleitung), daß er sich *„bis auf weiteres außerhalb der Gemeinde Frechen aufzuhalten habe."*[107]

Arnold Heumann

Der Viehhändler Arnold Heumann war ebenfalls ein guter Bekannter des Bürgermeisters Dr. Toll und zugleich dessen Nachbar. Der Händler wohnte diesem direkt gegenüber in der Antoniterstraße 10. Alfred Heumann wurde auch am 13. März unter denselben haltlosen Vorwürfen der Nazis in Schutzhaft genommen. Seine Frau versuchte, immer besorgter werdend, Informationen zu erhalten. Doch konkrete Verfehlungen konnte ihr niemand mitteilen. Die einzige Begründung war, wie auch in beiden anderen Fällen, die, daß er festgehalten werden müsse zu seinem eigenen Schutz, weil er *„durch Rückkehr nach Frechen persönlich gefährdet sei".*[108] Im Klartext hieß das: Die Nazis drohten „berechtigten Volkszorn" an, wenn Heumann nicht zu ‚seiner Sicherheit' im Gefängnis verbliebe.

Als Arnold Heumann nach 14 Tagen noch immer im Gefängnis Bonner Wall zu Köln saß, schrieb auch Frau Heumann ein Bittgesuch. Sie richtete es gleich an den Regierungspräsidenten.[109]

Darin bezweifelte sie (wie Frau Meyer), daß ihr Mann in Frechen gefährdet sei, weil er unbeliebt sei. Außerdem wies sie daraufhin, daß er sich **„niemals etwas zu Schulden hat kommen lassen, auch politisch niemals betätigt hat und mit den Bewohnern von Frechen in gutem Einvernehmen steht."**

Im übrigen wies auch sie zum Beweis seiner

Haus Heumann in der Antoniterstraße 10 (Pfeil) gegenüber dem ‚Gartenhaus' des Bürgermeisters

nationalen Gesinnung darauf hin, daß Arnold Heumann **„etwa 4 Jahre Soldat gewesen, u.a. an der Argonnenfront"** gekämpft habe. Sie fügte den Wehrpass ihres Gatten als Beleg bei mit der Bitte um Rückgabe.

Offensichtlich nach einem Gespräch mit dem Bürgermeister Dr. Toll gab sie diesen noch **„als Referenz"** an. Denn dieser **„wird bestätigen, dass sich unsere Familie und auch mein Mann in Frechen eines guten Rufes erfreuen, zumal weil wir schon seit 50 Jahren in Frechen ansässig sind."**[110]

Trotz dieser eindeutigen Entkräftungen der Vorwürfe bot sie schließlich noch an, daß sich ihr Mann verpflichten würde, *„vorläufig nicht nach Frechen zurückzugehen"*, indem er bei seinem Bruder Dagobert Heumann in Köln, Beethovenstraße wohnen würde.[111]

Mit dieser Gesamtargumentation konnte man nur eine baldige Entlassung erwarten.
Der Regierungspräsident Dr. zur Bonsen, ein bereits mit Gewalt ins Amt gehobener Nazi, gab den Brief mit dem Paß sofort zur Bearbeitung an den Landrat, der ihn seinerseits an den Bürgermeister Dr. Toll weiterreichte. Tatsächlich konnte Dr. Toll den Vorgang sofort zurücksenden, denn *„Heumann ist entlassen worden."* (am 4.4.33).[112]
Das geschah unterm gleichen Datum wie beim Manufakturwarenhändler Moritz Meyer.
Am 10. April 1933 erhielt Frau Heumann den Wehrpaß ihres Mannes auf dem Rathaus zurück.

Albert Billig

Der Viehhändler und langjährige Synagogenvorsteher Albert Billig war der prominenteste jüdische Schutzhäftling aus Frechen. Besonders gegen ihn richtete sich schon seit Jahren die Polemik der Frechener Naziführer R. Stumpf und H. Loevenich. Er war für sie das verhaßte Frechener Judentum in Person. Er war ebenfalls offiziell „zu seinem eigenen Schutz" verhaftet worden. Begründet wurde das seitens der Frechener NSDAP mit der vorgeschobenen Behauptung, eine Anzahl kleiner Bauern aus der Umgegend sei *„masslos darüber erbittert"* gewesen, *„dass B. bei Ausübung seines Gewerbes als Viehhändler gerade die kleinen Viehhalter rücksichtslos ausgebeutet"* habe.[113]

Wegen seiner besonderen Bedeutung als Symbolfigur für das Frechener Judentum nimmt es nicht Wunder, daß er nicht wie die beiden anderen jüdischen Schutzhäftlinge am 4. April „enthaftet" wurde, sondern aufgrund des Widerstandes des Ortgruppenleiters und des Kreisleiters noch im Gefängnis verbleiben mußte. Erst am 10. April mußte er auf gerichtliche Anweisung entlassen werden, weil es keinerlei Belege für staatsfeindliche Umtriebe gab.
Doch die Frechener Nazis ließen nicht von ihm ab. Sie versuchten immer wieder, ihn zumindest beruflich kaltzustellen bzw. zu ruinieren.

Die Reaktion der Freigelassenen

Die drei freigelassenen Frechener Juden hatten mit aller Brutalität erfahren, wozu die Frechener Nazis schon jetzt, im Frühjahr 1933, fähig waren, obwohl diese noch nicht die offiziellen kommunalen Regierungsämter innehatten.

Der Viehhändler Heumann zog bald die Konsequenzen aus seinen Hafterfahrungen.
Als er und seine Familie schließlich noch den inszenierten Sturz bzw. das Verjagen des gewählten Bürgermeisters Dr. Toll, offiziell „Rücktritt" genannt, hautnah vor der eigenen Haustür miterlebten und nun die Frechener Nazis als Alleinherrscher im Rathaus saßen, gab es für ihn kein Halten mehr. Desillusioniert flüchtete er als erster Frechener Jude zusammen mit seinem Sohn Ivo am 9. Juli „illegal" nach Belgien. Seine Frau folgte wenig später nach. Seine Mutter, die verwitwete Emilie Heumann, verzog Ende Juli nach Köln.

Albert Billig wollte ebenfalls nach seiner Verhaftung ins Ausland. Er aber beantragte ganz offiziell ein Paßvisum für die Niederlande. Möglicherweise wollte er aber nur dorthin wegen gewöhnlicher geschäftlicher Beziehungen. Denn die waren stets eng gewesen. Doch der Ortsgruppenleiter Reiner Stumpf schritt sofort dagegen ein. Für ihn war das höchst verdächtig. Aus seiner fanatischen NS-Sicht war *„gerade Holland jüdisch-marxistische Zentrale für die Hetze gegen Deutschland"*.[114] Er verhinderte die Erteilung des Visums. Fortan waren Billigs bedeutende Geschäftsbeziehungen nach den Niederlanden erheblich eingeschränkt, wenn nicht sogar blockiert.

Nur Moritz Meyer reagierte noch nicht. Er machte noch keine Anstalten, Frechen zu verlassen. Er glaubte wohl noch an eine bessere Zukunft in seinem angestammten Heimatort.

Der 1. April 1933 in Frechen -
Reichsweite Boykottaktion der NSDAP

Noch während der Haft der drei jüdischen Männer hatten die Frechener Nazis den von der Reichsführung der NSDAP befohlenen Boykott aller hiesigen jüdischen Geschäfte am 1. April durchgeführt.

Am 29. März verfaßte der NSDAP-Kreisleiter Loevenich, noch war er nicht Landrat, den detaillierten Befehl zur *„Boykottierung aller jüdischen Geschäfte"* an alle Ortsgruppenleiter im Landkreis Köln. Als verlogenen Grund gab er an: *„Die gemeine niederträchtige Greuelpropaganda des Weltjudentums zwingt den Nationalsozialismus zu energischen Abwehrmaßnahmen. Wie immer, lässt sich unsere Bewegung nicht in die Verteidigung drängen, sondern schreitet zum Angriff vor."* Er verordnete, wie überall durch die Partei vorgeschrieben, als Boykottbeginn Samstag, den 1. April um 10 Uhr, die Aufstellung von SA- und SS-Posten mit Schildern vor allen jüdischen Geschäften.

Er gab unterschiedliche Vorschläge für die Texte, die meist mit Drohungen an die Käufer verbunden sein sollten, wie *„Die Käufer hier werden fotografiert."*

Aus Furcht, daß SS und SA durch ihre übliche revolutionäre Randale die Demonstration bei der gesamten Bevölkerung des Landkreises in Mißkredit bringen könnten, ordnete er eine namentliche Bestimmung der Posten für jedes einzelne Geschäft an und wies darauf hin, *„dass keinerlei Zerstörung jüdischer Geschäfte, etwa durch Einschlagen von Scheiben und dergleichen vorkommen. Den SA und SS Männern ist bekannt zu geben, dass sie dadurch nicht den Juden, sondern die Versicherungen treffen und darüber hinaus das Ansehen der Partei schädigen."*[115] Das war eine taktische Argumentation, die wenige Jahre später, in der Pogromnacht, keine Rolle mehr spielen sollte.

Boykottposten vor der Metzgerei Cohnen am 1. April 1933
Am Haus: Plakat zur Kennzeichnung der jüdischen Geschäfte

N.S.D.A.P.
Kreisleitung

Köln, den 29. März 1933

An alle Ortsgruppenleiter!

Betrifft: Boykottierung aller jüdischen Geschäfte.

Die gemeine niederträchtige Greuelpropaganda des Weltjudentums zwingt den Nationalsozialismus zu energischen Abwehrmassnahmen. Wie immer, lässt sich unsere Bewegung nicht in die Verteidigung drängen, sondern schreitet zum Angriff vor.

Am Samstag dem 1. April punkt 10 Uhr vormittags hat die Boykottierung einzusetzen.

Der Boykott verläuft wie folgt:

Vor allen jüdischen Geschäften werden SA oder SS Posten aufgestellt mit Schildern die etwa folgenden Inhalt haben:

"Deutsche wir warnen euch, hier zu kaufen. Die Käufer hier werden fotografiert. Kein anständiger Deutscher kauft bei einem Juden."

"Als Antwort auf die Greuelpropaganda kauft kein Deutscher mehr beim Juden."

"Wer beim Juden kauft, übt Verrat am deutschen Volk."

"Gegen die jüdische Greuelpropaganda erhebt sich das ganze deutsche Volk, indem für keinen Pfennig mehr beim Juden gekauft wird." usw.

Soweit die finanziellen Verhältnisse der Ortsgruppen es ermöglichen, ist durch Flugblattpropaganda ein grosser Abwehrkampf zu führen. Diese Flugblätter sind insbesondere durch die N.S.B.O. in den Betrieben zur Verbreitung zu bringen.

Der Ortsgruppenleiter beauftragt sofort einen Pg. mit der Kontrolle der nicht nationalsozialistischen Zeitungen. Alle Zeitungen, die Anzeigen für jüdische Geschäfte aufnehmen, sind schriftlich zu warnen. Umgekehrt sind alle Geschäftsleute, die in rein jüdischen Zeitungen annoncieren ebenfalls zu warnen.

Verantwortlich für die Durchführung dieser Anordnungen sind die Ortsgruppenleiter. Sie besprechen sofort mit den zuständigen SA oder SS-Führern die praktische Organisierung. Die SA und SS Führer müssen darauf hingewiesen werden, dass keinerlei Zerstörung jüdischer Geschäfte, etwa durch Einschlagen von Scheiben und dergleichen vorkommen. Den SA und SS Männern ist bekannt zu geben, dass sie dadurch nicht den Juden, sondern die Versicherungen treffen und darüber hinaus das Ansehen der Partei schädigen. Ebenso bestimmt die SA und SS Führung für jedes einzelne Geschäft die SA und SS Leute, damit jede Willkürmassnahme von vornherein unterbunden ist.

Ich erwarte von allen Ortsgruppenleitern ausführlichen Bericht über die Durchführung des Boykotts.

F.d.R.

Heil Hitler!

gez. Loevenich

Kreisleiter.

Befehl des NSDAP-Kreisleiters Loevenich zur Boykottierung der jüdischen Geschäfte am 1. April 1933 im Landkreis Köln.

Dieser Boykott war die erste direkte und offene Aktion der hiesigen Nazis gegen alle jüdischen Geschäfte Frechens; so auch gegen die Metzgerei des Norbert Levy sowie das benachbarte Geschäft Baruch im Oberdorf. Im Gegensatz zu anderen Orten im Reich, wo schon lautstark und sogar gewalttätig randaliert wurde, ging diese Aktion befehlsgemäß ohne solche Begleiterscheinungen vor sich, wohl um eine befürchtete Solidarisierung der Bevölkerung zu vermeiden. Möglicherweise spielte hier auch noch der Einfluß der örtlichen Polizei bzw. ihres Chefs, des Bürgermeisters Dr. Toll, eine Rolle. Es waren überall SA- bzw. SS-Posten – wahrscheinlich nur Einzelposten – aufgestellt, die alle das gleiche Schild mit der gedruckten Inschrift „*Deutsche kaufen nicht in diesem Judenladen*" trugen. Es scheint sogar, daß einige jüdische Geschäftsleute aus Tradition – es war Sabbat – oder aus Vorsicht ihre Läden an diesem Tag geschlossen hielten. Jedenfalls zeigt das einzige erhaltene Foto eines namentlich bekannten SA-Boykottpostens, der vor der Metzgerei Cohnen steht, daß Bernhard Cohnen an diesem Tag den Laden geschlossen hielt.

Über die Hauptstraße hinweg hatten die Nazis an zwei Stellen, in Höhe der evangelischen Kirche und in der Nähe der Rothkampstraße, Transparente gespannt mit dem gleichlautenden Hetzspruch „*Ob Levy, Cohnen, Seligmann. Jeder Jude schmiert dich an.*" Kunden, die trotz des Boykotts offene jüdische Geschäfte, die Metzgerei Seligmann und das Schuhhaus Samuel, betraten, wurden demonstrativ von SA-Leuten schriftlich notiert.[116] Auch die Praxis eines jüdischen Tierarztes wurde bei dieser Aktion boykottiert, wie ich an anderer Stelle noch ausführen werde.

So erfuhren nun alle Frechener Juden schon nach wenigen Wochen, daß die hiesigen Nazis sie nun jederzeit willkürlich wirtschaftlich behindern und sogar mißhandeln bzw. festsetzen konnten.

Am nächsten Arbeitstag, dem 3. April, ging alles wieder seinen gewohnten Gang. Die Frechener kauften wie eh und je bei ihren jüdischen Metzgern oder ihrem Kolonialwarenhändler.

1. Mai 1933 Maikundgebung mit ‚Friedensparolen', während längst offener Terror ausgeübt wird. (Foto: Kreisarchiv des Erftkreises)

Das „Triumvirat" oder:
Die nächste Phase des vorauseilenden Terrors in Frechen

Am 21. Juni 1933 wurden der Landrat Heimann und der Frechener Bürgermeister Dr. Toll aus ihren Ämtern gejagt. Nun war der Ortsgruppenleiter und Gründer der NSDAP Frechens, Reiner Stumpf, kommissarischer Bürgermeister und gleichzeitig war auf dieselbe usurpatorische Weise der Frechener NSDAP-Kreisleiter Heinrich Loevenich kommissarischer Landrat des Landkreises geworden (siehe Anhang / Hintergrundinformation 3).

Der neue Frechener Polizeikommissar (zur Probe) Wydrowski, ein 33-jähriger Polizeioffiziersanwärter, ließ sich nach Mülheim a. d. Ruhr versetzen.[117] Wahrscheinlich war er, der zur aktiven Durchsetzung nationalsozialistischer Interessen innerhalb der Polizei erst kürzlich (Anfang April) hier eingesetzt worden war, den örtlichen Parteiführern noch nicht radikal genug.[118] Aus Münster bekamen die Frechener Naziführer endlich den Mann ihrer Vorstellungen: den Kommissar Anton Weyer.

Er war ein Polizeioffizier nationalsozialistischer Prägung, der die Frechener Polizei nun schnell zu einer willfährigen Institution der Diktatur umfunktionierte.

Jetzt mit allen lokalen Machtpositionen ausgestattet, konnten die Frechener Naziführer, der Kreisleiter und der Ortsgruppenleiter, mit polizeilicher Hilfe – d.h. einschließlich der am 15. März 33 vereidigten Hilfspolizei aus SA, SS und Stahlhelm – hier endlich ihrem Fanatismus rücksichtslos in jede Richtung freien Lauf lassen.

Sie begannen zunächst mit Maßnahmen gegen die noch immer mitgliederstarke, ja sogar noch wachsende katholische Jugend in Frechen und im gesamten Landkreis Köln; ungeachtet der laufenden Verhandlungen zum Reichskonkordat. Am 1. Juli erschienen Gestapo und Polizei beim Kaplan Havenith von St. Audomar und

Die Frechener Polizeigewaltigen Reiner Stumpf (1) und Kommissar Weyer (2) mit ihren Polizeibeamten und der Hilfspolizei aus SA und SS, 1933

Heinrich Loevenich im Zeltlager der Landkreis-HJ. Die HJ beteiligte sich bereits 1933 an Gewalttaten gegen andersdenkende Jugendliche, 1933 od. 1934

führten bei ihm und im katholischen Jugendheim Durchsuchungen und Beschlagnahmungen durch. Das war zwar zunächst eine reichsweit angeordnete Aktion. Doch in der Folgezeit kam es seitens der Landkölner und der Frechener SA und Hitlerjugend zu brutalen Gewalttätigkeiten, Heimbesetzungen, Sachbeschädigungen und zu Verboten gegen diese konfessionelle Jugend. Selbst nach der Ratifizierung des Konkordats wurden diese Unterdrückungsmaßnahmen – auffälligerweise nur hier, im Landkreis Köln, dem Herrschaftsbereich des Kreisleiters und Landrates Loevenich – noch wochenlang nach eigener Willkür aufrecht erhalten.[119]

Dieses ‚Triumvirat' der uneingeschränkten Macht in Frechen - H. Loevenich, R. Stumpf und Weyer - zeigte schon bald, daß es zu noch brutaleren Maßnahmen fähig war.
Gerade jetzt, Mitte Juli 1933, erhielten sie konkretere Hinweise über die Frechener Schießerei am 30. Januar.[120]
Sofort wurden reihenweise wieder hiesige Kommunisten auf Veranlassung Heinrich Loevenichs verhaftet. Der neue Kommissar verhörte sie persönlich. Obwohl seine Methoden (nach Angaben eines Zeitzeugen, eines SS-Mannes) bereits über das Maß einer ordentlichen Befragung hinausgegangen sein sollen, konnte er nichts Erwünschtes erfahren.[121]
Man holte sich daraufhin die berüchtigtste Kölner SS-Schlägertruppe, die des SS-Führers Hamann, ins Frechener Rathaus. Dessen Männer sorgten mittels äußerst brutaler, blutiger Verhöre dafür, daß die mißhandelten kommunistischen Gefangenen anschließend beim Kommissar mehr oder weniger umfangreiche Geständnisse machten.[122]

Natürlich waren die Frechener Naziführer auch an Aussagen über die Beteiligung der verhaßten Juden besonders interessiert.
Nach einem solchen Verhör ‚gestand' am 14. Juli 1933 einer der Kommunisten, der einstige Hauptkassierer der KPD Fritz Heidbüchel, vor dem Polizeikommissar Weyer, daß sich Frechener Juden früher an Geldsammlungen der KPD beteiligt hätten. Wörtlich gab der

Auch eine Form der Machtergreifung und der Gleichschaltung: Heinrich Loevenich als Schützenkönig des Frechener Schützenvereins, 1933 (Foto: Stadtarchiv Frechen)

Gefolterte dann bei dem inzwischen eifrigsten Handlanger des Polizeikommissars, dem mittlerweile schon zum Polizeimeister aufgestiegenen Albert Lohe, u. a. zu Protokoll: *„Zu den Sammlungen die von der K.P.D. veranstaltet wurden, haben sich mit Gelder <sic!> folgende jüdische Geschäftsleute in Frechen beteiligt:*

1. Moritz Meyer, [...]
2. Albert Billig, [...]
3. Fritz Seligmann, [...]
4. Norbert Levy, [...]" [123]

Damit war erstmals ausgesagt worden, daß Frechener jüdische Geschäftsleute in der Weimarer Zeit Kontakte zu Kommunisten hatten. Das waren nur völlig banale Beziehungen; nämlich Geldgaben in die Spendendosen der kommunistischen „Rote Hilfe" bei deren jährlichen Aktionen. Solche Spenden pflegten auch viele andere Nichtkommunisten zu geben, u. a. auch der frühere Bürgermeister Dr. Toll. Doch diese Tatsache reichte den Nazis als Beweis für die Zusammenarbeit der betreffenden Juden mit den Kommunisten aus. [124]

So wurden diese Kontakte sofort als möglicherweise staatsgefährdende Konspiration mit der KPD interpretiert. Aus diesem fadenscheinigen Grunde beauftragte der Polizeikommissar Weyer am nächsten Tag seinen „zuverlässigsten" Beamten, also den Polizeimeister Albert Lohe, festzustellen, *„ob die aufgeführten Leute im Besitz von Kraftwagen, Krafträdern, Fahrrädern oder sonstigen Verkehrs- und Nachrichtenmittel(n) sind. Wenn ja, sind diese sofort zu beschlagnahmen und sicherzustellen [...]".* Denn Fahrzeuge könnten zum Waffenschmuggel und zur kommunistischen Nachrichtenübermittlung mißbraucht werden.

Erstmals schien auch die Familie des Norbert Levy persönlich ins Räderwerk des Frechener Naziterrors zu geraten, denn der Vater Joseph Levys war ja ausdrücklich von Fritz Heidbüchel als Geldspender genannt worden.

Es kam anders:

Am 17. Juli meldete Albert Lohe den Vollzug des Auftrags. Bei Moritz Meyer und Fritz Seligmann hatte er nichts beschlagnahmen können. Denn diese *„jüdischen Kaufleute" „sind nicht im Besitz von Verkehrsmitteln irgend welcher Art."* Doch hatte er beim *„Kaufmann Albert Billig dessen PKW, den Führerschein und die Zulassungsbescheinigung nebst Tasche, sowie ein Herrenfahrrad - Marke Astral Nr. 920970 - beschlagnahmt und sichergestellt."* [125]

Die Levys hatten jedoch noch einmal Glück. Obwohl Lohe selbst das Protokoll von Heidbüchels Aussage aufgenommen hatte, ging

Beschlagnahmungsnachweis für das Auto einer ‚staatsfeindlichen Einzelperson' (des Juden Albert Billig)

er nicht zu Norbert Levy, sondern ins Nachbargeschäft Baruch und beschlagnahmte dort ein Herrenfahrrad *„Marke Cito Nr. 201224"*.
Den Kaufmann Baruch hatte jedoch der Fritz Heidbüchel gar nicht erwähnt. Auch diese Nachlässigkeit zeigt die nackte Willkür und daß es eigentlich nur darum ging, einzelne Frechener Juden exemplarisch zu demütigen und wirtschaftlich zu schädigen und die anderen damit einzuschüchtern.
Josef Baruch und insbesondere der Viehhändler Billig waren wegen ihres Handels auf die Fahrzeuge angewiesen. Umgehend beschwerte sich Albert Billig schriftlich bei der Polizeibehörde Frechens. Der Ortsgruppenleiter Reiner Stumpf schickt daraufhin in seiner neuen Funktion als *„Bürgermeister als Ortspolizeibehörde"* seinem alten Vertrauten und Mitkämpfer, dem jetzigen kommissarischen Landrat Loevenich, die Beschwerde mit seiner eigenen Stellungnahme zu. Stumpf berichtete: Die Beschlagnahmungen erfolgten in Durchführung des *„Geheimerlasses des Herrn Ministers des Innern vom 27.V.1933 – II 1295 b 1/56 betr. Stand der kommunistischen Bewegung"*. Anschließend argumentierte er in seiner üblichen perfiden Art: *„Durch die Aussage des Heidbüchel ist m. E. hinreichend bewiesen, dass Billig und Baruch (!) zum mindesten mit der K.P.D. sympathisiert haben. Ich bitte, die Beschwerde abzuweisen und durch förmlichen Beschluss auf Grund des § 1 der Verordnung zum Schutze von Volk und Staat vom 28. II. 1933 in Verbindung mit § P.V. (G.?) die Enteignung der beschlagnahmten Fahrzeuge herbeizuführen. Formularmäßige Nachweisung erfolgt sofort nach Eingang der zugesagten Formulare."*[126] Stumpf unterschrieb als Bürgermeister und Ortspolizeichef und ließ seinen Polizeikommissar einvernehmlich gegenzeichnen.

Albert Billig beschwerte sich anschließend auch in einem Brief an die „Polizeibehörde" Frechens über die ungerechtfertigten Beschlagnahmungen des Polizeimeisters Lohe. Diese seien erfolgt *„mit der Begründung, ich hätte die kommunistische Partei laufend mit größeren Geldmitteln unterstützt"*. Er fügte hinzu: *„Dieses ist eine direkte Verleumdung, denn ich habe niemals die kommunistische Partei unterstützt; vielleicht habe ich einmal für wohltätige Zwecke Leuten, die dafür sammelten einige Groschen gegeben."* Obwohl er betonte und belegte *„immer national eingestellt"* gewesen zu sein (zwei Jahre aktiv gedient, vier Jahre im Feld und Frontkämpfer, eingeschriebenes Mitglied der deutschen Volkspartei sowie seit 1906 im Kriegerverein) nutzte ihm das nichts.[127]

Dieses Beispiel zeigt, daß die Frechener Nazis in diesem Sommer 1933 auf dem Höhepunkt ihres eigenmächtigen Machtterrors waren. Aufgrund ihrer Doppelfunktion als Verwaltungschefs und als Hoheitsträger der NSDAP konnten sie im Zusammenspiel mit ihrem fanatischen Frechener Kommissar jedermann nach Belieben zumindest für einige Zeit verfolgen und terrorisieren. Die Maßnahme gegen die beiden Juden blieb für längere Zeit gültig. Die beschlagnahmten Fahrzeuge wurden auf der Feuerwache unterdessen sichergestellt. Erst am 26. Februar 1934 erhielt beispielsweise Josef Baruch sein Fahrrad zurück.[128]

Am 25. Juli 1933 schob der Kommissar als Ortspolizeibehörde ein noch detaillierteres Begründungsschreiben gegen Billig mit 5 Punkten nach.
Es wurde auf die erste Haft(!) verwiesen, die von einem Gericht wegen Grundlosigkeit aufgehoben worden war, auf den erwähnten Antrag für ein Paßvisum nach Holland sowie auf die vom Gefangenen H. ausgesagte Unterstützung von KPD-Sammlungen. Neu waren nun zwei weitere Vorwürfe: Billig habe einen radikalen Anhänger der Kommunisten (Tiedtke) beschäftigt und bei sich wohnen gehabt, der auch am *„Feuerüberfall auf die NSDAP in der Nacht zum 31.1.33 beteiligt gewesen"* sei.[129] Außerdem hätte der verhaftete ehemalige Vorsitzende des *„aufgelösten Reichsbanners"*, einer Unterorganisation der SPD, während seiner Haft ausgesagt, Billig sei Mitglied dieser Organisation gewesen.
Obwohl Billig inständig bat: **„ich habe die Fahrzeuge unbedingt geschäftlich nötig und bitte ich höfl. mir dieselben wieder freizugeben."**, ging der kommissarische Landrat Loevenich darauf erwartungsgemäß nicht ein. So mußte der Viehhändler, der schon durch das verweigerte Hollandvisum in der Ausübung seines Geschäftes behindert war, nun noch weitere monatelange geschäftliche Behinderungen erdulden. Erst am 11. September 1933 erhielt er seinen PKW zurück, nachdem er vorher eine Verzichtserklärung auf eventuellen Schadenersatz hatte unterschreiben müssen.[130] Sein Fahrrad blieb jedoch weiterhin auf der Feuerwache.

Diese – wohl in der Regel – brutal geführten Verhöre von Kommunisten erbrachten in etlichen Fällen nicht nur erwünschte Geständnisse, sondern auch angebliche oder wirkliche politische Gesinnungsänderungen im Sinne der NSDAP. In einem Fall zusätzlich sogar antisemitische Ausfälle eines kommunistischen Schutzhäftlings: W. P. schrieb am 21. Juli aus dem Klingelpütz an die Polizeiverwaltung u. Ortsgruppe der NSDAP Frechen:

Der Frechener NS-Bürgermeister Dr. Küper

„...*Damals vor der nationalen Revolution, als noch alles politisch Durcheinander lief bin auch ich den Kommunisten nachgelaufen in der Meinung das wäre richtig. Aber das habe ich schon lange bitter bereut. Ich habe eingesehen das das verfluchte Judenpack uns für seine Zwecke missbraucht hat. Darum werde ich den Juden in Zukunft den Kampf ansagen. Mein Motorrad ist schon seit dem Herbst 1931 abgemeldet und ist noch nicht zu einem politischen Zweck gebraucht worden. Ich war noch nie ein Gewaltpolitiker. Von Waffen und dergleichen Zeug hat man mich auch nie etwas wissen lassen. Ich bin zu einer besseren Deutschen Einsicht gekommen und schwöre bei Gott dem Allmächtigen das ich stets und immer die Interessen des heutigen neuen nationalen Staates vertreten und verteidigen werde. In der Hoffnung das es dazu nich zu spät ist bitte ich ergebenst um meine Freiheit. In Ergebenheit P. W. Meiner Frau habe ich bereits mitgeteilt das sie das dreckige Judenpack meiden soll.*"[131]
P. blieb trotzdem noch bis zum 2.10.33 in Köln in Untersuchungshaft.

Die ungebremste, örtlich motivierte Terrorwelle von NSDAP, SA, SS und Polizei Frechens hörte erst auf, als Göring die „nationale Revolution" für beendet erklärte und jede eigenmächtige lokale bzw. regionale Handlung verbot. *„Die martialischen SA-Männer waren in der ersten Zeit nützlich gewesen, um die Macht und Dynamik der Bewegung zu demonstrieren [...]".* Doch: *„Der von der SA wahllos und öffentlich ausgeübte Terror gegen Juden, Kommunisten, Gewerkschafter und jeden, der ihr nicht passte, konnte nicht länger geduldet werden, wenn Hitler sich die Unterstützung der breiten Bevölkerung sichern wollte [...]".*[132]

Nur von oben gelenkte Terrormaßnahmen der Partei bzw. staatl. Sondermaßnahmen waren noch erlaubt oder geduldet.
Äußeres Zeichen dafür war auch die Versetzung des Polizeikommissars Weyer im Jahr 1934 trotz heftiger Einwände von Landrat Heinrich Loevenich, Ortsgruppenleiter Reiner Stumpf und dem neuen NS-Bürgermeister Dr. Küper.[133] Offensichtlich fürchteten die hiesigen Naziführer wirklich, daß die dank Weyer so erfolgreich unterdrückten Gegner des Nationalsozialismus, speziell die Kommunisten, sich wieder organisieren oder formieren könnten.

Niederspiegel

ERSTE BERUFLICHE UND GESELLSCHAFTLICHE AUSGRENZUNGEN DER JUDEN

1933 - 1935

Josef Levy (Teil IV):

„… Meine persönliche erste riesige Enttäuschung kam, wenn man mir verbot, für die Schülermannschaft der Spielvereinigung Frechen weiterhin Fußball zu spielen. Können Sie sich vorstellen, wie ein Junge in meinem damaligen Alter, der Tag und Nacht von Fußball träumte, sich fühlte?

Wenn ich mich jetzt auf der Straße blicken ließ, wurde ich von vielen Kindern in niedrigster Weise beschimpft und einige fanatische Hitlerjugendburschen beschmissen mich sogar mit Steinen. Zusammensein mit Jungens meines Alters hörte vollständig auf und ich war eine traurige junge Person.

Im letzten Volksschuljahr in der Severinschule hatten wir einen neuen Lehrer, ich glaube bei dem Namen Henz (richtig: Hinz). Bewußt übte er antisemitische Lehrmethoden aus und ich fürchtete dauernd, von der aufgehetzten Klasse mißhandelt zu werden. Dieses passierte jedoch nie. …"

Josef Levy war 1933 ein 12-jähriger Schüler. Er erlebte die Diskriminierung durch die Nazis in Frechen im Wesentlichen nur aus seiner kindlichen und jugendlichen Sicht. Das behielt er auch detailliert im Gedächtnis. Die Vorgänge in der Welt seiner Eltern erlebte er diffuser und plakativer.

So behielt er alle Einzelheiten seines Ausschlusses aus der Schülermannschaft von Frechen 20 in schmerzlicher Erinnerung. Am 19. Mai 1933 war im Vereinslokal Durst der damals prominenteste Frechener Sportverein, der Fußballverein Frechen 20, auf einer *„außerordentlichen Generalversammlung"* gleichgeschaltet worden.[134] Regie führte an diesem Abend nicht der bisherige Vereinsvorsitzende, sondern der Ortsgruppenleiter der NSDAP Reiner Stumpf. Er ernannte einen kommissarischen Vorstand, dessen 2. Vorsitzender er selbst wurde. Kein anderer Frechener Sportverein ist so medienwirksam nazifiziert worden.

Als ich Josef Levy vor einigen Jahren ein Jubiläumsheft dieses Fußballvereins zuschickte, erkannte er auf einem alten Foto den Mann, der immerhin damals den Mut und den Anstand aufbrachte, ihm den Ausschluß selbst zuhause mitzuteilen, um gleichzeitig sein persönliches Bedauern ausdrücken zu können. So schrieb Joseph Levy zu diesem Bild: *„Dasselbe Foto zeigt auch Obmann Meul und das bedeutet auch ein schönes Andenken für mich, da es*

Links: Fußballobmann Meul von Frechen 20, 1936/37

Ihm sehr leid tat, mich damals vom Verein ausweisen zu müssen!"[135]

Zum Glück war Josef Levy an einer Schule, der katholischen Severinschule, an der das traditionelle Lehrerpersonal, vor allem aber der Schulleiter Bautz, trotz des massiven Drucks der Nazis alle Kinder weiterhin gleich zu behandeln suchte, auch wenn sie aus jüdischen und anderen als staatsfeindlich verdächtigten Familien stammten. Schwierig wurde es, als die Nazis einen eifrigen Parteigenossen ans Kollegium versetzten, den Lehrer Hinz. Er war so ganz nach dem Geschmack des Ortsgruppenleiters. Hinz wurde Führer der HJ, trat in der Schule nur in Uniform mit Schießschnur auf und lehrte nicht nur den Rassismus und den Antisemitismus, sondern hetzte in übelster Weise. Als er Klassenlehrer der Abschlußklasse wurde, in der auch Josef Levy war, konnte er seinen Haß gegen Juden an dem 14jährigen Schüler so richtig ausleben.

Vater Norbert Levy wollte den Sohn deshalb schon von der Schule nehmen und ihn in eine Kölner jüdische Schule geben. Doch der Rektor Bautz besuchte den Vater im Laden der Metzgerei und überredete ihn, dies so kurz vor Schulpflichtende nicht zu tun. Er schützte den Jungen, so gut es ging, bis zu seiner Entlassung.[136]

Lehrer Hinz unterrichtete in Uniform in der Severinschule. Er war Stammführer des „Jungvolkes" und hetzte im Unterricht gegen die Juden.

Die berufliche „Kaltstellung" des Dr. Philipp Sternberg

Er war in Frechen nur wenigen Leuten bekannt; eigentlich nur engsten Nachbarn und Tierhaltern, insbesondere Bauern oder Metzgern bzw. Viehhändlern. Noch weniger Leute wußten, daß er jüdischer Abstammung war. Denn er selbst fühlte sich vermutlich keiner Religion zugehörig.[137] Er war aber der erste in Frechen, der wegen seiner jüdischen Herkunft seine berufliche Tätigkeit aufgrund des Naziterrors aufgeben mußte. Als junger lediger Tierarzt war er am 19. Februar 1925 aus seinem Geburts- bzw. Heimatort „Haren" nach Frechen gezogen.[138] Hier eröffnete er in der Breite Straße 45 eine Tierarztpraxis. Entscheidend für seine Ortswahl war, daß er beim Kreisveterinäramt des Landkreises Köln die nebenberufliche Stelle eines amtlichen Fleisch- und Trichinenbeschauers erhalten hatte. Er war nun zuständig für einen von zwei Frechener Teilbezirken, zu dem auch das Frechener Oberdorf gehörte.

Am 1. April 1933 stellten die Frechener Nazis einen Boykottposten vor seiner Praxis auf. Doch es kam wenige Tage danach noch schlimmer: Am 7. April 1933 wurde das ‚Gesetz zur Wiederherstellung des Berufsbeamtentums' gültig. Es sollte vor allem dazu dienen, Juden aus der Beamtenschaft zu entfernen. Offensichtlich wegen seines Nebenamtes als örtlicher Fleischbeschauer im Auftrag des Landkreises Köln sahen die Frechener Nazis eine Gelegenheit, ihn beruflich völlig „kaltzustellen". Vor allem Frechener SS-Leute waren hierbei in besonders rüder Art aktiv.[139] Dr. Sternberg wurde nicht nur an seiner weiteren Amtsführung als Fleischbeschauer gehindert. Die SS ‚sorgte' darüberhinaus dafür, daß kurzerhand seine private Tierarztpraxis in der Breite Straße geschlossen wurde. Ein Rechtsbruch auch im Sinne des o. a. antijüdischen Gesetzes. Doch noch waren jene im Amt, die ihn einst eingestellt hatten. Sie schafften es nach Wochen, daß diese reine Willkürmaßnahme aufgehoben wurde: Am 3. Juni konnte das Frechener Tageblatt als wichtige Meldung – mit „!" versehen – bekanntgeben, daß es laut „*Verfügung des Herrn Landrats*" (Heimann) „*dem hiesigen Tierarzt Dr. Sternberg gestattet*" sei, „*seine Praxis wieder auf zunehmen.*"[140] Vier Tage später meldet die Zeitung, daß Dr. Sternberg auch „seine Tätigkeit in der a m t l i c h e n Fleischbeschau und Trichinenschau" wiederaufnehmen dürfe. Ausdrücklich wird dabei betont, daß die „*Ausübung der Privatpraxis*" ihm „*niemals untersagt*" worden sei.[141]

Doch diese Verfügungen des Landrates Heimann halfen Dr. Sternberg nur so lange, wie der bisherige Verwaltungschef des Kreises im Amt war. Schon knappe drei Wochen später, am 21. Juni, wurden jedoch der und der Frechener Bürgermeister Dr. Toll von den Nazis mit Gewalt aus dem Amt gejagt, wobei der Kreisleiter Loevenich bzw. der Ortsgruppenleiter Stumpf deren Aufgaben selbst übernahmen. Die offizielle Begründung lautete: Die beiden Verjagten hätten „*um Urlaub gebeten*". Ähnliches widerfuhr bald auch dem Frechener Tierarzt jüdischer Herkunft: Am 16. August 1933 meldete das Frechener Tageblatt die Entlassung Dr. Sternbergs als amtlichem Fleisch- und Trichinenbeschauer „*auf seinen Antrag hin*".[142] Letzteres heißt nichts anderes im damaligen Sprachgebrauch, als daß er offensichtlich auf Druck des Nazi-„Landrates" verzichten mußte. Nicht auszuschließen ist, daß man inzwischen auch seine Tierarztpraxis wieder boykottierte. Denn in der zweiten Julihälfte war er bereits desillusioniert wieder in seine Heimat, nach Haren an der Ems, gezogen.[143]

Dort heiratete er am 30.08.1938 Ruth Frank, um kurz darauf in die USA auszuwandern.[144] Erst 1941 erfahren wir wieder etwas von ihm: Zwei ausgewanderte Frechener jüdische Geschwister trafen ihn zufällig in den USA.[145] Er überlebte dort den Krieg.

Die örtliche Doppelstrategie zur gesellschaftlichen Isolierung der Juden

Die zunehmende politische Bedrohung des Zentrumsbürgermeisters Dr. Toll im Zuge der beiden Märzwahlen 1933 und vor allem seine Schwächung in seiner Funktion als Chef der Polizeiverwaltung durch staatl. Druck führten zu einem immer dreisteren und brutaleren Auftreten der Nazis.

Die zahlreichen Verhaftungen vor, an und nach den Wahltagen, der Sturz Adenauers in Köln, der „Selbstmord" des Weidener Bürgermeisters Klein, schließlich auch die Ernennung von SA-, SS- und Stahlhelmleuten zu Hilfspolizisten in Frechen bewirkten eine virulente Verunsicherung weiter Kreise und versetzten die hiesigen Nazis in einen euphorischen Machtrausch.[146]

Jetzt fühlte sich der Ortsgruppenleiter Reiner Stumpf plötzlich so stark, daß er auch ohne scheinlegale Vorwände, wie die staatsbedrohende Kommunistengefahr, unter den fadenscheinigsten Vorwänden mit unverblümten Gewaltandrohungen im Machtgefühl eines ‚nationalen Revolutionärs' seinen Judenhaß auszuleben versuchte. Er fühlte sich dabei offensichtlich wie ein schon früh erleuchteter Bekenner und Prediger des Hitler'schen Rassismus. „Früh" heißt hier 1925, als er als erster Frechener in die NSDAP eintrat.

Er verfolgte jetzt unablässig die hiesigen Juden in einer Art Doppelstrategie. Einerseits versuchte er, die jüdischen Frechener selbst mit allen Mitteln gesellschaftlich und politisch zu behindern, zu verdrängen und zu isolieren. Andererseits betrieb er diese Isolierung, indem er zunehmend die Freunde der Juden im weitesten Sinne als „Volksverräter" auf ähnliche Weise terrorisierte. Letzteres geschah unter dem im Laufe der Zeit stereotypen Hinweis, sie seien selbst Schuld, daß sie jetzt hart angegriffen würden, weil sie schon seit 1925, das heißt vor allem durch ihn, stets über die Judengefahr bzw. die Juden als Volkszersetzer aufgeklärt worden seien.

Des Ortsgruppenleiters Terrordrohung gegen den Kaufmann Rafael Levi

Schon drei Tage nach den oben beschriebenen Verhaftungen der drei Repräsentanten der jüdischen Bevölkerung Frechens im Zuge der Kommunistenverfolgung (Billig, Heumann und Meyer) unternahm der Ortsgruppenleiter Reiner Stumpf einen ersten willkürlichen Angriff gegen einen jüdischen Geschäftsmann. Es war der Kaufmann Rafael Levi, der in der Hauptstraße Nr. 14 wohnte und der Miteigentümer des Hauses war. Im Erdgeschoß des Gebäudes befand sich eine bisher gut gehende Glas- und Spielwarenhandlung, die von seiner unverheirateten Schwester Helena geführt wurde. Wegen der unmittelbaren Nähe zur katholischen Pfarrkirche St. Audomar hatte sie auch eine Devotionalienabteilung. So wurde der Laden von vielen aktiven Katholiken wegen dieser speziellen Ware frequentiert.

Am 16. März 1933 erhielt R. Stumpf das Schreiben eines Denunzianten, der wohl in Beschwerdeabsicht ihm mitteilte, daß der Kaufmann Levi Rosenkränze, Gebetbücher, Weihwasserbehälter u. a. m. im Schaufenster ausstelle. Sofort forderte der Ortsgruppenleiter schriftlich von der Polizeiverwaltung Frechen, *„dafür Sorge tragen zu wollen, dass diese Gegenstände christlichen Gebrauchs nicht mehr in diesem Geschäft zum Verkauf kommen dürfen."*[147]

Den Namen seines Informanten gab er nicht an.

Links: Rafael Levi

Nationalsozialistische Deutsche Arbeiterpartei
Ortsgruppe Frechen

Freiheit und Brot!

Ortsgruppenleiter.   Frechen, den 16. März19

Hüchelnerstr. 71.

An die

Polizeiverwaltung

Frechen.

Soeben erhielt ich ein Schreiben, demzufolge der Kaufmann L e v y Rosenkränze, Gebetbücher, Weihwasserbehälter u.a.m. im Schaufenster ausstellt.

Ich bitte die Polizeiverwaltung dafür Sorge tragen zu wollen, dass diese Gegenstände christlichen Gebrauchs nicht mehr in diesem Geschäfte zum Verkauf kommen dürfen.

Sollte unserem Wunsche nicht Rechnung getragen werden, so lehnt ~~es~~ die Ortsgruppenleitung jede Verantwortung für etwa eintretende Komplikationen, die sich ergeben künnten, ab.

Heil Hitler!

Der Ortsgruppenleiter.

Der Ortsgruppenleiter Reiner Stumpf droht dem Bürgermeister Dr. Toll mit antijüdischen Gewaltmaßnahmen

Ein Verhalten, das er in den kommenden Jahren konsequent beibehielt, um sein Spitzel- und Informantensystem optimal zu betreiben. Pikanterweise war er selbst ein guter Kenner der dortigen Geschäftssituation, denn seine Eltern waren Nachbarn des jüdischen Händlers. Sie wohnten in einem kleinen benachbarten Fachwerkhaus, dem Eckhaus einer sogenannten „Fahrt" (Nr. 10). Er selbst hatte dort die Jahre seiner Jugend verbracht und kannte mit Sicherheit selbst auch die Geschäftssituation.

Die Geschäfte Seligmann (1) und Samuel (2) litten unter der unmittelbaren Nachbarschaft der Geschäftsstelle des Westdeutschen Beobachters (3)

Reiner Stumpf fühlte sich inzwischen so stark, daß er der Ortspolizeibehörde offen mit Terror drohte, indem er schrieb: *„Sollte unserem Wunsche nicht Rechnung getragen werden, so lehnt die Ortsgruppenleitung jede Verantwortung für etwa eintretende Komplikationen, die sich ergeben könnten, ab."* [148]

Im Übrigen war - abgesehen von der Rechtswidrigkeit der Forderung - deren Inhalt der Gipfel der Heuchelei. Reiner Stumpf spielte sich hier quasi als besorgter Interessenvertreter des Katholizismus gegen jüdische Anmaßungen auf. Dabei ließ er sonst keine Gelegenheit aus, auch seine Feindschaft gegen die aktiven Katholiken zu demonstrieren, indem er diese, wie er sagte, „schwarzen Miesmacher oder schwarzen Marxisten" o. ä. zu belästigen und verfolgen suchte. Das konnten Priester, Lehrer oder auch einfache Gläubige sein.

Leider wissen wir nicht, welche direkten Folgen diese Aktion hatte. Dr. Toll wird amtlich nichts unternommen haben. Jedoch spätestens nach der Vertreibung des gewählten Bürgermeisters und Reiner Stumpfs eigener Machtergreifung als kommissarischer Bürgermeister dürfte letzterer seine Forderung durchgesetzt haben. Zumal die NSDAP ausgerechnet im Nachbarhaus Nr. 12 ein Ladenlokal als Büro der NSBO und der Deutschen Arbeitsfront, Ortsgruppe Frechen 1933 angemietet hatte (Obmann: Peter Bruckner).

Immerhin dürfte dieser besondere Druck dazu geführt haben, daß das jüdische Geschäft Levi eines der ersten war, das seine Tätigkeit einstellte.

Der Kampf gegen Judenfreunde in der NSDAP

Doch der Ortsgruppenleiter begann nicht nur, Juden wie Rafael Levi zu bedrängen, sondern auch Nichtjuden, die mit Juden umgingen. Nun gab es durchaus NSDAP-Mitglieder oder Mitglieder nationalsozialistischer Verbände, die in gewohnter Weise mit Juden verkehrten; insbesondere, wenn diese Juden schon immer eine nationale Einstellung gezeigt hatten. Ein Greuel für Antisemiten wie R. Stumpf und H. Loevenich. So mußten sie erst einmal die eigenen Leute auf ihre radikale Linie bringen, nötigenfalls mit Druck.

Da kam ihnen eine *„Anordnung"* des *„Stellvertreters des Führers"*, Rudolf Hess, vom 18.09.34 gerade recht. Deren Inhalt verschickte Heinrich Loevenich als Kreisleiter in einer eigenen Abschrift zwei Tage später an die Ortgruppenleiter, wobei er dem *„gez.: R. Heß"* betont noch *„gez.: Loevenich Kreisleiter"* hinzufügte.

Sie enthält sechs Verbote im Umgang der Parteigenossen mit Juden mit dem ausdrücklichen Hinweis *„Verstöße gegen diese Anordnung werden parteigerichtlich geahndet!"* [149] Vor allem wird darin den Parteigenossen jeder *„Verkehr mit Juden in der Öffentlichkeit und in Lokalen"* untersagt.

Die Anordnung endet mit der Begründung: *„Die Partei hat im Kampf gegen die Vorherrschaft des* *volkszerstörenden jüdischen Geistes in Deutschland ungeheure Opfer bringen müssen und muß es als würdelos verurteilen, wenn zu einer Zeit, da immer noch Millionen deutscher Volksgenossen im Elend leben, Parteigenossen für die eintreten, die namenloses Unglück über unser deutsches Volk gebracht haben."*[150]

Diese Anordnung wurde in der nächsten Mitgliederversammlung der Frechener NSDAP bekanntgegeben.

Gegen juden- bzw. levifreundliche ‚Stahlhelmer'

Der Stahlhelm war im Sommer 1933 in die SA übernommen worden. Der Frechener Stahlhelm, alles ehemalige Weltkriegsteilnehmer, war so zum Reservesturm bzw. zur Reservestandarte 16 der SA geworden.

Kaum war das oben erklärte Verbot des Umgangs mit Juden den Parteigenossen verkündet worden, schon meldete der Ortswalter der Deutschen Arbeitsfront, die ihre Geschäftsstelle in der Hauptstraße 12 hatte, eifrig seinem Ortsgruppenleiter, daß ein Mitglied dieser Standarte mit Juden verkehre. Reiner Stumpf war maßlos empört über dieses Verhalten, zumal dieser Mann sich schon in den Jahren vor der Machtergreifung *„als strammer Stahlhelmer betätigte."* Er stilisierte dessen projüdisches Verhalten geradezu zum „Sakrileg gegen den Rasseglauben der NSDAP" hoch, weil dieser *„Stahlhelmer" „weiss, dass wir schon seit 1925 hier in Frechen den Kampf gegen das volkszersetzende Judentum führen ..."*[151] Für Stumpf *„gehören solche Volkschädlinge nicht in das Braunhemd".*[152] Deshalb gab er diese Meldung umgehend weiter an seinen gleichgesinnten Kreisleiter mit der ausdrücklichen Bitte, daß der dafür sorge, daß der Beschuldigte durch die Dienststelle der Reservestandarte 16 gemaßregelt werde.

Dabei blieb es nicht!

Der „N.S.D.F.B." (= Nationalsozialistischer Deutscher Frontkämpferbund), der ehemalige Stahlhelm, machte Reiner Stumpf weiterhin zu schaffen. Der Ortsgruppenleiter sah seinen fast missionarischen Kampf für die Verketzerung der Juden und die Verbreitung der reinen Rassenlehre weiterhin in den eigenen nationalen Reihen durch den Stahlhelm konterkariert und behindert:

Im Februar 1935 fand ein großer Propagandamarsch des Kölner Stahlhelm statt. An einem Sonntag (10.2.) marschierten etwa 1200 bis 1500 Stahlhelmer von Grefrath kommend durch Frechen. Im Ort legten sie etwa 1 Stunde Rast ein. Wieder entzündete sich Stumpfs Zorn an einem Vorfall, der diesmal vor dem Haus des Rafael Levi stattfand (Hauptstr. 14). Man muß dazu wissen: Dieser jüdische Kaufmann war ein Weltkriegsteilnehmer und besonders national eingestellter Mann.[153] Voller Abscheu und Unverständnis berichtete Stumpf über diese in seinen Augen volksverräterische Aktion und Provokation: *„Am"* <Haus des> *„Juden Levy"* (richtig: Levi) *„Frechen, Hauptstr. 14, Galanteriewaren hatte sich ein Konsortium von ungefähr 7 bis 8 Stahlhelmer um den Juden Gabr. Levy* (richtig: Rafael Levi) *geschart. Mit dem Juden wurde sich freundlichst unterhalten, dem Juden wurden die Hände geschüttelt und dies alles in der Uniform und dann auch noch mit der Hakenkreuzarmbinde. Dass dies auch den Stahlhelmern auf Provokation ankam beweist ihm"* dieses: *„als ein alter Kämpfer der NSDAP dies nicht mehr ansehen konnte und die St(ahlhelmer) zurechtwies, verschwanden dieselben, nachdem sich noch einer dieser Herren erkundigt hatte, mit welchem Recht diese Zurechtweisung gegeben würde. Hierauf zeigte der betreffende PG. das Mitgliedsbuch und sofort zogen diese Provokateure Leine."* In seiner Beschwerde, die er am 11. Februar 35 an den Kreisleiter und Parteigenossen Loevenich richtete, klagte er voller Wut, Entsetzen und Enttäuschung: *„Es ist verdammt schwer, hier den Kampf gegen die Juden so vorwärts zu treiben, wenn eine unerkannte Organisation es darauf absieht, mit den Juden freundschaftlichen Verkehr zu pflegen."*[154]

Sein Brief endete in einer überbordenden Wuttirade gegen die Stahlhelmer: *„Nicht das (sic) nur eine Abneigung gegen den Stahlhelm besteht, nein glatter Hass herrscht hier vor gegen den Stahlhelm ..."* Damit meinte er natürlich die Fanatiker der Frechener NSDAP. Er fügte hinzu: Bei seinen Aufmärschen solle der Stahlhelm *„aber unser Gebiet meiden und alles daransetzen, nicht hier die Bevölkerung aufzupuschen. Durch Aufmärsche hier durch den Stahlhelm ist bestimmt der Friede und die bis jetzt hergestellte Einheit in der Bevölkerung gefärdet (sic)."*[155]

„Die Juden würden Deutschland niemals verlassen ..."
Eine Versammlung des Jüdischen Zentralvereins Frechen

Angesichts all diesen Terrors der Frechener Nazis im ersten Jahr nach der Machtergreifung stellt sich die Frage: Wie haben nun die Frechener Juden allgemein darauf reagiert?
Nicht viel anders als die meisten jüdischen Deutschen.
Zum Verhalten der deutschen Judenschaft gab es vor einiger Zeit einen eindeutigen Aufsatz im Rhein. Merkur.[156]
Dort heißt es u.a.:
„Aus der Gesamtschau deutsch-jüdischer Beziehungen wird es immer klarer, dass die Juden richtig vernarrt in Deutschland waren. Wie anders lässt es sich erklären, dass Leo Baeck, die letzte Leuchte des Rabbinats, der im Jahre 1915 das Eiserne Kreuz erhalten hatte, noch Ende 1933 öffentlich erklären konnte: ‚Die Erneuerung Deutschlands ist ein Ideal und eine Sehnsucht innerhalb des deutschen Judentums',
oder daß Hauptmann Löwenstein, der Vorsitzende der ‚Jüdischen Frontsoldaten', noch im Jahre 1934 schreiben konnte: ‚Wir haben den heißen Wunsch, unsere Kraft, unser Leben und Wirken für den nationalen Wiederaufbau Deutschlands einzusetzen',
und dass Hans Joachim Schoeps, der Philosoph und Religionswissenschaftler, noch im Jahre 1935 Hitler eine Denkschrift zu überreichen versuchte, die der Integration der Juden in die deutsche Gesellschaft gewidmet war.
‚Sollte man mich zwingen, mein Deutschtum von meinem Judentum zu trennen, dann würde ich diese Operation nicht lebend überstehen.' Diese Worte von Franz Rosenzweig, einem freiwilligen Frontsoldaten im Ersten Weltkrieg, wurden blutiger Ernst für tausende seiner Glaubensgenossen, die an dieser Amputation seelisch dahinwelkten ..."

In Frechen war es zweifellos ähnlich:
Zumindest in den ersten Jahren des 3. Reiches war auch die überwiegende Mehrheit der Frechener Juden nicht willens, ihre deutsch-jüdische Identität in Zweifel zu ziehen, geschweige denn sie aufzugeben.
Fast alle jüdischen Bürger Frechens, besonders die alteingesessenen, waren „vernarrt in Deutschland", aber vor allem in ihre Heimat Frechen. Sie glaubten noch immer an eine Zukunft in Frechen, zumal das Verhalten der alten Nachbarn und vor allem ihrer Kunden noch 1934 dies suggerierte – zum wachsenden Ärger der fanatischen Nazis am Ort.
Diese Einstellung der Frechener Judenschaft läßt sich besonders am Polizeibericht über eine jüdische Versammlung am 18. Juli 1934 *„im jüdischen Gemeindehaus in Frechen"* (das ist die Synagoge) zeigen[157]:
Einberufen hatte der Vorsitzende des Jüdischen Zentralvereins Frechen, der Metzgermeister Bernhard Cohnen. Der Zentralverein stand fest für die Zugehörigkeit zum Deutschtum.
46 Frechener jüdische Männer erschienen zur Versammlung. Das waren fast alle jüdischen Familienvorstände bzw. männlichen Juden der Gemeinde. Offensichtlich sollte es eine Demonstration für das Deutschtum der Frechener Juden werden. Das brennende Thema der Veranstaltung lautete *„Judentum heute und morgen."* Der Redner war einer der Hauptpropagandisten des jüdischen Deutschtums: Dr. Jakobi aus Köln.
Entsprechend gipfelte seine Rede trotz aller bisherigen schlimmen Ereignisse in einem uneingeschränkt nationalen Aufruf, den das Polizeiprotokoll folgendermaßen wiedergibt:
„Das Problem der Judenfrage liegt auf den Schultern der jüdischen Jugend. Die Juden würden Deutschland niemals verlassen, da Deutschland ihre Heimat sei. Er selbst, als Führer der rhein. Jüdischen Jugend wisse am besten, dass die jüdische Jugend gleich wie die HJ für Hitler und für das deutsche Vaterland zu marschieren bereit und begeistert sei."[158]
Die Rede schloss er mit der Bitte, daß *„sämtliche Juden"* Mitglied des Zentralvereins werden sollten. Denn der Verein, *„der mit Zionismus nichts zu tun hätte, würde nur die Belange der deutschen Juden vertreten."*[159]

Es ist wohl anzunehmen, daß die meisten der Teilnehmer ebenfalls dieser Meinung waren, wenn es auch keinen weiteren Bericht dazu gibt. Allein schon die Tatsache, daß ein hoher Prozentsatz (siehe Bd. 2!) bis zum bitteren Ende hier in Frechen und der Region ausharrte, statt frühzeitig auszuwandern, ist ein Hinweis dafür.

„Stiller Boykott" im Dunkel der Nacht

Nach einer Zeit relativer Ruhe seit dem Sommer 1933 suchte die NSDAP seit dem Winter 1933/34 reichsweit wieder die Ausgrenzung und Verfolgung der Juden verstärkt zu propagieren und zu betreiben. Julius Streicher schürte in seinem Hetzblatt „Der Stürmer" den Unmut der fanatischen Parteimitglieder, daß da nicht genug geschehe.

In vielen Teilen Deutschlands lebte der Radauantisemitismus wieder auf: mit offenen Boykottaktionen, mit punktuellen Zerstörungen oder sogar Mißhandlungen und Ausschreitungen. In Frechen begannen die Nazis erstmals ‚Stürmerkästen', also Aushängekästen mit dem rassistischen Hetzblatt des fränkischen Naziführers Streicher aufzuhängen, so wie es in anderen Teilen Deutschlands schon gang und gäbe war. Bevorzugt wurden sie in unmittelbarer Nähe jüdischer Läden installiert. So beispielsweise an der Wirtschaft gegenüber den Läden von Baruch und Levy im Oberdorf oder neben der Metzgerei Cohnen im Unterdorf. Dort war der Kasten an der Seitenwand eines vorstehenden Nachbarhauses angebracht (Hauptstr. 81), sodaß Nazis direkt vor dem Metzgerladen Cohnen über aktuelle Hetzartikel „diskutieren" konnten. Gerade dieser Standort war eine besondere Provokation der Frechener Judenschaft, weil Bernhard Cohnen der Vorsitzende des Zentralvereins der Juden in Frechen war. Im Januar 1935 berichtete der Bürgermeister: *„...im übrigen wird in erhöhter Zahl der ‚Stürmer' in Frechen vertrieben und an einer Reihe von Stellen öffentlich aufgehängt."* [160]

Verstärkt wurde die antisemitische Propaganda seit 1934 auch im Westdeutschen Beobachter, dem Organ der NSDAP für den Gau Köln-Aachen, in einer eigenen Ausgabe Köln-Land. Hier wurden jetzt die allgemeinen Hetzartikel zunehmend mit konkreter regionaler und lokaler Hetze verknüpft.

Doch noch im April mußte der Bürgermeister Dr. Küper in seinem Geheimbericht an den Landrat bzw. die Staatspolizei bedauernd berichten, daß die Judenläden, speziell die der Metzger, noch immer voller Käufer seien. Er zog den Schluß, diese „*deutschen Volksgenossen*" würden dies aus „*purer Boshaftigkeit*" tun, da sie ja genügend über das Judentum aufgeklärt seien. Dies geschehe zum lebhaften Unwillen der „*ordentlichen Bevölkerung*". [161]

„Stürmerkasten" am Haus Hauptstraße 81 neben der Metzgerei Cohnen, 1936

Auch in Frechen fühlte sich jetzt der fanatisch-antisemitische Kern der NSDAP verpflichtet, etwas gegen die Juden zu tun.

Schon im November 1934 heißt es im geheimen Lagebericht: *„An einer Reihe von Privathäusern haben die Eigentümer Schilder angebracht ‚Juden unerwünscht'. Der Zentralverband deutscher Staatsbürger jüdischen Glaubens hat sich gegen die Anbringung dieser Schilder gewehrt. Seine Beschwerde ist jedoch zurückgewiesen worden, da es nicht Aufgabe der Polizeibehörde sein kann, private Willensäußerungen zu unterbinden."* [162]

Karl Göbels kommentierte dies in seinem Buch „Frechen damals" treffend: *„... kann man sich vorstellen, daß man seine private Meinung etwa mit einem Schild ... hätte ausdrücken dürfen, das die Aufschrift trug: ‚Juden sind auch Menschen! ...' Diese privaten Willensäußerungen hätte die Polizeibehörde sehr wohl zu verhindern gewusst."* [163]

Im Dezember begannen Nazis im Dunkel der Nacht mit Gewalttaten: Sie gossen erstmals in mehreren jüdischen Metzgereien Lysol aus, eine fürchterlich stinkende Flüssigkeit. Die Polizei nahm die Strafverfolgung auf. Doch wie in solchen Fällen üblich, berichtete der Bürger-

meister schließlich an die Staatspolizei: *„Die Ermittlungen nach den Tätern sind erfolglos verlaufen."*
„In zwei Fällen wurden jüdische Metzger zur Anzeige gebracht. In einem Falle hat ein jüdischer Händler eine Ziege derart hinter sich hergezogen, daß diese zu Fall kam. Ohne sich um die Ziege zu kümmern hat er das Tier weiter fortgezogen. In einem anderen Falle transportierte ein jüdischer Metzger Fleisch auf einem total verschmutzten Handwagen." [164]

Kurz darauf wurde die Metzgerei des Norbert Levy von Naziposten offen boykottiert. Norbert Levy wollte sich das nicht gefallen lassen. Umgehend schrieb er einen Beschwerdebrief an den Landrat Loevenich in Köln über diese „Boykottmaßnahmen". [165]
Offiziell, von Seiten der Regierung bzw. des Reichswirtschaftsministeriums, waren solche Handlungen verboten. Entsprechend entwickelte sich ein scheinheiliger Verwaltungsprozeß. Der Landrat unterhielt sich zunächst fernmündlich mit dem Bürgermeister Dr. Küper über den Fall. Was da unprotokolliert gesagt wurde, kann man nur erahnen. Am nächsten Tag, dem 15. Januar, schickte Heinrich Loevenich als Landrat eine schriftliche Verfügung. Er forderte vom Bürgermeister, sich mit dem Ortsgruppenleiter zusammenzusetzen und *„im Benehmen"* mit diesem für die *„Abstellung der Boykottmaßnahmen"* zu sorgen und *„vom Geschehenen zu berichten."* [166] Binnen einer Woche, am 22. Januar, schickte der Bürgermeister seinen Bericht, ein Musterbeispiel abgesprochenen Schmierentheaters, nach Köln: *„Die Nachprüfungen haben ergeben, dass Boykottmaßnahmen gegen Norbert Levy nicht vorgekommen sind. Einzelne Personen haben lediglich vor dem Schaufenster desselben gestanden und sich die Auslagen angesehen. Im Benehmen mit dem Ortsgruppenleiter der NSDAP sind Maßnahmen getroffen worden, dass Handlungen, die den Schein von Boykottmaßnahmen haben, künftig vermieden werden. Der Ortsgruppenleiter der NSDAP. hat in der am 14. ds. MTS. <sic> stattgefundenen Parteiversammlung den Parteimitgliedern auch erneut bekanntgegeben, dass Boykottmaßnahmen verboten sind und nicht geduldet werden können."* [167]
Tatsächlich wurde auf solchen Parteiveranstaltungen, gemäß Anordnung der Kreisleitung, das Verbot von „öffentlichen" Boykottmaßnahmen gefordert, jedoch mit der Erklärung, das sei nur taktischer Natur aus außenpolitischen Gründen. Die Partei sei in Wirklichkeit weiterhin für die Entjudung der Wirtschaft. Es solle deshalb vorläufig der „stille Boykott" durchgeführt werden. [168]

Der sogenannte „stille Boykott" ließ auch diesmal nicht lange auf sich warten. Im Dunkel der Nacht des 2. März 1935 wurden Gewalttätigkeiten gegen drei jüdische Geschäfte in Frechen vollzogen. In zwei Kleidergeschäften und einem Metzgerladen wurden ein Geschäftstransparent und zwei große Schaufensterscheiben mit Steinen eingeworfen. Am 11. April wurde dann noch in der kleinen Metzgerei Seligmann, ebenfalls nachts, ein Transparent *„unbrauchbar gemacht".* In allen diesen Fällen wurde Anzeige erstattet. Doch die Ermittlungen zur Ergreifung der Täter blieben, wie nicht anders zu erwarten war, ergebnislos. Wie in solchen Fällen üblich, ging auch diese Verbrechensahndung aus wie das Hornberger Schießen.

Am 18.4. forderte Heinrich Loevenich als Landrat auf Verlangen der Regierung die Übersendung einer Aufstellung bezüglich der „antijüdischen Wirtschaftspropaganda" seit dem 1. Januar 35. [169] Der Bürgermeister als Polizeichef Frechens berichtete ausführlich am 20. April, wobei er, Ahnungslosigkeit vorgebend, abschließend feststellt: *„Ob aber diese Fälle auf antijüdische Wirtschaftspropaganda zurückzuführen sind, konnte hier nicht festgestellt werden."* [170]
Auf was denn sonst sollte dies zurückzuführen sein, wenn ausschließlich jüdische Läden angegriffen wurden?

Erst am 20. August wurden diese Ausschreitungen nochmals dezidiert vom Reichsinnenminister Frick untersagt. [171] Jetzt wurde ein Jahr lang wegen der Olympiade öffentliche radauantisemitische Zurückhaltung geübt.

Zwar waren die Gewalttätigkeiten vorerst eingestellt, doch die Hetze wurde dafür umso mehr verstärkt. Es ging gegen jüdische Gewerbetreibende, vor allem aber gegen die Metzger und Viehhändler.

Der „Kampf" gegen die jüdischen Metzger und Viehhändler

Die Nationalsozialisten wollten die Juden natürlich auch besonders aus den beiden traditionellen Berufsgruppen der Metzger und Viehhändler völlig herausdrängen.

Zur psychologischen Verstärkung dieser Absichten intensivierte die hiesige NS-Propaganda 1935 nochmals ihre antijüdische Hetze. Der Westdeutsche Beobachter schuf damals sogar eine spezielle Hetzseite für den Landkreis Köln, den sogenannten „Judenspiegel". Hier wurden in dichter Folge - im berüchtigten „Stürmer"-Stil - jüdische Gewerbetreibende, vor allem Viehhändler und Metzger, mit den übelsten stereotypen Klischees diffamiert; d.h. mit ihrem angeblichen Charakter aus Raffgier und Betrug.

Diese allgemein formulierten Hetzartikel wurden dann in widerlichster Weise noch verstärkt durch Vorwürfe wegen extremer Unsauberkeit, oft verbunden mit sexuellen Vergehen („jüdische Schweinereien" und „jüdische Vertiertheit"). Das geschah in Artikeln mit angeblichen Einzelbeispielen aus ganz Deutschland und besonders aus dem Landkreis Köln.

Hier nur ein Beispiel: der „Judenspiegel" vom 3. 8. 1935!

Auf dieser Seite gibt es zwei widerliche Hetzartikel: die angebliche „Notzucht an einem Kinde" durch einen 15-jährigen Juden aus Berlin und ein „82jähriger Rabbiner schändet schulpflichtige Mädchen". Mitten in die Seite sind dann als Belege aus dem Landkreis zwei Artikel über Frechen gesetzt. „Unglaubliche Tierquälerei", ein Hetzartikel gegen den Frechener jüdischen Kleinhändler Siegfried Abraham, der auch Metzger war.[172] Außerdem ein Artikel gegen „Judenknechte in Frechen", also gegen konkret beschriebene – jedoch namentlich nicht genannte - nichtjüdische Frechener im Unter- und Oberdorf, die noch immer öffentlich mit Juden redeten und verkehrten.[173]

Im Hauptartikel „Hie deutscher Bauer, hie deutscher Metzger" wird gegen die angeblich betrügerischen und „preistreiberischen" jüdischen Viehhändler des Landkreises gehetzt. Mit der daraus gefolgerten Forderung: Die „deutschen" Bauern und Metzger sollen den „Juden", den Zwischenhändler, durch direkte Geschäftsbeziehungen ausschalten.

Dies soll jedoch nach folgender Methode geschehen: „*Der Bauer, welcher ein schlachtreifes Tier abzugeben hat, meldet den beabsichtigten Verkauf dem Bauernführer, der wiederum das Vieh aus erster Hand den Vertrauenskollegen der Metzger aus den Orten anbietet und so mit ihnen sofort zum Abschluß kommt. Damit ist der Jude als Preistreiber zugunsten der Volksgemeinschaft ausgeschaltet und das Viehgeschäft ist endlich in rein deutschen Hände gegeben. Der deutsche Metzger bekommt regelmäßig sein Fleisch und der Bauer weiß, daß sein gezüchtetes Vieh der Volksgemeinschaft zugute kommt, ohne daß die schmutzigen Raffhände eines Juden sich in seiner mühseligen Arbeit gewaschen haben.*"[174]

Diese massive Boykotthetze schien Erfolg zu haben. Denn im Oktober 1935 berichtete Dr. Küper stolz in seinem Lagebericht: „*Bemerkenswert ist, daß bereits drei jüdische Geschäfte geschlossen wurden.*"[175] Doch dabei handelte es sich nicht um Metzgereien, gegen die ja vor allem gehetzt wurde. Es waren das „Salamanderschuhgeschäft Samuel" (die Firma ‚Salamander' hatte sich von ihrem jüdischen Partner getrennt), der Lederwarenladen eines zugezogenen Kaufmannes, der schon vor 1933 Existenzprobleme hatte, und das einst gut gehende Kleidergeschäft des Moritz Kaufmann, der bereits 1933 im Zuge der hiesigen Kommunistenverfolgung willkürlich in „Schutzhaft" genommen worden war. Was ihn so früh bewog, sein Geschäft einem Nichtjuden zu überlassen und am 30. Oktober 1935 nach Köln zu ziehen, ist nicht mehr eruierbar.

Der erste jüdische Metzger, der sein Geschäft aufgab, war Bernhard Schwarz. Er wanderte im November 1936 nach Johannesburg aus. Sein Bruder Alfred Schwarz übernahm dessen verbliebene Kundschaft. Der zog außerdem um, weg von der bedrohlichen, geschäftsschädigenden NSBO-Zentrale im Nachbarhaus, und eröffnete seine Metzgerei in Bernhards bisherigem Laden im elterlichen Haus.

Judenspiegel

Hie deutscher Bauer, hie deutscher Metzger
Die Hintergründe der Viehkäufe der jüdischen Metzger und Händler

Aus dem Kreise, 3. August.

Wir brachten bereits vor längerer Zeit im „Judenspiegel" einen Artikel, der sich mit dem Fleischkauf von deutschen Metzgern bei Judenmetzgern beschäftigte und in dem wir — auch heute noch — eine entschiedene Kampfstellung gegen solche Judenknechte einnahmen. Der WB bemüht sich, das kaufende Publikum den deutschen Geschäften und Handwerkern zuzuführen, und wir müssen es darum als eine Sabotage an unsrer Arbeit betrachten, wenn auf dem krummen Wege hintenherum das deutsche Publikum von solchen Metzgern mit Ware beliefert wird, an deren Umsatz der Jude die sogenannte erste Hand hat.

Wir betonen auf der andern Seite ausdrücklich, daß es sich um vereinzelte Fälle im Metzgergewerbe handelt. Wiederum haben wir festgestellt, daß deutsche Bauern ihr schlachtreifes Vieh an jüdische Metzger und Händler verkaufen, trotzdem ein gleichlaufendes Angebot von deutschen Metzgern vorlag. Diese Tatsache benutzen die von uns angegriffenen Metzger zu erklären: „Wir stehen machtlos dem jüdischen Einfluß bei den Bauern gegenüber, der Jude erhält das Vieh und wir müssen, um unsre Kundschaft beliefern zu können und unser Geschäft hochzuhalten, aus der zweiten Hand, eben der jüdischen, kaufen."

Dazu haben wir zu erklären,

daß der deutsche Metzger nicht machtlos diesem Treiben gegenübersteht,

sondern daß ihm die scharfe Waffe unsers Beistandes sicher ist, wenn er keinen Ausweg aus den jüdischen Machenschaften weiß. So sagte uns ein Metzger aus Sürth wörtlich: „Wir deutschen Metzger wissen kaum Vieh zu bekommen, aber der Judenmetzger hier am Platze hat schon wieder eine schlachtreife Kuh, die von seinen Rassegenossen ihm angetrieben wurde, in seinem Stalle stehen." Wir sind den Dingen auf den Grund gegangen und sind zu folgender Feststellung gekommen.

Der Jude entwickelt auf dem Viehmarkt eine emsige Rührigkeit, die vermuten läßt, daß er in irgendeiner Weise wieder versucht, sich eine Monopolstellung zu erringen als Zwischenhändler zwischen Bauer und Metzger. Das Uebel muß an der Wurzel ausgerottet werden, wenn wir in unserm Kampfe gegen die Preisverteuerung der jüdischen Parasiten erfolgreich sein wollen.

Kein deutscher Bauer im Landkreise soll sein schlachtreifes Vieh den preistreibenden Juden überlassen.

Wer von Viehgeschäften zwischen Bauern und Juden erfährt, besonders solche Geschäfte, bei denen der deutsche Kaufwillige zugunsten eines Juden ausgeschaltet wird, teile uns solche Fälle mit, die wir dann mit dem nötigen Nachdruck der Oeffentlichkeit zur Kenntnis bringen. Die Organisation der deutschen Metzger unter sich zum Zwecke des direkten Ankaufs von Vieh vom Bauer ist leicht möglich. Die Metzger, nehmen wir als Beispiel den Ort Sürth, bestimmen einen Kollegen, der vom Vertrauen aller getragen wird, dieser tätigt den Ankauf. Er arbeitet mit den zuständigen Bauernführern Hand in Hand. Der Bauer, welcher schlachtreifes Vieh abzugeben hat, meldet den beabsichtigten Verkauf dem Bauernführer, der wiederum das Vieh aus erster Hand den Vertrauenskollegen der Metzger in den Orten anbietet und so mit ihnen sofort zum Abschluß kommt. Damit ist der Jude als Preistreiber zugunsten der Volksgemeinschaft ausgeschaltet und das Viehgeschäft ist endlich in rein **deutsche Hände** gegeben. Der deutsche Metzger bekommt regelmäßig sein Fleisch und der Bauer weiß, daß sein gezüchtetes Vieh der Volksgemeinschaft zugute kommt, ohne daß die schmutzigen Raffhände eines Juden sich in seiner mühseligen Arbeit gewaschen haben.

Ist es nicht geradezu hanebüchen, wenn man erfahren muß, wie wir bereits mitgeteilt haben,

daß ein Viehjude für den Antrieb einer Kuh nach Sürth den horrenden Gewinn von 50 M eingesteckt hat, bei einer Tätigkeit, die noch keine Stunde gedauert hat?

Wer die 50 RM zahlt, liegt klar auf der Hand, die schaffenden Volksgenossen, die ihr karges Stückchen Fleisch auf dem Mittagstisch stehen haben. Der Jude prahlt und protzt mit seinem Vermögen, daß er auf diese Weise den Arbeitern abnimmt. Wir wollen unsre Arbeiter vor Preistreibereien des Juden schützen. Darum gilt unser Kampfruf: „Hie deutscher Bauer, hie deutscher Metzger!" auch in diesem Falle zum Wohle der deutschen Volksgemeinschaft. Es sollte uns freuen, wenn unser Vorschlag aufgegriffen würde.

Welcher Bauernführer in seinem Kreis und welche Ortsmetzger machen den Anfang?

Unglaubliche Tierquälerei
Wie Jud' Siegfried von Frechen eine Ziege mißhandelte

Frechen. Schon einmal haben wir uns mit diesem schmierigen Juden befaßt, weil er in Frechen-Bachem eine Ziege gequält hatte. Trotzdem er deswegen vor Gericht gestanden hat, kann er es nicht lassen.

Am 30. Juli wurde er wiederum dabei angetroffen, wie er eine Ziege in gemeinster und barbarischster Weise quälte. Er hatte jene Ziege in dem benachbarten Türnich gehandelt. Auf dem Wege nach Frechen schlug er dauernd auf das arme Tier ein und mißhandelte es in der rohesten Art und Weise. Als er sah, daß es gar nicht mehr gehen wollte, schleifte er das arme Tier einfach hinter sich her.

Straßenpassanten beobachteten diese herzlose Quälerei und nahmen dem Juden kurzerhand das Tier ab und gaben es ihm erst dann wieder, als er einen Wagen beschafft hatte, mit welchem er die Ziege fahren konnte. Dieser Vorgang wurde einem Polizeibeamten gemeldet, der sich dann auch der Sache annahm und diesen jüdischen Tierquäler zur Anzeige brachte.

Das Gericht wird ihm wohl diesmal einen fühlbaren Denkzettel geben. Im übrigen kann dieser Jude sich nur freuen, daß die Volksgenossen von Frechen immer eine tadellose Disziplin und Selbstbeherrschung wahren, sonst wäre ihm die Tierquälerei wohl längst ausgetrieben worden.

Judenknechte in Frechen

Es gibt in Frechen noch verschiedene Leute, denen es so gar nicht in den Sinn will und die gar nicht begreifen können, daß sie sich durch ihren Verkehr, den sie nach wie vor mit Juden unterhalten, selbst aus der Volksgemeinschaft ausschließen. Scheinbar können oder wollen sie nicht begreifen, daß es in der Judenfrage keinen Kompromiß gibt.

Noch unbegreiflicher ist es aber, wenn man tagtäglich sieht, wie ein Frechener ehemaliger **Geschäftsmann**

der buchstäblich durch Judenmanieren ruiniert wurde, mit Juden stundenlang in Gesellschaft sitzt

und die engsten und freundschaftlichsten Beziehungen mit ihnen unterhält. Pfui Teufel! Geht in euch — schämt euch, wenn ihr noch in der Lage seid, soviel Ehrgefühl und Stolz aufzubringen. Wenn nicht, dann schadet es euch nichts, wenn ihr endgültig an Juden zugrunde geht! Dann seid ihr nicht wert, als deutsche Menschen behandelt zu werden!

Auch im Oberdorf sah man vor einigen Tagen einen Geschäftsmann mit vier Juden eifrig debattieren. Es sollen diese Leute letztmalig gewarnt sein und ihnen dringend anempfohlen werden, endlich ihr unsauberes Treiben aufzugeben, sonst müssen wir deutlicher werden!

Notzucht an einem Kinde
Jüdische Bestialität kennt keine Grenzen

Berlin: Im Nordosten Berlins, am Weißensee, wurde, wie der Völkische Beobachter berichtet, am Donnerstag ein Verbrechen aufgedeckt, das vor einigen Tagen durch einen 15jährigen Juden begangen worden ist. Es handelt sich um einen Manfred Gottschalf aus Berlin. Dieser hatte ein 14jähriges, völlig unentwickeltes arisches Mädchen auf der Straße angesprochen und es veranlaßt, mit ihm zu gehen. Als er vor der Haustür angelangt war, stieß er das Mädchen mit Gewalt in den Hausflur und vergewaltigte es trotz ihrer heftigsten Gegenwehr. Während dieser Zeit hatte sein Freund, ein ebenfalls 15jähriger Jude Moses, vor der Haustür Schmiere gestanden.

Das Gesetzbuch des auserwählten Volkes ist der Talmud. Dieser spricht den Juden von allen, an Nichtjüdinnen begangenen Schandtaten frei. Ja, er macht ihm diese sogar den „Gojim" gegenüber zur Pflicht.

Die Nichtjuden (akum) sind in den Augen des Juden, wenn auch in Menschengestalt erschaffen, nur Affen, welche nie etwas Großes werden können. Sie sind vom unreinen Geist (ruach tumo) gezeugte Götzendiener und werden Schweine genannt. Das fünfzigste der 613 Talmudgebote verbietet es strenge, mit Götzendienern Erbarmen zu haben. Rabbi Bechay bezeichnet alle „Gojim" als Menstruationskinder, deren Ausrottung für den Juden eine gottgefällige Tat (mizwoh) bedeutet. Zu diesen zählt nach talmudischer Vorschrift auch die Schändung des nichtjüdischen Weibes. Die Nichtjüdin ist in den Augen des Juden noch weniger als ein Stück Vieh und wird vom Talmud rundweg als Hure bezeichnet.

Schon von frühester Jugend an kann sie der Jude nach seinem Gesetz mißbrauchen. Im Sanhedrin wird ein Mädchen, welches nur drei Jahre und einen Tag alt ist, beischlaffähig erklärt.

Als das Verbrechen am Donnerstag bekannt wurde, löste es unter allen Volksgenossen hellste Empörung aus. Innerhalb weni-

Hetzartikel gegen Siegfried Abraham und Frechener ‚Judenknechte' im Westdeutschen Beobachter vom 03.08.1935

Die massive Hetze gegen die jüdischen Metzger und die Bedrohung ihrer Kunden zeitigten erste Wirkung. Doch noch (1935/36) konnten diese sich wirtschaftlich behaupten, teilweise sogar gut, wie die Gewerbesteuerzahlen andeuten. Ängstliche Kunden wurden durch anonyme Hauslieferungen mit Fleisch versorgt oder die Metzger verkauften, wie der Bürgermeister verärgert berichtete, *„ihr Fleisch an auswärtige Metzgereien, insbesondere nach Hermülheim."*[176]

Letzteres zeigt im Übrigen, daß noch nicht einmal die sogenannten „arischen Metzger" glaubten, daß ihre jüdischen Berufskollegen schmutzig und preistreiberisch seien.

Bemerkenswert ist auch folgende Diskrepanz: Während in der Propaganda, vor allem in den Zeitungen, über die hiesigen jüdischen Metzger die übelsten Dinge verbreitet wurden, beispielsweise ihre angebliche „Preistreiberei", fielen sie im Umgang mit den Behörden fast gar nicht auf. Mit dem behördlichen Umgang meine ich hier: die Preiskontrolle durch die kommunale Polizei. Die Frechener Polizeiverwaltung versuchte im Schulterschluß mit der

Vorgeschriebener Preisaushang der Metzgerei Levy, 1935

NSDAP seit der Machtergreifung massiv die Höchstpreise für Fleisch zu diktieren. Das führte zu anfänglich heftigstem Widerstand der Metzger unter Führung ihres Innungsmeisters F., der sogar „*versteckt mit einem Schlachtstreik*" drohte.[177] Der aber war ausgerechnet das zweitälteste NSDAP-Mitglied Frechens. Mit seiner Partei-Nr. 94036 zählte er zu den „alten Kämpfern der Bewegung". So gab es in der Folge im wesentlichen Auseinandersetzungen zwischen ihm und dem NS-Bürgermeister. Als schließlich die Preise ständig von Polizisten kontrolliert wurden – es mußten auch Preistafeln im Schaufenster aufgehängt werden – gaben sich die jüdischen Metzger mehr als andere alle Mühe nicht aufzufallen. Wenn einer von ihnen einmal ermahnt wurde, er habe eine Fleischsorte mit einem zu hohen Preis versehen, senkte der betreffende sofort die Preisangabe ohne Widerspruch auf die geforderte Höhe.[178]

Die oben erwähnte Forderung im „Judenspiegel" des Westdeutschen Beobachters nach Ausschaltung der jüdischen Viehhändler durch den Direkthandel zwischen Bauer und Metzger unter der Kontrolle der Partei zeigte wenig oder gar keinen Erfolg. Offensichtlich waren den meisten Bauern oder auch Metzgern die angeblich „schmutzigen raffgierigen Hände der Juden" doch recht günstige Geschäftspartner.
So klagt der Bürgermeister Dr. Küper noch im April 1935: „*Andererseits kaufen christliche Metzger ihr Fleisch z.T. immer noch von den Juden und wehren sich dagegen, daß einer ihrer Berufskameraden diese Lieferungen übernimmt. Diese Tatsache beweist, daß in diesen Kreisen oft das notwendige Verständnis für die Ziele des nationalsozialistischen Staates fehlt.*"[179]

Doch gerade die Situation der Schweinemetzgereien, die fast alle ‚nichtjüdisch' – also in sogenannten „deutschen" Händen – waren, belegte im September 1935 deutlich, daß die Beschaffung von Schweinefleisch im Sinne der NSDAP diese Betriebe in massive wirtschaftliche Schwierigkeiten brachte. Denn die Frechener Metzger bekamen nach eigenen Angaben auf dem Schlachthof in Köln entweder gar kein Schweinefleisch oder nur ein Schwein gegen ein Aufgeld von 15 RM. Da das für sie viel zu teuer war, holten sie sich – ebenfalls ganz im Sinne der NSDAP – die Tiere direkt bei Bauern in anderen Regionen wie beispielsweise Oldenburg. Dort bekamen sie Schweine, „*die aber durch Transport= und sonstigen (sic) Nebenkosten ebenso teuer wären und das Lebendgewicht pro Pfund 0.60 RM bei weitem übersteigen würden.*"[180] Das führte dazu, daß gerade die „deutschen" Schweinemetzger die polizeiliche Preisvorgabe getarnt umgingen. In ihren im Schaufenster ausgestellten Preisverzeichnissen ließen sie die geforderten Preisangaben, doch beim Verkauf forderten sie vom Publikum wesentlich höhere Preise für „*Schweinefleisch*" und „*geräucherten Speck*", um keine Verluste einzufahren. Der Bürgermeister mußte in seinem Bericht feststellen: „*Es scheint, daß die Metzger infolge der zu erwartenden hohen Strafen zu bange sind die wirklichen Preise genau anzugeben.*"[181]

Mit den Ochsenmetzgereien, die in jüdischen und nichtjüdischen Händen waren, gab es keine Probleme. Hier wurden die vorgegebenen Preise weitgehend eingehalten. Hier war aber auch der Viehhandel noch fast ausschließlich in jüdischen Händen. Ein weiterer Beleg dafür, daß der angebliche Preiswucher der jüdischen Viehhändler ein willkürlicher, durch nichts zu belegender Vorwand der Nazis war, um aus rassistischen Gründen jene wirtschaftlich zu vernichten.

Metzgerei und Familie Norbert Levy, 1936

IM ZEICHEN DER RASSEGESETZE

RÜCKSICHTSLOSE ISOLIERUNG UND VERDRÄNGUNG

1936-1938

Josef Levy (Teil V):

„… Gegenüber unserem Haus war die Gastwirtschaft des Leo Meyers (richtig: Meyer), mit welchem wir immer im guten Verhältnis standen. Herrn Meyers Gattin Lena wurde jedoch eine fanatische Nazistin und bald wurde das Lokal meistens von SA-Leuten besucht. Frau Meyer stand hinter ihren Gardinen und notierte jeden Menschen, der in unsere Metzgerei oder nebenan im Kolonialwarengeschäft Baruch einkaufen wollte und dann verriet sie diese armen Leute an die Nazis. Ich bin mir auch ziemlich sicher, daß Frau Meyer die einzigste Frau war, die an der Kristallnacht teilnahm.

Die Degradierung der Juden wurde systematisch fortgesetzt und fand ihren Höhepunkt bis zu dieser Zeit in dem greuelhaften Geschehen der mir unvergeßlichen Kristallnacht am 9. November 1938. …"

Jüdische Jugendliche konnten nur noch ‚unter sich' sein: v.l.: Josef Levy, Berthold Liff, rechts: Bernhard Voos (1938 in Walberberg)

Der Landrat Köln, den 7.12.35

Betr. Gesetz zum Schutz des deutschen Blutes und der deutschen Ehre.

Nach § 3 des Gesetzes zum Schutze des deutschen Blutes und der deutschen Ehre vom 15.9.35 (RGBl.I S.1146) dürfen Juden weibliche Staatsangehörige deutschen oder artverwandten Blutes unter 45 Jahren in ihrem Haushalt nicht beschäftigen. Nach § 12 der Ersten VO.zur Ausführung des Gesetzes zum Schutze des deutschen Blutes und der deutschen Ehre vom 14.11.1935 (RGBl.I S.1334) ist ein Haushalt jüdisch,wenn ein jüdischer Mann Haushaltungsvorstand ist oder der Hausgemeinschaft angehört. Im Haushalt beschäftigt ist, wer im Rahmen eines Arbeitsverhältnisses in die Hausgemeinschaft aufgenommen ist,oder wer mit alltäglichen Haushaltsarbeiten oder anderen alltäglichen,mit dem Haushalt in Verbindung stehenden Arbeiten beschäftigt ist. Weibl.Staatsangehörige deutschen oder artverwandten Blutes ,die beim Erlass des Gesetzes in einem jüdischen Haushalt beschäftigt waren, können in diesem Haushalt in ihrem bisherigen Arbeitsverhältnis bleiben,wenn sie bis zum 31.12.1935 das 35.Lebensjahr vollendet haben.Fremde Staatsangehörige,die weder ihren Wohnsitz noch ihren dauernden Aufenthalt im Inlande haben,fallen nicht unter diese Vorschrift. Pressenachrichten zufolge gilt als jüdischer Mann nach § 12 der Ersten Ausführungs-VO.ein Jude,der über 16 Jahre alt ist. Ein Haushalt,in dem nur Frauen oder Kinder jüdisch sind, fällt also nicht unter das Gesetz.Wer Jude ist, bestimmt § 5 der Ersten VO.zum Reichsbürgergesetz vom 14.11.1935 (RGBl.I S.1333). Weibl.Staatsangehörige,die bis zum 31.12.1935 das 35. Lebensjahr vollenden und deshalb in ihrem bisherigen Arbeitsverhältnis bleiben dürfen, sind nicht berechtigt in einen anderen jüdischen Haushalt zu gehen, so lange sie noch unter 45 Jahren sind.

Schon verschiedentlich sind mir Anträge zugegangen, womit eine Ausnahme von den gesetzl.Bestimmungen beantragt wird..Ich habe Ihnen die Anträge zum Bericht zugehen lassen und werde das auch in künftigen Fällen tun.Sie wollen unter Berücksichtigung der vorstehenden Ausführungen Stellung nehmen und in jedem einzelnen Falle,ohne dass ich besonders darauf hinweise

An den
Herrn Amts-Bürgermeister
in ....

hinweise,den Standpunkt des Ortsgruppenleiters der NSDAP. mitteilen. Bei allen Prüfungen ist ein strenger Maßstab anzulegen.Soweit Hausangestellte darauf hinweisen,sie würden durch die gesetzl.Regelung brotlos, ist vor der Berichterstattung mit dem Arbeitsamt Fühlung zu nehmen und mitzuteilen,welche Möglichkeiten zur anderweiten Unterbringung sich eröffnen.In jedem Falle ist der Antrag dringlich zu behandeln.

gez.Loevenich.

Vom Landrat Loevenich verfaßtes Verfahrensschreiben zum ‚Blutschutzgesetz', 1935

Ende 1935 wurden die sogenannten „Nürnberger Gesetze" erlassen. Von nun ab waren die jüdischen Mitbürger Menschen zweiter Klasse. Durch diese „Rassegesetze" wurde eine allgemeine gesetzliche Regelung der „Judenfrage" geschaffen. Sie bildeten in der Folge die Grundlage für die wachsende Verfolgung und schließlich für die Vernichtung der Juden. Juden hatten kein Wahlrecht und keine allgemein politischen Rechte mehr. Außerdem waren ihnen aufgrund des *„Gesetzes zum Schutze des deutschen Blutes und der deutschen Ehre"* eheliche und außereheliche Beziehungen zu den „Ariern" unter schweren Strafen verboten.

Josef Levy kannte nur die Situation in seinem Elternhaus während der Kristallnacht. Frau M. war nicht die einzige Frau, die aktiv am Novemberpogrom in Frechen teilnahm. Sie war aber die einzige, die er an diesem Tag im Haus seiner Familie erlebte.
Er erwähnt diese Frau aber noch in einer anderen zeittypischen Funktion, der schon an anderer Stelle angesprochenen Denunziation: hier aufgrund von Beobachtungen „hinter ihren Gardinen". In diesem Zusammenhang ist diese Frau erstaunlicherweise manchem Oberdorfer noch bis heute in Erinnerung geblieben. Hier nur eine Aussage: „Wir waren damals Kinder. Wir waren immer hinter Salmiakpastillen her. Die holten wir bei Baruchs. Denn dort waren die billiger als bei Schiffers auf der Landstraße. Doch wir hatten Angst, von Frau M. gesehen zu werden. Deshalb mußte immer ein Kind Wache stehen und das Haus der Frau beobachten, während die anderen, wenn die Luft rein schien, schnell im Laden kauften.
Auch meine Oma fürchtete, von ihr beobachtet zu werden. Doch sie kaufte das Fleisch trotzdem noch bei Levys. Damit sie nicht von der Frau M. beobachtet werden konnte, mied sie die Rosmarstraße und ging nur abends von der Dürener Straße aus durch den Hintereingang in die Metzgerei." [182]

Die Denunziation nahm im Laufe des 3. Reiches immer mehr zu, auch in Frechen, und sollte nach der ‚Kristallnacht' einen solchen Höhepunkt erreichen, daß sie eine Gefahr für die sogenannte „Volksgemeinschaft" der Nationalsozialisten zu werden drohte. Göring sah sich gezwungen, sie zu verbieten. [183]

Der fanatische Kampf der „kleinen Hitler" gegen ‚Volksverräter' und ‚Staatsfeinde'

Der jahrelange wirtschaftliche und psychologische Druck der Nazis auf die Juden, aber auch auf die mit ihnen verkehrende Bevölkerung, hatte 1936 erste ‚NS-Erfolge' auch bei uns gezeigt. Es waren schon einige jüdische Geschäfte eingegangen. Ende 1936 zogen etliche Frechener Juden in die Großstadt Köln, um dort in deren Anonymität unterzutauchen. Andererseits kamen von anderswo einige Juden zu ihren Verwandten nach Frechen.

Allein der Vierpersonenhaushalt des Norbert Levy wuchs auf 7 Personen an. Drei Greise kamen hinzu: der Großvater von Josef und Gustl Levy, der Witwer Josef Cohen, sowie dessen Geschwister Johanna und Max Noe. Sie kamen alle aus ihrem Haus in Horrem (Heerstr. 40). Sie hatten es aufgrund des politischen, wirtschaftlichen und psychischen Drucks verlassen müssen. [184] Die Familie mußte

Max Noe Cohen, o.D.

zusammenrücken, um Kosten zu sparen und um so den wirtschaftlichen Niedergang etwas auszugleichen; aber auch, um die wachsende gesellschaftliche Isolierung zu kompensieren. Sie alle mußten auf engerem Raum von den so zusammengelegten Geldmitteln und dem schwindenden Metzgereieinkommen leben.

Das ging nur, wenn die drei Alten im Betrieb mithalfen. Das jüngste der drei zugezogenen Geschwister, der 1862 geborene Max Noe, mußte sogar noch seine alte Tätigkeit als „Viehhändler" zum Wohle der Familie fortsetzen, d.h. seine reichsweiten Berufsbeziehungen und -erfahrungen nutzen. Ein mühseliges Unterfangen für einen so alten Mann. Ob ihn das überforderte? Wir wissen es nicht. Jedenfalls wurde er 1938 krank und starb im Januar 1939 im jüdischen Krankenhaus zu Köln.

Die Frechener Nazis waren trotz ihrer ersten Erfolge gegen die Frechener Juden völlig unzufrieden mit den bisherigen Ergebnissen. Sie reichten ihnen bei weitem nicht. Im Gegensatz zu vielen anderen Gegenden Deutschlands lebte noch immer die Mehrzahl der einheimischen Juden hier und es gab noch die Mehrzahl der früheren Geschäfte bzw. Kleinhändler. Und das trotz der vierjährigen schulischen Erziehung der Kinder unter dem Nationalsozialismus sowie trotz der ‚Belehrung' der Erwachsenen auf unterschiedlichste Art.

Nach den Nürnberger Rassegesetzen und der damit ‚per legem' ausgesprochenen Degradierung der Juden zu Menschen zweiter Klasse kam es auch in Frechen zu noch ungehemmteren und rücksichtsloseren Versuchen, diesen Bevölkerungsteil mit allen Mitteln auszugrenzen und aus der Gesellschaft sowie aus der Wirtschaft, dem Beruf bzw. dem Gewerbe zu verdrängen.

Nur die physische Gewalt wagten sie noch nicht anzuwenden; jedenfalls nicht offen. Wer jetzt noch nicht als „Arier" eingesehen hatte, daß er Juden schneiden mußte, galt in ihren Augen als Staatsfeind, Volksverräter bzw. Judenknecht und wurde als solcher bedrängt.

Die Frechener Naziführer setzten nun nicht mehr nur auf Boykottmaßnahmen gegen jüdische Geschäfte, bei denen sogar verführte Hitlerjungen und BDM-Mädchen gegen das Wissen und den Willen mancher Eltern eingesetzt wurden, sondern auch auf massiven Druck, der sich gegen Freunde der Juden richtete.

Diesen konnten sie jedoch nur effektiv ausüben dank größter Beobachtung und Überwachung. Das geschah durch ein Netz von Helfern, seien es ebenso fanatische ‚kleine Hitler' wie sie, die politischen Leiter, beispielsweise willige Block- und Zellenwarte, oder beruflich beauftragte Polizisten. Die größte Gefahr für die Sympathisanten der Juden ging aber von den anonymen Denunzianten aus, die oft gar keine Parteigenossen waren.

Wie mutig einer sein mußte, wenn er seinen jüdischen Freunden treu bleiben und helfen wollte, soll nun an folgenden konkreten Beispielen gezeigt werden, die noch recht detailliert belegt werden können:

Ein politischer Leiter verfolgt einen ‚Judenfreund' und ‚Volksverräter'

Josef Levy: *„Da war auch ein fanatischer Nazifunktionär, der arbeitete auf Bellerhammer. Der hatte es speziell auf uns abgesehen. Er beobachtete und verfolgte alle, die noch zu uns hielten. Beispielsweise den Brikketthändler Schaaf."* [185]

Walter Blask war Elektriker bei der RAG. Er arbeitete 1937 auf Grube Carl („Bellerhammer"), einer Frechener Brikettfabrik westlich des Oberdorfes. Er wohnte nicht weit davon in der Rosmarstraße 69. Walter Blask war aber auch Nationalsozialist. Kein Mitläufer, sondern ein Hundertprozentiger. Aufgrund seiner Einstellung und wohl auch seiner verwandtschaftlichen Beziehungen zum Kreisleiter und Landrat hatte er es auch schon zu etwas in der Partei gebracht: Schon spätestens 1935 war er „Betriebsgemeinschaftswalter der NSDAP" bei den Frechener Fabriken der Rheinischen Braunkohlenwerke (RAG). Damit war er ein „politischer Leiter" der NSDAP.

Dieser Titel erfüllte ihn mit Stolz und gab ihm vor allem das Gefühl von Macht. Mit diesem Amt war er quasi eine Art ‚Führer' auf der untersten Ebene der Parteihierarchie. Er stand in direkter Befehlslinie unter dem Gauleiter,

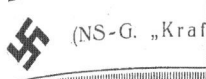

Antijüdische Textpassage in einem Bergmannslied (Programm einer Betriebsfeier der Frechener Wachtbergbetriebe)

dem Kreisleiter Loevenich und dem Ortsgruppenleiter der NSDAP Reiner Stumpf. So war er auch der Betriebsobmann der NSDAP für die Belegschaft der Fabrik Carl (Bellerhammer). Er fühlte sich gleichsam als Verkörperung der NSDAP in seinem begrenzten Aufgabenbereich, der Fabrik, und sagte das auch. Besonders, wenn er den Leuten Respekt und Furcht vor seiner Macht einflößen wollte, sprach er von sich gerne im ‚Plural majestatis': „Wir, die Partei!"[186]

Den hiesigen Braunkohlenbergbau hatten die Nazis sehr schnell im Griff. Das lag daran, daß sie hier günstigste Bedingungen antrafen. Die Führungseliten, die meist nicht aus dem Rheinland stammten, waren von jeher überwiegend national oder sogar nationalistisch, in der Regel zunächst deutschnational eingestellt.

Schon 1933/34 mußte jeder Braunkohlenbelegschafter, beispielsweise der Fabrik Carl, sich zumindest angepaßt zeigen als „Gefolgschafter" der jetzt nationalsozialistischen Betriebsgemeinschaft, wenn er nicht seine Arbeit verlieren wollte. Nationalsozialistische Obleute wie Walter Blask verschärften diese Situation. Walter Blask saß selbst dem Betriebsdirektor, dem Chef, der jetzt „Gefolgschaftsführer" war,

Hetzartikel in der Zeitschrift „Rheinischer Braunkohlen=Bergmann" (Ausschnitt v. 1939)

als radikale Bedrohung, Kontrolleur und ‚böses Gewissen' der NSDAP im Nacken.

Viele Betriebsangehörige konnten sich zwar vor der Parteimitgliedschaft drücken, aber das Eintreten in manche Untergliederungen war schnell ein unbedingtes Muß. Die Mitgliedschaft in der deutschen Arbeitsfront beispielsweise. Selbst der NSV, der nationalsozialistischen Volkswohlfahrt, die offiziell freiwillig war, konnte man sich kaum noch entziehen.

In der Fabrik Carl übte Blask einen solchen Druck aus, daß 1937 nur drei (von 167) Gefolgschaftsmitgliedern noch nicht der NSV angehörten. Er wollte aber 100prozentige Mitgliedschaft. So fragte er im November 1937 den Fabrikarbeiter Jakob Lenz, ob er Mitglied der NSV sei. Lenz sagte, wohl um ihn loszuwerden, die Unwahrheit: „Ja!" Das ging nicht gut. Blask informierte sich sofort bei der NSV und erfuhr, daß Lenz nicht Mitglied war. Sofort schaltete er den Betriebsdirektor Faßbender ein. Der sah offensichtlich keine andere Möglichkeit, als scharf gegen Lenz vorzugehen, vielleicht auch, um ihm so seine Arbeit zu sichern.[187]

Am 9. November schrieb er ihm in deutlichen Worten:

„Ich weise als Gefolgschaftsführer darauf hin, daß es ganz unmöglich ist und ich es auch nicht dulden kann, daß sich von 213 Gefolgschaftsmitgliedern ausgerechnet 3 Mann aus der Gemeinschaft ausschließen wollen. Wenn Sie Ihren Standpunkt beibehalten und auch weiter das große Hilfswerk der NSV nicht unterstützen wollen, dann empfehle ich Ihnen, auch freiwillig aus der Betriebsgemeinschaft auszutreten und solchen Volksgenossen Platz zu machen, die das Hilfswerk gerne mit einem monatlichen Beitrag unterstützen wenn sie selbst von der Geissel der Arbeitslosigkeit befreit sind. Ich bin der festen Ueberzeugung, daß diese Volksgenossen bereit sind, ein noch viel grösseres Opfer zu bringen.
Ich empfehle Ihnen dringend, sich noch einmal zu

überlegen, ob Sie der NSV beitreten oder nicht und ersuche, hier unter diesen Brief nur mit j a oder n e i n zu antworten bis zum **15.11.37**.*"* [188]

Lenz gab den Brief mit einem handgeschriebenen *„Ja"* zurück. Bald darauf konnte Blask stolz die hundertprozentige Mitgliedschaft seiner Fabrik in der NSV melden.[189]

Nur dies zur Erklärung, welch gefährlicher Parteigenosse dieser Walter Blask war.

Fanatischer Nationalsozialist war Blask vor allem auch hinsichtlich der Rassenideologie. Da war er ganz auf der Linie seines Ortsgruppenleiters Reiner Stumpf und des darüberstehenden Kreisleiters und gleichzeitigen Landrates Heinrich Loevenich sowie des Gauleiters Grohé. Ohne Leute am Ort wie ihn konnten die beiden Frechener Vorgesetzten in der NSDAP nicht die Betriebe sowie die Bevölkerung kontrollieren, ausspionieren und unter Druck setzen, um sie u. a. auch vom Kontakt mit den Frechener Juden abzubringen.
Schon 1934 wurde beispielsweise ein Meister der Fabrik Carl, Herr Noth, unter Druck gesetzt mit der Alternative, entweder rausgeschmissen zu werden oder die Beziehung zu der Frechener jüdischen Familie Seligmann aufzugeben. Diese Beziehung bestand darin, daß seine Tochter Maria Noth seit einem Jahr bei dem Metzger Seligmann arbeitete. Maria Noth mußte auf Geheiß des Vaters die Stelle aufgeben, obwohl sie sehr gerne geblieben wäre.[190]

Blask fühlte sich jedoch nicht nur verantwortlich für seinen eigentlichen Aufgabenbereich in der Fabrik, sondern er bespitzelte und kontrollierte auch sein Wohngebiet, den Bereich westlich der evangel. Kirche. Besonders interessierten ihn die in seinen Augen grundsätzlichen ‚Todfeinde der Deutschen', die Juden. Nun gab es hier im Oberdorf noch zwei ziemlich gut gehende jüdische Geschäfte, die Metzgerei Levy in der Rosmarstraße 10 und gleich daneben den Kolonialwarenladen Baruch in Nr. 12. Auf die fokussierte er tatsächlich seinen ganz persönlichen Haß. Offensichtlich gab es noch viele ‚Oberdorfer', die zu ihren jüdischen Mitbürgern hielten, bei diesen offen oder versteckt kauften, mit ihnen sprachen oder sie sogar unterstützten. Das waren in seinen Augen Staats- bzw. Volksfeinde, die er unbedingt entlarven, in flagranti ertappen, d.h. bedrohen und lahmlegen mußte.

Ein Musterbeispiel für sein Verhalten ist das folgende Ereignis um ein leeres Oelfaß:
Leere Ölfässer boten die Braunkohlenbetriebe immer wieder zu einem niedrigen Preis zum Verkauf an. Jeder konnte sie billig erwerben. Nur Juden hätten sie in den nationalsozialistisch durchorganisierten Braunkohlenbetrieben nicht bekommen. Doch der Metzger Norbert Levy brauchte unbedingt für seinen Betrieb einen derartigen großen Metallbehälter. Wie sollte er daran kommen? Sein alter Freund und guter Nachbar, der Briketthändler Schaaf, bot ihm Hilfe an. Er beantragte für sich ein solches Faß bei der Direktion der Grube Carl und bekam es bewilligt. Am 11. März 1937 um 16 Uhr betrat er das Magazin der Fabrik Bellerhammer, um es abzuholen. Dort traf er drei Personen an: den Magazinverwalter, einen weiteren Beamten und zu seinem Leidwesen auch den NS-Betriebsobmann Walter Blask. Schaaf fragte nach dem Faß. Es soll 3.50 RM kosten, wurde ihm mitgeteilt. Sofort schaltete sich Walter Blask ein. Da er wußte, daß Schaaf ein Nachbar der Familie Levy war, verdächtigte er ihn sofort, das Faß stellvertretend für Levys kaufen zu wollen: *„Das Fass ist doch sicher für den Metzger Levy."* Schaaf reagierte nicht. Er sagte, er müsse zu seinem Schwiegersohn, der in der Fabrik an der Verladung arbeitete, Geld leihen, da er nicht genug mit habe.
Zurückgekommen bezahlte er das Faß. Doch inzwischen hatte er es sich überlegt und sich entschlossen, die unverschämte Anmache des ‚kleinen Hitler' nicht unbeachtet zu lassen. Er fragte Blask, obwohl er den Grund natürlich kannte, was die Frage nach Levys sollte. Sofort entstand ein heftiges Wortgefecht, bei dem der Briketthändler u. a. äußerte, dies ginge Blask nichts an und er mache, was er wolle. Umgehend warf Blask sein Parteiamt in die Waagschale, indem er Schaaf in seiner Eigenschaft als pol. Leiter darauf hinwies, *„dass wir, die Partei, uns sehr wohl dafür interessieren, ob die Volksgenossen Verräter am Volke seien."*[191] Die Drohung war ausgesprochen: Wer Juden hilft, ist Staatsfeind. Der muß mit allem rechnen.

Der selbstbewußte Briketthändler Schaaf ließ sich trotzdem nicht beeindrucken. Er wollte Genugtuung und schrieb bereits am 16.03.1937 folgenden Beschwerdebrief an den Betriebsdirektor Faßbender:
„Am 11. März 1937 erlaubte sich der Elektriker Blaske <richtig: Blask> *ohne jegliches Recht und ohne jegliche vorherige Anrede von meiner Seite aus im Beisein des Herrn Magazinverwalters Bücken und*

Kappes, mich als Volksverräter darzustellen, und drohte mir sogar mit Schläge.
Ich möchte den Herrn Direktor daher bitten, Herrn Blaske aufs Schärfste vorzunehmen, damit derartige Ausdrücke gegen Werkshändler in Zukunft unterbleiben.-
Heil Hitler" [192]

Nun mußte sich der Betriebsdirektor damit befassen. Er forderte die schriftliche Stellungnahme des Blask ein, der das Ganze aus seiner nationalsozialistischen Sicht bestätigte. Sodann verlangte er die Aussage der beiden Magazinbeamten, die den Ablauf detailliert schilderten und bestätigten, einschließlich des Vorwurfs „Volksverräter". [193]

Ob der Betriebsdirektor Faßbender, als Gefolgschaftsführer eines Braunkohlenbetriebes selbst Parteimitglied, wirklich Blask die Leviten gelesen hat, wissen wir nicht. Dies ist auch nicht anzunehmen. Denn solche ‚kleinen Hitler' wie Blask mußte selbst er mit Fingerspitzengefühl anfassen. Jedenfalls hat er sich nicht offen auf die Seite des politischen Leiters gestellt. Der Briketthändler blieb in dieser Hinsicht unbehelligt.

Faßbender hat jedoch nachweislich im Jahre 1944/45 das Verstecken von Frechener „Geltungsjuden" und von französischen Kriegsgefangenen in der Fabrik Clarenberg geduldet bzw. unterstützt bis zum Einmarsch der Amerikaner. [194]

Der Fall Sibylla Albring

Die größte Gefahr für die Gegner der Nazis, so auch für die Juden und ihre verbliebenen Freunde, waren, wie schon erwähnt, die Denunzianten. Es waren vor allem unauffällige, freundliche Leute, denen man nichts Schlimmes zutraute. Meist waren es unbekannte NSDAP-Mitglieder oder häufig sogar Parteilose, die sich aus irgendeinem, meist eigennützigen Grund nützlich und beliebt machen wollten. So schwärzten sie andere mit oft bösen Folgen an. Für sie selbst blieb es ohne Folgen, weil der Empfänger der Denunziation, in der Regel der Ortsgruppenleiter Stumpf, grundsätzlich den Nachrichtengeber geheimhielt. Trotzdem verwertete er die Aussage gegen den Denunzierten je nach Gutdünken.

Am unauffälligsten konnte man solche denunziatorischen Nachrichten gegen die Levys und die Baruchs sammeln, wenn man gegenüber in der Gastwirtschaft Meyer saß und die beiden jüdischen Geschäftseingänge durchs Fenster beobachtete.

Ähnliches galt auch für das Frechener Unterdorf.

Im Oktober 1937 wurde Frau Sibylla Albring Opfer einer solchen Denunziation. Sibylla Albring verkehrte noch immer offen und regelmäßig im Hause ihrer alten Bekannten, der Levys und Baruchs. Sie war in jungen Jahren bei den Baruchs in Stellung gewesen. Das war ihr Grund genug. Jetzt war sie aber Putzfrau auf dem Rathaus. Die Stelle hatte sie noch unter der Ägide des früheren Bürgermeisters Dr. Toll in der Weimarer Zeit erhalten. Es war ein wichtiges Zubrot zum Verdienst ihres Mannes, eines kleinen Gemüsehändlers. In der Weimarer Zeit bekam die Familie auch ihre jetzige Gemeindewohnung in der Blumenstraße (heute Keimesstr.), eine jener damals vorbildlichen, ja berühmten Sozialwohnungen des Gemeindebaumeisters und Architekten Gatzen. Obwohl die Miete kostengünstig war, mußte sie trotz allem schwer erarbeitet werden.

Ende September oder Anfang Oktober erhielt der Ortsgruppenleiter mal wieder eine jener „vertraulichen Nachrichten", also Denunziationen: Frau Sibylla Albring soll immer wieder in den Geschäften Levy und Baruch verkehrt haben, ist ihm zugesteckt worden. Er war fest entschlossen, derartige Handlungen zu unterbinden. Nach vierjähriger NS-Herrschaft müßten die „Deutschen" in seinen Augen über ‚die Juden' genug ‚aufgeklärt' sein. Wer trotzdem mit ihnen verkehrte, war boshaft und ein Volksfeind. Er wollte ein Exempel statuieren.

Da es rechtlich noch nicht verboten war, bei Juden zu kaufen, mußte er andere Druckmittel

Reiner Stumpf und Dr. Küper, 1935

bzw. Bestrafungsmittel anwenden. Der Fall Sibylla Albring war dafür bestens geeignet. Es gab zwei existenzielle Ansatzpunkte: Die Gemeindewohnung und die Putzstelle.

Er forderte von seinem Parteigenossen, dem Bürgermeister Dr. jur. Küper, diesbezügliche ‚Straf'-Maßnahmen. Der sprach prompt am 8.10.1937 die geforderten Kündigungen aus. Doch als Herr W. Albring ihn um eine Rücknahme der Entscheidung bat, bekam der Jurist wegen der anonymen Anzeige Bedenken. Er wollte wenigstens vom Ortsgruppenleiter den Namen des „Gewährsmannes" wissen. In seinem Antwortschreiben antwortet R. Stumpf am 16.10.1937 lapidar: *„Eine Namensnennung m. Gewährsmannes muß ich aus grundsätzl. Erwägungen heraus ablehnen."*
Stattdessen erwiderte er: Selbst, wenn Frau Albring nichts gekauft haben sollte, *„so ist 1. dies doch anzunehmen, 2. genügen aber die vielen Besuche, um auch andere davon zu überzeugen, dass von niemandem etwas gegen solche Besuche und also auch gegen das Kaufen bei Juden unternommen würde. Ich habe Albring (dem Mann) gesagt, dass die Meldung von mir nach dem Amt gemacht worden sei und ich in dieser Angelegenheit mich für ihn nicht einsetzen würde. Ich verwies darauf, dass seit der Machtübernahme allein bereits über 4 Jahre verstrichen seien und dass der Kampf im übrigen gegen die Juden bereits seit 1925 in der Ortsgruppe geführt werde. Auf seinen Einwand, dass er sowohl die Zeitung (WB) wie auch die Frauenwarte, er und seine Frau in der DAF, die Frau auch in der NSF sei, habe ich ihm erwidert, dass er damit nur beweise, dass sie sich nicht an Zeitungsgeschreibe störten und dass beide keinerlei Versammlungen besuchten. Ich bitte die getroffenen Maßnahmen aufrecht zu erhalten ggf. nur die Frist zur Räumung der Wohnung herauszuschieben und später evtl. rückgängig zu machen."* [195]

Dr. Küper gab nach. Typisch für die Machtverhältnisse zwischen Bürgermeister und Ortsgruppenleiter. Er beugte sich trotz seiner formaljuristischen Bedenken der Forderung seines Ortsgruppenleiters. Frau Albring wurde gekündigt. Die nächste Frau auf der langen Warteliste für die begehrten Putzstellen der Gemeinde, Frau Sch., erhielt die Stelle. Die evtl. Wohnungskündigung diente als probates Faustpfand des Ortsgruppenleiters für den Verzicht auf Kontakte zu Levys und Baruchs. Diese Kündigung schwebte wie ein Damoklesschwert über der Familie Albring. Sie konnte wohnen bleiben, solange sie nicht wieder die Kontakte aufnahm bzw. dabei beobachtet wurde. [196]

Offizielle Polizeibeobachtung

Wie sehr die Frechener Nazis nun die noch existierenden Geschäfte der Juden vernichten wollten, zeigte sich im November 1937 ebenfalls am Beispiel der beiden Oberdorfer jüdischen Läden. Offensichtlich hatten Boykottwachen, ständige Beobachtungen sowie anonyme Denunziationen von Käufern nur wenig genutzt.

Nun wurde demonstrativ reguläre Polizei zur Beobachtung eingesetzt. Der Bürgermeister Dr. Küper schickte einen Beamten, den Polizeihauptwachtmeister Gottfried K., speziell um das stark frequentierte Geschäft Baruch in Augenschein zu nehmen. Da man gegen Käufer wenig machen konnte, wenn man sie nicht wie im Falle Albring mit existentiellen Dingen erpressen konnte, mußte man staatsfeindliche, d.h. zwangsläufig (‚jüdisch'-)kommunistische Umtriebe nachzuweisen versuchen.
Der Polizeihauptwachtmeister gab sich alle Mühe, mittels Befragungen, Beobachtungen und demonstrativen Kontrollen seinen Auftrag zu erfüllen. Doch sein umfangreicher Bericht vom 7.9.1937 zeigte schon allein aufgrund seiner Fülle an Vermutungen, daß ihm das nicht gelingen konnte: [197]

„Bei Gelegenheit von Feststellungen im Oberdorf wurde mir von mehreren glaubwürdigen Personen mitgeteilt, dass das Geschäft des Juden Baruch hier Rosmarstrasse, meist von staatsfeindlichen und von dem heutigen Staat abseits gegenüberstehenden Personen besucht würde. Bei Nennung einer Anzahl von Kunden des Baruch konnten die ersteren Angaben als richtig ersehen werden. Es wurde weiter mitgeteilt, dass die bezeichneten Personen nicht nur als Käufer den Laden betreten und nach entsprechender Zeit wieder verlassen, sondern dass sie sich oft stundenlang in dem Geschäft aufhielten. Ich habe gelegentlich meiner Kontrollen in dem Geschäft des Juden festgestellt, dass bei Erscheinen eines Kunden die ganze Familie Baruch zur Bedienung erscheint. Während der eine die verlangten Waren gibt, knüpfen die anderen eine Unterhaltung an. Die Einstellung der

Siegfried Baruch im Arbeitskittel vor dem Geschäft seines Vaters, um 1937

Kunden kennend, wird diese Unterhaltung, bei reiner Luft, wenig in staatsbejahenden, wenn nicht staatsfeindlichem Sinne sein. Es ist festgestellt worden, dass der Jude von einer Seite, die auch in seinem Kundenkreis zu suchen ist, alltäglich den W.B. unter die Haustür geschoben erhält. Der Inhalt gibt für den Juden Gesprächsstoff mit den Kunden. Die politische Einstellung des Oberdorfes, zumal Broich=, Töpfer=, und Ahrendgasse, Rinkenpfuhl und Rosmarstrasse war vor der nationalen Erhebung kommunistisch, wenigstens zum überwiegenden Teil. Wenn in einer offenen Verkaufsstelle, inmitten dieses Wohnviertels, staatsfeindliche oder staatsverneinende Unterhaltungen gepflogen werden können, wird der Weg, die früheren K.P.D. Anhänger für den nationalsozialistischen Staat zu gewinnen, noch sehr weit sein. Die Hartnäckigkeit mit der die seitherigen Kunden des Baruch, trotz Vorträgen, Belehrungen, Abhandlungen und Presseveröffentlichungen, immer noch das Judengeschäft aufsuchen, kann nur demonstrativen Charakter haben. Es mag in diesem Zusammenhang nicht unerwähnt sein, dass vor einiger Zeit eine Frau aus der Broichgasse beim Austritt aus dem Judengeschäft von einem S.A. Mann in höflicher Form auf ihr undeutsches Verhalten hingewiesen wurde. In die sich anknüpfende Aussprache mischten sich mehrere Frauen aus der Broichgasse und nahmen öffentlich für den Juden Stellung.

Die Annahme dürfte nicht fehl sein, dass es sich bei den Kunden des Juden Baruch um eine staatsfeindliche Zelle handelt, deren Mitglieder sich als Käufer in dem Laden tarnen.
In diesem Zusammenhang wäre die Schließung des Judengeschäftes aus staats= und sicherheitspolizeilichen Gründen in Erwägung zu ziehen." [198]

Die Fülle von untereinander verknüpften Verdächtigungen sollte als Ganzes einen beweisähnlichen Beleg für die Staatsfeindlichkeit des ‚Juden Baruch' liefern. Doch das konnte der Bürgermeister Dr. jur. Küper, selbst formaljuristisch, nicht verwenden. Mit sichtlichem Bedauern schrieb er seinem Vorgesetzten und eigentlichen Auftraggeber dieser Maßnahmen, dem Landrat Loevenich, am 9.11.1937: *„Die Feststellungen, die von dem Beamten niedergelegt worden sind, wurden mir auch bereits von anderer Seite vertraulich mitgeteilt. Leider ist es bisher nicht möglich gewesen, irgendwelche positiven Feststellungen zu treffen, um den Juden der staatsfeindlichen Tätigkeit zu überführen. Die hiesigen Beamten sind für derartige Feststellungen auch ungeeignet, da sie in der Bevölkerung zu sehr bekannt sind."* [199]
Wohl mehr eine formelle Verlegenheitslösung war abschließend sein Vorschlag an den

Landrat und gleichzeitigen Verbindungsmann zur Staatspolizei: *„Ich bitte Sie zu erwägen, ob nicht ein auswärtiger Gendarmeriebeamter in Zivil oder ein Beamter der Staatspolizei Nachforschungen an Ort und Stelle trifft. Vorerst habe ich keine Maßnahmen getroffen."* [200]

Befassen wir uns etwas resümierend mit dem Text:

Der Verdacht, das Geschäft Baruch wäre eine jüdisch-kommunistische Zelle, war im nationalsozialistischen Sinne zwingend. Juden waren für die Nazis in jedem Fall die Drahtzieher und Urheber des Kommunismus. Und wer es 1937 noch wagte, offen in ein jüdisches Geschäft zu gehen, und dort lange Schwätzchen hielt, konnte in ihren Augen nur staatsfeindliche ‚rote' Wühlarbeit betreiben. Doch genauer betrachtet stimmte das nicht. Zwar war hier in den engen Gassen des Oberdorfes 1932 noch die Frechener Hochburg der Kommunisten gewesen. Aber die Geschäftsbesucher des Baruch waren in der Regel Frauen. Die Männer wagten sich offen kaum noch zu Baruchs oder Levys. Denn ihnen drohte die Entlassung in den von Nazis beherrschten Braunkohlenwerken oder sogar die erneute „Inschutzhaftnahme" als eventuell einstige Kommunisten.

Doch hinsichtlich der Frauen war das Wahlverhalten früher anders gewesen. Bei ihnen war auch im Oberdorf das Zentrum die meistgewählte Partei gewesen, wenn auch geringer als in anderen Wahlbezirken. D.h.: Oft waren die Frauen von dortigen ehemaligen Kommunisten noch aktive Katholikinnen geblieben. Die konnte man aber schlecht offen als marxistische Staatsfeinde behandeln. Etliche der 1933/34 inhaftierten und mißhandelten Kommunisten waren während der Haft sogar wieder in die kathol. Kirche eingetreten.

Andersherum wird ein Schuh draus! Tatsächlich handelte es sich um mutige Frauen aus dem Viertel, deren Familien oft selbst den brutalen Schutzhaftterror gegen ihre einst kommunistischen Männer erlitten hatten oder ihn hautnah in Nachbarfamilien miterlebt hatten, die sich durch diese Besuche offen mit den jüdischen Nachbarn solidarisierten und so uralte Nachbarschaft demonstrierten.

War damit auch der Versuch gescheitert, unter den scheinlegalen Gründen der ‚Staatsfeindlichkeit' die Kolonialwarenhandlung Baruch

Josef und Dora Baruch im Hof ihres Hauses, um 1937

durch die Staatspolizei schließen zu lassen, so hatten die Maßnahmen des Jahres 1937 mit Sicherheit durch ihr gesteigertes Drohpotential eine einschüchternde Wirkung.

Weitere jüdische Geschäfte gaben in Frechen auf. Im Herbst 1938 existierten noch drei davon. Im Unterdorf die Metzgerei Schwarz und im Oberdorf die beiden benachbarten Läden an der Rosmarstraße, die Metzgerei Levy und die Kolonialwarenhandlung Baruch. Doch der über 70-jährige Josef Baruch hatte inzwischen erkannt, daß sein Geschäft angesichts dieses latenten Drucks und Terrors seitens der Nazis langfristig nicht mehr zu halten war und dieses auch seinen beiden kaufmännisch ausgebildeten Söhnen keine Zukunft mehr bieten würde. Er hatte sich deshalb – im Einvernehmen mit seiner Familie – im Frühsommer 1938 entschlossen, sein Haus zu verkaufen und sein Geschäft einem „Arier", dem Händler Fritz W., zu überlassen (siehe Kapitel „Entjudung und Arisierung in Frechen")[201]

Wie gelang es, trotz aller NS-Kontrolle noch nachbarschaftlichen Kontakt untereinander zu halten?

Von 1937 an mußte jeder, der noch mit Juden verkehrte, mehr denn je damit rechnen, als „Volksfeind" angeprangert zu werden und jederzeit Willkürmaßnahmen ausgeliefert zu sein.

Trotz der massiven Beobachtungs-, Denunziations- und Bedrohungsgefahr wurden noch immer gewisse Kontakte zwischen alten Nachbarn und Freunden aufrechterhalten. Das gelang, wenn auch unter erheblichen Einschränkungen, sowohl für die Hilfe in Notfällen als auch für alltägliche Beziehungen, wie Treffen zu Gesprächen und zu Spielen. Abhängig war das von den unterschiedlichsten Faktoren:

Von der Wohnlage beispielsweise: Günstig waren unbeobachtete Innenbereiche der Wohnblocks oder der Hinterhausbebauung oder eine dichte und unübersichtliche Besiedlung. Problematisch war dabei ihre Durchsetzung mit möglichen Wohnplätzen gefährlicher Nazis.

Es gab aber auch bei manchen befreundeten Familien familieninterne Probleme: So kam es in einigen dieser meist kinderreichen Familien vor, daß der eine oder andere Jugendliche aus der Familie durch den massiven Einfluß von Nazilehrern oder HJ für das braune System und seine Rasselehre anfällig wurde. Solche Eltern konnten sich also letztendlich nicht unbedingt der Loyalität dieser verführten Kinder und Jugendlichen sicher sein.

Es wurde jedenfalls möglichst versucht, besonders hinter den öffentlichen Kulissen zu verkehren; also hinter benachbarten Häusern die Grundstücksgrenzen zu überschreiten. Bei einigen Nachbarschaften ist das überliefert. Beispielsweise hinsichtlich des Metzgers Carl Levy, der in der Hauptstr. 162 wohnte, oder bei Samuels (Hauptstr. 26). Günstig war auch, wenn die Hausgrundstücke von Juden langgestreckt zwischen zwei Straßen lagen wie bei Cohnens (Hauptstr. 83) oder bei Levys (Rosmarstr. 10). Bei beiden lagen die hinteren Grundstückszugänge an anderen Straßen (Alte Straße bzw. Dürener Straße.) Wenn dann noch treueste Freunde, wie bei den Cohnens die Bäckerfamilie Küpper und vor allem deren Tochter (Alte Str 87), gleich gegenüber dem Hintereingang wohnten, war das der Aufrechterhaltung von Kontakten günstig.[202]

Das Haus links in der Töpfergasse diente als „Schleichweg" zu und von der Kolonialwarenhandlung Baruch. (Foto: um 1923)

Kartenspiel im Hinterhof des Hauses Baruch, an dem jüdische und nichtjüdische Freunde teilnahmen, um 1937. In der Wirtschaft konnten sie sich nicht mehr treffen, weil dort der Zutritt für Juden inzwischen verboten war.

Besonders geeignet für solchen versteckten Verkehr zwischen befreundeten Juden und Nichtjuden war das Frechener Oberdorf, die Umgebung der benachbarten jüdischen Geschäfte Norbert Levy und Baruch. Die schmalen, winkligen Gassen mit ihrer engen dichten Bebauung zwischen der Dürener Straße und der Rosmarstrasse waren schlecht durch die Nazis zu kontrollieren. Um der starken Beobachtung von der Rosmarstrasse aus zu entgehen, benutzten gute Freunde und Bekannte der Baruchs beispielsweise ein kleines Fachwerkhaus an der engen Töpfergasse als Zugang. Hier wohnte eine bis zum Schluß befreundete Familie der Baruchs. Man ging durch die dortige normale Haustür und den Hausflur zur Rückfront des Grundstückes. Hier befand sich eine Verbindungstür, durch die man unmittelbar in den Hof der jüdischen Familie und dann von innen in deren Haus und Laden gelangen konnte. Umgekehrt ging beispielsweise Josef Baruch immer diesen Weg zu seinem Skatstammtisch in die Wohnung von alten Freunden, die in einer der dort liegenden Gassen wohnten (Töpfergasse, Broichgasse oder auch Ahrendgasse). Dieser nachbarschaftliche Verbindungsweg ist bis zur Kristallnacht bzw. zum Wegzug der Familie Baruch im Dezember 1938 benutzt worden.[203]

Jüdische Kinder und Jugendliche lebten andererseits erheblich stärker isoliert als ihre Eltern, da sie je nach Alter weniger lange oder sogar keine Beziehungen zu nichtjüdischen Kindern gehabt hatten. Das traf in gewisser Weise auf Josef Levy und noch mehr auf seine jüngere Schwester zu.

Ungestörtes jüdisches Zusammenleben im Hinterhof des Hauses Rosmarstraße 12,
linkes Bild: Carl Levi, Siegfried Baruch, Josef und Norbert Levy;
rechtes Bild: Erich und Siegfried Baruch mit einer Bekannten

Die Kommunalbürokratie Frechens schafft die Grundlagen für die systematische Judenverfolgung

Ende 1935 wurden die sogenannten „Nürnberger Gesetze" erlassen. Von nun ab waren die jüdischen Mitbürger offiziell Menschen zweiter Klasse. Durch diese „Rassegesetze" wurde eine allgemeine gesetzliche Regelung der „Judenfrage" geschaffen. Sie bildeten in der Folge die Grundlage für die wachsende Verfolgung und schließlich für die Vernichtung der Juden. Juden hatten kein Wahlrecht und keine allgemein politischen Rechte mehr. Außerdem waren ihnen aufgrund des „Gesetzes *zum Schutze des deutschen Blutes und der deutschen Ehre*" eheliche und außereheliche Beziehungen zu den *„Ariern"* unter schweren Strafen verboten.

Um aber die Verfolgung der Juden auf dieser „gesetzlichen" Basis schnell und reibungslos umsetzen zu können, brauchten die Nazis detailliert ausgearbeitete „Judenlisten". Diese Voraussetzung letztlich für den Holocaust schufen Bürokraten in den Beamtenstuben der Kommunen, in denen Juden ansässig waren. Es waren preußische Beamte, die bürokratisch beflissen ihre Dienstaufgaben erledigten, möglicherweise sogar ohne zu bedenken, daß sie das entscheidende Material, die Listen für die Benachteiligung und Verfolgung der Juden, lieferten. Sie waren damit ein wichtiges und – je nach Eifer – gut geöltes Rädchen in der Verfolgungsmaschinerie.

Nun waren schon seit 1933 aus den unterschiedlichsten Gründen immer wieder Listen über die Juden angefertigt worden. In ihnen wurden aber stets nur die Menschen mit jüdischer Konfession aufgezeichnet. Auch zu Anfang Juni 1938, nachdem den Synagogengemeinden die *„öffentlichen Körperschaftsrechte"* entzogen worden waren und sie nur noch als Vereine geführt wurden, waren die Juden wieder auf diese Art „listenmäßig erfaßt" worden.[204]

Doch schon ein Jahr vorher verlangten die staatlichen Behörden auch andere Judenlisten: Solche, die exakt den gesetzlichen Vorgaben der Nürnberger Rassegesetze, speziell dem „Blutschutzgesetz" entsprachen. Die rassische Einordnung als „Jude" erfolgte aufgrund einer irrationalen Mixtur aus biologischen und religiösen Begriffsbestimmungen. Christen galten nun auch als „Juden", wenn sie früher Juden gewesen waren, oder sie waren rassische „Mischlinge", wenn sie nur teilweise jüdische Vorfahren hatten. Das – abgesehen vom verbrecherischen Gedankenkonstrukt – Irrsinnige an diesem Bestimmungsverfahren war, daß es in alten Personenstandsakten gar keine rassische Einordnung gab, sondern man sich dort auch nur auf Religionsangaben stützen mußte und so die Religionsangabe „israelitisch" bei Altvorderen als jüdische Rassezugehörigkeit wertete.

Ende Juli 1937 forderte der Landrat Heinrich Loevenich die Bürgermeister des Landkreises Köln auf, schnellstmöglich vollständige Verzeichnisse der örtlichen (Rasse-)Juden für eine „Judenkartei" der Gestapo anzufertigen.[205] Das geschah aufgrund einer *„Verfügung vom 14.7.1937 Nr. 2296"*. Dazu mußten drei unterschiedliche Listen angefertigt werden. Eine mit den Namen *„der in der Gemeinde Frechen wohnhaften Volljuden"*. Eine weitere mit den hier ansässigen *„Mischlingen ersten Grades"*, die auch „Halbjuden" genannt wurden, und schließlich eine mit den *„Mischlingen zweiten Grades"*, den sogenannten „Vierteljuden".

Diese Aufgabe durchzuführen, war gar nicht so einfach. Denn es mußte jeder Frechener hinsichtlich seiner Vorfahren in den Standesamtsbüchern seit Napoleon durchleuchtet werden. Es konnte sich ja irgendwo ein Vorfahre verbergen, der einmal die jüdische Religionszugehörigkeit gehabt hatte.

Bürgermeister Dr. Küper sah es offensichtlich als Pflicht und Ehre an, möglichst schnell diese ‚staatspolitisch' wichtige Aufgabenstellung zu erfüllen. In erstaunlich kurzer Zeit fertigten seine Frechener Beamten die drei Listen an. Sie machten für Frechen noch 65 „Volljuden", 21 „Halbjuden" und 16 „Vierteljuden" ausfindig. Schon vor Mitte August 1937 konnte Dr. Küper die Verzeichnisse dem Landrat zusenden.[206]

Wie stolz der Bürgermeister auf diese prompte Erfüllung der Verfügung war, zeigte sich schon allein an der Art, wie er die Fertigstellung auf den jeweiligen Verzeichnissen dokumentierte; in Sperrdruck und mit Ausrufezeichen: „A u f g e s t e l l t !

Frechen, den 12. August 1937".
Diese drei Verzeichnisse waren fortan das grundlegende Hilfsmittel für alle nachfolgenden staatlichen Verfolgungmaßnahmen gegen die hiesigen Juden.

Die Verdrängung der jüdischen Viehhändler – 1936-38

Einfacher als die der Metzger war die Behinderung der Viehhändler. Das lag an der leichteren bürokratischen Reglementierung durch die befristeten Berechtigungskarten sowie Pässe für diese Berufsgruppe. Auch war es leichter, gegen ihre berufliche Tätigkeit zu hetzen, weil der größte Teil der Bevölkerung keine beruflichen Kontakte bzw. Erfahrungen mit diesen Zwischenhändlern hatte. Nach einer Gesetzesmodifizierung vom 3.7.1934 konnte der für ein Jahr ausgestellte Gewerbeschein auch zwischenzeitlich eingezogen werden, wenn jemand eine „staatsfeindliche Person" war oder „sein Gewerbe zu staatsfeindlichen Zwecken" mißbrauchte.[207] Dies galt auch für Pässe.

Unter diesem Vorwand hatten die Frechener Naziführer bereits im Frühjahr 1933 Albert Billig verfolgt, bis ein Gericht das verbot. Nun im Jahre 1936 war es zur Praxis zahlreicher Polizeistellen in Deutschland geworden, daß Juden einfach wegen ihrer „Rassezugehörigkeit" als Staatsfeinde behandelt und ihnen die Pässe oder Handelsgenehmigungen entzogen wurden.

Nach Protesten jüdischer Interessenvertretungen ordneten Innenminister und Wirtschaftsminister an: *„Eine allgemeine Versagung oder Entziehung eines Reisepasses lediglich aus dem Grunde der Zugehörigkeit zur jüdischen Rasse ist nach den Vorschriften […] nicht zulässig".*
Infolgedessen schrieb Reinhard Heydrich am 25.3.1936 als stellvertretender Chef des Polizeikommandeurs der Länder und der Preuß. Geh. Staatspolizei auch an alle Polizeidienststellen, daß dies nur bei konkreter Staats- und Landesgefährdung möglich sei, wenn *„Tatsachen die Annahme rechtfertigen"* und *„Ein bloßer Verdacht genügt also nicht!"*
Doch gleich fügte er wieder verschärfend und diskriminierend hinzu: *„wobei allerdings gefordert werden muß, daß bei der Anwendung der genannten Bestimmungen der Passbekanntmachung bei Juden ein strengerer Maßstab als bei deutschen Volksgenossen anzulegen ist"*[208]

„Verdacht auf Rassenschande" gegen Albert Billigs Knecht

Nun hatten die Frechener Naziführer, wie wir gesehen haben, schon 1933 vorauseilend zwei hiesige Viehhändler verfolgt, verhaftet und beruflich behindert. Einer war sofort ins Ausland geflohen (Heumann). Dem anderen, Albert Billig, auf den sie es besonders abgesehen hatten, war zeitweise auf ihr Betreiben der Paß wegen der möglichen Gefahr „staatsfeindlicher" Betätigung verweigert worden. Besonders ihn versuchte nun die politische Führung der Gemeinde und der Partei mit allen Mitteln weiterhin beruflich zu behindern, auch unter dem Verdacht „staatsfeindlicher Betätigung".

Zunächst ging es aber gegen seinen Knecht Albert Simons: Anlaß war die Legitimationskarte des 34jährigen „Nichtariers". Dieser wohnte bei Albert Billig im Hause Hauptstraße 158 und besaß eine Handelskarte für diesen Betrieb. Er beantragte am 24.8.1936 eine eigene Legitimationskarte beim Frechener Bürgermeisteramt noch für das Jahr 1936, weil er heiraten wollte und sich deshalb selbständig zu machen beabsichtigte.

Aber er bekam sie nicht. Der Antrag wurde zwei Wochen nicht bearbeitet. Stattdessen geschah Seltsames: Am 7.9.1936 wurde Albert Simons, wohl auf eine anonyme Anzeige hin, wegen des *„Verdachts der Rassenschande von der*

Albert Simons

worden ist, hat ausgesagt, dass sie weder vor noch nach dem Inkrafttreten der Nürnberger Gesetze mit dem Beschuldigten Simons Geschlechtsverkehr gehabt habe. Diese Bekundung hat die Zeugin B(...) auch beeidigt. Simons wurde bereits am 18.9.36 entlassen." [210]

Doch als er Anfang Oktober noch immer keine Vieheinkäuferkarte hatte, wandte er sich durch den Rechtsanwalt Dr. Weinberg an den Regierungspräsidenten. Der forderte über den Landrat Loevenich einen Bericht an. Der Bürgermeister erwähnte in seiner Antwort v. 24.10.36 das vorliegende Antragsschreiben nicht, stattdessen berichtete er von der Verhaftung wegen Rassenschande und er müsse für eine Stellungnahme erst die Akten über den Ausgang des Verfahrens abwarten. Am 2.11.36 fragte der Rechtsanwalt beim Landrat über den Stand der Angelegenheit an. Wieder wurde Dr. Küper um einen Bericht gebeten. Doch der schickte erst am 23.11.36 das offizielle Antragsformular mit dem Bericht über das Gerichtsverfahren an die Staatspolizei, die dann am 5.12.36 gegen die Erteilung der „Berechtigung" zum Viehhandel keine Bedenken zu haben mitteilte. Nun war diese Antragstellung so lange verzögert worden, daß der Frechener Bürgermeister endlich am 22.12.36 (!) dem Landrat berichten konnte: „Der Antragsteller hat jedoch mit Rücksicht auf die fortgeschrittene Jahreszeit seinen Antrag auf Ausstellung der Legitimationskarte für das Jahr 1936 zurückgezogen. Die Angelegenheit dürfte somit ihre Erledigung gefunden haben." [211]

Frechener Polizei festgenommen und dem Gefängnis in Köln zugeführt." [209] Der Antrag auf eigenen Viehhandel blieb jetzt weiterhin liegen und wurde mit dem Festnahmehinweis versehen.

Das Verfahren wurde jedoch noch im selben Monat von der Staatsanwaltschaft eingestellt: *„Nach dem Ergebnis der Ermittlungen kann dem Beschuldigten Simons ein Verbrechen der Rassenschande nicht mit hinreichender Sicherheit nachgewiesen werden. Die Zeugin B(...), von der Polizeibehörde in Frechen versehentlich als Beschuldigte vernommen*

Albert Simons verzog 1937. Im Jahre 1941 wurde er nach Lodz deportiert und blieb verschollen.

Wieder gegen Albert Billig selbst: Angebliche Devisenvergehen

Der Viehhändler Albert Billig war zu jener Zeit trotz aller Repressalien noch immer ein relativ gut situierter mittelständischer Unternehmer. Seine Gewerbesteuer entsprach 1936-37 noch etwa jener der damaligen Milchhandlung D. oder der des Elektrogeschäftes G., lag jedoch unter der einer nichtjüdischen Metzgerei (K.).

Albert Billig sah sich nach dem Wegzug Albert Simons' genötigt, wieder für sich selbst eine Viehhandelsberechtigung zu beantragen. Er tat dies Ende Dezember 1936 für das Jahr 1937.

Wenn bekannt war, daß ein Antragsteller *„wegen Hoch- und Landesverrats"* bestraft war oder *„durch Urteil des Volksgerichtshofs – Reichsgerichts"* usw. verurteilt war, mußte der Bürgermeister mittels eines vorgedruckten Schreibens die Staatspolizei um Stellungnahme nachsuchen.

Albert Billig war nirgendwo verurteilt worden. Trotzdem wandte sich Frechens NS-Bürgermeister an die Stapo. Er richtete sich einfach nach der o.a. Forderung Heydrichs, Juden nach strengeren Maßstäben zu behandeln. Er füllte wahrheitswidrig aus: *„Der Antragsteller ist durch Urteil des Hauptzollamtes Aachen vom 23.11.36 zu 50,- RM Geldstrafe wegen Vergehen gegen §42 des Devisengesetzes verurteilt worden."*

Das Hauptzollamt war kein Gericht. Billig war also gar nicht verurteilt worden.

Doch Dr. Küpers Schreiben lag ganz auf der Linie Heydrichs. Die Gestapo antwortete prompt: *„Billig hat in Ausübung seines Gewerbes die deutsche Grenze überschritten und hierbei verbotswidrig 50,- Reichsmark zuviel mit sich geführt, deren Vorhandensein er auch nach Befragen durch den Zollbeamten verleugnete. Diese Handlungsweise zeugt von einer niedrigen Auffassung seiner staatsbürgerlichen Pflichten und lässt erkennen, daß er ohne Rücksicht auf die ernste Devisenlage nur seine eigenen Vorteile in den Vordergrund stellt. Billig hat sich hierdurch für die Ausübung eines Gewerbes als unzuverlässig erwiesen."*
Nun konnte der Bürgermeister dem Billig schreiben: *„Auf Grund der z.Zt. geltenden gesetzlichen Bestimmungen kann ich Ihrem Antrag auf Ausstellung einer Legitimationskarte zum Aufkauf von Vieh nicht entsprechen."* [212] Billig erhob Einspruch durch seinen Rechtsanwalt Weinberg.

Albert Billig, der schon einen Schlaganfall hinter sich hatte, wollte nach eigener Angabe damals nicht über die Grenze nach Holland; sondern nur sein Schwiegersohn. Der Meinung war wohl auch der Zoll gewesen, denn sonst hätte er ihn angezeigt.

Der Rechtsanwalt schilderte ausführlich den ganzen Vorgang aus der Sicht des Viehhändlers: *„Billig war im Oktober 1936 mit seinem Schwiegersohn im Kraftwagen nach Linnich gefahren, um dort seine verheiratete Tochter zu besuchen. Er hatte an sich gar nicht vor, die Grenze zu überschreiten. Da sein Schwiegersohn nun an die holländische Zollstelle fuhr, um sein Triptic einzulösen, lud er seinen Schwiegervater, den Kläger, ein, doch mitzufahren. Herr Billig hatte im Ausland geschäftlich überhaupt nichts zu tun, er hatte auch nicht vor, die Grenze zu überschreiten, sondern er wollte eben nur seinen Schwiegersohn bis an die holländische Zollstelle, die etwa 75 m hinter der deutschen Zollstelle liegt, begleiten. Er zählte dann in Gegenwart seiner Tochter sein Geld nach und stellte fest, dass er RM. 23.-- in Silbergeld bei sich hatte. Er liess seiner Tochter RM 13.-- zurück und hielt die erlaubten RM. 10.-- in seiner Geldbörse. Bei Ueberschreiten der Grenze wurde er von dem Zollbeamten auch gefragt und zeigte ihm seine Geldbörse mit RM 10.-- vor. In einer Tasche der Geldbörse befanden sich dagegen 2 zwanziger und ein Zehnmarkschein, von deren Existenz der Kläger tatsächlich keine Ahnung hatte. Der Kläger hatte nämlich Wochen vorher Mieten kassiert, das Geld in diese Tasche der Börse gesteckt und diese Tatsache vollkommen vergessen. Dies kann nur daran liegen, dass der Kläger im Jahre 1935 im Frühjahr einen Schlaganfall gehabt hat, bedingt durch eine starke Arterienverkalkung, auf Grund deren sein Gedächtnis-Vermögen stark gelitten hat. Man wird diesen Tatbestand dem Kläger als altem Mann, der bisher unbescholten durch die Welt gegangen ist, wohl glauben. Es wäre doch sinnlos, wenn der Kläger einen Betrag von RM. 50.- verbotenerweise über die Grenze nehmen wollte. Auch die Zollfahndungsstelle hat anscheinend diesen Tatbestand so aufgefasst, denn sie hat kein Strafverfahren gegen den Kläger eingeleitet. Ich erlaube mir, in der Anlage ärztliches Attest über den Gesundheitszustand des Klägers, ausgefertigt von Dr. Massmann, Frechen, beizufügen."* [213] Weiterhin entlastend für den Angeklagten war, daß der Schwiegersohn nur wegen der Rückgabe eines holländischen Jahres-Triptics (= Schein zum Grenzübertritt für Fahrzeuge), das unmittelbar vor dem Ablauf stand, an der holländischen Zollstelle bis dort fuhr. Das war beweisbar durch holländische Zollposten.

Nun fügte der Rechtsanwalt Billigs noch ein ganz einfaches Argument aus dem gesunden Menschenverstand heraus an: *„Die fraglichen RM.- hatte der Kläger in seiner Geldbörse stecken; das tut doch kein Mensch, der unberechtigterweise Geld ueber die Grenze bringen will."*

Doch der Frechener Bürgermeister erwiderte in seiner „Gegenerklärung" inhaltlich nur als Grund für seine Ablehnung: *„Billig ist Nichtarier. Am 23.11.36 wurde der Kläger ... von dem Hauptzollamt Aachen wegen Vergehen gegen §42 des Devisengesetzes mit einer Geldstrafe von 50,--RM bestraft."*(!) [214]

Die Verweigerung des Ausweises wurde von ihm, einem Juristen, also zunächst „rassisch" begründet: Billig sei „Nichtarier" (Jude). Dr. Küper wollte damit wohl andeuten, daß bei einem Juden eine Geldstrafe schwerer wiegt. Tatsächlich hatte Billig sich aber nur mit der Einbehaltung des Betrages von 50 RM einverstanden erklärt, weil man ihm beim Zoll gesagt hatte, so wäre die Sache erledigt ohne die Einleitung eines Gerichtsverfahrens.

Gleichzeitig mit dieser Gegenerklärung für das Gericht informierte der Bürgermeister unaufgefordert die Staatspolizei mit dem Hinweis, daß er bei seiner Ablehnung im Sinne des o. a. Schreibens von Heydrich sowie auf die Bedenken der Staatspolizei hin gehandelt habe. Offensichtlich wollte er, daß die Stapo nochmals auf das Verfahren in seinem Interesse Druck machte, weil er vielleicht befürchtete, er könne doch noch den Prozeß verlieren.
In einem letzten Appell an das Bezirksverwaltungsgericht wies Dr. Weinberg schließlich

noch einmal darauf hin, daß Billig sich „*jedenfalls bewusst keines Vergehens schuldig gemacht hat, sodass auf jeden Fall die Nichtausstellung der Legitimationskarte und damit die Nichtausübung des Gewerbes auf unabsehbare Zeit hinaus eine Strafe wäre, die praktisch genommen den Kläger und seine Familie gänzlich brotlos mache.*"[215] Dabei war Billig durch dieses Verfahren schon seit Jahresbeginn beruflich völlig lahmgelegt und geschädigt.

Hätte wahrscheinlich noch 1933 ein Gericht dem Kläger Billig recht gegeben, dieses Gericht, dem allein zwei Kreisleiter und ein Gauamtsleiter angehörten, war bereits so verstrickt ins System, daß es dem jüdischen Viehhändler am 27. April 1937 kein Recht gab, die Klage abwies und so eine familiäre Katastrophe bewußt in Kauf nahm oder wahrscheinlich sogar wollte.

In der Begründung hieß es u. a.: „*Im übrigen ist die genaue Beachtung des Devisengesetzes eine Lebensfrage der deutschen Währung und damit auch der deutschen Wirtschaft. Der Kläger mußte sich beim Grenzübertritt, davon überzeugen, ob er mehr als 10.- RM in seiner Geldbörse mit sich führte. Dadurch daß er dieses unterließ, hat er seine Unzuverlässigkeit selbst dargetan, wobei unterstellt werden mag, daß seine Geistesschwäche, auf die er sich beruft, dazu beigetragen hat.*"[216]

Die Frechener Nazis konnten frohlocken: Albert Billig konnte sein Gewerbe alleine nicht mehr betreiben. Ihm blieb nichts anderes übrig, als sein ohnehin stark geschädigtes Geschäft mit dem Viehhandelsbetrieb seines Schwiegersohnes zu einer einzigen Firma „Billig und Hess" zu vereinigen. Das konnte aber nur funktionieren, solange der Schwiegersohn, Karl Hess, eine eigene Legitimationskarte und Pässe besaß. Die bekam dieser auch für die Jahre 1937 und 1938.[217]

Die Ausschaltung aller Frechener Viehhändler per Gesetz

Vor Albert Billig hatte schon ein anderer Frechener Jude, der Metzger und Viehhändler Fritz Seligmann, seine Zwischenhändlertätigkeit als kleinerer Viehverteiler aufgeben müssen. Bereits 1936 erhielt er keine Legitimationskarte mehr. Er hatte zunächst auch dagegen geklagt, aber angesichts seiner Chancenlosigkeit die Klage zurückgezogen. Das hatte schließlich zur Folge, daß er 1937 auch seine Metzgerei aufgeben mußte.[218]

Ein großer Viehhändler, ähnlich wie Billig, war auch Max Liff. Doch ihm wurden keine

Viehhändlerausweis (1938) des Max Cohen, Innenseiten (Foto: Stadtarchiv Frechen)

Schwierigkeiten bei der Erteilung der Legitimation gemacht. Er erhielt 1937 und 1938 seine Erlaubnis. Das lag wahrscheinlich an seiner ‚Handelsware'. Er war Pferdehändler. Einst viel ertragreicher als Schlachtviehhandel, ging dieses Gewerbe von selbst zurück, da angesichts der Motorisierung der Pferdebedarf immer mehr abnahm.

Schließlich gab es, wie schon erwähnt, im Haushalt des Norbert Levy in der Rosmarstrasse 10 seit 1936 auch einen Viehhändler. Es war Max Noe Cohen, der jüngste von drei zugezogenen Verwandten. Er mußte hier, fünfundsiebzigjährig, noch seine Viehhändlertätigkeit zum Wohle der Familie fortsetzen. Er erhielt auch von der hiesigen Polizeibehörde die Genehmigungen für die Jahre 1937 und 1938.[219] Das war aber im wesentlichen nur noch eine Aufkauftätigkeit speziell für die Metzgerei seines Neffen Norbert Levy.

Zu Beginn des Jahres 1938 existierten laut rheinischem Viehwirtschaftsverband nur noch 3 Viehhändler in Frechen: Max Cohen, Max Liff und der Viehhandelsbetrieb Billig (& Hess). Im gesamten Landkreis Köln gab es noch 14 Viehhandelsberechtigte, darunter zwei nichtjüdische.[220]

Doch ab Frühjahr 1938 verschärfte der Staat in allen Bereichen die Ausschaltung der Juden durch eine Fülle von Erlassen und Gesetzen. Auch im Bereich der Viehwirtschaft.

Obwohl zu Beginn des Jahres noch drei Jahresgenehmigungen vom Bürgermeister ausgestellt worden waren, wurden sie alle im Frühjahr vom „Viehwirtschaftsverband Rheinland" widerrufen. Der nationalsozialistische Staat wollte nun eine radikale *„Berufsbereinigung des Viehverteilerstandes"*, d.h. eine endgültige Ausschaltung der jüdischen Viehverteiler aufgrund einer diesbezüglichen Verordnung über den Handel mit Vieh vom 25. Januar 1937.

Auch alle drei Frechener Viehhändler sollten ihre Legitimationen zurückgeben. Da nutzten auch die Widerrufe von Cohen und Hess nichts. Der Frechener Polizeihauptwachtmeister Peter W. zog am 23. Juni 1938 den Ausweis für die Handelserlaubnis des Max Cohen ein und am 23.9.38 nach einem Prozeß die des Karl Hess von Hess & Billig. Deren einst großes Geschäft war endgültig ausgeschaltet. Schon am nächsten Tag zog die Familie Hess/Billig nach Köln.[221]

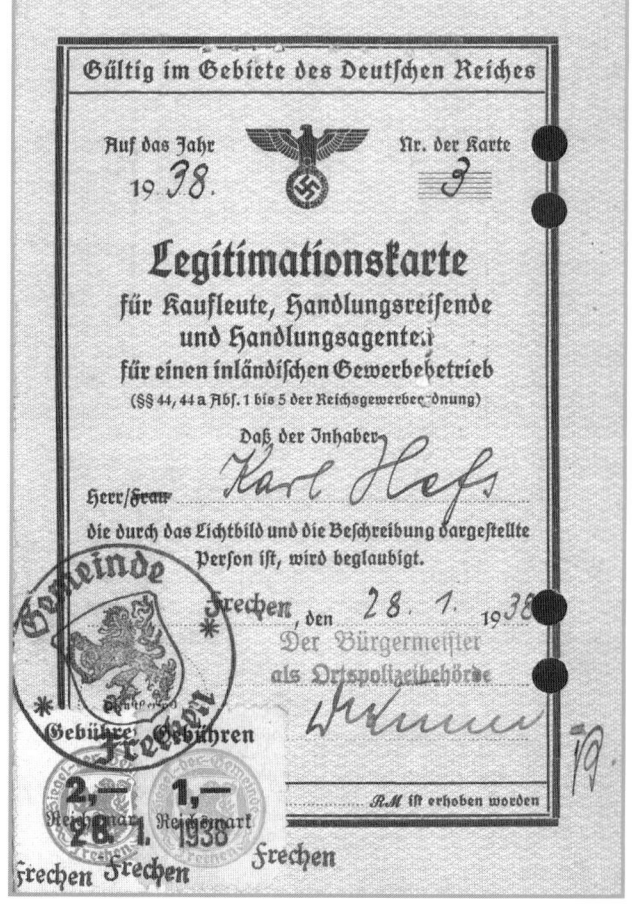

Der im Juli 1938 eingezogene Viehhandelsausweis des Karl Hess (Foto: Stadtarchiv Frechen)

DER NOVEMBERPOGROM

1938

Josef Levy (Teil VI):

(Wiederholung des Schlußtextes Seite 83)

„… Die Degradierung der Juden wurde systematisch fortgesetzt und fand ihren Höhepunkt, bis zu dieser Zeit, in dem greuelhaften Geschehen der mir unvergeßlichen ‚Kristallnacht' am 9. November 1938."

„… Soweit ich mich erinnern kann, daß Steine durch unsere Fenster geschmissen wurden. Kurz danach drangen die Naziverbrecher in unser Haus ein und zerstörten fast alles, was wir besaßen. Möbelstücke wurden die Stufen heruntergeschmissen. Matratzen wurden aufgeschnitten. Und Spiegel und Lampen zertrümmert. Dabei sang man antisemitische Lieder und brüllte Schlagwörter voll mit Judenhaß gefüllt. Wenn die ‚Tiere' sich endlich an den Zerstörungen gesättigt hatten, kamen Gestapoleute in unsere Waschküche, wohin unsere Familie sich geflüchtet hatte. Man sagte mir, daß ich verhaftet sei. Und wenn mein Großvater, der 87 Jahre alt war und 1871 als deutscher Soldat gegen die Franzosen kämpfte, die Gestapoleute bat, mich doch in Ruhe zu lassen, sagte man ihm: ‚Halte die Schnauze alter Saujude!'.

Nach einem tränenvollen Abschied von meinen Eltern, meiner jüngeren Schwester und Großvater, brachte man uns ins Frechener Gefängnis. …"

Josef Cohen, der Großvater von Josef Levy, o.D.

1938 gab die NS-Regierung ihre bisherige wirtschaftliche und außenpolitische Rücksichtnahme auf. Kriegswirtschaftliche Planungen rückten in den Vordergrund. Die antijüdische Politik gewann eine neue Dynamik. Äußeres Zeichen dafür war die Entlassung von Minister Schacht im Dezember 1937 und die Ernennung Görings zum „Beauftragten f. d. Vierjahresplan" (1938).[222]

Der forcierte jetzt die „Entjudung" der Wirtschaft. Einschneidend war vor allem, daß ab dem 26. April alle „jüdischen" Vermögen über 5000 Reichsmark angemeldet werden mußten und der Staat über diese Vermögen „im Einklang mit den Belangen der deutschen Wirtschaft" verfügen konnte.

Nun gab es unter diesem Druck erstmals in Frechen einen deutlich erkennbaren Rückgang der jüdischen Bevölkerung sowie der Geschäfte, wie die Mitgliederzahl der Synagogengemeinde sowie die Abwanderungsstatistik vom 1.8.1938 erkennen lassen.[223]

Die Ereignisse des November 1938, die Ermordung von Raths in Paris und die anschließend von Goebbels reichsweit inszenierte Pogromnacht boten den Nazis die günstige Gelegenheit, diese Enteignung der Juden nun im Eiltempo voranzutreiben.

Auch in Frechen setzte diese Phase mit dem Terror der „Kristallnacht" ein. Hier begann der Pogrom allerdings erheblich später als andernorts:

Das lag am damaligen NS-Bürgermeister Dr. Küper, wie der demokratische Nachkriegsbürgermeister 1947 aufgrund von Recherchen feststellte, die er über die Vorgänge während der Reichspogromnacht hatte anstellen lassen. Er berichtete vor dem Entnazifizierungsausschuß des Landkreises Köln, der damals im Frechener Rathaus tagte, folgendes: *„Verantwortlich für die Judenaktion in Frechen"*, gemeint ist die „Kristallnacht", waren gemäß Feststellung dieser Recherchen: *„1. Heinrich Loevenich (damals Landrat des Landkreises Köln) ..."* und *„2. Reiner*

```
Deutscher Entnazifizierungs-
Hauptausschuß Landkreis Köln
F r e c h e n
Rathaus

                15.4.1947         OO         8. Mai 1947

Judenaktion.

    Nachstehend gebe ich die Personen bekannt, welche an der
Judenaktion bzw. am Boykott jüdischer Geschäfte beteiligt ge-
wesen sind. An der Judenaktion in Frechen waren aktiv beteiligt
nach A[...]
1. Andr[...]                    straße 2o,
2. Theo[...]                    . unbekannt,
3. Wil[...]                     ottstraße 144,
4. Pete[...]                    tstraße,
5. Otto[...]                    al, Gerolsteiner Straße,
6. Matt[...]                    Be,
7. Joha[...]                    Straße ,
8. Phil[...]                    ertskaulweg 6,
9. Euge[...]                    tberg-Insel,
10. Heir[...]                   nhaft in Gummersbach,
11. Hei[...]                    Weg 5,
12. Heinrich[...]               straße,

    Die Judenaktion in Frechen lief erst an, nachdem die Aktion
innerhalb des Reiches bereits abgeschlossen war. Der damalige
Bürgermeister Dr. Küper wehrte sich gegen den Einsatz der Polizei,
sodaß diese auf Anordnung höherer Dienststelle zur Überwachung
bereitgestellt werden mußte. Verantwortlich für die Judenaktion
in Frechen sind:
1. Heinrich Lövenich ( damals Landrat des Landkreises Köln )
   wohnhaft Frechen, Burgstraße 23,
2. Reiner Stumpf ( als verantwortlicher Ortsgruppenleiter )
   z.Zt. im Internierungslager,
```

Bericht des Bürgermeisters vom 8.5.1947 über die ‚Judenaktion' 1938 (‚Reichspogromnacht')

Stumpf (als verantwortlicher Ortsgruppenleiter) z. Zt. im Internierungslager." ²²⁴

Dieser verantwortliche Personenkreis entsprach der damals überall in Deutschland erfolgten Auslösung des Pogroms. Wahrscheinlich hatten auch die Frechener Nazis den Goebbels-Aufruf zur Durchführung der Terrorakte in der Nacht vom 9. zum 10. November während ihrer örtlichen NS-Feier zum „Jahrestag des Marsches auf die Feldherrnhalle" im HJ-Heim in der „Straße der HJ" (Keimesstr.) erhalten. Doch es kam offensichtlich zu Auseindersetzungen zwischen der NS-Ortsgruppe und ihrem Bürgermeister, dem Parteigenossen Dr. Küper, über die Art der Durchführung. Dr. Küper war zwar ein überzeugter Antisemit, aber als Jurist stets ein Vertreter von formeller Legalität. Das heißt, er verlangte die durch Paragraphen gedeckte Übereinstimmung von behördlichen Maßnahmen mit den gültigen Gesetzen. Nun sollte er aufgrund der durchgegebenen Befehle die hiesige Polizei bei den geplanten Gewalttaten zur Überwachung einsetzen. Er *„wehrte sich gegen den Einsatz der Polizei, sodaß diese auf Anordnung höherer Dienststelle zur Überwachung bereitgestellt werden mußte."* ²²⁵ So wundert es nicht, daß Dr. Küper vor und während des Pogroms, sowie viele Stunden danach, nicht in Frechen anwesend war.

Als die Polizei nun trotzdem zur „Überwachung" eingesetzt wurde, geschah das, wie wir noch sehen werden, in einem sehr weit gefaßten Sinn.

Doch das ist nicht das einzige Außergewöhnliche an den Frechener Ereignissen.

Offensichtlich gab es auf dem Rathaus bzw. der Polizeiwache genaue, vorher von den örtlichen Verantwortlichen festgelegte Tatorte, an denen die „Volkswut" toben sollte und solche, die unberührt gelassen werden sollten.

Die hiesigen Initiatoren und Täter konnten erst mit vielen Stunden Verzögerung das Zerstörungswerk in Gang setzen:

Deshalb schien in Frechen der Morgen des 10. November 1938 ein Morgen wie jeder andere zu sein, während an vielen Orten in Deutschland schon längst der von Goebbels am Abend zuvor eingeleitete Terror gegen die Juden wütete.

Ohne von diesen Ereignissen zu wissen, gingen Norbert Levy und sein Sohn Josef ihrer täglichen Arbeit in ihrer Metzgerei nach. Die Mutter öffnete den Laden. Genauso ahnungslos begannen auch die Cohnens an der Hauptstraße 83 ihr Tagewerk. Die einst blühende Metzgerei hatten sie bereits aufgeben müssen. Der Laden war jetzt an einen Fischhändler vermietet. Heute war jedoch Waschtag für die beiden Eltern Cohnen. Die Tochter Henny fuhr mit der Straßenbahn nach Köln zur Arbeit. Henny war in einer jüdischen Schneiderei in der Nähe des Opernhauses beschäftigt.²²⁶

Kaum war sie bei der Arbeit, da stürzte aufgeregt eine Arbeitskollegin aus Kalk in den Raum und berichtete von ersten schrecklichen

Henny Cohnen 1937 in Köln, Richard-Wagner-Straße

Gewalttaten gegen Juden in Köln. Henny Cohnen war geschockt. Sie machte sich Sorgen um ihre ahnungslosen Eltern und ihr Zuhause. Die Chefin schickte sie nach Hause, damit sie ihre Familie warnen konnte. Als sie kurz vor Mittag in Frechen ankam, schien hier noch alles ruhig.

Doch auch hier waren inzwischen, verspätet, die ersten SA-Leute informiert und machten sich auf den Weg, um genügend gewaltbereite Gesinnungsgenossen von SA, HJ und den Werkscharen der Braunkohlenbetriebe – vor allem denen des Wachtberges – aber auch andere zu mobilisieren, bevor sie offen zuschlugen.

Ausgangspunkt des Pogroms sollte die Synagoge an der Hauptstraße 84 sein. Auch beim Gemüsehändler Tüngler an der Hauptstraße 112 erschien dessen Bekannter N., SA-Mann und KFBE-Angestellter, mit einem Vorschlaghammer in der Hand. Er forderte T. auf: *„Komm mit!"* – T: *„Wohin?"* – N: *„Wir schlagen dänne Jüdde alles kapott!"* (‚Wir schlagen den Juden alles entzwei!'). – Trotz allen Drängens weigert sich T. – Er machte nicht mit. N. zog mit seinem Vorschlaghammer weiter.[227]

Währenddessen ein anderes Drängen im Hause Cohnen:
Die Tochter Henny berichtete ihren Eltern von den schrecklichen Ereignissen in Köln und versuchte sie zu überreden, das Haus zu verlassen. Doch die Eltern taten sich schwer.

Vor allem der Vater wollte nicht an derartige Vorkommnisse glauben. Das hartnäckige Drängen veranlaßte sie schließlich, die notwendigsten Utensilien zu packen, um in Köln bei Bekannten unterzukommen. Sie verließen ihr Haus durch den Garten an der Alte Straße. Dabei hatten sie die Hoffnung, daß hier im Fall der Fälle nichts passieren würde, da in ihrem ehemaligen Laden jetzt eine „arische Fischhalle" war. Als sie zur Straßenbahnhaltestelle ‚Rathaus' gingen, war noch alles ruhig. Nach einiger Zeit kam die Straßenbahn, die Linie F. Sie stiegen ein. Die Bahn fuhr an ihrem Haus und der gegenüberliegenden Synagoge vorbei. Mit Schrecken sahen sie: Die dortige Situation hatte sich schlagartig geändert. Vor dem Haus Nr. 84, dem Synagogengrundstück, stand ein Haufen Leute. Henny Cohnen sah mit ***„langen Eisenrohren"*** bewaffnete Männer.[228] Die Cohnens waren gerade noch rechtzeitig weggekommen.

Tatorte

Die Demolierung der Synagoge

Nachdem sich diese Männer durch Absingen von judenfeindlichen Kampfliedern in Stimmung gegröhlt und sich dadurch auch genügend Zuschauer verschafft hatten, drangen sie in das straßenseitige Wohnhaus der Synagogengemeinde ein.
Dort wohnte ein ‚arischer' Mieter, der Tagelöhner Peter Stier. Der hatte zwischenzeitlich schon gehandelt und geistesgegenwärtig eine symbolische Rettungstat vollbracht. Er war in die Synagoge geeilt und hatte die legendenumwobene, uralte Thorarolle gerettet und bei sich versteckt. Später übergab er sie dem Synagogenvorsteher Cohnen. Dessen Sohn Manfred schmuggelte sie im Februar 1939 in die USA anläßlich seiner „Auswanderung".

Die tobende Menge stürzte durch den Hausflur zur Synagoge auf dem Hof.
Diese stand ziemlich eingeklemmt zwischen Nachbarhäusern. Sie war ein im Grundriß quadratischer Fachwerkbau mit einem Zeltdach. Im Innern besaß sie eine kuppelartige Holzdecke, die als blauer Himmel mit goldenen Sternen ausgemalt war.[229]

Die gerettete uralte Frechener Torarolle, USA 1989

In Brand stecken konnten sie dieses Gebäude nicht, weil es zu dicht an von ‚Ariern' bewohnten Häusern stand. Der SA-Mann A. M. versuchte, mit einer Axt eine der vier hölzernen Stützsäulen im Innern der Synagoge zu zerstören, um so die Frauenempore zum Einsturz zu bringen. Andere demolierten die Inneneinrichtung, zerschlugen Bänke, vor allem aber den Thoraschrein. Sie zerstörten Fensterscheiben und warfen sakrale Gegenstände auf den Boden. Wieder andere kletterten aufs Dach des Gotteshauses und begannen auf der Nordseite damit, die Pfannen herunterzuwerfen. Diese Versuche, Gebäudeteile in Handarbeit abzureißen, gaben sie jedoch bald auf.

Ihr Anführer T.S. hatte jedoch die infamste Idee. Ihm fiel offensichtlich das Jahr 1933 ein: Damals hatten SA und HJ unter seiner maßgeblichen Beteiligung bei der Erstürmung des katholischen Jugendheimes bereits eine provokatorische gotteslästerliche Tat praktiziert: Auf dem Jugendheim hatten sie das Symbol Christi, das „PX" (Chi-Rho) abgesägt, wobei einer der Täter der erschrockenen katholischen Zuschauermenge zugeschrien hatte: „Es gibt keinen Gott."[230]

Jetzt verstieg sich T.S. zu einer ähnlich blasphemischen Tat. Er riß das Symbol der Juden, den Davidstern, von der Dachspitze und schrie mit dem Stern fuchtelnd: *„Seht her! Ich bin Christus!"*[231]

Das Hochhalten der Trophäe war gleichzeitig das Zeichen, diese symbolischen Terrorhandlungen an der Synagoge abzubrechen, da sie das Gebäude nicht in Brand stecken konnten. Andererseits machte es ihnen wohl auch wenig ‚Spaß', auf einem Hinterhof zu wüten und in Schweiß zu geraten, ohne die entsprechenden Zuschauer zu haben. Der Haufen stürmte zurück durch das alte Vorderhaus auf die Straße und formierte sich dort.

Zurück ließen sie eine Synagoge, in der sie 2500 RM geschätzte „Schäden an Inventar" und 300 RM „Gebäudeschäden" angerichtet hatten.[232]

Nun konnten sie draußen in aller Öffentlichkeit zeigen, zu welcher Brutalität sie imstande waren; nicht mehr nur gegen Sachen, sondern auch gegen die ihnen verhaßten Frechener Juden.

Die umgebaute Synagoge kurz vor dem Abriß, um 1967

Die Wohnung des Synagogenvorstehers Cohnen

Es ging zum Haus des Synagogenvorstehers Cohnen. Im Erdgeschoß konnten sie nichts anrichten, weil dort seit Jahresfrist die ‚arische' Fischhandlung war.[233] So stürmten sie die Treppe hoch.
Da keiner da war, den sie quälen konnten, brachen sie in die Wohnung ein. Bald sahen Passanten, wie Mobiliar und sonstige Einrichtungsgegenstände durch die Fenster auf die Straße flogen. Mit Fäkalien beschmierte Bettwäsche blieb in den oben am Haus vorbeiführenden Leitungsdrähten hängen. Der Schaden wurde hinterher auf 300 RM am Gebäude und 2500 RM beim Inventar geschätzt.[234] (S. Band 2, S. 25)
Die in einer neueren Veröffentlichung, dem Jahrbuch eines hiesigen Geschichtsvereins, aufgestellte Behauptung, der Nazimob habe den Synagogenvorsteher Bernhard Cohnen vor seinem Haus verprügelt, ist falsch.[235] Denn die Familie Cohnen war bekanntlich (s.o.!) noch rechtzeitig nach Köln geflohen.

Die Metzgerei Schwarz

Bisher hatten sie nur eine Wohnung demolieren können. Jetzt marschierten sie hinter ihrem Anführer mit dem schmiedeeisernen Davidstern zum einzigen noch existierenden jüdischen Geschäft im Frechener Unterdorf, zur Metzgerei des Alfred Schwarz. Sie befand sich in einem alten Fachwerkhaus, das dem jüdischen Metzger und seiner Schwester gehörte. Zunächst schlugen sie mit dem Stern, dem Symbol des Judentums, demonstrativ-theatralisch die Schaufensterscheiben ein.

Dann zertrümmerten sie die gesamte Ladeneinrichtung einschließlich der Marmortheke. Sie gossen Lysol, eine stinkende Flüssigkeit, über die Fleischvorräte, um sie unbrauchbar zu machen. Anschließend warfen sie zertrümmerte Gegenstände, aber auch Fleisch, durch die leeren Fensteröffnungen auf die Straße.
Vor einigen Jahren wurde ein erhaltenes Stück der zerstörten Marmortheke in meiner Ausstellung „Steine wider das Vergessen" von mir in einer Vitrine gezeigt. Sofort zweifelte ein Besucher die Echtheit der Platte an. Doch die Nazis sorgten damals selbst für aktenmäßige Dokumentation: Unmittelbar nach dem Pogrom listete ein Gemeindebeamter im Auftrag des Bürgermeisters diese zerstörte „Theke" unter den Geschäftsschäden bürokratisch exakt auf:
Dort steht zu lesen:
„*3. Schwarz Alfred*":
Bei der „*Einrichtung*": „*Theke, Lampe, Kasse.*"
Beim „*Mobilar*": „*Esszimmer*".
Beim „*Glas*": „*1 Schaufenster, 1 Türscheibe*".

Für manche unverständigen Kinder waren diese Terrorakte ein Ereignis! Ein Zeitzeuge, ein damals 11-jähriger Junge, erzählte mir vor Jahren: „*Wir wohnten schräg gegenüber der Synagoge (Hauptstr. 63). Mein Vater hatte mir verboten, gucken zu gehen, als es losging. Doch ich schlich mich raus. Überall lagen Scherben und Trümmer vor Judenhäusern. Bei Schwarz lag die Einrichtung und Fleisch auf der Straße, bei Cohnen hing die Bettwäsche an den Stromleitungen vor dem Haus. In der Breite Straße ein ähnliches Bild: Dort fand mich mein Vater und zerrte mich nach Hause.*"[236]

Bei Samuel und Seligmann

Die Samuels waren wie die Levys eine alteingesessene Frechener Familie. Philipp Samuel besaß an der Hauptstraße Nr. 26 ein schmales uraltes Fachwerkhaus und gleich daneben (Nr. 28) ein moderneres Wohnhaus mit einer eindrucksvollen Geschäftsfassade aus Ooms'scher Keramik, in dem er schon lange wohnte und einen Salamander-Schuhladen betrieb. In dem alten Häuschen nebenan lebte sein Schwiegersohn Fritz Seligmann und betrieb dort eine Metzgerei.
Im Herbst 1938 waren beide jüdische Geschäfte schon aufgrund der Boykottmaßnahmen aufgegeben worden; der Schuhladen schon seit 1934. Im Jargon des ‚Dritten Reiches' hieß das: Die Geschäfte waren „entjudet".

Zur Zeit der Pogromnacht war das Schuhgeschäft mitsamt der Wohnung an die Frechener Familie Hoff verpachtet, die selbst schon zu Beginn des 3. Reiches Bekanntschaft mit dem braunen Terror gemacht hatte: Ein Sohn der Familie war in seiner Funktion als Präfekt (Leiter) der katholischen Jugend 1934 selbst für eine Nacht im Frechener Polizeigefängnis inhaftiert worden.[237]

Aus finanziellen Gründen war Philipp Samuel – er hatte ja schon seit Jahren kein gewerbliches Einkommen mehr – schon lange vor der „Kristallnacht" zu seinem Schwiegersohn in das kleine Fachwerkhaus gezogen, um wenigstens einige Mieteinkünfte aus seinem gesamten Neubau zu erhalten. Er selbst wohnte seitdem unten im hinteren Teil des Hauses, die Familie seiner Tochter, die Seligmanns, in der 1. Etage.

Am Nachmittag des 10. November räumten im Schuhladen gerade zwei Angestellte der Familie Hoff Schuhe ein, als plötzlich bewaffnete SA-Schläger ins Haus stürmten.
Eine der damaligen Angestellten erinnerte sich: *„Nazis stürmten in den Laden. Sie suchten Juden. Ich sagte: Hier gibt's keine Juden. Das ist ein ‚arisches' Geschäft. Sie ließen sich täuschen. Tatsächlich hatten die Hoffs ‚Kalinchen Samuel', die Tochter Karola des Ph. Samuel, noch rechtzeitig auf dem Speicher versteckt. Sie blieb unentdeckt."* (Der alte Philipp Samuel hatte währenddessen Unterschlupf bei anderen Nachbarn gefunden.) *„Inzwischen wüteten die Nazis im Nachbarhaus"* <Seligmann>. *„Ich sah das. Ein SA-Mann wollte bei Seligmanns eine Scheibe oben einwerfen. In dem Moment öffnete sich das Fenster. Ein anderer SA-Mann schaute heraus. Der bekam dann den Blumentopf ins Gesicht. Ich habe mich damals darüber richtig gefreut."*[238]

Allein bei Seligmanns richteten die Täter einen von der Gemeinde Frechen geschätzten Schaden an Einrichtungsgegenständen von 1000 RM an. Eine Summenangabe, die nach dem Krieg von Fritz Seligmann heftigst bezweifelt wurde. Denn sein Rechtsanwalt beschrieb 1957 die Erinnerung seines Mandanten an die „Kristallnacht" folgendermaßen: *„Herr Seligmann hat einen Schaden von einigen tausend Mark erlitten, da die ganzen Moebel nicht mehr gebraeuchlich waren. Er erklärte, dass in der Kueche alle Toepfe, sogar die Eisernen Pfannen, das wertvolle P(o)rzellan zerschlagen war. Man konnte dort vor lauter Scherben nicht auf die Erde treten…."*[239]

Es muß sogar zu einem kleineren Brand bei Samuels gekommen sein. Denn ein der Beteiligung verdächtigter Frechener, J.S., behauptete vor einer Untersuchungskommission nach dem Krieg: *„Er habe sich aktiv nicht beteiligt….Am Tage des Juden-Progroms <sic> sei er nach Dienstschluss mit mehreren Herren der Gemeindeverwaltung die Hauptstr. hinuntergegangen, wobei sie in den Judengeschäften Zerstörungen gesehen hätten."*[240]

Obwohl er in einer Sitzung vom 11. Februar 1946 noch angeführt hatte, im Hause Lippmann und Samuel gewesen zu sein, bestritt er 1947 vor dem Ausschuß *„in das zweitgenannte Haus eingetreten zu sein. Er habe lediglich mit der im Hause Samuel wohnenden Familie Hoff einen Eimer Wasser auf Hilferufe zur Löschung eines Zimmerbrandes verschüttet."*[241]

Bei Josef Lippmann und Albert Voos

Ehemaliges Haus Lippmann (rechts), Nachkriegsfoto

Albert Voos und sein Schwager Josef Lippmann waren sogenannte „Althändler". Sie handelten mit Lumpen, Altmetall, Ziegenfellen usw. Auch ihnen machten die Nazis das Leben schon seit Jahren schwer. Beide Familien gehörten zu den ärmsten in Frechen.

Vor allem die Lippmanns waren bitterarm. Sie hatten ein ganz kleines Fachwerkhaus in der Breite Straße 18, das zwischen einer Reihe ähnlicher Häuser stand. Ihr Haus und ihr Grundstück waren viel zu klein, um überhaupt den Lumpenhandel betreiben zu können. Das ging nicht ohne die christlichen Nachbarn. Zwei Hausnummern weiter war ein kleiner Stall auf dem Hof, in dem Herr Lippmann sein Pferd unterstellte. Auf dem Hof des Hauses Nr. 12 hingegen stellte er sein Fuhrwerk ab.

Nach dem Terror bei Samuels und Seligmanns begann auch hier der ‚braune Mob' sein Werk.[242] Im Haus Nr. 12 hörten der kleine J. und seine Oma plötzlich ungewöhnlichen Lärm in der Nachbarschaft. Als sie vor der Türe nachguckten, erschrak die Großmutter. „Braunhemden" drangen gerade mit Gewalt in das Haus der Lippmanns ein und begannen bereits zu randalieren und zu wüten. Die Großmutter war so erschrocken, daß sie den Jungen hereinzog und die Tür verschloß. J. fragte: „Was machen die da?" Der Großmutter fiel als Antwort nur ein: „Aufräumen!" Das wenige, was er gesehen und gehört hatte, hatte den J. so beeindruckt, daß er es verarbeiten mußte. J. erklärte mir 2008 dazu: „Ich wollte auch aufräumen und begann damit, die Bilder von den Wänden abzuhängen ..."[243]

Doch hier gab es einen Nachbarn, der wenigstens den Versuch machte, etwas zu verhindern.

Der Transportunternehmer Brücken, ein streng katholischer Nazigegner, hatte sich schon öfter Ärger eingehandelt. Er hatte bereits 1933/34 die katholische Jugend während der Zeit ihrer Auseinandersetzungen mit der HJ bzw. ihrer gewalttätigen Verfolgung durch SA und HJ unterstützt.[244] Er hatte auch aus anderen Gründen mit den Nazis „Probleme", weil er z.B. in einem benachbarten, von SA frequentierten Lokal (an der Hauptstraße) den „Braunhemden" gegenüber „den Mund aufriß". Dieser Transportunternehmer hatte jedoch ein „bestes Verhältnis" zu Frechener Juden; auch beruflich. Er fuhr für sie, vor allem auch für den Viehhändler Billig, auf seinen Transportern das Vieh.[245]

Als er sah, daß die Nazischläger mit ihrem Zerstörungswerk begannen, kam er erregt aus seinem Haus und schrie: „Was soll das hier?" Er versuchte den Anführer von dem Vorhaben abzubringen. Es gelang ihm jedoch nur, die Täter hier von Brandstiftung abzuhalten mit dem Hinweis, daß er auf seinem Grundstück einen 10.000-Liter-Benzintank habe.[246] Die Familie Lippmann konnte gerade noch rechtzeitig hinten durch den Garten in Richtung St. Audomar und dann nach Köln fliehen.

Der Fuhrunternehmer Brücken sagte damals erschüttert zu seiner Familie: *„Die armen Lippmanns! Die zerschlagen denen die letzten drei Tassen, die die noch hatten!"*[247]
Der Gesamtschaden im Hause Lippmann wurde vom Bürgermeister mit 600 RM. angegeben.

Am Nachmittag des 10. November spielten, wie üblich, Kinder der umliegenden Wohngegend auf dem damaligen Sportplatz an der Alte Straße, der noch von der inzwischen verbotenen katholischen Jugend zu Anfang der 1930er Jahre erbaut worden war. Auf einmal wurde das Spiel durch ungewöhnlichen Lärm unterbrochen, der aus Richtung Hauptstraße kam. Neugierig, wie Kinder sind, vergaßen sie ihr Spiel und liefen in Richtung der Geräuschquelle. Bald sahen sie, daß an der Ecke Alte Str./Rothkampstraße die ‚Hölle' los war. Bei dem armen jüdischen Lumpenhändler Albert Voos flogen Möbelstücke und andere Sachen zum Fenster heraus und wurden dann auf der Straße völlig zerschlagen.

Während die anderen Kinder dem wüsten, zerstörerischen Treiben noch zuschauten, ergriff die 9-jährige Anna Cremer große Angst. Sie hatte allen Grund dazu. Albert Voos war ihr Onkel, der Bruder ihrer Mutter. Zwar waren sie und ihre ganze Familie katholisch, doch für die Nazis hatte das keine Bedeutung. Für die war die Mutter trotzdem laut Nürnberger Rassegesetz eine „Volljüdin" und die Kinder galten als „Halbjuden" bzw. „Mischlinge 1. Grades". Auch Anna Cremer hatte in der Schule schon Erfahrungen mit der Diskriminierung gemacht. Eine Lehrerin, Frau R., die auch nach dem Krieg wieder im Schuldienst war, pflegte sie häufiger abschätzig wegen ihrer „jüdischen" Herkunft verbal zu quälen.
Anna Cremer rannte voller Panik nach Hause zum Freiheitsring 51. Sie berichtete aufgeregt: **„Bei Onkel Albert schlagen die alles kaputt!"** (siehe auch Freiheitsring 51).

Währenddessen vollendete die rasende Menge bei Albert Voos ihr abscheuliches Werk. Es wurde hinterher ein Schaden von 500 RM seitens der Gemeindeverwaltung geschätzt. Immerhin versuchte ein mit Albert Voos befreundeter „Briketthändler", hier demonstrativ gegen den Terror anzugehen, wie ich schon in Band 2 schilderte.[248]

Im Oberdorf: Wwe. Kaufmann, Levy, Baruch - Legenden und Wahrheit

Nachdem sie die meisten Juden des Unterdorfes heimgesucht hatten, machten die Täter sich nun auf den Weg ins Oberdorf. Ihr Hauptziel waren dort die beiden – zum latenten Unwillen der Frechener Nazis noch immer einigermaßen existenzfähigen – jüdischen Geschäfte Levy und Baruch.

Auf halber Strecke dorthin demolierten sie zunächst die Wohnung der Kriegerwitwe Kaufmann, deren Mann im 1. Weltkrieg gefallen war (Hauptstr. 148). Nach den Aussagen des einzigen Überlebenden der Familie, des Sohnes Otto Kaufmann, soll auch hier *„die gesamte Wohnungseinrichtung durch Zerstörung oder Plünderung in Verlust geraten sein"*.[249] Die Gemeinde Frechen selbst bezifferte 1938 den dort angerichteten Schaden auf 1000 RM.

Danach zogen die Gewalttäter weiter zur Rosmarstraße. Wie bei einer siegreichen Schlacht marschierten SA, Hitlerjungen und Mitglieder der Werkscharen in Formation rassistische Lieder grölend dorthin. Allen voran der Anführer T. S. mit dem ‚Feldzeichen', dem schmiedeeisernen Davidstern der Synagoge.

Der Marsch dieser Terrortruppe durchs Oberdorf und ihr anschließendes Wüten in den beiden Geschäften ist in einem anschaulich geschriebenen Aufsatz geschildert, der u.a. in einer kürzlich erschienenen Veröffentlichung eines hiesigen Geschichtsvereins zitiert wird und der auf Zeitzeugenaussagen basieren soll.[250]

Leider entspricht nur sein erster Teil, der von zwei damals jungen Mädchen erlebt wurde, den Tatsachen. Da dieser Teil die Atmosphäre dieses Anmarsches überzeugend und glaubhaft vermittelt, soll er hier wörtlich zitiert werden:

„Soeben war im Pfarrhaus der evangelischen Kirche die Bibelscharstunde zu Ende gegangen. Diese Versammlung gehörte zu den unerwünschten Veranstaltungen, deshalb verließen die Kinder durch einen Hinterausgang das Haus. Unter ihnen waren die Geschwister S. Die beiden Mädchen hatten ihr Gesangbuch in der Hand und schickten sich an nach Hause zu gehen, als lautes Singen ihre Aufmerksamkeit weckte und sie veranlasste stehenzubleiben. Ein Trupp SA-Leute marschierte, gefolgt von einigen Hitlerjungen, über die Hauptstraße zum Oberdorf. Ängstlich drückten sich die Mädchen zur Seite. Sie fürchteten, ihr Gesangbuch könne gesehen und ihre Teilnahme an der Bibelschar offenbar werden. Doch die SA-Leute schenkten den Kindern keine Beachtung. Sie sangen ein Kampflied und einer von ihnen trug einen großen, metallenen Davidstern, der noch vor wenigen Stunden die Frechener Synagoge geziert hatte. Hier und da öffneten sich Fenster und Leute schauten heraus. Die Gruppe strebte der Metzgerei Levi <Levy> zu. Scheu folgten ihr die Mädchen. Vor dem Geschäft machten die SA-Männer Halt. Der Gesang verstummte. Plötzlich flogen Steine gegen die Metzgerei, Geschrei ertönte und der Davidsternträger schlug seine metallene Last mitten in die zersplitternde Schaufensterscheibe. Glasscherben klirrten zu Boden oder bohrten sich in das aushängende Fleisch."[251]

Der weitere Bericht über den Terror im Haus deckt sich zunächst noch weitgehend mit den Erinnerungen Josef Levys, obwohl die Mädchen dies gar nicht erlebt haben können. Der Ereignisinhalt kann eigentlich nur von Tätern bzw. sonstigen Personen, die mit ins Haus gestürmt waren, berichtet worden sein.[252]

Der Schlußteil dieser Darstellung im oben erwähnten Buch enthält jedoch so erhebliche Ungenauigkeiten und krasse Fehler, daß Josef Levy mir schrieb: *„Es ist natürlich äusserst wichtig (,) das man den unwissenden Frechener die vorgefundenen Irrtümer erklärt und ich bitte*

Haus Kaufmann an der Hauptstraße (Bildmitte), 1925

Sie sehr Herr Heeg dießes zu unternehmen."[253]

Ich komme dieser Bitte hiermit nach:
Der Großvater Josef Levys war nicht, wie weiterhin behauptet wird, <u>während dieses oben beschriebenen Wütens der Nazihorde</u> durch einen umstürzenden Schrank schwer verletzt worden. Denn er hatte die Waschküche währenddessen nicht verlassen, wie Josef Levy in seinem Schreiben bezeugt: *„Nach einer bangen Verweilung in der Waschküche, wo wir zitternd auf die Untiere warteten, da wir überzeugt waren körperlich von denen angegriffen zu werden, traten einige Herren in Zivilkleider in die Waschküche, um mich in Haft zu nehmen. Mein Großvater war bestimmt bei meiner Verhaftung anwesend, da er in seiner Naivität die Gestapo-Leute bat, mich doch nicht zu verhaften; und von dießer Situation her stammt die rohe Antwort, die er von denen erhielt, nämlich: ,Halte die Schnauze, du alte Judensau.' Diese Worte höre ich noch in meinen Ohren bis heute."*[254]

Eine solche Gewalttat könnte also nur geschehen sein, nachdem diese beschriebene Demolierung der Häuser Levy und Baruch schon erfolgt war. Daß nochmals Nazitäter zurückgekehrt sein sollten und weitere Verwüstungen angerichtet haben sollten, davon ist aber bisher nichts bekannt.

Allerdings war der 87-jährige Großvater infolge dieses Pogroms schwer erkrankt. Bereits am nächsten Morgen sah ein junges Frechener Mädchen, das den Mut hatte, im Auftrag seiner Eltern dem Norbert Levy die tägliche Milch ins Haus(!) zu bringen, zwei Menschen krank im abgedunkelten Schlafzimmer im Bett liegen (den Großvater und seine Tochter Paula Levy).[255] Wenige Wochen später verstarb der Großvater. Josef Levy konnte nie die Todesursache in Erfahrung bringen, da, wie er mir schrieb, *„meine Eltern nach meiner Rückkehr aus Dachau 1939 mir nie sagen wollten, wie und woran mein geliebter Opa Josef starb."*
Die amtliche Todesursache lautete „Altersschwäche".[256]

Falsch ist auch folgende Hergangsbeschreibung im oben erwähnten Bericht: Die Söhne der Baruchs sowie Josef Levy konnten, wie dort behauptet wird, nicht morgens aufgeräumt haben, denn da saßen sie schon die ganze Nacht im Frechener Gefängnis.[257] Als der Polizist (PHW) Gustav Kr. am 11.11.38 den „Frühdienst" auf der Frechener Polizeiwache antrat, waren die Zellen schon leer. Die vier jüdischen Gefangenen waren bereits nach Brauweiler abtransportiert worden.[258]

Da kann auch folgende „Beobachtung" nicht stimmen: *„Sie beobachteten aber auch, wie eine Frau aus der Nachbarschaft in der Morgendämmerung herzschlich und den Jungen Butterbrote zusteckte, als wollte sie mit dieser Geste der Hilfsbereitschaft das Geschehen ein wenig mildern."*[259] Diese milde Tat hat es nicht gegeben.

„Der gröbste Fehler in dem Bericht", meinte Josef Levy, *„besteht natürlich darin (,) das überhaupt nicht erwähnt wird(,) das die Gebrüder Baruch sowie ich selbst verhaftet wurden und monatelang die Quälerei von Dachau erleiden mußten. Es stimmt auch natürlich nicht, das die Kinder der Familie Levy sich nach Amerika retten konnten…"*[260]

Auch ist die Aussage falsch, die Eltern Levy hätten nicht in das Ausland flüchten wollen. Die ganze Familie wollte weg. Doch es gelang nicht, weil sie kein Einreisevisum von den Amerikanern bekamen. So wurden alle vier Familienmitglieder 1941 nach Riga deportiert. Ebenso waren die Eltern Levy nie in einem Sammellager in Köln. Dies alles wurde schon in meinem 2001(!) erschienenen Band 2 belegt.

Doch es gibt auch andere, die dieses Wüten der Nazis bei Levys miterlebten:
Die junge M. W. sah sogar, wie auch hier versucht wurde, Feuer zu legen: *„Nazis zogen von der Straße aus die Unterkanten von Gardinen aus den zerschlagenen Fenstern und zündeten sie an. Doch das Feuer breitete sich nicht aus."*[261]

Die damals hochschwangere Frau Anna Weber sah den Terror aus einer anderen Perspektive, auf der Rückseite der Metzgerei Levy. Sie wohnte beim Dachdecker Esser in der Dürener Straße Nr. 5. Sie hörte, wie der Lärm im Hause Levy begann. Von ihrem Hoffenster aus sah sie dann, wie Männer dort Geschirr aus dem Fenster warfen und die Familie Levy in Panik aus ihrem Wohnhaus auf den Hof rannte und sich verängstigt dort zunächst zusammendrängte, um anschließend in die Waschküche zu flüchten.[262]

Es gab auch hier jemanden, der es wenigstens wagte, gegen den Terror anzugehen. Die Frau des evangel. Lehrers Bruch rief den Tätern zu: *„Hört doch auf! Schämt ihr euch nicht! Laßt doch die Leute in Ruh!"* Wenig später versuchte sie es nochmals, indem sie den offiziellen Rundfunkaufruf zur sofortigen Beendigung der Gewalttaten mitteilte. Doch der rasende Mob ließ sich durch nichts von seinem Wüten abhalten.[263]

Erstaunlich ist nur, daß – angesichts dieser vielen richtigen und falschen Erinnerungen – niemand der Zeitzeugen aus der Nachbarschaft sich an folgendes klar erkennbare Ereignis erinnert und darüber berichten kann:

Nach der Verhaftung Josef Levys durch die Gestapo wurde dieser bis zu seinem Abtransport von einem Frechener SS-Mann auf offener Straße bewacht. Das geschah zur völligen Überraschung des jungen Juden. Sein Bewacher war ein junger Mann aus seiner direkten Nachbarschaft, Leo W., der Sohn des Bäckers einige Häuser weiter. Zu dessen Eltern hatten Levys und Baruchs bis zum Schluß gute Nachbarschaftsbeziehungen. Josef Levy hatte bis dahin auch nichts von der SS-Mitgliedschaft des Leo W. gewußt. Er schilderte mir das Ganze so:

„Ich selbst jedoch fand mich in meinem nächsten Gedenken plötzlich auf der Strasse (vor unseren Häusern) und zwar in der Gegenwart von Leo Wallraf, welcher mich in SS-Uniform gekleidet bewachte, bis Er mich einem Frechener Polizeibeamten übergab, der mich dann ins sogenannte Kittchen transportierte. Dort angekommen wurde mir erlaubt mit Erich Baruch in einer Zelle zu sein. Von dort wurden wir 3 dann mit Ludwig Voos nach Brauweiler gebracht....." und *„Leo W(allraf) war der Sohn des Bäckermeisters Wallraf (Rosmarstrasse) Herr Wallraf war nicht nur ein Kunde meines Vaters, sondern er backte auch jeden Freitag ein besonderes Brot für unsere Familie, welches wir Juden für die Sabbat Mahlzeit gebrauchten. Der Sohn Leo bediente mich manches Mal selbst; und so können Sie sich wohl meine Überraschung vorstellen als ich Ihn auch als einen Mittäter dießer Verbrechens Nacht entpuppte..."*.[264]

In der Kolonialwarenhandlung Baruch hausten die braunen Täter anschließend auf ähnliche Weise wie bei Levys. Das mehrstöckige Haus war erst vor ca. 2 Jahrzenten anstelle eines alten Fachwerkbaues errichtet worden und stand stattlich zwischen den angrenzenden Fachwerkhäusern. Die Baruchs hatten vorsorglich noch ihre Rolläden vor dem Geschäft heruntergelassen. Doch das nützte nicht viel gegen die berserkerhafte Gewalt der Täter.

Nach verschiedenen Aussagen schmiß zunächst Hitlerjugend Basaltsteine gegen Türen und Rolladen.[265] Sie waren schnell zertrümmert, genauso wie die Schaufensterscheiben. In diesem Laden konnten sich SA, Werkscharen und Hitlerjugend weidlich austoben angesichts der vielen Regale und unterschiedlichsten Waren. Das Wüten in diesem Geschäft war so sehr nach dem Geschmack der Täter, daß sogar einer von ihnen, Willi B., die Akteure bei ihrem „stolzen Werk" fotografierte. Wie auch bei Levys lag nachher zertrümmertes Inventar und Ware vor dem Haus. Dazwischen *„liefen Obstsäfte und Saucen über die Straße"*[266]

Von der damaligen NS-Gemeindeverwaltung bürokratisch knapp bezeugt sind auch in diesem Fall die dort angerichteten materiellen Geschäftsschäden:

„1. Baruch Jos."
„Gebäude": „Rolladen".-
„Einrichtung": 2 Schaukästen", „Theke", „Regale".-
(Durch) „Vers.(icherung) gedeckt.(es) Glas": „2 Schaufenster", „1 Tür".-

„2. Levy Norbert" –
„Gebäude": „Türfenster".-
„Einrichtung": „Schauk(asten)", „Theke", „Wage".-
„Glas": „1 Schaufenster"

Insgesamt wurden vom Bürgermeister bei Baruchs geschätzte Versicherungsschäden von 2730 RM und bei Levys von 575 RM gemeldet.[267] Der Wert der vernichteten Waren war in der Kolonialwarenhandlung Baruch so hoch, daß die Gemeinde die zunächst dafür durchgegebene Summe von 500 Mark später nochmals um 200 Mark erhöhen mußte.[268]

In diesem Zusammenhang ist bemerkenswert, daß von allen Beteiligten an dieser sogenannten *„Judenaktion"* nur einer (!) seine Täterschaft nach dem Krieg in den Verhören zugab: Eugen Volkheimer, ein damals 14-jähriger Hitlerjunge von der *„Wachtberg-Insel"*. Er gestand, an der Zerstörung des Geschäftes Baruch beteiligt gewesen zu sein.[269]

Die beiden Baruchsöhne, Siegfried und Erich hatten noch unmittelbar vor der Erstürmung des elterlichen Ladens durch das schon erwähnte Haus der Nachbarn in der Töpfergasse entfliehen können.

Doch kurz darauf wurden sie, wie Josef Levy, verhaftet und in das Frechener Polizeigefängnis gebracht.²⁷⁰

In der Wohnung der Familie Isidor (Isaak) Voos

Nachdem sich die Täter im Dorfzentrum ausgetobt hatten, suchten sie auch jüdische Wohnungen, die außerhalb lagen, heim. Da war zunächst noch das Heim der Familie des Isaak Voos.

Isaak Voos, in Frechen allgemein „Isidor" oder auch „Jüdd Vöbche" genannt, hatte noch während des 3. Reiches eine Manufakturwarenhandlung, das „Kaufhaus Voos", an der Hauptstraße 200 betrieben. Heute steht dort die Frechener Post. Er mußte das Geschäft jedoch schon vor 1938 aufgeben. Er verkaufte sein Eigentum im Zuge der Arisierung an einen Kölner Versicherungskonzern. Im November 1938 wohnte er bereits an der Ecke Freiheitsring Hüchelner Str. (Freiheitsring 1B). Auch seine Wohnung wurde laut Schadensmeldung des Bürgermeisters Dr. Küper demoliert. Denn in dessen „Übersicht" sind in Bezug auf Isidor Voos allein 900 Reichsmark an Einrichtungsschäden verzeichnet. Allerdings sind auch 30 RM Gebäudeschäden eingetragen. Wahrscheinlich wohnten die Voos jedoch damals zur Miete bei „Flock", denen das Eckgrundstück Freiheitsring / Hüchelner Str. gehörte und die selbst die Adresse Hüchelner Straße 82 hatten. Denn in den Handberechnungen zur Schadensmeldung steht hinter dem Namen Isidor Voos in Klammern „Flock". Das würde bedeuten, daß die Täter in ihrer blinden Raserei gegen den Willen der Nazigewaltigen auch „arischen" Besitz beschädigt hatten.

Zu allem Unglück für die Familie Voos wurde, wie bei Levys und Baruchs, auch hier ein Familienmitglied verhaftet, der 24-jährige Sohn Ludwig Voos. Er kam ebenfalls ins Frechener Polizeigefängnis, dann nach Brauweiler und schließlich ins KZ Dachau. 1942 wurde er im KZ Salaspils bei Riga vom Kommandanten der Sicherheitspolizei und des SD Lettland Karl Lange persönlich erschossen.²⁷¹

Ein „Nicht-Tatort": Freiheitsring 51 - Ein Polizist „verhindert" den Terror

In Frechen wird gerne die Geschichte von dem Polizeihauptwachtmeister Gustav Kr. erzählt, der sich erfolgreich den Tätern entgegenstellte und verhinderte, daß sie ihre „Judenaktion" auch im Hause Freiheitsring 51 vollzogen. Um es im Vorhinein zu sagen: Die Geschichte stimmt; allerdings nicht so, wie es diese knappe Darstellung suggerieren mag.

Differenziert im Zusammenhang gesehen, offenbart es die traurige, ja schrecklich peinliche rechtsbeugende Handlangerrolle, welche die hiesige Polizei in ihrer offiziellen Funktion als begleitende „Überwachung" der Judenaktion spielte. Es zeigt, wie sehr sie inzwischen durch den Nationalsozialismus in ihrer dienstlichen Tätigkeit politisch korrumpiert und in deren Terrorsystem eingebunden war.

Betrachten wir die Ereignisse am Freiheitsring 51 an jenem 10. November!

Als die neunjährige Anna Cremer zu Hause von den schrecklichen Ereignissen bei ihrem Onkel Albert berichtete, brach in der Familie Panik aus: „Kommen die auch zu uns? Eigentlich doch nicht?" Denn diese katholische Familie galt trotz der „nichtarischen" Mutter noch als privilegiert, weil der Vater „Vollarier" war und vor den Nürnberger Gesetzen, vor 1935, seine Frau geheiratet hatte. Außerdem war der älteste Sohn, obwohl er wie seine anderen Geschwister als rassisch minderwertiger „Halbjude" galt, Soldat und im Augenblick zufällig auf Urlaub zuhause. Wie die beiden Brüder und die Mutter reagierten, schilderte mir Anna Cremer so:

*„Mein ältester Bruder, der war in Urlaub von den Soldaten und unser Toni, der die Beine abhatte, die haben mit dem ‚Hackebeilchen' hinter der Türe gesessen und gesagt: ‚Der erste der uns hier über die Schwelle kommt, dem schlagen wir den Kopf ab.'"*²⁷²

Albert Cremer als Soldat

Die Mutter hingegen bat ihren Mann Heinrich flehentlich: *„Hein! Hein! Jank ens nom Amt! - Da ist mein Vater zur Polizei (im Rathaus) gegangen. Der arme Mann mußte immer alles regeln."*[273] Nach einiger Zeit kam Heinrich Cremer vom „Amt", d.h. der Polizeiwache im Rathaus, mit einer halbwegs beruhigenden Nachricht zurück, wie sie schildert: *„Die hatten ja auf dem Amt Bescheid, wo sie alles kaputt schlagen durften. Also daß wir noch nicht dabei waren!"*
Ob sie nun wirklich ‚noch' verschont wurden bzw. ob sich die seit Stunden rasenden Täter da noch daran hielten, das sollte sich bald zeigen.
Nachdem sie die Wohnungseinrichtung des Juden Isidor Voos völlig demoliert hatte, zog die Horde den Freiheitsring hoch und kam immer näher. Begleitet wurde sie von einem ‚überwachenden Polizisten', dem Hauptwachtmeister Gustav Kr.
Als sie in der Nähe des Hauses Nr. 51 war, hörten die Cremers, daß einer rief: *„Jetzt jonn mir eröver bei dä Cremer."* Doch unmittelbar danach folgte das Kommando des begleitenden Polizisten Gustav K.: *„Halt! Bis hier und nicht weiter!"*[274] Die bisher zügellosen Täter parierten erstaunlicherweise aufs Wort: Der Trupp schwenkte ab in die südliche Klarengrundstraße ihren letzten Opfern zu, der Familie Abraham. Dort würde keine Polizei einschreiten. Denn dieser Tatort stand im vorher festgelegten „Tagesprogramm" (s.u.).

Am Fall der verschonten Familie Cremer zeigt sich klar die Rolle der Frechener Polizei während der Kristallnacht. Sie hatte die Aufgabe, diese *„Judenaktion"* zu überwachen, indem sie für Ordnung sorgte im Sinne der hiesigen Naziführung. Das heißt, daß die vorher befohlenen bzw. festgelegten Direktiven der „Veranlasser" für den Terror gegen die Juden genau befolgt, aber nicht überschritten würden. Quasi ‚rechtskonform' war in diesen Stunden, daß die vorher festgelegten Tatorte, die jüdischen Geschäfte und Wohnungen, rechtsfreie Räume waren, in denen gewütet werden durfte. Dort durfte die Polizei nicht einschreiten. „Überschreitungen", wie Plünderungen oder offensichtlich auch ‚nicht vorgesehene Tatorte', sollte sie verhindern.
Wie ist nun das Einschreiten des Polizisten Gustav K. am Hause Cremer zu bewerten?
Er handelte befehlsgemäß und hatte somit nichts zu befürchten. Seine Handlung konnte für ihn keine Konsequenzen haben und hatte sie auch nicht. Aber er zeigte im geeigneten Moment seine positive Entschlußkraft. Hätte er nichts gesagt und die Täter toben lassen, wäre ihm wahrscheinlich auch nichts passiert.
So wurde wenigstens in diesem Fall eine Familie, die Cremers, an diesem Tag vor dem örtlichen NS-Terror bewahrt.
Doch wenige Augenblick später und nur 150 m entfernt, beim nächsten Opfer, rührte sich die ‚überwachende Polizei' nicht trotz einer letzten Orgie der Gewalt. Dieser Gewaltakt stand im „Programm des Tages" und entsprach der dienstlichen Anordnung.

Fast gleichzeitig gab es eine ähnliche Situation in der Hüchelner Straße (s. dort!)

Ein Fast-Tatort: Hüchelner Straße 40[275]

Während die oben schon erwähnte Tätergruppe nach der Verwüstung der Wohnung des Isidor Voos, wie beschrieben, zu Cremers und Abrahams marschierte, scheint sich eine andere in die Hüchelner Straße begeben zu haben. Sie war in Begleitung des Polizisten Wilhelm G. Dieser Trupp zog zur „Wohnung" der Familie „Schaaf". Die lebte damals zur Untermiete beim Milchhändler Gimborn, einem ehemaligen Zentrumsabgeordneten. Die Schaafs waren wie die Cremers eine ‚privilegierte katholische Mischehe'. Sie standen also, wie wir durch den Fall Cremer wissen, gar nicht auf dem „Programm der Judenaktion". Doch zunächst ließ dieser Polizist die Täter gewähren. Sie erschienen im Haus Hüchelner Straße 40. Von der Familie Schaaf war keiner da. Helene Schaaf und ihre Tochter waren zufällig in Köln und erlebten dort den Terror. Stattdessen trafen die Täter auf eine resolute Nachbarin, Frau Flier, die immer die Einliegerwohnung der Schaafs versorgte. Als die Nazis in die Wohnung eindringen wollten, stellte sich diese Wohnungsnachbarin, Frau Flier, vor die Eingangstür der Schaafs. Und wie mir die Tochter der Frau Schaaf, die selbst damals als „Halbjüdin" galt, weiterhin schilderte, geschah nun dies: *„Die wollten uns alles kaputtschlagen. Da hat die Frau Flier dem Polizisten gesagt: Wenn ihr die Klinke anfasst, schütte ich euch einen Eimer kochend Wasser über den Leib! Merkt euch das!' Die waren mit dem Polizisten namens Günther gekommen."*

Nun passierte auch hier, was bei Cremers von vornherein geschah. Der Polizist und die gewaltbereiten Schläger zogen ab. Offensichtlich hatte der resolute Widerstand der Frau den Polizisten Wilhelm G. daran erinnert, daß diese Wohnung nicht auf der ‚Liste' stand.

Infolgedessen hatte das heftige Auftreten der Frau Flier auch ‚nur' eine deftige Geldstrafe zur Folge: *„Weil sie den Polizeibeamten beleidigt hatte, mußte sie fünf Mark ans Winterhilfswerk bezahlen."*[276]

Die Gewaltorgie bei Abrahams in der Klarengrundstr. 2

So als hätten sie nach dem „Nichtstun" bei der Familie Cremer doppelten Nachholbedarf, tobten die Täter nun beim Händler Max Abraham, in der Klarengrundstraße 2, hemmungslos wieder ihre niedrigsten Gewaltinstinkte aus. Frau Cremer erinnerte sich:[277] Dort *„haben sie dann getobt wie die Vandalen. Sie haben die Treppe aus dem Haus gerissen."* Ein Teil der Familie, *„die waren aus dem Haus raus zu Lövenichs und diese armen Leute haben da im Garten auf der Erde gelegen. Die Lövenichs, die das Lebensmittelgeschäft hatten, die hatten die wohl reingelassen. Sonst hätten die Schweine die Leute noch kaputtgeschlagen. Die Lövenichs waren zu fromm katholisch, die hätten die nicht abgewiesen, um nicht zu helfen. Da war der eine Bruder ja, der bekannte Pastor, der später als Militärpfarrer in Paris vielen Gegnern der Nazis beistand."* [278]

Der Gewaltrausch bei Abrahams ist etlichen Frechenern in Erinnerung geblieben. Selbst ein damals kleiner Junge behielt bis heute schreckliche Szenen im Kopf: *„Ich war 5 Jahre alt. Wir wohnten in der Nachbarschaft der Abrahams in der Klarengrundstraße. Ich sah wie oben aus dem Fenster ein Schrank raus auf die Straße geworfen wurde. Ein SA-Mann aus der Blumenstraße war beteiligt."*[279]

Ein anderer Junge sah, wie u. a. der Hitlerjunge Ch. S. einen Schrank ebenfalls aus dem Fenster schmiß.[280]

Ein damals 11-jähriger erlebte diesen Terror schon differenzierter: *„Ich sah, wie bei Abrahams Möbel und andere Gegenstände am Fenster rausgeschmissen wurden. Eins geht mir aber nie mehr aus dem Sinn. Ich hörte den alten Abraham voller Schmerz in der Stimme rufen: ‚Wat könne mier dofür, datt mier als Jüdde jeboore senn!'"*[281]

Das Haus Abraham, um 1995 (Das Obergeschoss wurde aufgestockt.)

Es war am Abend jenes Schreckenstages: Mathias und Johann Geuer kehrten im Opel Olympia des ersteren zurück vom Reichsarbeitsdienst. Sie freuten sich auf die Heimkehr. Denn es würde nur ein kurzer Zwischenaufenthalt sein. Quasi eine erneute Verabschiedung. Danach ging es zur Wehrmacht. Sie hatten bereits den Einberufungsbescheid in der Tasche. Nach dem Einbiegen vom Freiheitsring in die ‚Clarengrundstraße' wurden die beiden jäh aus ihren Träumen gerissen:

„Ein lärmender Volksauflauf! - Was war hier los! Beim langsamen Vorbeifahren erkannten wir das schreckliche Treiben: Beim Juden Max Abraham, einem EK1-Träger des 1. Weltkrieges, tobten sich Nazihorden aus."[282] Die hatten schon ihre ‚Hauptarbeit' verrichtet. Nun demonstrierten

sie dem gaffenden Volk öffentlich ihre Brutalität. *„Das Inventar des Hauses, vom Kleiderschrank bis zum aus der Wand herausgerissenen Spülbecken, lag auf der Straße. Einige Männer traktierten das Becken mit Vorschlaghämmern. Die brennbaren Materialien wurden gerade von anderen mit Benzin übergossen und angezündet."* Angewidert und massiv erschrocken über dieses wahre Höllenspektakel in der anbrechenden Nacht fuhren die beiden schnellstens weiter zu ihren Eltern, die sie sehnsüchtig erwarteten. Die Heimkehrfreuden blieben an diesem Abend gedämpft.[283]

Doch nicht alles wurde zerstört. Es wurde hier wie auch an den anderen Tatorten versucht zu plündern bzw. zu stehlen. Einen aktenkundigen Beleg gibt es noch für folgenden Fall:

Am Abend des 10.11. erschien der Schüler und Hitlerjunge Peter Sch. aus der Friedenstraße auf der Frechener Polizeiwache. Er brachte das *„Fahrrad des Max Abraham"* und gab es dort ab. Der diensthabende Beamte, der Pol. Hptw. Josef R. verfaßte darüber, nur über die Abgabe(!), eine schriftliche *„Meldung".* Er fragte überhaupt nicht nach, wie der Junge an das Fahrrad gekommen war und woher er seltsamerweise den Eigentümer wußte. Offensichtlich war dem 14-jährigen zwischenzeitlich klargemacht worden, daß das Plündern bzw. ‚Mitgehenlassen' von jüdischem Besitz, auch in der Kristallnacht, geahndet werden konnte. Am nächsten Tag holte der Sohn des Eigentümers, Alfred Abraham, das Fahrrad seines Vaters ab, nachdem er den Empfang quittiert und die Gebühren(!) bezahlt hatte. Es ging plötzlich alles wieder seinen bürokratischen Gang.[284]

Die Gebäude- und Einrichtungsschäden bei Abrahams wurden später auf 2000 RM veranschlagt.[285]

Die Verwüstung des Judenfriedhofs

Doch mit dem Terror gegen die Lebenden war es ihnen nicht genug! Auch an den Toten vergriffen sie sich, d.h. an deren letzten Ruhestätten auf dem Judenfriedhof. Zumal einige der Täter in den Bergbausiedlungen gleich neben dieser Begräbnisstätte wohnten. Diesen Fanatikern muß dieses auffällige Symbol des Judentums in der unmittelbaren Nachbarschaft ein ständiges Ärgernis gewesen sein. Sie zogen nach ihren Gewalttätigkeiten im Ort Frechen zum weit außerhalb gelegenen Judenfriedhof im Herbertskaul. Sie schändeten diesen, indem sie die Gräber verwüsteten, Grabsteine umwarfen, beschossen oder auch zertrümmerten. Der einstige Redakteur des seit 1935 verbotenen Frechener Tageblattes,

In der Reichspogromnacht verwüsteter Judenfriedhof, 1938 (Foto: Dennert)

Heinrich Dennert, hatte den Mut, trotz Verbots, die verwüstete Begräbnisstätte zu fotografieren. Er hinterließ uns dieses bisher einzige erhaltene Bilddokument des Frechener Pogroms von 1938. Zwar hatte ein Frechener Nazi (Willi B.) – wohl ‚parteioffizielle' – Aufnahmen zur bleibenden Dokumentation dieser fürchterlichen ‚Heldentaten' fotografiert. Die sind nach dem Krieg jedoch (bisher) nicht mehr aufgetaucht.

Kein Abbruch des Terrors trotz Aufrufs zur Einstellung

Während der Terror in den Häusern Levy und Baruch auf dem Höhepunkt war, wurde in einer DNB-Sondermeldung kurz vor 16.20 Uhr der Goebbels-Aufruf, *„von allen weiteren Demonstrationen und Aktionen gegen das Judentum, gleichgültig welcher Art, sofort abzusehen"* durchgegeben und dann sofort über den Rundfunk verbreitet.[286]

Die Frau des evangelischen Lehrers Bruch soll sofort zu den Tätern bei Levys und Baruchs gelaufen sein und ihnen das mitgeteilt haben.[287] Doch keiner störte sich dran. Es wurde in Frechen weiter bis zum bitteren Ende, bis in die späten Abendstunden, gewütet. Denn die Täter waren im blinden Gewaltrausch und hatten ja aus den schon geschilderten Gründen erst sehr spät mit ihrem Zerstörungswerk begonnen.

Ebenfalls am gleichen Tag, dem 10.11.33, gab der Regierungspräsident den Goebbels-Aufruf durch. Der „Fernspruch" wurde aber seltsamerweise in Frechen erst am nächsten Tag um 16.10 Uhr durch den PHW Gottfried K. auf der Polizeiwache angenommen. Doch der Ortspolizeichef selbst, der Bürgermeister Dr. Küper, war noch nicht da. Ein anderer Verwaltungsbeamter zeichnete ab. Dr. Küper selbst kehrte erst am Abend des 11.11. auf seinen Posten zurück und nahm den Fernspruch um 19 Uhr abends zur Kenntnis („z.K."). Er zeichnete ihn dabei als „ges." (= gesehen) ab. Die zerstörungswütigen Banden hatten sich da längst ausgetobt und ihr schreckliches Werk beendet. Der Bürgermeister brauchte nichts mehr zu veranlassen. Er war eineinhalb Tage – während der gesamten *„Judenaktion"* – von der kommunalen Bildfläche verschwunden gewesen.[288]

Wieso dauerte es 24 Stunden, bis in Frechen der „Fernspruch" offiziell angenommen wurde? Der Aufruf war schon seit dem Nachmittag des 10.11. aufgrund der Radiomeldung Frechener Bürgern und auch Tätern bekannt, wie wir gesehen haben. In anderen umliegenden Gemeinden war die Meldung auch am selben Nachmittag auf dem Dienstweg eingegangen; beispielsweise in Horrem und Brühl.

Es kann nur angenommen werden, daß dies hier absichtlich und abgesprochen verzögert wurde, damit man die verspätet begonnenen *„Demonstrationen"* im Sinne des Regimes „ungestört und erfolgreich" abschließen konnte.

Der am 10.11.38 verschickte Fernspruch zur Einstellung der Gewalttätigkeiten wird in Frechen mit erheblichen Verzögerungen aufgenommen bzw. zur Kenntnis genommen.

UNMITTELBAR NACH DER ‚POGROMNACHT'

Josef Levy (Teil VII):

„ ... Nach einem tränenvollen Abschied von meinen Eltern, meiner jüngeren Schwester und Großvater, brachte man uns ins Frechener Gefängnis.

Herr Heeg! Sie schrieben in ihrem Buch,[289] *daß im Frechener Polizei-report dieser Nacht vier Zellen besetzt waren, ohne jegliche Namen zu finden. Jetzt kann ich Ihnen mitteilen, daß die vier Zellen besetzt waren mit den Brüdern Baruch, Ludwig Voos, und von mir.*

Am nächsten Morgen wurden wir ins Gefängnis Brauweiler gebracht. Dort hielt man uns einige Tage, bevor die SS uns nach Königsdorf marschierte, wo ein Zug auf uns wartete, um uns ins KZ-Lager Dachau zu befördern. Ich war damals nur ein 17-jähriger Junge. Als unser Zug in München eintraf, wurden wir in einen Waggon umgeladen, in welchem wir wie Sardinen eingepfercht wurden. Es war ein Wunder, als wir das KZ-Lager Dachau erreichten, daß niemand erstickt war. Im Lager wurden wir dauernd von der SS-Bewachung schikaniert und erhielten nur eine karge Ration von Kost. Eines Tages mußten wir 24 Stunden stillstehen, ohne austreten zu dürfen. Die SS ging durch die Reihen mit Knüppeln und wehe dem, der nicht

Siegfried Baruch, 1939

Erich Baruch, 1939

schnurgerade stramm stand. Grausamkeiten dieser Art erlebten wir fast täglich und mein einziger Trost war, daß ich meinen besten Freund Erich Baruch bei mir hatte.

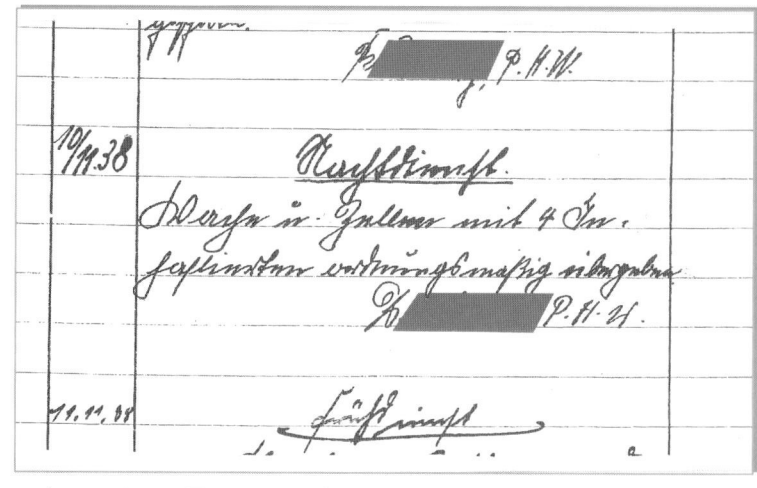

Anonymisierte Eintragung der vier in der Pogromnacht verhafteten Juden. (Tagebuch der Polizeiwache Frechen vom 10.11.38)

Obwohl ich glaubte, daß ich nie wieder aus dieser Hölle herauskommen würde, wurde ich zusammen am selben Tag mit meinem Freund Erich Baruch, nach einigen Monaten entlassen. ..."

Polizeiwache im Rathaus mit den Gefängniszellen (vier vergitterte Fenster rechts)

„Dachau 1938" begann auch in Frechen

Der Polizeihauptwachtmeister Joh. D. hatte in der Nacht vom 10. zum 11. „Nachtdienst" in der Wache im Rathaus Frechen. Ihm wurden abends die vier Juden Josef Levy, Erich und Siegfried Baruch sowie Ludwig Voos, die von der Gestapo bzw. Frechener SS verhaftet worden waren, durch Kollegen eingeliefert. Wie üblich bei solchen antijüdischen „Aktionen" durfte die Polizei darüber keine Berichte und keine Namen ins Tagebuch schreiben. Solche Aktionen sollten stets geheim und nicht nachvollziehbar bleiben. Dies führte nach dem Krieg zu der Legende, die hiesige Polizei habe nichts von den Verbrechen beispielsweise gegen die Juden gewußt. Tatsächlich wurde sie über vieles informiert und war auch in manches involviert, wie in diesem Fall. Doch dazu wurden in Geheimakten, besonders im Krieg, in der Regel nur knappe Hinweise ohne Detail- und Namensangaben festgehalten.

Immerhin hielt der wachhabende Polizist beim Erscheinen des Frühdienstes im „Tätigkeitsbuch" fest, daß er „Wache und Zellen mit 4 Inhaftierten ordnungsmäßig übergeben hat."[290]. Am nächsten Morgen müssen sie abgeholt worden sein, denn am Ende des „Frühdienstes" vom 11.11.33 wurden die Gefängniszellen vom PHW Gustav K. schon als unbesetzt gemeldet.[291] Die jüdischen Gefangenen waren bereits in Brauweiler.

Über Brauweiler berichtete Josef Levy mir in einem späteren Brief auf Nachfrage noch genauer: *„...Soweit meine Erinnerung mich nicht täuscht, waren wir mit fünf Personen in einer Zelle und als Bewachung waren die Wächter der Brauweiler Gefängnis-Anstalt tätig. Ich persönlich habe dort keine SA und SS gesehen und kann mich auch nicht auf besondere schlechte Behandlung erinnern, obwohl es möglich ist das solche stattfanden. Die inhaftierten Juden waren teils aus der Stadt Köln, sowie vom Landkreis Köln. Verhaftungen wurden ausgeführt soweit wie die Siegburger Gegend auf einer Seite und auf der zweiten soweit wie die Bergheimer Umgebung."*[292]

Alle diese Leute waren in Brauweiler und wurden dann nach Dachau abtransportiert. Dies geschah, nachdem man uns einige Tage dort hielt. Wir mußten im unteren Stock des Gefängnisses antreten und dem Ober Rabiner der Stadt Köln (Namen entfallen) war es erlaubt, einige Wörter zu uns zu richten ..."

„... Der Sonderzug welcher uns nach München beförderte, hielt in Koblenz an, um die in dieser Gegend verhafteten jungen Männer aufzuladen ..."[293]

In Dachau kamen diese sogenannten „Aktionsjuden" in „eine bisher nicht geahnte Hölle der Erniedrigung und Gewalt. Terror sollte sie zur Flucht ins Ausland zwingen."[294]

Bahnhof Groß-Königsdorf, um 1935. Hier fuhr 1938 der ‚Sonderzug' mit den sogenannten ‚Aktionsjuden' aus dem Gefängnis Brauweiler nach Dachau ab.

Norbert Levy und Josef Baruch wollen ihre Söhne besuchen

Nach dem Abzug der marodierenden Schlägertrupps blieb eine Spur der Verwüstung in den Wohnungen und auf der Straße zurück.

Noch schlimmer war die Verwüstung, welche die Täter in den Seelen der Frechener Juden angerichtet hatten. In ihnen war eine Welt zusammengebrochen. Einige hatten noch während des Pogroms fluchtartig Frechen verlassen. Manche wurden in der Folge krank. Bei den Levys in der Rosmarstr. 10 waren es die Mutter Paula und vor allem der 87jährige Großvater. Er war fortan schwer bettlägerig krank und starb Ende Dezember 1938 an den Folgen dieses Terrors.[295]

Einige wenige mutige Nachbarn trauten sich unmittelbar nach dem Pogrom, wie schon teilweise erwähnt, wenigstens etwas zu helfen. Frau K. aus der Blindgasse half abends beim Aufräumen; andere, indem sie etwas Geschirr brachten. Stemmlers brachten über das hofseitige Dach ‚Essenssachen', ein Mädchen morgens im Auftrag ihrer Eltern die regelmäßige Milch.[296]

Die Familien Voos, Baruch und Levy aber quälte zusätzlich noch die Sorge um ihre unschuldig verhafteten Söhne. Norbert Levy und Josef Baruch ergriffen schließlich die Initiative, um ihren Söhnen zu helfen. Sie hatten erfahren, wohl von einem Polizeibeamten, daß Josef Levy und die Gebrüder Baruch sich (seit dem 11.11.38) in Brauweiler befanden. Sie faßten den Mut, dem Nazi-Bürgermeister Dr. Küper am 14.11.1933 jeweils einen Brief zu schreiben, in dem sie um Besuchserlaubnisse baten. Wörtlich schrieb Norbert Levy beispielsweise:

„Sehr geehrter Herr Bürgermeister
Möchte den Herrn Bürgermeister um eine Bescheinigung bitten, um meinem Sohn Josef Levy, welcher seit Freitag in Brauweiler in Schutzhaft sich befindet, und seine Ausweispapiere vergessen hat, ihm selbige zu bringen, da er im Augenblick seiner Inhaftnahme seine Arbeitskleider anhatte. Auch etwas Leibwäsche möchte ich

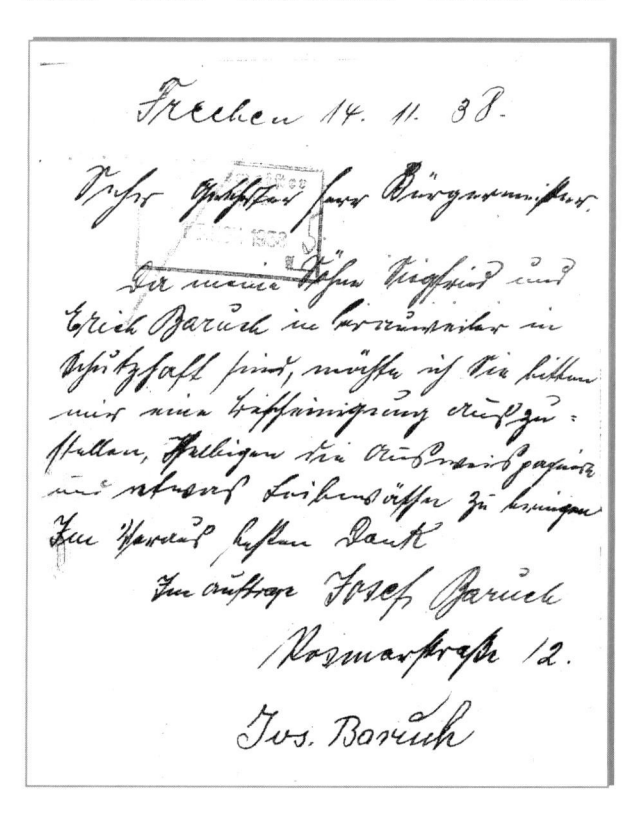

Bittbriefe von Norbert Levy und Josef Baruch an den Bürgermeister, um ihre verhafteten Söhne besuchen zu können.

mitnehmen. Ich danke Ihnen im Voraus Norbert Levy Rosmarstr. 10."[297]

Wie schwer muß es den beiden Vätern gefallen sein, wieviel Überwindung muß es sie gekostet haben, den Vertreter der Nazis, die so viel Unheil über sie und ihre Familien gebracht hatten, so unterwürfig und höflich zu bitten, um ihren Söhnen beistehen zu können. – Doch alles umsonst. Am 15. November ließ ihnen der Bürgermeister knapp und eiskalt jeweils mitteilen, daß sich die Inhaftierten nicht mehr in Brauweiler befänden.

Er schrieb den verzweifelten Vätern auch nicht, wo die Söhne nun waren, geschweige denn, daß eine Kontaktaufnahme oder eine Besuchserlaubnis in Aussicht gestellt würde.

„Entjudung" und „Arisierung" in Frechen

Nach der „Kristallnacht" mußten die Juden die Schäden, welche die Täter angerichtet und hinterlassen hatten, auf eigene Kosten in Ordnung bringen bzw. wiederherstellen. Die Versicherungen zahlten die Schadenssummen nicht an die jüdischen Opfer aus, sondern an den deutschen Staat, weil die betroffenen Juden angeblich selbst schuld an den Verwüstungen gewesen seien. Außerdem mußten alle deutschen Juden eine Sühne von zusammen einer Milliarde Reichsmark zahlen, jeder anteilmäßig je nach seinem Vermögen.

Noch schlimmer war, daß die jüdischen Geschäftsleute nach der Pogromnacht ihre Betriebe nicht wieder öffnen durften. Dies wurde dann endgültig durch eine *„Verordnung zur Ausschaltung der Juden aus dem Deutschen Wirtschaftsleben"* festgelegt.[298] Der Bürgermeister Dr. Küper wurde vom Landrat aufgefordert, zu einzelnen (6) jüdischen Gewerbebetrieben, die noch in den Gewerbelisten standen, Stellung zu nehmen. Am 15.12.1938 schickt er seinen Bericht:

Das Geschäft Cohnen (Metzgerei) bestehe schon seit Jahresfrist nicht mehr. In dem Laden werde bereits eine *„Fischhalle durch einen Arier"* betrieben.

Die Lumpenhandlungen Lippmann und Voos sowie die Metzgerei Schwarz seien *„inzwischen geschlossen"*. Sie waren natürlich nach den Zerstörungen der Pogromnacht geschlossen worden. Ihre Inhaber waren sofort geflohen oder kurz danach wegen der Gewalttätigkeiten nach Köln „verzogen". So kommt er zum perfiden und rigiden Schluß: *„Ihre Eröffnung kommt nicht mehr in Frage, da die Inhaber zum Teil verzogen, ausgewandert sind, bzw. auswandern werden."*[299]

Im Falle der Metzgerei Norbert Levy in der Rosmarstrasse 10 funktionierte diese Argumentation nicht. Denn die Familie Levy war die einzige jüdische Familie, die in ihrem Haus blieb. So schrieb er hier rigoros: *„An der Eröffnung bzw. Arisierung [...] besteht kein Interesse. Es ist erwünscht, dass dieses Geschäft verschwindet."*[300]

Das bedeutete für Norbert Levy, daß er weder seinen Betrieb wiederaufnehmen noch ihn an einen „Arier" vermieten konnte.

Nur die einstige Kolonialwarenhandlung Baruch konnte der Bürgermeister nicht als überflüssig erklären. Sie war für die Versorgung des Oberdorfes noch unentbehrlich. So resümierte er insgesamt: *„Lediglich das unter Lfd.Nr.1 aufgeführte Geschäft* (Baruch) *dürfte als versorgungsnotwendiger Betrieb bei Ansehung der Bevölkerungsdichte des Ortsteils, in welchem das Geschäft liegt, anzusehen sein."* Beflissen teilte er gleich mit: *„Eine Arisierung ist bereits in die Wege geleitet."*[301]

Tatsächlich hatte der Frechener Händler Fritz W. nach Verhandlungen mit Josef Baruch am 7. Juni 1938 bei den Behörden *„die Erlaubnis zur Übernahme"* des Geschäftes in der Rosmarstraße 12 beantragt. Doch diese Geschäftsübernahme wurde offensichtlich behördlicherseits verzögert und scheiterte schließlich.[302] Die Familie Baruch „verzog" am 29.12.1938 nach Köln. Ihre Kolonialwarenhandlung wurde jedoch an den „Arier" R. vermietet.

Nach der Pogromnacht betrieben die hiesigen Nazibehörden die angeordnete „Ausschaltung der Juden" bereits mit größtem Eifer:

Schon am 20.12.1938 forderte Landrat Loevenich von den Amtsbürgermeistern in ihren wirtschaftlichen Lageberichten eine spezielle Darstellung der *„Durchführung der Entjudung"* sowie der *„Arisierungsgewinne"*[303] In seinem

Geheimbericht vom 2.1.1939 meldete der Bürgermeister Dr. Küper: *„Die jüdischen Geschäfte sind sämtlich geschlossen. Besondere Gewinne bei der Arisierung konnten nicht festgestellt werden. Fast alle Geschäfte wurden nicht wieder eröffnet. Die Übernahme von jüdischem Grundbesitz ist noch nicht abgewickelt."* [304]

Damit waren alle Frechener jüdischen Geschäfte „entjudet", wie es im nationalsozialistischen Sprachgebrauch hieß; d.h. sie waren stillgelegt oder wurden nicht mehr von Juden betrieben.

Letztendlich wollten die Nazis aber, daß der gesamte jüdische Besitz „arisiert" wurde. Das heißt, daß er in nichtjüdischen Besitz überging.

Das klappte aber nur zum Teil schnell und auf direktem Weg. Offensichtlich gab es nicht immer genügend Interessenten, obwohl die jüdischen Eigentümer die Häuser unter Wert verkaufen mußten.

Verfolgen wir beispielhaft nur die Eigentumsentwicklung bei den Ladengeschäften:[305]
Die Metzgerei Cohnen wurde Eigentum des oben genannten Fischhändlers.

Das schon 1935 „entjudete" Kleidergeschäft und Haus des Moritz Meyer erwarb der neue Geschäftsbesitzer. Haus und Kleiderhandlung Isidor Voos eignete sich ein großer Kölner Versicherungskonzern an. Das kleine Fachwerkhaus des Ph. Samuel (Metzgerei Seligmann) kaufte ein Friseur und sein benachbartes Haus Hauptstraße 28 ein Lederwarenkaufmann. Auch das Haus Hauptstr. 14 ist noch im Krieg (1942) an einen „Arier" verkauft worden.[306] Die Familie Norbert Levy (Rosmarstr. 10) verkaufte ihr Haus erst, nachdem sie 1940 in ein Kölner „Judenhaus" umziehen mußte.

Bei anderen einst jüdischen Geschäftshäusern finden wir Eintragungen, die zu denken geben. Entweder stehen als nächste Besitzer eingetragen: *„Das deutsche Reich / Die Reichsfinanzverwaltung"* oder das *„Reichsheimstättenwerk"* Im ersteren Fall bedeutete das: Die jüdischen Eigentümer waren vor Kriegsende „verstorben" oder sie waren deportiert worden. In beiden Fällen wurden ihre Häuser und ihr sonstiger Besitz automatisch Eigentum des deutschen Staates. So gerieten die Geschäftshäuser Hauptstr. 16 und 74 (Schwarz) ins Eigentum der Reichfinanzverwaltung. Ins letztere kehrte eine Überlebende der Familie 1952 zurück und bekam es wieder zu Eigentum. Am Beispiel des o.a. Hauses Nr. 16 wollen wir einmal exemplarisch den brutalen Raubzug des Staates nachvollziehen: Am 7.9.1938 war Friederike Levi, die Frau des in Frechen geborenen Metzgers Hermann Levi, aufgrund eines Erbvertrages vom 1.9.1938 Eigentümerin dieses Hauses geworden.[307] Kurz darauf starb ihr Mann (1939). 1942 befand die Witwe sich bereits aufgrund einer Gestapoanordnung in Köln-Müngersdorf im Fort V, bis sie am 27.7.1942 nach Theresienstadt deportiert wurde.[308] Damit fiel ihr Eigentum an das Deutsche Reich. Schon am 19. Januar 1943 wurde ihr Haus und Grundbesitz auf *„Ersuchen des Oberfinanzpräsidenten Köln"* auf das *„Deutsche Reich"* „umgeschrieben". Nach dem Krieg (1951) erhielt ihre nach New York ausgewanderte Tochter Meta Wargarcz *„auf Beschluß des Wiedergutmachungsamtes"* das Haus zurück. Diese veräußerte es dann an die Eigentümerin des Nachbarhauses Nr. 14.[309]

Einstiges Geschäft (rechtes Eckhaus) des Isidor Voos, heute Postamt, Nachkriegsfoto

Bei Baruchs war es ein besonderer Fall: Bereits am „22. Juli" 1938 war laut eines Schreibens des Josef Baruch *vor dem Notar Dumoulin in Köln, Apostelnstrasse, der notarielle Akt über den Verkauf meines Hauses Rosmarstrasse 12 getätigt worden.*"[310]

Doch das „Reichsheimstättenwerk" in Bonn übernahm den eigentlichen Verkauf im ‚Auftrag' der Baruchs. Das alte Ehepaar Baruch brauchte ab 1939 dringend das Geld, u.a. um die Auswanderung zu bezahlen. Es wurde immer wieder mit dem Argument vertröstet, man habe noch keinen Interessenten gefunden. Als die Baruchs dann nicht mehr auswandern konnten und 1942 nach Lodz deportiert wurden, wurde das Heimstättenwerk per Gesetz Eigentümer. Möglicherweise ist das Haus dann noch an den damaligen Ladenmieter verkauft worden.[311]

Ehemalige Kolonialwarenhandlung Baruch in der Rosmarstr. 12, Nachkriegsfoto

Hauptstraße 26 ehemaliges Geschäft Seligmann

Hauptstraße 14, Nachkriegsfoto

*Arisiertes Geschäft
(ehemals Moritz Meyer),
ca. 1936, mit NS-Spruch
„Deutsche Leistung"*

*Die einstige
Metzgerei Levy
(Rosmarstraße 10), ca. 1960*

ENTRECHTETE ZWISCHEN HOFFEN UND VERZWEIFELN

1939 - 1941

Josef Levy (Teil VIII):

„...Obwohl ich glaubte, daß ich nie wieder aus dieser Hölle herauskommen würde, wurde ich zusammen am selben Tag mit meinem Freund Erich Baruch, nach einigen Monaten entlassen.

Wir mußten uns dann jede Woche bei der Gestapo in Köln melden, die uns immer bedrohten und beschimpften. Später, da meine Familie noch als einzigste Juden in Frechen lebte, hatte ich mich wöchentlich auf dem hiesigen Bürgermeisteramt zu melden.

Nach der Kristallnacht wurde unser Vermögen von den Nazis beschlagnahmt und wir erhielten von dem sogenannten ‚Sperrkonto' nur eine kleine Summe, um zu leben. Nach meiner Entlassung aus Dachau mußte mein Vater und ich Sklavenarbeit auf der Autobahn Köln-Bonn verrichten.

Jetzt wohnten wir in Köln in einem Haus, welches nur für Juden bestimmt war. Der 2. Weltkrieg begann, und Juden bekamen die wenigsten Rationskarten.

Sie werden sich wohl wundern, Herr Heeg, ob wir jemals versuchten auszuwandern. Wir hatten eine

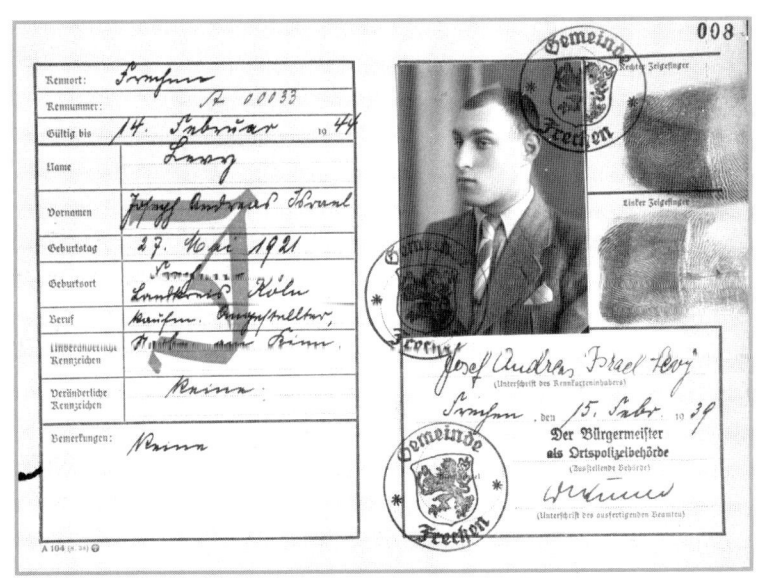

‚Judenkennkarte des Josef Levy'. Sie wurde unmittelbar nach seiner Entlassung aus Dachau ausgestellt.

Bürgschaft von einem Vetter meiner Mutter, welcher in der amerikanischen Stadt Kansas-City lebte. Die Bürgschaft war eine Million Dollar wert, wurde aber von den Amerikanern dauernd abgelehnt, da der Vetter kein direkter Blutsverwandter war.

Mein Vater reiste mehrere Male nach dem amerikanischen Konsulat in Stuttgart. Aber seine Bemühungen waren vergebens. So blieb meine Familie in Deutschland stecken. Seit längerer Zeit mußten wir jetzt den gelben Davidstern mit dem Wort ‚Jude' auf der Brust tragen.

Wir wussten nicht, was die nächste Degration sein würde. Diese Frage wurde jedoch schnell gelöst, als unsere Familie im Dezember 1941 den Befehl zur Deportation nach dem von Deutschland besetzten Lettland erhielten. Die ausgewählte Stadt war Riga. Der Abschied von Köln wird mir nie vergesslich sein. Wir mußten uns mit 60 Pfund Gepäck per Person in der Messehalle in Köln-Deutz melden. ..."

Die Rückkehr aus der Hölle von Dachau

Mitte Januar 1939 wurden die beiden Freunde und Nachbarn, Erich Baruch und Josef Levy, gemeinsam aus dem Konzentrationslager Dachau entlassen. Der ältere Bruder von Erich Baruch, Siegfried, war schon kurz vorher freigelassen worden. Auch der vierte Frechener Jude, Ludwig Voos, konnte zu Beginn des Jahres gehen. Allen war eines gemeinsam: Sie waren seelisch gezeichnet von den Schrecken, die sie dort erlebt hatten, und von dem mit massiven Bedrohungen ausgesprochenen Entlassungsbefehl. Er verbot ihnen einerseits, zu Hause über die schrecklichen Erlebnisse im KZ zu berichten, andererseits hatten sie sich alle verpflichten müssen, möglichst schnell Deutschland zu verlassen. Diese Bedrohung

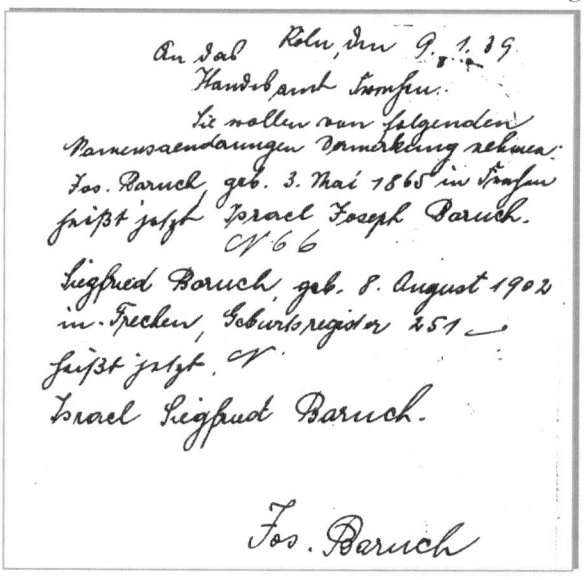

Die Juden müssen selbst ihre gesetzlich vorgeschriebene Vornamensänderung beantragen (hier: „Israel"). Anträge von Norbert Levy und Josef Baruch. Letzterer stellt ihn bereits, bevor sein Sohn Erich aus Dachau entlassen ist.

war so eindringlich, daß Josef Levy in der Folgezeit nie etwas von den Ereignissen in Dachau zu erzählen wagte, auch nicht seiner Familie. Bei den anderen drei Heimkehrern wird es ähnlich gewesen sein. Die Baruchs schrieben fortan in ihren Briefen – vielleicht wegen der Zensur – nur von dem Ort „D", wenn von diesem Konzentrationslager die Rede war. Allen vier ‚Heimkehrern' saß der schreckliche Zwang im Nacken, Deutschland so schnell wie möglich verlassen zu müssen.

Josef Levy und Erich Baruch gingen nach der Ankunft auf dem Kölner Hauptbahnhof zunächst in die Cardinalstr. 9 zur jetzigen Wohnung der Baruchs. Sie, die in der Pogromnacht aus den vertrauten Elternhäusern mit Gewalt herausgeholt worden waren, fanden nun die Eltern Baruch in einer fremden Umwelt, in die diese inzwischen nach dem Pogromterror von Frechen gezogen oder besser gesagt „geflohen" waren. Im Grunde fanden sie die Eltern Josef und Dora Baruch vor wie in einer Übergangswohnung bzw. in Warteräumen für eine ungewisse Zukunft. Tatsächlich sollten diese Kölner Wohnungen der Frechener Juden quasi zu Wartesälen werden: entweder für Flucht und Emigration oder für Deportation und Vernichtung.

Von Baruchs aus fuhr Josef Levy nach Frechen zu seiner Familie in die Rosmarstrasse 10. Denn die Levys waren die einzige jüdische Familie, die sich noch nicht entschlossen hatte, aus Frechen wegzuziehen.

Adolf Voos als ‚illegaler' Brikettjunge

Trotz der Vertreibung aus Frechen, der Isolierung und zunehmenden Gettoisierung der Frechener Juden vornehmlich in Köln gab es weiterhin Kontakte von Frechenern zu ihren früheren Mitbürgern.[312] Eine Berufsgruppe war dafür aber besonders geeignet: die Briketthändler. Unter diesen selbständigen und selbstbewußten Händlern gab es einige, wie wir schon an anderer Stelle gesehen haben, die Kontakt hielten und halfen. Sie hatten natürlich auch günstigere Gelegenheit, weil sie regelmäßig in Köln waren, in dortigen Vierteln und Straßen berufsbedingt verkehrten und ihre Kunden belieferten. Da konnten sie auch unauffälliger als andere, wenn sie Mut hatten, ehemalige jüdische Mitbürger zufällig oder bewußt treffen, Beziehungen pflegen und helfen.

Der junge Frechener Heinrich P. war Klüttenträger bei der Briketthändlerin Lemmler aus der Funkenstraße (Nr. 11).[313] Frau Lemmler belieferte wie fast alle anderen Berufskollegen auch Kölner Haushalte.
Eines Tages, im Jahr 1939, wollte der junge Mann gerade wieder einen Sack Klütten in ein Haus in Köln tragen. Da wurde er von der Seite angesprochen. Es war sein früherer Schulkamerad Adolf Voos, der 16-jährige Sohn eines Lumpenhändlers. Der Vater, Albert Voos, war im Winter 1938/39 vor den Nazis nach Singapur geflohen. Adolf lebte seit der Flucht des Vaters mit seiner Mutter und einem älteren Bruder am Kleinen Griechenmarkt 89. Er fragte Heinrich P.: „Kann ich helfen? Klütten tragen?" und schloss an: „Ich habe Hunger! Und keine Arbeit!"
Heinrich P. antwortete: „Da muß ich erst Frau Lemmler fragen!" Frau Lemmler war trotz des hohen Risikos einverstanden. Adolf half ein halbes Jahr lang, bis er nicht mehr kam. Er bekam von Frau Lemmler morgens den Lohn und zusätzlich auch Trinkgeld. Mittags, nach der Arbeit in Köln, nahmen sie ihn sogar mit in ihr Stammcafé in der Schaafenstraße. Eines Tages fragte die junge Bedienung, die Tochter des Konditors, als Adolf Voos schon gegangen war: „Sagen Sie Frau Lemmler! Der Junge hat so eine krumme Nase. Sie beschäftigen doch keinen Juden!" Frau Lemmler erwiderte entrüstet: „Was denkst Du denn! Bei mir arbeiten doch keine Juden! Dat es dä Adolf!" Damit war das Thema überzeugend erledigt. Wie zum Beweis wurde der junge Voos weiterhin mit ins Café genommen. Doch plötzlich nach einem halben Jahr erschien er nicht mehr.

Bald darauf, Mitte 1940, wurde der junge Heinrich P. eingezogen. Adolf Voos wurde im Oktober 1941 nach Lodz deportiert und blieb verschollen.[314]

Die Baruchbriefe –
Berichte aus einem Kölner „Judenhaus"

Unter den vier in Dachau gequälten Frechener Juden waren zwei, die Gebrüder Baruch, die es schafften, binnen weniger Monate, und wie sich später herausstellen sollte, als einzige aus Deutschland wegzukommen. Mitte Mai 1939 emigrierten die beiden nach England. Doch das war nur ein Zwischenziel für die Einreise in die USA. In England wurden sie, wie viele andere jungen Juden aus Deutschland, in einem Durchgangs- und Sammellager, dem „Kitchener Camp" bei Sandhurst im Süden des Landes (Kent), untergebracht. Ihre Eltern warteten nach ihrer Abreise voller Sorge auf Nachricht. Und mit ihnen warteten Verwandte, Bekannte und viele Glaubensgenossen, deren Söhne und Töchter ebenfalls noch dieses Fluchtziel erreichen wollten. Die Eltern Baruch hörten sogar bei den Wohnungsnachbarn, den Nathans, verbotene englische Radiosendungen, um vielleicht einige Informationen über ihre Söhne zu erhaschen. Doch erst ein umfangreicher Brief ihrer beiden *„Jungens"* brachte ihnen nach einigen Tagen die glückliche Gewißheit, daß diese dem Terror des 3. Reiches entkommen waren.

Sofort machte die Nachricht die Runde. Im Haus Cardinalstraße 9 wurde der Brief bei den jüdischen Mitbewohnern herumgereicht. Vater Baruch nahm ihn mit zu *„Guttmanns"*, wohl einer Gaststätte, in der die von den Nazis immer mehr ausgegrenzten Kölner Juden, die alteingesessenen wie auch die aus der Umgebung zugezogenen, sich trafen. Vor allem aber ging er auch zum jüdischen *„Hilfsverein"*, wo er drei Stunden blieb, weil der Brief dort *„von Hand zu Hand"* ging.[315] In den Tagen danach suchte Josef Baruch das Jüdische Asyl in Ehrenfeld und die „Synagoge" auf. Außerdem besuchte er Verwandte und Bekannte in der Stadt, denen er die Neuigkeit überbrachte. Andere kamen selbst zu Baruchs in die Cardinalstraße 9, um den Briefinhalt zu erfahren.

All dies waren natürlich keine einmaligen Besuche und Handlungen wegen dieser einen Nachricht von der geglückten Emigration. Diese Besuche fanden häufig und in ziemlich regelmäßigen Abständen statt. Sie waren gerade lebensnotwendig für die immer mehr ausgegrenzten, immer mehr entrechteten und bedrohten Juden. Damit zeigt sich ein wichtiger Grund, warum fast alle Frechener Juden nach den Greueln der Pogromnacht nach Köln zogen: Es war die differenzierte jüdische Infrastruktur dieser Großstadt. Hier waren sie an den einzigen direkten Informations- und Hilfsquellen, die den rheinischen Juden in ihrer Not und Angst und Bedrückung noch offenstanden; vor allem im Hinblick auf die Chancen und Möglichkeiten zur Emigration. Außerdem war die dichtere Konzentration von Verwandten, Bekannten und sonstigen Glaubensgenossen, mit denen sie kommunizieren konnten, wichtig. Viele Nahestehende, die man früher kaum persönlich sah, konnte man jetzt bei einem Spaziergang besuchen. Hinzu kam beispielsweise auch die medizinische Versorgung durch jüdische Ärzte. Vater Baruch beispielsweise, der sehr schlechte Zähne hatte, ging jetzt in Köln zum Zahnarzt Dr. Mendelsohn, der selbst aus Kerpen nach Köln geflohen war, in Behandlung.

Dieser Vorteil, in Köln zu sein, barg natürlich auch den Nachteil der leichteren Kontrolle durch die Gestapo, der sich dann ab Sommer 1941 entscheidend auswirken sollte.

Josef und Dora Baruch nutzten von dem Moment an, wo sie in der Cardinalstraße in Köln lebten, diese beschriebenen Möglichkei-

Gruppe rheinischer Juden in Sandhurst (Kitchener Camp), Fotogruß von Siegfried Heinemann an die Brüder Baruch, 10.1.1939

ten. Sie machten darüber hinaus sich selbst und ihre Wohnung gleichsam zu einem Informations- bzw. Kommunikationsknotenpunkt. Sie nutzten hier ihre berufsbedingten Erfahrungen und Gewohnheiten, die sie schon, wie wir in einem früheren Kapitel beschrieben haben, in ihrem Kolonialwarengeschäft in Frechen erfolgreich ausgeübt hatten.

Ähnlich scheinen aber auch manche anderen Familien gehandelt zu haben. Der Informationshunger trieb alle an, die sich nicht aufgegeben hatten. Man informierte sich gegenseitig über den Stand der Ausreisemaßnahmen, über Schwierigkeiten, über mögliche Ausreiseziele, über die verschiedensten Strecken und Reisewege und -arten, über das Schicksal Ausgereister. Und wenn der Emigrationstermin endlich feststand, machte man Abschiedsbesuche.

Dabei waren Dora und Josef Baruch zwei Menschen, wie sie unterschiedlicher nicht sein konnten. Er war ein großer, weltoffener, kommunikations- und lebensfreudiger Mann. Sie war eine zierliche, kleine Frau von **„90 Pfund"** Gewicht, die sich selbst als **„menschenscheu"** bezeichnete, deshalb nicht gerne ausging, selbst nicht in die Synagoge, obwohl sie sehr religiös war. Trotzdem förderten und pflegten beide die Beziehungen zu anderen Menschen. Jeder auf seine Art, sich gegenseitig ergänzend.

Er war ständig unterwegs zu den jüdischen Treffpunkten wie Hilfsverein, Gemeindehaus, Synagoge, Wohlfahrtsamt Rubensstraße 33, *„Bezirksstelle Rheinland der Reichsvereinigung der Juden in Deutschland"*, aber auch zu ‚Guttmanns', wo er gleichermaßen bekannte wie fremde Juden traf, sich mit ihnen unterhielt, Karten spielte und Informationen austauschte und so auf dem neuesten „jüdischen" Wissensstand war.

Er ging aber nicht nur zu solchen Institutionen, er besuchte auch Bekannte und befreundete Juden sowie treue befreundete Nichtjuden. Selbst in die **„alte Heimat"** Frechen fuhr er noch immer, offiziell meist um irgendwelche Behördengänge (z. B. Grundsteuerzahlungen) zu erledigen. Gleichzeitig nutzte er diese Gelegenheit, um sich dort in seinem alten Wohnviertel umzusehen und noch verbliebene Juden zu besuchen: seine hochbetagte Verwandte **„Mala"** (Amalie) Baruch und seine einstige Nachbarsfamilie, die des Norbert Levy. Gleichzeitig suchte er alte nichtjüdische Freunde und wohlgesinnte Nachbarn auf.

Die scheue, aber ungeheuer willensstarke Dora Baruch ergänzte diese Aktivitäten ihres Mannes auf ihre Art, ja sie wurde zum eigentlichen straffen Lenker des Zusammenhalts der Familie und der räumlich zerrissenen sozialen Bindungen. Letztere pflegte sie selbst am derzeitigen Fluchtort, in Köln. Dort empfingen sie und ihr Mann viele Besucher in ihrer Wohnung und sie gab sich alle Mühe, eine gute Gastgeberin zu sein trotz aller wirtschaftlichen Einschränkungen.

Ihre Art der Kommunikation hieß vor allem jetzt, wo die Söhne in Freiheit, im Kitchener Camp, waren, intensive Verbindungen zu diesen und zu allen Verwandten und Bekannten zu pflegen, die schon in alle Welt geflohen oder ausgewandert waren oder noch anderswo in Deutschland bzw. in Köln lebten.

Mit dem Tag, an dem der Brief der Söhne ankam, verlegte sie sich konsequent darauf, ständig Notizen über den Tagesablauf zu machen, um dann meist abends ihr gesamtes neues Wissen, aber auch ihr Gefühlsleben, ihre Intentionen und Wünsche in Briefen oder Karten an ihre Söhne niederzuschreiben. Die Briefe sind meist über mehrere Tage entstandene Berichte. Sie enthalten in der Regel auch kleinere Texte weiterer Personen, weil Dora Baruch sie stets drängte, auch etwas zu schreiben. Es waren vor allem Textanhänge des Vaters, aber auch oft solche von **„Edith"**, einer engen Freundin Erich Baruchs. Die kam nun häufiger und wurde bald wie eine Tochter behandelt. So wurden die Söhne permanent von Dora Baruch mit den neuesten Nachrichten, Informationen, Ratschlägen, Aufträgen und Fragen versorgt.

Sie hielt aber auch mittels brieflicher Korrespondenz die Kommunikation zu allen anderen ihr wichtig erscheinenden Personen aufrecht.

Dabei lag Ihr das Schreiben überhaupt nicht. Sie schämte und entschuldigte sich ständig

Erich und Siegfried Baruch in Sandhurst, 1939/40

wegen ihrer Fehler und ihrer wirren Schreibweise. Doch der innere seelische Druck und die Not, sich mitzuteilen, waren stets stärker.

So berichten uns diese Briefe zeitnah und beispielhaft das von den Nazis ausgegrenzte Leben der nach Köln „gezogenen" oder vielmehr vertriebenen Frechener Juden von 1939 bis 1941.

Verfolgen wir es in groben Zügen aus ihrer Sicht!
(Die vielen Briefzitate in den nun folgenden Texten sind wegen der oft schwer verständlichen Schreibweise – Rechtschreibfehler, Fülle von Abkürzungen und weitgehendes Fehlen von Satzzeichen – durch gelegentliche Hinzufügungen, d.h. durch Wortergänzungen in Klammern oder durch Satzeichen sowie vor allem durch Markierung von Sinnabschnitten (/), „sparsam" ergänzt worden.)

Zwischen Heimweh und Auswanderungsdruck

Die ersten Sätze Ihres Antwortbriefes an ihre Söhne schrieb Dora Baruch am 19. Mai 1939 *„nachmittags 5h"*. Sie zeigen das ganze Dilemma, in dem diese Menschen sich damals befanden, zwischen der Freude über die Rettung der Kinder und dem Trennungsschmerz: *„Meine lieben Jungens! Besten Dank für Eueren großen und schönen Brief / er hat uns wirklich sehr erfreut und beruhigt, aber wehe tuts noch immer. Trotzdem freuen wir uns, daß Ihr meine Lieben nun mal wieder zu Menschen werden könnt; und Euere Herzen zur Ruhe kommen..."*[316].

Von zwei Leitintentionen war das Denken der *„beiden Alten"*, wie sich Dora und Josef Baruch selbst bezeichneten, durchdrungen: Sie mußten die Familie schrittweise vor dem Fanatismus der Nazis durch Auswandern retten und währenddessen versuchen, ihr Leben möglichst „normal" zu gestalten, um nicht ganz zu verzweifeln. Das heißt: Sie versuchten, überkommene Lebens- und Verhaltensweisen, Sitten und Gebräuche, alltägliche Rituale, auch religiöse Traditionen zu bewahren, um sie später einzubringen in die wieder zusammengeführte Familie.

Wie schon gesagt: Diese vielfältige Kommunikation fand aber nicht nur außerhalb der Wohnung statt, sondern ihre Zimmer in der *„Cardinalstraße 9"* auf der zweiten Etage wurden zum Besuchs- und Treffpunkt für alle jene Arten von Personen, mit denen sie auch außerhalb kontaktierten. Vom jüdischen Zimmernachbarn bis sogar zu nichtjüdischen Freunden aus der „alten Heimat" von außerhalb, die ihnen noch immer die Treue hielten und es sogar noch wagten ein ‚Judenhaus' zu betreten.

Wichtigstes Thema gerade im Noch-Friedensjahr 1939 war die Emigration. Fast jeder wollte so schnell wie möglich weg, obwohl zu dieser Zeit schon für jeden Juden, auch die reichen, die Auswanderung einer fast völligen Ausplünderung durch die deutschen Behörden gleichkam.[317] Wer jetzt ins freie Ausland kam, war in der Regel arm, fing von vorne an und war trotzdem glücklich, Terror und auch schon Mord entkommen zu sein.
Es herrschten damals noch eine gewisse Hoffnung und Zuversicht, zeitweise sogar Euphorie, doch noch wegzukommen, da man täglich konkrete Beispiele erlebte und die Nazis es auch aus den bekannten Gründen wünschten.
So traf man sich 1939 auch privat bei Baruchs – selbst bei vordergründig anderen Anlässen – hauptsächlich wegen des Informationsaustausches. Man sprach über die vollzogenen, laufenden und geplanten Arten der Emigration, d.h. allgemein über die aktuellen Emigrationsmöglichkeiten und ihre jeweiligen Chancen.
Da waren jene jüdischen Einzelpersonen, Familien und Ehepaare, die schon länger versuchten wegzukommen. Beispielsweise der Noch-Hauseigentümer Auerbach, dessen Auswanderung nach England lief. Es gab noch andere Bekannte in der gleichen Situation. Oder die Mitbewohner auf der 2. Etage, das einst wohlhabende Ehepaar Nathan. Sie, die früher im Erdgeschoß eine bedeutende Großhandelsfirma („ENA") betrieben hatten, teilten sich bereits mit Baruchs ihre große ehemalige Etagenwohnung. Sie warteten auf ihren Ausreisetermin nach Amerika. Dann waren da

zu dieser Zeit viele junge Leute aus bekannten Familien, die wie Siegfried und Erich Baruch ebenfalls im Begriff waren, ins Lager nach England zu gelangen, aber auch jene Jugendliche, die jetzt - oft gegen den Willen der eigenen Familie - den zionistischen Weg wählten, nach „Erez"-Israel wollten (*„Hajatrreah"*) und dorthin über den Landweg hingelangten. Gemeint ist „Hachscharah". Dieses hebräische Wort bedeutet „Ertüchtigung" bzw. „Vorbereitung". Es handelte sich konkret um die landwirtschaftliche, handwerkliche oder hauswirtschaftliche Ausbildung für Auswanderer nach Palästina („Erez".) Schließlich gab es reine Kindertransporte nach England, denen Eltern in ihrer Verzweiflung ihre Kleinsten anvertrauten. Ein Bekannter der Baruchs hatte sogar von einem 2½ Jahre alten Kleinkind erfahren.[318]

Die Gesamtrettung ihrer Familie war für die Baruchs aber nur in Etappen möglich. Der Aufenthalt der Söhne im englischen Lager war nur ein erster Schritt. Die *„Jungens"* mußten jetzt so schnell wie möglich in die USA kommen, dort Wohnung und Arbeit finden. Erst dann war daran zu denken, in einem letzten Schritt die alten Eltern durch Bemühungen der Söhne ebenfalls in die USA nachzuholen. In der gleichen Situation waren zu dieser Zeit eine Reihe der jüdischen Familien in Köln. Etliche Jugendliche warteten sogar noch auf den baldigen Fahrttermin in das englische Lager.

Die Söhne hatten nur wenig mitnehmen können. Selbst alltägliche Gebrauchsutensilien hatten sie zurücklassen müssen wie Kleidungsstücke etc. Deshalb versuchten die Eltern, durch die jeweils nächsten Englandreisenden einzelne Stücke nachbringen zu lassen; vor allem solche, die die Söhne gerne nachgeschickt bekommen hätten. Nahezu keiner verweigerte sich. So kam beispielsweise jetzt u. a. regelmäßig ein guter Bekannter, Emil Kahn, zu Besuch. Der sollte Ende Juli nach England ins Kitchener Camp fahren. Er war bereit, den ‚guten Anzug' von Erich Baruch mit **„Rock, Hosen, Weste"** mitzunehmen. Das war verbunden mit einem Gegenwunsch. Dora Baruch sollte von seiner Bereitschaft schreiben und dem Gruß nach England hinzufügen: **„Also Erich Du sollst das Bett frei halten."**

So konnte die Mutter Baruch schließlich berichten: *„Emil bringt Euch mit(:) 1 Feuerzeug mit Doppeldreher beim anmachen, 1 Schleifer, Anzug, das Trikot, Persil, Brillenscheide (Leder), Strümpfe gestrickt von Mutter Kahn, Pfeifen Tbk (=Tabak), Cig(are)tten, 1 Plock Papier; das ander(e) bringt ein anderer mit. Überzieher bringt Bergs junger Mann, oder Jos. Mejer - er wäre froh wenn er Siegfr(ied) u Erich etwas gesellig sein könnte".*[319]

Es waren nicht nur Sachen der Baruchsöhne oder kleine Geschenke ihrer Eltern, sondern auch Gebrauchsgegenstände und kleine Geschenke der Mitbringer. Den Neuankömmlingen ermöglichten diese Mitbringsel den leichteren Kontakt zu den bereits Angekommenen und somit auch die Erfüllung ihrer Hoffnung auf soziale Einordnung und Hilfe in der unbekannten Fremde. In den Wochen

Dem Terror entronnen. – Junge rheinische Juden im Kitchener Camp (X = Erich Baruch)

danach kamen etliche andere Englandfahrer zu Besuch, die zumindest etwas mit ins Camp brachten.

Und es fuhren viele dorthin! Auch Anfang August, als Dora Baruch schrieb: *„Gestern Abend sind 120 Mann zu Euch ... Es ist ein Fritz Meyer dabei ... nimmt Geschenke mit für Euch."*[320]

Gegenseitige Hilfe war unter den Juden, die in Köln den Baruchs begegneten oder auch mit ihnen auf andere Art kommunizierten, eine Selbstverständlichkeit. Mit ganz wenigen Ausnahmen. Selbst wenn es schwer fiel, wurde spontan geholfen.

Das fing an mit einfachen Lebensmitteln. Hatte jemand beispielsweise eine Dauerwurst bekommen, teilte er sie in Stücke und gab diese an andere Juden oder schickte sie sogar an gerade ausgewanderte, die noch mittellos waren.

Das ging soweit, daß Auswanderer, die im Aufnahmeland erste Erfolge hatten, sofort das bißchen Glück, das sie hatten, mit anderen teilten: *„Bergs Louischen"*[321], eine gebürtige Frechenerin, die bereits vor 1933 nach Köln gezogen war, gelangte im Sommer 1939 nach England, wo sie bei Privatleuten unterkam und eine Stelle bekam. Sie traf es sofort so gut an, daß sie Teile ihres ersten Verdienstes den beiden Baruchbrüdern im Kitchener Camp versprach.

Auch Manfred Cohnen, der Sohn des langjährigen Synagogenvorstehers Bernhard Cohnen, der bereits im Februar in die USA emigriert war und dort eine Stelle hatte, unterstützte die beiden Baruchsöhne während ihres Lageraufenthaltes in Kent mit einer Geldzuwendung und bot an, ihnen auch in Amerika zu helfen.

Das Ehepaar Baruch war da nicht anders. Sie, die zwar auch zunehmend verarmten, weil sie – wie viele andere – ihrem Gewerbe nicht mehr nachgehen konnten, gehörten aber noch zu den wenigen Juden in Köln, die sich selbst noch einigermaßen finanziell über Wasser halten konnten. Wenn ein Besucher oder jemand anderes etwas dringend brauchte, gaben sie etwas ab, meist verbliebene Sachen der Söhne oder auch Geld. Natürlich wurde auch der Hilfsverein von ihnen mit Sachen beliefert. Aber sie halfen auch auf andere Art:

Da war die junge Hertha Buschhoff. Ihr Mann Otto befand sich bereits im Ausland und bemühte sich unentwegt, sie nachzuholen. Viele Juden befanden sich in dieser schwierigen Situation. Das war ein Unterfangen, das oft nicht gelang. Die junge Frau stand Ende Mai 1939, wie Dora Baruch feststellte, *„vollständig vor einem Nichts"*[322]. Baruchs boten ihr an, in dem gerade geräumten Zimmer der beiden „Jungens" kostenlos zu wohnen. Die junge Frau warf ein, sie könnten doch das Zimmer vermieten, da sie selbst jeden Pfennig nötig hätten. Doch Josef und Dora Baruch erwiderten: *„augenblicklich noch nicht(!)"* Hertha Buschhoff, die nicht zahlen konnte, nahm an unter der freiwilligen Verpflichtung: *„ich tue dann die Arbeit dafür."* Obwohl diese Entscheidung gefallen war, bat Dora Baruch ihre Söhne um ihre *„Ansicht"* mit der Bemerkung: *„... heute muß der eine doch dem anderen helfe(n)."* Es wurde eine fast familiäre Wohngemeinschaft, von der beide Seiten, alt und jung, enorme Vorteile hatten: in der Arbeitserleichterung, aber auch hinsichtlich der gegenseitigen seelischen Unterstützung in den häufigen Momenten der Hoffnungslosigkeit bzw. der Angst, nicht mehr weg zu kommen.

Mindestens genauso eng wurde auch die Beziehung zu der Freundin Erich Baruchs, zu *„Edith"*, die allerdings bei anderen Juden wohnte, denen sie im Haushalt half.

Edith (Brünell) im Garten ihrer jüdischen Gastfamilie (Brunnen mit Putto aus Köln-Frechener Keramik), um 1940

In jenem Frühsommer 1939 verabschiedeten sich etliche Emigranten von den alten Baruchs, nahmen für die Söhne kleine notwendige Dinge mit und erhielten selbst Sachen, die sie gebrauchen konnten.

Eltern und Söhne schickten sich auch regelmäßig kleine Päckchen mit gern gesehenen Kleinigkeiten. Seitens der Eltern waren es meist die selbstgebackenen Plätzchen der Mutter, manchmal Zigaretten; seitens der Söhne zuweilen richtiger Kaffee, mit dem sie vor allem den Vater überglücklich machen konnten. Bei dessen Genuß konnte der das ganze Leid für einen Moment vergessen.

Am wichtigsten war aber im Sommer 1939, daß die beiden Söhne möglichst bald in die USA kamen. Die Mutter drängte sie ständig, schon jetzt alle Kontakte dort aufzunehmen, die doch später hilfreich sein könnten. Gleichzeitig versuchten beide, die Eltern hier - die Söhne dort, die behördlichen Maßnahmen voranzutreiben.

In ihrem Eifer hatten die beiden Brüder gehofft, schon im Frühsommer 1939 über den Atlantik zu kommen, um endlich etwas tun zu können. Doch das schlug fehl. Entsprechend gerieten sie in eine depressive Stimmung. Dora Baruch rückte ihnen den Kopf brieflich zurecht, indem sie ihnen mehr Geduld anriet und ihnen ihre schon jetzt glückliche Situation vor Augen rief: *„Ihr l(ieben) Jungens lasst Euch nur nicht unterkriegen durch die Nachricht, von länger im Camp zu bleiben. Wenns kommt / habt Ihr noch Zeit / u(nd) genießt mal jetzt Eure Freiheit u(nd) seit nicht jetzt schon unzufrieden u(nd) kopfhängerig …“*[323].

Natürlich hatten die alten Baruchs auch Kontakte zu Frechener Juden, die, wie sie, vor den Frechener Nazis aus der „Heimat" nach Köln geflohen waren. Man besuchte sich gegenseitig; traf sich oft spontan bei Spaziergängen durch die Stadt und erfuhr so möglichst viele Neuigkeiten, die die Eltern Baruch dann ihren Söhnen berichten konnten:

Raphael Levi, der 1933 schon persönliche Zielscheibe des Frechener Ortsgruppenleiters gewesen war, wurde am Freitag, den 2. Juni 1939, um 3 Uhr beerdigt. Er hatte *„plötzlich am Kopf einige Abszesse …"* und *„… einen zur Unkenntlichkeit dicken Kopf bekommen"*, an *„deren Folge … er gestorben ist."*[324] Die Umstände seines Todes sind bisher in Wirklichkeit rätselhaft. Es ist möglich, daß hier die wahre Todesursache den Baruchs und anderen Juden verschwiegen oder vertuscht wurde. Denn nach Zeitzeugenaussagen von Frechener(!) nichtjüdischen Bekannten des Raphael Levi soll dieser sich aus Verzweiflung in Köln vor einen fahrenden Zug gestürzt haben.[325]

An einem Montag kam Herr Lippmann, der arme frühere Lumpenhändler aus der Frechener Breite Straße, mit seiner Frau zu Besuch, **„um nur zu erzählen, daß ihr großer Junge weg kommt bei Berlin auf Hascharra(;) unter anderem auch(,) daß sie nichts bekommen haben von der Tora Verkäufe."**[326] Offensichtlich hatte sich der damals 15-jährige Albert Lippmann für die Auswanderung nach **„Erez"** (Palästina) entschieden. Deshalb kam er jetzt zur Vorbereitung in ein „Hachscharah"-Lager bei Berlin, um dort eine handwerkliche Ausbildung als Schreinerlehrling mitzumachen. Danach fuhren diese jungen Leute „über Land" (den Balkan) in den Nahen Osten. Albert entkam als einziger aus seiner Familie dem Holocaust und lebte nach dem Krieg in den USA.

Was unter „Tora-Verkäufen" zu verstehen ist, kann man nur vermuten. Vielleicht war damit der Verkauf der am 10.11.38 demolierten Frechener Synagoge gemeint, den die letzten Synagogenvorsteher Josef Baruch und Ph. Samuel hatten abwickeln müssen. Frau Baruch ließ die Eltern Lippmann nach dem Besuch nicht gehen, ohne ihnen „etwas" mitzugeben.

Der ‚Lehrling' Alfred Abraham (früher: Klarengrundstr.) verbrachte manche Stunde bei Baruchs und wurde dann auch verpflegt.

Der Kaufmann Hugo Herrmann, der schon 1936 von Frechen nach Köln verzogen war, wurde 1939 Mitbewohner im Haus Cardinalstr. 9. Von da an kam er häufig bei Baruchs zu Besuch. Für diese waren das ganz besondere Treffen, da er beim Hilfsverein aktiv war und so die beiden Alten immer wieder beraten und informieren konnte.

Engere Kontakte pflegten die Baruchs mit den Familien Samuel und Cohnen, deren Familienväter mit Josef Baruch zusammen jahrelang dem Frechener Synagogenvorstand angehört hatten. Bernhard Cohnen war sogar bis zu seinem Wegzug aus Frechen im Dezember 1938 der Vorsteher gewesen. Das Amt übernahm dann kurzfristig Philipp Samuel.[327]

Im Frühjahr 1939 verabschiedete sich Irene Samuel von den Baruchs, weil ihre Abreise

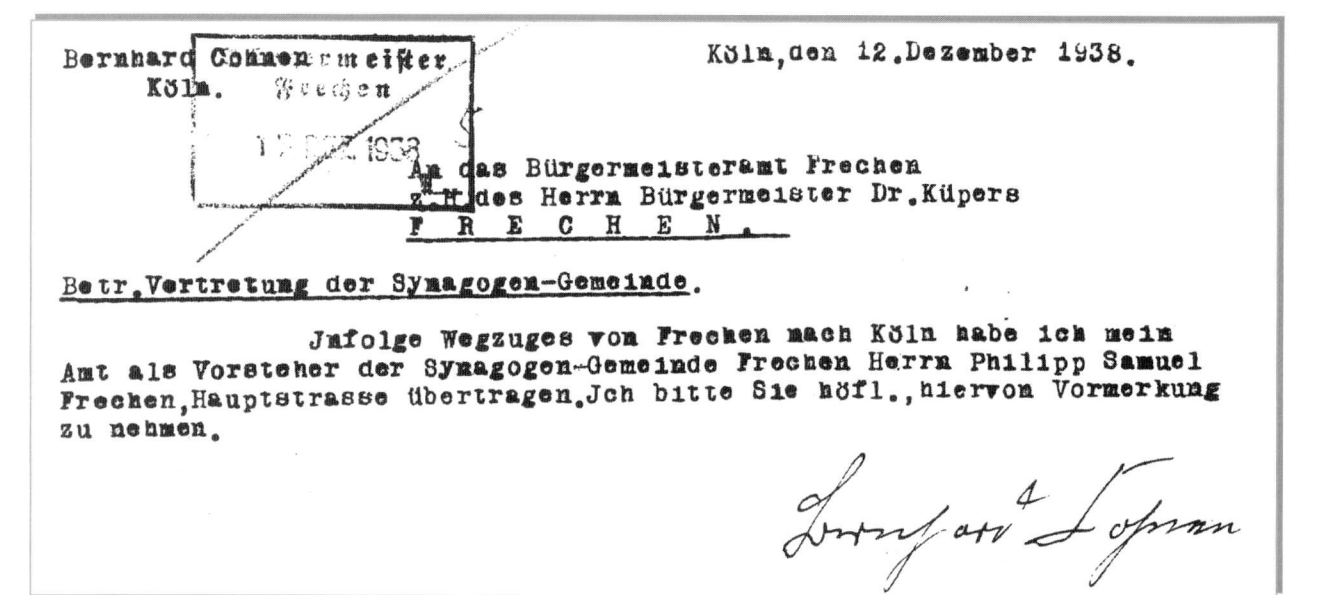

```
Bernhard Cohnenmeister                    Köln, den 12.Dezember 1938.
Köln.   Wegen
   13 DEZ 1938
             An das Bürgermeisteramt Frechen
             z.H.des Herrn Bürgermeister Dr.Küpers
                F R E C H E N .

Betr.Vertretung der Synagogen-Gemeinde.

         Infolge Wegzuges von Frechen nach Köln habe ich mein
Amt als Vorsteher der Synagogen-Gemeinde Frechen Herrn Philipp Samuel
Frechen,Hauptstrasse übertragen.Ich bitte Sie höfl.,hiervon Vormerkung
zu nehmen.
                                              Bernhard Cohnen
```

Wechsel des Synagogenvorstandes von Bernhard Cohnen an Ph. Samuel (B. Cohnen hatte das Amt 1933 übernommen)

nach England kurz bevorstand. Mit gemischten Gefühlen tat sie das, weil sie ihren 74-jährigen Vater Philipp Samuel, den früheren ‚Salamander'-Schuhladenbesitzer an der Frechener Hauptstraße, nicht mitnehmen durfte: Denn **„ihrem Vater ist die Einreise nicht erlaubt worden."**[328] Der Witwer verlor wenige Wochen nach der Abreise Irenes auch noch seine Schwester, die Wwe. Johanna Sommer, die im jüdischen Altersheim in Köln-Ehrenfeld verstarb.[329]

Häufig besuchten die Baruchs das Ehepaar **„Kohnen"** (Cohnen). Andersherum ging es nicht, weil **„Malchen"** (Amalie Cohnen) bald sehr herzkrank geworden war. Cohnens hatten schon im Februar ihre Kinder direkt nach Amerika verabschieden können und wollten auch bald nachkommen. Doch durch die Krankheit der Mutter verzögerte sich das immer wieder. Sie vermittelten aber, daß ihr Sohn Manfred, der in Amerika schnell Fuß gefaßt hatte, die Baruch-Söhne schon in England hilfreich mit Geld unterstützte (s.o.).

Herta Hess, die Tochter des schon 1933 von den Frechener Nazis verfolgten Albert Billig, kam noch im September 1941 zu Besuch. Offensichtlich ahnte sie nicht, daß sie noch im gleichen Jahr nach Riga deportiert werden würde.

Kurz vor Kriegsbeginn 1939 waren noch so viele ausgewandert, daß Dora Baruch schrieb: **„Es geht viel schneller(;) so wird behauptet"**. Auch ihr aus Frechen stammender Vetter, der Kantor Herbert Baruch, hatte es noch Ende August geschafft. Doch ebenfalls nach Kriegsbeginn, im 2. Halbjahr 1939, verabschiedeten sich immer wieder Bekannte und Verwandte. Es zeigte sich aber zunehmend, daß manche, die schon vor Monaten quasi auf den Koffern saßen, noch immer nicht weg waren; entweder weil es zunehmend schwieriger wurde, Schiffe zu bekommen, oder auch weil immer wieder die Gelder nicht ausreichten, oder weil einige plötzlich zu krank wurden. So erging es auch ihren Zimmernachbarn, den Nathans! Obwohl sie ein Telegramm bekommen hatten, **„am 2.12. nach Venezuela von Genua mit dem Schiff"** zu fahren, kamen sie noch immer nicht weg.[330]

Selbst die Söhne Baruch kamen zunächst aus dem Camp in England nicht fort nach Amerika. Erst um die Jahreswende 1939/40 änderte sich deren mißliche Lage, wie die Briefe der Eltern bezeugen:

Am 17.12.39 hieß es noch: **„Hoffendl(ich) werdet Ihr meine Lieben bald nach USA kommen.."**[331] Am 24.12. jedoch schon: **„Wir freuen uns(,) wenn es nun mit Euerer Auswanderung weiter geht u Ihr mit Gttes (=Gottes) Hilfe gut an den Bestimmungsort kommt."**[332]

Und am 23.1.40 schließlich das ‚Aufatmen': **„…Wir wollen jetzt anfangen zu schreiben /damit ein Brief in Euerer neuen Heimat ist, wenn Ihr Lieben dort ankommt. Hoffen Euch / Ihr Lieben / alle gesund. Gtt (=Gott) lob wir sind es auch. Hoffen wir zu Gtt / dass er uns Alle gesund lässt / damit wir uns, wenn es auch noch einige Jahre dauert / wiedersehen".**[333]

Siegfried und Erich Baruch waren also da bereits auf dem Weg nach New York.

Die Levys in Frechen aus der Sicht der Baruchbriefe

Josef Levys Lebensbericht schildert vor allem die Schrecken, die er im Getto Riga und in den KZs erlebte und erlitt. Diese sind in der Erinnerung so eingegraben, daß sie den vorher erlittenen Terror in Frechen überlagern mit Ausnahme der Mißhandlungen in der Kristallnacht und in Dachau. So schildert er genau, jedoch nur knapp zusammenfassend und mit wenig Details das Leben seiner Familie in den Jahren 1939/40 in Frechen.

Da auch die Baruchs, ihre engen Nachbarn und guten Freunde, zum Jahresende 1939 nach Köln gezogen waren, blieb die Familie des Norbert Levy als einzige jüdische Familie in Frechen allein in einer Umwelt zurück, die von Haß erfüllten Feinden kontrolliert wurde. Sie, eine der ältesten Familien Frechens, konnte sich verständlicherweise immer noch nicht von ihrer Heimat trennen.

So mußten die einstigen Nachbarn, die Baruchs und die Levys, durch gegenseitige Besuche ihre enge Freundschaft aufrechterhalten. Das war besonders wichtig für die Levys, damit sie nicht von dem Informationsfluß der in Köln lebenden Juden abgeschnitten wurden. Denn auch sie wollten auswandern. Die erhaltenen „Baruch-Briefe" bestätigen so den Bericht Josef Levys, indem sie zeitnah und mit Details, also ohne Erinnerungsprobleme, das schwere Leben ihrer alten Nachbarn in Frechen teilweise schildern:

Die Levys durften seit der Kristallnacht ihre Metzgerei nicht mehr betreiben und sie auch nicht an „Arier" vermieten oder veräußern, weil der Frechener Bürgermeister den Betrieb als überflüssig erklärt hatte.[334] Ihre bisherigen Kunden wurden so gezwungen, in bestehenden ‚arischen' Metzgereien zu kaufen. Natürlich konnten und sollten sie – aus Nazisicht – ihr Wohnhaus, ihr altes Fachwerkhaus an ‚Arier' veräußern. Doch ohne den Metzgereibetrieb war es noch weniger wert und hätte jetzt als ‚jüdisches Haus' bei einer Arisierung nur einen Teil des wahren Wertes abgeworfen. Offensichtlich gab es dazu Überlegungen oder sogar Verhandlungen.

Denn Mitte Juni 1939 schrieb Dora Baruch: *„Ihr Haus haben sie nicht verkauft."*
Doch das wollten die Levys offensichtlich nicht, weil sie selbst weiterhin darin lebten und mit Sicherheit keine finanziellen Vorteile gehabt hätten.[335]

Andererseits konnten sie kaum noch von den kargen Zuteilungen ihres Sperrkontos leben.

Norbert und Josef Levy mußten nach der Heimkehr Josefs aus Dachau schon Zwangsarbeit leisten. Aus den Baruchbriefen geht hervor, daß sie wahrscheinlich schon ab Mai 1939, spätestens aber ab Juni 1939 in rein jüdischen Arbeitsgruppen im Kölner Raum arbeiteten. Das war zumindest eine Vorform der Zwangsarbeit von Juden, die reichsweit mit Kriegsbeginn eingeführt wurde und für die am 25. August u. a. diese beiden Männer offiziell von der Gemeinde Frechen angegeben wurden.[336]
Die erst zwölfjährige Gustl Levy besuchte die jüdische Schule in Köln. Infolgedessen war die Mutter meist alleine im Haus. Sie, diese sensible und herzensgute Frau, die früher so sozial tätig gewesen war, litt unter dem Schock der ‚Kristallnacht'. Schon am Abend des schrecklichen Pogromtages, des 10.11.1939, hatte sie ein glaubhafter Zeuge verwirrt und laut klagend durch die Mühlengasse laufen sehen.[337]

Trotz der schwierigen Umstände kamen – bis auf die Mutter – alle drei übrigen Levys, wenn sie jeweils Zeit fanden, meist einzeln, zu Baruchs. Sie informierten diese dann über die Alltagsereignisse in Frechen, vornehmlich über die in ihrem Viertel; d.h. speziell über alte christliche Freunde und Bekannte. Von Baruchs hingegen erfuhren sie wichtige Neuigkeiten über die Auswanderungssituation. Sie kamen auch, um Momente der Ruhe zu finden. Dazu gehörte, wie einst im ‚Oberdorf', das Kartenspielen. Gelegentlich klappte es nicht, weil der dritte Mann fehlte, der meist ein Glaubensgenosse aus der Kölner Bekanntschaft der Baruchs war. Dann hieß es beispielsweise in Doras Bericht: *„Sonntag war Norbert hier / es wurde aber nicht gespielt / es fehlte der dritte Mann. Norbert hat wie immer die Zeit herrum geschwiegen."*[338]

Seit der Rückkehr Josef Levys aus Dachau betrieb auch dessen Familie, wie die der Baruchs, ihre Auswanderung nach Amerika. Doch sie hatte wenig Glück dabei. Im Mai, als die Baruch-Jungen schon in England waren, erzählte Josef Levy deren Eltern, *„daß die Papiere noch immer nicht in Ordnung sind."*

Endlich Mitte August ein Hoffnungsschimmer: *„Heute um 6 Uhr war Norbert hier u. erzählte(,) daß eine Bürgschaft für Josef gekommen (sei,) von Onkel Siegesmund ausgestellt."*[339] Doch auch das half schließlich nichts. Denn dieser sogenannte ‚Onkel' war jener Vetter von Paula Levy, dessen Riesenbürgschaft nach Joseph Levys Aussage von den Amerikanern nicht anerkannt wurde, weil dieser Bürge kein echter Blutsverwandter war (siehe Levy-Text oben).

Norbert Levy unternahm auch Versuche, seinen Sohn Josef nach England ins Kitchener Camp zu bekommen. Ebenso begab er sich in die Kölner Rubensstraße, um für seine Tochter Gustel etwas zu erreichen. Im Gemeindehaus in der Rubensstraße 33E befanden sich etliche Wohlfahrtseinrichtungen der Kölner Synagogengemeinde. U.a. auch das „Jugendamt" der Gemeinde. Dort wandte er sich an *„Frl Behrends"*. Die Levys waren von Gustels Schule benachrichtigt worden, daß es in Amerika ein *„Comitte"* gab, *„welches Sorge trägt Mädchen unter 16 Jahren unterzubringen (in Familien)."*[340]

Norbert Levy wollte dabei erreichen, daß die beiden Kinder dann zusammen fahren. Frl. Behrens versprach, alles zu tun; mit dem Hinweis: *„Das dauerte aber bestimmt zwei bis drei Monate."*[341] Dieser Versuch hätte geklappt, wenn das Mädchen alleine nach Amerika gefahren wäre. Doch ihre minderjährige Tochter alleine wegzulassen, das war ihnen fremd. Letztendlich schlugen so alle Versuche fehl, bis es schließlich keine Möglichkeit zur Ausreise mehr gab (im Oktober 1941).

Doch die Familie Levy wurde damals von noch mehr Leid heimgesucht. Paula Levy, der ‚Engel des Frechener Oberdorfs', wie mir eine alte Frechenerin mit Tränen in den Augen sagte, kam, wie schon erwähnt, über den in der Pogromnacht erlittenen Terror der Frechener Nazis nicht hinweg. Bald wurde sie darob ernsthaft krank:

An einem Sonntagabend, im Juli 1939, kam Josef Levy zu Baruchs.[342] Er hatte ein Köfferchen und mußte *„um 10.22 mit Kameraden noch an die Arbeitsstelle"* nach auswärts (Grevenbroich). Er war *„sehr nervös"*. Er *„erzählte, seine Mutter / also Paula / ist krank / muß einige Tage liegen mit den Nerven."* Der Vater Norbert hatte daraufhin aus Köln *„die Cusine Frau Hermanns geholt / damit Paula sich schonen kann."*

Denn er selbst arbeitete jetzt als Zwangsarbeiter in Quadrath und mußte *„jeden Morgen um 5 Uhr aufstehen".*[343]

Die Hoffnung auf eine kurze Erkrankung trog. Paula Levy war *„schwer krank"*. Sie hatte eine *„Venenentzündung u. Herzmusk(e)lschwäche, dazu stark rheumatische Beschwerden".*[344] Sie konnte sich bald kaum noch bewegen. Sie mußte liegen und brauchte Pflege. Zwei verwandte Frauen kamen aus Köln jetzt vorbei (Juli 1939): *„Frau Kahn kam bis mittags."* Auch *„Tante Netta"*, die Schwester von Paula Levy, war *„schon einigemal draussen."*[345]

Doch diese Besuche reichten nicht: Die Krankheit führte zu einer vielwöchigen Bettlägerigkeit. Wer kümmerte sich, wenn Frau Levy stundenlang bewegungsunfähig alleine lag? Es zeigte sich: Die christliche Nächsten- und Nachbarschaftsliebe war stärker als die berechtigte Angst vor den Nazis und ihren Denunzianten, die es auch in der eigenen Familie geben konnte. Die direkte Nachbarin aus Haus Nr. 8, die Frau eines Briketthändlers, kümmerte sich, wann immer ihre familiäre Arbeit es zuließ. Die Baruchs erfuhren von Josef Levy davon und schrieben ihren Söhnen: *„Frau Stemmler würde sich viel damit beschäftigen u. nach Ihr sehen. J(osef) meint / die Leute alle wären viel freundlicher."*[346] Schließlich fand sich sogar noch eine andere Frechenerin, die half. Denn ab Mitte August hatten die Levys auch *„ein älteres Frl. u. sind froh, daß jemand da ist."* Da mußte Josef Levy schon mal da bleiben und der Frau beim Waschen helfen.[347] Zu dieser Zeit war Paula Levy immer noch ans Bett gefesselt: *„Sie darf aufgehoben werden(,) muß sich sehr ruhig halten. Sie sieht aber ganz gesund aus den Augen".*

Frau Stemmler pflegte ihre jüdische Nachbarin Paula Levy nach der ‚Kristallnacht'

Erst Ende August besserte sich der Gesundheitszustand etwas: *„Paula darf nun jeden Tag zwei Stunden aufstehen. Sie muß wieder gehen lernen."*[348]

Es ging aber nur ganz langsam aufwärts mit ihr. *„Nach ärztlichem Befund, darf dieselbe keine körperlichen Arbeiten verrichten u. bedarf selbst noch besonderer Pflege."*[349]

Paula Levy mußte ständig betreut werden. Ihre Kölner Cousine (s.o.), eine Kriegerwitwe, war deshalb bereit, nach Frechen ins Haus Rosmarstraße 10 umzuziehen. Dazu brauchte Norbert Levy aber die Genehmigung der Gemeinde Frechen. Er schrieb am 13. Oktober einen ‚Bittbrief' an den Frechener Bürgermeister. Darin hieß es u.a.: *„Da ich nun täglich zur Arbeit muß, u. die Pflege nicht selbst übernehmen kann, trete ich an den Herrn Bürgermeister mit der Bitte heran, eine Cusine meiner Frau in mein Haus aufzunehmen. Dieselbe ist Kriegerwitwe, ihr Mann fiel in Frankreich 1918, die beiden Kinder sind in Amerika u. sie selbst hat Aussicht, in einigen Monaten auszuwandern. Ich bin leider nicht in der Lage, eine bezahlte Stütze zu halten, die oben genannte bezieht Kriegsrente und fällt mir und der Gemeinde nicht zur Last, erhoffe baldige Antwort. Ich bitte den Herrn Bürgermeister mir diese Bitte nicht abzuschlagen."*[350]

Die Antwort kam am 17.10.1939. Der Bürgermeister Dr. Küper lehnte ab.[351]

Die Familie Levy war weiterhin auf die zeitweilige Hilfe der o.a. Personen angewiesen.

Glücklicherweise besserte sich der Gesundheitszustand der Frau Levy. *„Levy Paula ist besser, aber noch nicht in Ordnung"*, hieß es Ende Oktober.[352] Selbst im November 1939 schrieb Dora Baruch nach einem Besuch bei Ihr: *„Paula geht es ziemlich / aber anders ist es die Alte."* Mit Letzterem ist offensichtlich gemeint, daß sie psychisch wieder stabil schien.[353]

Jüdische Zwangsarbeitergruppe beim Wegebau auf Gut Schlenderhan, 26.5.1940; links (X) Norbert Levy, rechts (X) Josef Levy

Wie schlimm schon jetzt die familiäre Situation der Levys gewesen sein muß, zeigt die Tatsache, daß Vater und Sohn wegen ihrer schweren Zwangsarbeit in der Region kaum zuhause sein konnten, zumal sie oft lange Anmarsch- oder Anfahrtswege hatten. Meist wurden sie im Straßen- und Wegebau eingesetzt, z. B. bei Quadrath (Gut Schlenderhan) oder an der Autobahn „Köln-Bonn". Damit ist die Fortsetzung dieser ersten deutschen Autobahn in Richtung Düren-Aachen gemeint.

Monatelang gehörte der achtzehnjährige Josef Levy sogar zu jüdischen Arbeitskolonnen, die in Grevenbroich eingesetzt wurden. In dieser Zeit konnte er die Woche über gar nicht nach Hause.

Wenn einer der Levys zufällig zu Mahlzeiten oder zum Kaffee in der Cardinalstraße erschien, dann wurde der Betreffende zum Essen

Norbert Levy und seine Frau Paula, 1941 kurz vor ihrer Deportation

eingeladen. Doch bald erkannten Dora und ihr Mann, daß es ihrer alten Nachbarfamilie mittlerweile finanziell und hinsichtlich der Ernährung zeitweise sehr schlecht ging. Das fiel ihnen besonders auf, als Josef Levy eines Sonntagsabends vorbeikam, bevor er vom Hauptbahnhof zur Arbeit nach Grevenbroich fahren mußte: Sie fragte ihn, ob er gegessen habe. Josef erwiderte: *„ja ich komm von Hans S."* Die Antwort überzeugte offensichtlich nicht sehr. Denn nach einiger Zeit sagte Vater Baruch zu seiner Frau: *„gieb dem Josef etwas zu essen(;) ein Ei u. Butterbrod. Da sagte er / ja das esse ich u. da aß er fünf St(ück) Brod / ein Ei u. Kaffe. Nun sagte Vater: wenn Du Sonntg hier bist / kommst Du zu uns essen/ Da hat er zugesagt."*

Dora Baruch achtete nun darauf, daß die drei Levys, wenn sie jeweils hereinschauten in der Cardinalstraße, ordentlich zu essen bekamen bzw. lud sie spontan zum Essen ein.

Ein anderes Mal stellten sie fest, daß Josef Levy keine ordentliche Hose mehr hatte, die er anziehen konnte. Sie reagierte sofort:

„Josef hatte keine Hose. Ich bestellte Ihn abends zu uns u. gab eine Hose von Dir l(ieber) Siegfried(,) die Du nur im Laden anhattest. Es war (die) Hose ohne Weste."[354]

So nimmt es nicht wunder, daß die Levys sich aufgrund ihrer finanziellen Situation im Herbst 1939 gezwungen sahen, das Erdgeschoß in der Rosmarstr. 10 zu vermieten und selbst nur noch im Obergeschoß zu wohnen.[355] Da die Miete üblicherweise bar bezahlt wurde und somit im Gegensatz zum Sperrkonto frei zur Verfügung stand, hatten sie so ein kleines Zubrot.

Kontakte zur „alten Heimat", zu Freunden und Helfern

Im Kapitel „Und keiner half?" des schon veröffentlichten Bandes 2 habe ich Beispiele dafür aufgezeigt, daß es auch Frechener Nichtjuden gab, die selbst nach der Pogromnacht und teilweise sogar im Krieg – manchmal bis zu den Deportationen – Kontakt hielten zu ihren ehemaligen jüdischen Bekannten, ihnen sogar halfen bzw. sie noch in den Kölner Judenhäusern oder im Fort V besuchten.

Dies basiert auf Zeitzeugenaussagen und Quellenbelegen von Nichtjuden sowie ehemaligen Frechener Juden wie Manfred und Henny Cohnen und vor allem Josef Levy.

Von Interesse ist es da, die ‚Baruchbriefe' mit ihren zeitnahen Aussagen auch in dieser Hinsicht zu untersuchen. Um das Ergebnis vorwegzunehmen: Es bestätigt nicht nur jene bisherigen Aussagen, sondern zeigt, für mich überraschend, daß dieses Thema in den Briefen recht häufig und fast selbstverständlich erwähnt wird und daß solche von den Nazis verfolgten zwischenmenschlichen Kontakte und Hilfen sogar häufiger waren als ich vermutete.

Einige Beispiele aus den Baruchbriefen erwähnte ich schon an anderer Stelle:
Die Frau Stemmler, die es wagte, regelmäßig zu ihrer hilflos darniederliegenden Nachbarin Paula Levy rüberzugehen, nach ihr zu schauen und sie zu pflegen. Ebenso jenes bisher namenlose Fräulein, das auch dort tagsüber half.

Aus der „alten Heimat" Frechen waren die Baruchs, nach dem unbegreiflichen Horror der ‚Kristallnacht', am letzten Tag des Jahres 1938 nach Köln geflohen bzw. im offiziellen Sprachgebrauch ‚umgezogen'. Zunächst waren sie wohl nicht mehr nach Frechen zurückgekehrt. Die Erinnerung an den Schrecken war zu lebendig. Doch sie hatten weiterhin Verbindung zur „alten Heimat". Da waren die engen Beziehungen zu ihrer jüdischen Nachbarsfamilie, zu den Levys; die familiäre Beziehung zur alten **„Tante Mala",** Amalie Baruch, die noch alleine in ihrem kleinen Fachwerkhaus in der Mühlengasse 6 lebte und um die sie sich zusammen mit anderen Verwandten kümmern mußten. Da waren auch noch nichtjüdische Freunde, die zu ihnen nach wie vor engen Kontakt hielten, sowie sonstige wohlgesinnte Nachbarn, aber auch diejenigen, denen sie ihre Wohnung und ihr Geschäft vermieten bzw. ihre Ackergrundstücke verpachten mußten, weil sie diesen Besitz nicht mehr selbst nutzen konnten. Auf diese verschiedenen kleinen Mieteinnahmen waren sie sehr angewiesen, weil diese wegen der monatlichen Direktzahlung in bar oder per Post eine Geldquelle darstellten, die nicht staatlich abgeschöpft oder reglementiert wurde. Vermietet hatten sie klugerweise überwiegend an gute Freunde bzw. Bekannte, also an Leute, denen sie trauten. Trotzdem hatten sie oft Schwierigkeiten, an ihre dringend benötigten Mieteinnahmen zu kommen. Das lag einerseits daran, daß ihre meist armen Mieter und gleichzeitigen Freunde oft nicht in der Lage waren, z.B. aus Krankheitsgründen, ihre kleinen Mietsummen rechtzeitig zu zahlen. Sie taten dies aber, sobald sie konnten. Andererseits gab es aber auch vereinzelt Bessergestellte, die nur ‚zäh' ihren Verpflichtungen nachkamen.

Von Anfang an bestand weiterhin ein Kontakt zu all diesen Gruppen aus der alten Heimat. Einzelne besuchten sie in der Cardinalstraße 6 oder schrieben ihnen. Es waren reine Freundschaftsbesuche; auch solche, um dabei gleichzeitig die Miete bzw. die Pacht zu bezahlen.
Es geschah immer wieder, daß Besucher aus der „alten Heimat" kamen oder daß von dort geschrieben wurde. Das war so selbstverständlich, daß Dora und Josef Baruch sofort den Söhnen berichteten, wenn sich jemand länger als gewohnt nicht gemeldet hatte. Dann hieß es beispielsweise: *„Von levis frechen haben wir noch niemand gesehen(.) Auch sonst noch nichts gehört von anderen Frechenern."*[356] Oder: *„Frau Öbel hat noch nichts von sich hören lassen. Auch Käte Herwegen nicht(;) auch Se. nicht."*[357] Oder: *„Auch Albrings Trin hat nichts von sich hören lassen."*[358] Katharina Albring war eine Frau, die Kontakt sowohl zu Baruchs als auch zu Levys hielt, sich aber mitsamt ihrer Tochter Maria besonders um Levys in jener Zeit verdient gemacht hatte.[359]

Diese Beziehungen waren noch immer gefühlsmäßig so eng, daß die Baruchs trotz ihrer permanenten Verfolgungs- und Angstsituation am Alltagsschicksal ihrer ‚guten alten Nachbarn' interessiert waren und darüber informiert wurden.
Da berichtet sie beispielsweise ihren Söhnen über die Tochter einer bis zum Schluß gut befreundeten Familie aus der einst engsten Nachbarschaft in der Frechener Töpfergasse: *„Eine Neuigkeit muß ich Euch schreiben / ob das Euch interessiert(?-) Möltgens Gretchen hat einen Sohn bekommen / der 12 Pfund wog."*[360] oder einen Monat später, im Juni 1939, heißt es über deren direkte Nachbarin, daß *„Ag (=Agnes) erzählte / Frau Öbel ist operiert worden, an der Galle / deshalb keine Miethe."*[361] Frau Öbel, die mit ihr sonst häufig Kontakt hatte, indem sie sich meist Briefe schrieben, hatte also deshalb nichts von sich hören lassen (s.o.). Kurze Zeit später ließ sie die Miete durch ein *„Frl. Becker"* zu Baruchs bringen. Auch andere kamen in die Cardinalstraße zu Besuch; selbst nachdem der 2. Weltkrieg begonnen hatte. Im November 1939 heißt es: *„Frau Breu. <Abk.> war am Donnerstg da / lässt grüßen."*[362]
Und einen Monat später: *„Am vergangenen Sonntg hatten wir Besuch von Familie Meller / Wir sollen Euch grüßen."*[363]
Am weitaus häufigsten kam aber eine andere Frechenerin: *„Agnes"*. Über einen Besuch von ihr am 14. April 39 heißt es gleich in zwei Schreiben nach Richborough in England ins Kitchener Camp: *„Gestern war auch Agnes mit Ihren zwei Kindern hier / sollen Euch grüßen / Es war glücklich / als es uns sah."*[364] und dann: *„Ag war .. Mittwoch hier mit zwei Kindern / hat von R fünf Mark mitgebracht… … Sie war überglücklich / daß Sie da war…"*[365] Die Miete, die sie mitbrachte, war vom Nachfolger *„R"* des Baruch'schen Geschäftes. Kurz darauf bekam sie ihr drittes Kind im *„Kloster"*, dem Frechener Krankenhaus.[366]
Sie kam sogar noch im Sommer 1941, wenige Monate vor den ersten Deportationen, als die Cardinalstraße 9 schon in ein enger gefülltes „Judenhaus" umfunktioniert war. Im Brief liest man dies: *„Das Beste wär ich bald vergessen. Am Sonntag den 29. Juni bekamen wir plötzlich fünf Personen Besuch u zwar Agnes mit drei Kindern u die Frau / wo sie bei wohnt. Es war gerade so sehr heiß. Wir haben uns doch sehr gefreut damit. Es sind sehr nette Kinder; aber sehr beweglich u doch war es schön. Beide Damen lassen Euch herzlich grüßen."*
Selbst Ende September 1941, als schon alle Juden den „Judenstern" auf der linken Brustseite tragen mußten, wird der Besuch einer Frechenerin, ‚Katharina Albring', erwähnt: *„Vorige Woche besuchte uns Trina (trine) welche Ihren Mann Adolf nach der bahn hier brachte. Adolf ist herzkrank u. fuhr nach Nauheim. Willi / der immer mit Dir nach hier zur Schule fuhr / ist verheiratet, Oberleutnant u. Lehrer an einer Maschinenbauschule bei Berlin. Auch Trine lässt grüßen."* Der erwähnte Willi M. (1915 geboren) war der Sohn der Katharina Albrings aus 2. Ehe und in seiner Frechener Zeit ein guter Bekannter Erich Baruchs.[367]

Katharina Albring („Albrings Trin')

Es gehörte Mut dazu, wie wir schon an anderen Beispielen feststellten, bei Juden zu verkehren, ihnen zu helfen. Selbst nur mit ihnen in der Öffentlichkeit zu reden, ohne irgendeine dienstliche Notwendigkeit, konnte wegen dieses „undeutschen Verhaltens", wie es im Nazi-Jargon hieß, die größten Unannehmlichkeiten bringen. Und diese Gefahr wurde seit der Pogromnacht und vor allem im Krieg immer größer.

So hörte ich oft, wenn ich Zeitzeugen befragte, wie sie sich verhalten hätten, wenn sie ehemaligen Frechener Juden in Köln begegnet seien, daß sie es nicht gewagt hätten, mit diesen zu reden.
Doch verwunderlich ist da, daß in den Briefen der Dora Baruch von Frechenern die Rede ist, die trotzdem redeten: *„Alle Leute / die mir in der Stadt begegnen aus der alten Heimat u Euch kennen, lassen Euch grüßen."*[368]
Ein konkretes Beispiel sei hier erwähnt. Es zeigt, mit welcher Selbstverständlichkeit eine Bekannte aus dem Frechener Oberdorf der Dora Baruch in Köln begegnet und wie andererseits dieses positive Ereignis die aus Frechen vertriebene Jüdin seelisch aufwühlt:
Im Juli 1940 geht Frau Siemes aus der Frechener Norkstraße durch Köln. Plötzlich sieht sie Dora Baruch. Obwohl diese sie gar nicht bemerkt hat, weicht sie nicht aus, sondern geht auf sie zu und spricht sie an. Die völlig überraschte Jüdin schildert das Treffen so: *„Dieser Tage begegn(ete) mir Frau Siemes Nr. 2 (?) aus unserer alten Heimat / ich hatte sie nich(t) gesehen / sie kam auf mich zu und begrüßte mich erfreut u. freund(lich) / Da bekam ich wieder Heimweh."*[369]
Genauen Aufschluß geben uns die Besuche der beiden alten Baruchs in ihrer alten Heimat, im Oberdorf.
Monate nach den schockhaften Ereignissen des 10. November wagten sie es wieder, das Frechener Oberdorf zu betreten. Vor allem der Vater, aber auch die scheue Mutter. Die Sehnsucht nach der **„alten Heimat"**, wie sie ihr einstiges Viertel jetzt nannten, war stärker.
Äußerer Anlaß waren die Aufrufe zur Zahlung der Grundsteuer im Rathaus, der Besuch bei der alten **„Tante Mala"** und aktuell bei der bettlägerigen Paula Levy, aber auch das Erinnern der Mieter an versäumte Mietzahlungen. Im Sommer 1939 betraten die Baruchs erstmals wieder das Oberdorf.
Hatte schon Josef Levy ihnen das mutige Verhalten beispielsweise der Nachbarin Stemmler berichtet, so stellte Dora Baruch beim Besuch ihrer Verwandten Mala fest: *„Die Nachbarn sind nach wie vor gefällig zu Ihr."*
Und die Begegnung mit sonstigen Nachbarn und Bekannten aus dem Viertel schien sie sogar zu überraschen: *„Wir sollen Euch so viele Grüße bestellen von Frechen / es ist nicht auszuzählen."*[370]

Detaillierter wird der Ablauf eines anderen Besuches geschildert, den Josef Baruch alleine in Frechen unternahm. Zunächst ging er wieder zu *„Tante Mala"* in die Mühlengasse 6 und zu Paula Levy. Die *„ ist viel besser(,) muß aber liegen."* *„Dann war er in der Rosm."* (=Rosmarstrasse). Zunächst *„Bei Peter Hut"*. Dort mußte er hereinkommen. Weiterhin heißt es: *„Alle Bekannte dort in der Straße haben sich gefreut. Die Namen kann ich nicht alle nennen"*. Schließlich schildert Dora Baruch weiter im Telegrammstil: *„Bäcker W ist krank, aber besser / saß an der Tür / er ist vom Stuhl aufgesprungen / auch Josef (? Josey?) u die Frau kam(en) an die Tür / hate wieder geweint / will uns einmal besuchen."* Ausdrücklich erwähnt die gläubige Jüdin Dora Baruch auch, daß diese Frau, eine fromme Katholikin, für Paula Levy, als diese noch sehr krank war, eine Kerze in der Kirche gestiftet und angezündet hatte.
Diese Besuchsbeschreibung endet schließlich so: *„Frau Ö hatte die Miethe eingeschickt / Frau (Oh?? unleserlich) hat Freude / und alle haben geweint."*[371]

Doch dieses überraschende Verhalten war nicht nur von kurzfristiger Natur. Das zeigt Dora Baruchs Bericht über ihren eigenen Aufenthalt in Frechen am 13. November 1939: *„Am Montag war ich in Frechen / Tante Mala geht es gut / nur zu einsam. Auch Frau Paula geht es ziemlich…"*. Wieder ging Dora Baruch anschließend durch die Gassen ihrer „alten Heimat": *„Bei Henn war ich / auch durchs Gässchen / rief(en) Frau Öb u Frau Möl / mußte herein kommen / Alle Alle fragen nach Euch / lassen grüßen."*[372]

Selbst noch im Spätsommer 1941, kurz vor den ersten Deportationen, heißt es sinngleich in den Briefen: *„L Vater war am Montg in F Steuer bezahlen. Er wurde von vielen leuten nach Euch gefragt u. soll Euch grüßen. Georg aus dem Gässchen ist auch Soldat / aus Kindern werden Leute…"*[373] Es war jener Georg Öbel aus der Töpfergasse, der Josef Levy dadurch beeindruckte, daß er ihn in Wehrmachtsuniform in Köln auf offener Straße ansprach und mit ihm reden wollte.

Mißverstehen wir die Brieftexte nicht! Mit *„Alle / Alle fragen nach Euch"* waren nicht alle Oberdorfer gemeint. Gemeint waren nur die alten Freunde und Bekannten, die das auch geblieben waren und die noch immer – oder schon wieder? – es wagten, dies zu zeigen. Die anderen, die fanatischen Nazis und ihre Mitläufer, lebten natürlich auch noch immer im Viertel. Bei manchem sogar in der eigenen Familie. Dort waren es meist durch die staatliche Erziehung fanatisierte Söhne oder Töchter. Umso mutiger waren selbst diese spontanen Wiedersehensszenen.

Befassen wir uns zum Schluß dieses Kapitels noch einmal mit der Sehnsucht nach der „alten Heimat", dem Frechener Oberdorf, aus der alte Frechener wie die Baruchs von ihren eigenen Landsleuten vertrieben wurden und bald noch weiter ‚hinweg-deportiert' wurden.
Wie schmerzlich das für sie war, zeigt der letzte erhaltene Briefeintrag Dora Baruchs zu diesem Thema (vom 17. August 1941): *„Aus der alten heimat begegnet mir mancher / Dem l Vater mehr. Es ist schon 2 ½ Jahre / daß wir weg sind / u doch / es tut noch immer weh!"*[374]
Ab September 1941 wurde ihre Bewegungsfreiheit weiter eingeschränkt. Sie durften Köln nur noch mit Sondergenehmigung der Gestapo verlassen und nach Frechen fahren.[375]

Zwischen Euphorie und Verzweiflung

Es war der 9. Juni 1941. Ein denkwürdiger Tag für die Familie Baruch. Dora Baruch hatte Geburtstag. Sie wurde 70 Jahre alt. Fünf Tage vorher hatten sie und ihr sechs Jahre älterer Mann schon einen anderen runden Feiertag, den, wie sie gut gelaunt schrieb, *„40. Ehekriegs Hochzeitstag"*.[376] Solche Tage hätten sie in normalen Zeiten sicher aufwendig gefeiert. In den vergangenen Jahren hatten sie in Köln zumindest noch in einem größeren Kreis von Verwandten und Bekannten in der Cardinalstr 9 zusammengesessen.

Doch ausgerechnet ihren 70. Geburtstag feierte sie im kleinen Kreis. Es ging, wie sie sagt, *„verschwiegen"* und *„sehr stille zu"*. Denn sie sei *„keine Freundin von Klamau"*. Es waren diesmal nur vier Besucherinnen da: drei Verwandte aus Köln und die Freundin Erich Baruchs, Edith.[377] Es war *„aber sehr gemütlich"*, wie der Vater hinzufügte. Tatsächlich waren die beiden Eltern in einer so guten Stimmung wie lange nicht mehr.[378]
Woher kam dieser Widerspruch: Bescheidene Feier und optimistische Stimmung?
Die Feier im engsten Kreis hatte einen grundsätzlicheren Grund, den Josef Baruch in seinem üblichen Briefzusatz angab: Es ging nicht anders, weil sie ihr größtes Zimmer abgegeben hatten. Genauer gesagt, sie mußten es abgeben. Aus zwei Gründen:

Der frühere jüdische Hauseigentümer, Herr Auerbach, war ausgewandert. Das Haus war inzwischen in „arischer Verwaltung" einer Frau aus Marienburg. Die Miete war so hoch, daß sich die Baruchs die ‚Wohnung' kaum noch leisten konnten. So hatte Josef Baruch schon einige Zeit zuvor geäußert: Wenn der Vermieter uns die Wohnung nicht billiger läßt, *„dann suche ich eine andere / denn jeder sagt die Wohnung wäre viel zu theuer…"*[379] Doch er tat es nicht.

Andererseits betrieben die Nazis eine immer stärkere Gettoisierung der Juden in sogenannten „Judenhäusern" durch Zusammenlegung auf immer engerem Raum.

Unsichtbares Getto: Isoliertes Zusammensein jüdischer Jugendlicher in Köln, 1940/41

(X) = Josef Levy

Auf eine Anordnung der Kölner Gestapo hin wurden ab dem 1. Juni 1941 auf diese Weise die sogenannten „besseren" Stadtteile Kölns, wie Lindenthal, Braunsfeld, Sülz usw., „judenfrei" gemacht.[380]

Durchführen mußte dies die jüdische Gemeinde. Eine unangenehme und undankbare Aufgabe: Denn es wurden nicht nur Leute zunehmend in früheren Einzelwohnungen zusammengepfercht, sie waren sich meist auch völlig fremd und mußten jetzt praktisch gemeinsame Haushalte gründen. Außerdem mußten sie aus Platzmangel gute Möbel zu Schleuderpreisen verkaufen. Die Sorge um die Möglichkeit eines einvernehmlichen Zusammenlebens auf so engem Raum war jedoch das Hauptproblem für die bisherigen Bewohner. Auch für Baruchs. Doch diese Sorge schien unbegründet, wie Dora Baruch am 21.7.1941 ihren Söhnen schrieb:

„Also wir haben das große Zimmer abgegeben u. Nathans auch Ihr Wohnzimmer. Diese beiden Zimmer bewohnt eine Familie Horwitz. Es sind noch sehr junge Leute u. zwei Mädchen von 6 u. 3 Jahren. Vorerst kommen wir gut zusammen aus. Die großen Möbel haben wir verkauft / die schöne Komode u. den Sessel bekam Tante Johanna".[381]
Die Miete der Baruchs war *„infolgedessen auf 35 Mk gesunken".*[382]

Ein extrem hoher Betrag im Vergleich mit den Einkünften, welche die Baruchs für ihr früheres Geschäft und das übrige Eigentum in Frechen erhielten.

Aus Sicht der Baruchs erwiesen sich die Horwitz als *„sehr nett"*, wobei deren ganzer *„haushalt sehr fromm"* war.[383] Die jetzt drei Familien auf der 2. Etage verstanden sich zum Glück untereinander sehr gut. Vater Baruch spielte sogar *„manchmal bei Horwitz und dessen Schwiegervater Herr Katz"* Karten.[384]

Ähnlich wie die Familie Horwitz mußten bereits zu dieser Zeit (Juni 41) einige der jüdischen Bekannten der Baruchs in Köln ihre bisherigen Wohnungen in den „besseren" Stadtteilen räumen und mit anderen Juden zusammenziehen. Darunter auch die *„S'dorfs"* (vermutlich Samuelsdorf), bei denen Edith, die Freundin Erich Baruchs, als Quasi-Familienmitglied lebte.[385]

Wieso hatten die beiden alten Baruchs aber trotz allem zu dieser Zeit eine optimistische Stimmung?

Seit Februar 1940, als sie in Chicago ankamen, hatten die Söhne Siegfried und Erich Baruch alles versucht, um in den USA die Voraussetzungen für die Emigration der Eltern zu schaffen (Beschaffen von Papieren, Beglaubigungen und Geld). Vor allem das Geld mußte bei Verwandten besorgt werden. Nun Ende Mai 1941 erfuhren die Eltern, daß das Geld zusammen sei und die Belege unterwegs. Josef Baruch ging mit den Kopien der zugeschickten Belege sofort zum Hilfsverein. *„Herr Ernst Hermans"* – er *„ist getz die Hauptpersohn"* war erfreut und riet dem Vater: *„…nach Stuttgart zu fahren / hätte keinen Zweck / da dort keiner hergelassen wird / der nicht bestellt ist."* Gemeint war das amerikanische Konsulat. Stattdessen sollten die Söhne das Geld in den USA dem dortigen Hilfsverein zur Verfügung stellen und *„dann nach Köln dem Verein schreiben"* wieviel *„sie hinterlegt hätten und dazu die Bitte aussprechen, den Eltern zu helfen."* Sofort schrieb Josef Baruch dies seinen Söhnen, wobei er ihnen riet, einen Teil des Geldes zu behalten, weil sie damit rechnen müßten, *„daß auch nach Lissabon Geld geschickt werden muß"*. Denn die Schiffsreisen in die USA gingen seit Kriegsbeginn von Portugal aus.[386]

Die Eltern Baruch waren jetzt überzeugt, daß ihrer Ausreise nichts mehr im Wege stand. Dora Baruch war plötzlich völlig euphorisch. Sie dachte bereits ans Kofferpacken. Denn sie schrieb postwendend den Söhnen: *„Nun/ ihr lieben / darf man ja auch bald fragen / was wir mitnehmen sollen"* und *„Es wird am besten sein, wenn Ihr Jenny befragt / denn sie weiß doch alles besser als Ihr u. Ich. Was für Wäsche / ob Stores / soviel Koffer darf man ja nicht mitnehmen / weil die Schiffe überfüllt sind. am besten Jenny fragen / die weiß das.- Aber l(iebe) jenny kann ja doch / wenn sie Zeit hat mal einiges schreiben…"*[387] Zum Schluß fügte sie noch hinzu: *„Nun sagen wir Euch jetzt schon herzlichen Dank für Euere Bemühung. Ihr werdet / ich kanns verstehen / froh sein / daß es geschafft ist. Es wird wohl mit Gtt alles gut gehen. … Mutter"*[388]
Der Vater versuchte sofort in einem kurzen Nachsatz dieses überbordende Glücksgefühl der Mutter etwas zu bremsen, indem er an die Erfahrungen der Bekannten dachte und zu bedenken gab, daß es 3 Monate dauern könne,

bis das Konsulat in Stuttgart reagieren würde. Vor allem meinte er: *„… wir trösten uns auf nächstes Frühjahr / denn getz werden schon Passagen ertheilt bis Januar-Februar / nochmals Grüße an alle Euer Vati".*[389] Das sah auch nach einigen Tagen die Mutter ein, als ihr klar wurde, daß ihre Hausnachbarn, die Brünells und die Nathans, die schon lange abfahren sollten, noch immer nicht weg waren: Den Nathans fehlte beispielsweise noch ein Teil der Passage. Immer wieder mußten die Reisepläne wegen der Unwägbarkeiten der Kriegsereignisse geändert werden. *„Das viele geld ist wirklich nicht aufzubringen. Wir sprechen sehr oft davon u. bedauern, daß ihr meine lieben so große Sorgen dadurch habt."*[390] schrieb nun die Mutter. Doch im Glauben, daß die Emigration sicher sei und nur der Zeitpunkt der Abreise noch eine Frage der Zeit sei, hielt die hoffnungsfrohe Stimmung der Eltern Baruch über den Zeitpunkt der 70. Geburtstagsfeier hinaus für einige Zeit an.

Ende Juni 1941 kamen angesichts der Kriegslage (Rußlandfeldzug) wohl erste unbestimmte Zweifel. Man erkennt es an der Formulierung der Geburtstagsglückwünsche für Siegfried Baruch: *„Wir wünschen Dir alles Gute u daß Gtt gebe / daß wir das nächste Jahr gesund beisammen sein werden. Aber dann wird auch gefeiert. Hoffen wir einstweilen; Denn die Hoffnung hält uns aufrecht."*[391]
Dora Baruch festigte sogar ihre Hoffnungen durch sofortige aktive Reisevorbereitungen, als wollte sie gleichsam dadurch die baldige Emigration erzwingen: Sie fuhr nach Ehrenfeld zu einem Fräulein Eisler, *„welche mir meine Kleider modern machen wird. Denn ich richte mich zur Auswanderung trotz der schlechten Aussicht. Wir geben die Hoffnung nicht auf / Euch noch einmal zu sehe(n)."*[392]

Doch mit wechselnden Gerüchten über die aktuelle Einreisepolitik der USA entstand schon Mitte Juli eine zunehmende Verunsicherung und Verwirrung, die zu widersprüchlichen und hilflosen Aussagen bzw. Ratschlägen des Vaters in den Briefen führten: *„Ich hatte Euch geschrieben / das Ihr hier dem Hilfsverein schreiben sollt / Wieviel Dollar ihr stellen könnt. Aber das ist augenblicklich überholt / da das Consulat nicht mehr arbeitet, ich meine / Ihr solltet Euch dort mit dem Hilfsverein in Ferbindung setzen, denn ich glaube / gehört zu haben / das über Washindon etwas zu machen wäre, … aber ich glaube augenblicklich ist gar keine Aussicht herüber zu kommen, … Wir müssen uns trösten mit so vielen Menschen / die alles haben / und (die) können auch nicht fort // nur ich weiß meine Lieben / das Ihr alles mögliche thut / um die Sache weiter zu betreiben."*[393]

Diese Tendenz zur Verunsicherung verstärkte sich im August und die Hoffnung begann schon zeitweise in Verzweiflung umzuschlagen: *„Die Ausreiße wird so schnell nicht vor sich gehen / Wir wissen ja die Bestimmungen gar nicht / jedoch wirds es nicht so leicht sein. Macht Euch nur keine unnötigen Sorge um uns. Denn wir wissen / daß nicht zu machen ist. Wir sind so noch gut versorgt. … Wenn Ihr Lieben unsere Gedanken und gespräche lesen könntet / dann würdet Ihr des lesens überdrüssig. Vielleicht könnt Ihr Euch denken / daß unsere meisten Gedanken bei Euch sind.
Ich sage es immer wieder / wir hoffen zuversichtlich / daß wir uns doch mit Gttes Wille noch wieder sehen u. diese Hoffnung hält uns aufrecht. Nun für heute/ gute Nacht / es ist 10 ½ Uhr u. ich will zu Bett gehen / L Vater hat gerade Gute Nacht gerufen."*[394] Einen Tag später schrieb sie dann über neue Gerüchte: *„…und habe ich heute gehört / daß die neuen Einwanderungsgesetze sehr streng sein sollen / ist es so oder nur Leute Gerede? Hoffen wir daß nicht so streng gehandelt wird."*[395]

Doch inzwischen kamen ganz andere Gerüchte auf und verdichteten sich, die noch mehr die Juden in Köln verunsicherten und ängstigten: ‚Umzugs'-Gerüchte.
Im Brief vom 17. August 1941 berichtet Dora Baruch auch davon: *„Ich glaube wir ziehen auch um. Es kann noch einige Wochen dauern, // auch ist es möglich / daß es ganz schnell geschieht / aber wohin wir verziehen / wissen wir noch nicht."*[396]
Noch vermuteten die Baruchs, daß es Umzüge in die Umgebung Kölns sein würden. „Augenscheinlich" hatte es solche Pläne der Kölner Gestapo gegeben, die hiesigen Juden in Lager außerhalb Kölns umzusiedeln. Doch das RSHA (Reichssicherheitshauptamt) hatte diese Art der Gettobildung verboten.[397]

Im Oktober wurden diese Umzugsgerüchte zur Gewißheit: *„Die Zeit des Umzugs ist uns* *noch nicht bestimmt worden. Wir werden Euch sofort Mitteilung machen. Wohin wissen wir noch nicht / wir hoffen in der Nähe von Köln."*[398]

Offensichtlich hatten sie nicht geringste Ahnung, daß viel schrecklichere Dinge seit Juli von den Nazis geplant sowie vorbereitet waren und kurz vor der Realisierung standen: die Deportationen in den Osten.

Andererseits schwand die Aussicht auf Ausreise in die USA immer mehr. Die Baruchs klammerten sich an einen letzten Hoffnungsfunken, den Traum ihres Sohnes Erich:
„Ist man gesund, dann lässt sich vieles ertragen. Nun die Sonne wird auch hier uns wieder einmal scheine(n). Wenn wir nur gesund bleiben, dass Eure und unsere Wünsche sich erfüllen u. wir uns nochmals wieder sehen. Du l Erich hast ja Freitag Nachts davon geträumt, das wird gewöhnlich wahr. Der l(iebe) Gtt gebe es / es ist unser Hauptgedanke / der uns aufrecht hält."[399]

Doch Sie glaubten kaum noch an ein Wegkommen aus diesem Terrorstaat: *„Wenn Amerika den Zuzug so verhindert oder behindert / wird es ja auch so kommen. Wir müssen abwarten / was das Schicksal uns bringt / Der Alte Gtt lebt noch / Er hat schon oft geholfen / Er wird weiter helfen."*[400]

Der einzige Lichtblick war, daß die Familie Brünell, die im gleichen Haus gewohnt hatte, es doch noch geschafft hatte, in Richtung Lissabon wegzukommen. Sie sollten die letzten aus dem Haus Cardinalstr. 9 sein, denen das gelang. Die beiden „Alten" waren so niedergeschlagen gestimmt, daß sie an den *„Feiertagen"* noch nicht einmal den üblichen Besuch bei *„Tante Mala"* (Amalie Baruch) unternommen hatten. Sie begründeten es mit einem *„Man hat nicht immer Lust herum zu laufen."*[401] Eine Einstellung, die zumindest dem Charakter des Vaters völlig widersprach.
Am Ende dieses langen Briefes äußerten die Eltern unerwartet noch einen Wunsch.
Als wären sie schon fast sicher, nicht mehr wegzukommen, baten sie ihre Söhne noch einmal um eine besondere Gefälligkeit: Sie sollten ihnen Bohnenkaffee schicken. Sie wollten noch einmal richtigen Bohnenkaffee trinken.[402]

Nur wenige Tage später erfuhren die beiden Alten die erste einer Kette von Schreckensmeldungen: Edith (Brünell), die Freundin Erich Baruchs, hatte den Bescheid erhalten, nach Litzmannstadt ‚umzuziehen'. Auf einer Postkarte vom 19.10.1941 schilderte Dora Baruch aufgeregt und verwirrt zugleich, wie sie die Nachricht erfuhr:

*„Die l Edith war heute Nachmittag hier / Am Samstg war Frau S'dorf mit Edith bei uns. Sie wollte uns doch / bevor l Edith verzieht, kennen lern(en). Es ist eine sehr liebe feine Frau u. halten Edith wie ein Kind / Am Mittwoch wird l Edith nach Litzmannstadt / früher Lodtz / verziehen. Vielleicht bekommt Ihr noch vor dieser Karte Nachricht von Edith / Es ziehen sehr viele dahin. Wir bleiben vorerst noch hier, weil wir schon älter sind. Auch Herr S.dorf ist ein sehr feiner Herr u. hat für Edith alles besorgt. … Röschen u. Julius waren heute bei uns.
Sind Euch meine Lieben noch keine neuen Bestimmungen bekannt.?
Sie / Edith / wird uns immer benachrichtigen u. ich werde Euch schreiben.
Hoffentlich können wir bald zu Euch kommen / um dann auch für Edith zu sorgen / daß Sie nach dorten kommen kann."*[403] Doch Dora Baruch beschrieb auch noch ihren seelischen Zustand: *„Bald bin ich zu nichts mehr zu brauchen / An den vielen Fehlern könnt Ihr schon sehen / wie aufgeregt uns (!) Sind.
Nun lebt wohl / bleibt gesund / lasst Euch nur nicht niederdrücken / seid gegrüßt und geküßt von Eurer Mutter".* Nach Josef Baruchs Grußwort fügte Edith Brünell noch hinzu: *„Herzliche Grüße und Küsse Edith / Sobald wir verziehen / schreiben wir."*[404]

Am 20.10.41 fuhr dieser erste Transport mit 1000 Juden aus Köln ab; mit Edith und vielen Bekannten der Baruchs, darunter auch manchen, die aus Frechen stammten.[405] Die noch hier Verbliebenen, so auch die Baruchs, glaubten, daß diese Zwangsreisen zwar in eine fremde, weit entfernte Welt gingen, aber zumindest echte ‚Umzüge' seien. Sie hofften auf ein wenigstens ähnliches Leben, wie hier in Köln; vielleicht noch etwas besser. Sie wußten nicht, daß die ‚Verreisten' vor der Abfahrt eine umfassende Vermögenserklärung hatten aufstellen müssen.[406] Anschließend verloren sie, als ihr Transport die deutsche Grenze überschritt, ihre Staatsbürgerschaft und ihr gesamtes Vermögen aufgrund eines Erlasses v. 8.10.41, der auf antikommunistischen (!) Bestimmungen des Jahres 1933 basierte. Sie galten jetzt als ‚volks- und staatsfeindlich'.[407]

Die Baruchs wußten nur von ‚Umzügen' nach „Polen", die an sich schon für sie erschreckend genug waren. Noch immer verwirrt durch diese Entwicklung erfuhren sie bald schon die Fortsetzung dieses Schreckensszenarios: Es war der nächste Transport nach Lodz am 30.10.41. Diesmal waren wieder viele ihrer Bekannten dabei sowie Verwandte, die häufig zu Besuch gekommen waren: *„Röschen und Julius".* (vermutl. Rosa und Julius Laugomer).[408]
Aber auch die direkten Etagennachbarn, die Familie Horwitz. Die haben ihr dann *„zum Andenken u. Erinnerung bei Ihrem Weggang eine Tasche ... geschen(kt) / (ist) sehr schön."*[409]
Dora Baruch war offensichtlich nervlich so fertig, daß sie – wie sie schrieb - mehrere Tage brauchte, um auf einer Postkarte diese Tage um den 30.10. aus ihrer Sicht in wirrer Reihenfolge knapp zusammenzufassen: *„... Ihr werdet gestaunt haben, daß 1 Edith soweit verzogen ist. Am kommenden Donnerstag verziehen wieder sehr viele. Ottos Mutter Frau Betti aus unserer alten Heimat zog auch nach dort"*[410]*. „In der letzten Karte schrieb ich Euch den namen der Stadt / wo alle hinziehen ... . Unser Herr Herwitz* (richtig: ‚Horwitz') *und Familie gehen Morgen weg / Morgen Mittwoch. Von 1 Edith haben wir noch nichts gehört. Vater war gestern Montg bei S.dorfs... . Von Hamburg hatten wir auch Nachricht / auch von dort wird umgezogen. Wir hatten ... Brief von Frau Alwine / sie hat sich sehr aufgeregt über den Umzug der 1 Edith. Auch war die Frau von Ichendorf hier / lässt Euch grüßen."*[411]
In ihrer Verzweiflung und Angst griff sie dann plötzlich wie eine Ertrinkende noch einmal zu einem ‚Strohhalm in der Not', dem hoffnungsgeladenen Thema Auswanderung. Da das Auswandern in die USA praktisch gescheitert war, erinnerte sie an eine angebliche Möglichkeit für alte Leute, die unter den Kölner Juden seit Neuestem kursierte, noch nach Kuba zu kommen: *„Habt Ihr noch keinen Anhaltspunkt gefunden / um uns vielleicht über Kuba herrüber kommen zu lassen. Wir wissen / daß Ihr auf alle Fälle alles versuchen werdet / Und doch denkt man / es könnte schneller gehen..."*[412] „Kuba" war in Wirklichkeit eine Chimäre. Denn die Nazis hatten inzwischen jede Auswanderung für die Dauer des Krieges verboten. Das wußten die alten Baruchs jedoch nicht.
Schließlich stellte sie u.a. fest: *„Es ist jetzt so ruhig auf der Etage / da die Kinder mit Ihren Eltern weg sind..."* Es war wohl die erste Feststellung einer noch unausgesprochenen weiteren Vereinsamung.[413]

Am 11.11.1941 folgte die nächste Postkarte. Teilweise sind Ereignisse nochmals erwähnt. Denn Post aus den USA kam oft sehr spät oder

Edith Brünell

Postkarte vom 19.11.1941 mit einem handschriftlichen „Gruß von Edith", die schon seit Wochen deportiert und verschollen ist

gar nicht mehr. Auch umgekehrt gingen Briefe verloren. Möglicherweise aufgrund der Zensur. Denn manche in Amerika angekommenen Briefe bzw. Karten haben Zensurmerkmale. Diesmal zeigen Doras letzte Bemerkungen, daß sie und ihr Mann - offensichtlich wegen der immer noch fehlenden Nachrichten aus Lodz - immer verzweifelter geworden sind und kaum noch an ein Wiedersehen mit ihren Söhnen glauben: *„Wenn S'dorfs die erste Nachricht von l Edith bekommen / dann kommt der Herr damit hierhin. Edith war dort wie das Kind gehalten / Nun ist alles aus. Schon drei Sonntage sind vorbei gegangen / an denen wir auf Edith warteten. S(o)llte es vorkommen daß wir uns nicht mehr sehen würden / dann lasst nur Edith nicht im Unglück sitzen und helft Ihr: …"*
Auf der Unterkante der Karte ist jedoch in der Original-Handschrift der Edith Brünell zu lesen: *„Herzliche Grüße Küsse Edith"*. Sie hatte vor ihrer Deportation diesen Gruß blanko auf diese Karte geschrieben. Für uns heute wirkt dies makaber angesichts der Tatsache, daß seit ihrer Deportation keine Nachricht mehr von ihr gekommen war und später auch keine kam und sie schließlich verschollen blieb.[414]

Nur wenige Tage später raffte Dora Baruch sich wieder auf und schrieb einen umfangreichen Brief, der jedoch im wirren Schriftbild sowie im Durcheinander der Gedankenfolge ihren von panischer Angst geprägten Seelenzustand aufzeigt. Es ist eine Mischung von Appellen an die Söhne, schnellstens ein Visum für Kuba zu besorgen, von banalen Nachrichten, von der indirekten Ermahnung der Söhne zur Frömmigkeit und der Beschreibung ihrer verzweifelten Seelenlage. In einem kurzen Beiblatt tat es Josef Baruch ihr gleich und verstärkte so den Eindruck dieser Verzweiflung. Dies war der letzte Brief der beiden, der die Söhne in den USA erreichte, und der doch nur Verzweiflung hinterließ; hier wie dort. Dort, in den USA, aber auch Wut auf die Verursacher dieser verbrecherischen Situation: *„Am Freitag haben wir Euch eine Karte abgeschickt und erhielten gerade vorher einen Brief von Euch, der überholt ist … Am 22. oder 23. Okt. schrieb ich Euch eine Karte mit der Meldung / dass die liebe Edith mit noch vielen anderen nach Litzmannstadt früher Lodz verzogen wurde! Sehr viele Bekannte / auch Otto Kaufmanns Mutter / die alle Papiere hatte u. nicht nach USA kam. Sie Sollte schon 1940 bis Juli oder August bei Ihrem Sohn (se)in. Wir werden hier dauernd gefragt haben ihre Jungens noch nicht depeschiert / dass (sie ein) Visum für Euch haben nach Cuba. Wir denken doch, dass Ihr alles daran setzt um dieses Fertig zu bringen. Wie wir durch den Hilfsverein hörten / Können Leute über Sechzig Jahre dort einwandern. Es kostet allerdings einen Haufen Geld und wir Können Euch nichts dazu geben. Wir glauben, dass es Angebracht wäre / mit Sturm dahinter zu sein. Macht Euch hinter die Verwandten / daß sie Euch helfen. Eile tut Noth. Am Donnerstag den 30.10. ist schon wieder Eine Menge Menschen nach Polen verzogen. Dass l Edith weg mußte ist doch schrecklich. Sie wa…? …."*[415]

Nach einem kurzen Exkurs über den plötzlichen Tod (Magenkrebs) und die Beerdigung des jungen Alfred Abraham aus Frechen – es waren bei der Beerdigung *„bestimmt 250"* Personen - wies sie zum Schluß noch einmal auf ihren seelischen Zustand hin: *„… meine Lieben / bitte ich Euch / zwischen den Zeilen die Liebe zu lesen … (die) vielleicht den Worten fehlt. Ihr dürft aber nicht … Euch in (G)edanken hiehin versetzen / dann werdet Ihr begreifen dass wir augenblicklich sehr aufgeregte Personen sind. Seid nun weiter lieb u. … . Habt Ihr denn noch manchmal Zeit / zur Synagoge zu gehen. Seid Alle recht herzlich gegrüßt u geküsst von Eurer Mutter / Der nächste Brief wird hoffentlich besser. Laßt mir den Kopf nicht hängen. Grüßt die Sülzer Jungen u alle die nach uns fragen.*[416]
Der Briefanhang des Vaters ist eine Kurzfassung bzw. ein Spiegelbild dieser Gefühle: *„Meine Lieben Jungens! Ihr meine Lieben könnt Euch gar nicht vorstellen / in welcher Verfassung wir und Die Glaubensgenossen sind. Wir wissen nicht, kommen wir in einem Altersheim (unter) oder müssen wir auf unsere alten Tage auch noch wegziehen / wir können also augenblicklich nicht sagen / was mit uns geschieht. Ihr meine Lieben werded hoffentl. Alles … in Bewegung setz(en) / um uns nach Cuba kommen zu lassen. Herr Brünell … sitzt noch immer in Spanien und kam auch nicht weiter, ist aber gut aufgehoben. …"*[417]

Kaum war dieser leidvolle Brief weg, erreichte die Baruchs die nächste Schreckensnachricht.

Sie erfuhren, wohl von Levys, daß diese und viele andere aus Köln mit einem weiteren Massentransport anfang Dezember „verzichen" würden. Es sollte jene 1000-Personen-Deportation nach Riga sein, bei der die meisten ehemaligen Frechener verschickt wurden.[418] Dabei hatten sie bisher noch von keinem der schon „verzogenen" Verwandten und Bekannten ein Lebenszeichen gehört. Man kann nur erahnen, wie qualvoll der seelische Zustand der Baruchs und anderer damals war angesichts dieser Mischung aus Schreckensmeldungen und fehlenden Rückmeldungen. Sofort berichtete Dora Baruch, am 19.11.41, knapp ihr neuestes „Wissen" bzw. „Nichtwissen" auf einer Postkarte. Ihre Verzweiflung und wachsende Hoffnungslosigkeit kann man diesmal nur ‚zwischen den Zeilen' lesen und an der Tatsache erkennen, daß sie von der Ausreise nach Kuba nicht mehr redet: *„…daß l Edith mit noch vielen Anderen nach Litzmannstadt verziehen mußte / werdet Ihr doch hoffentlich erhalten haben. Wir haben noch nichts von ihr gehört / Wir hoffen das Beste von Allen. In ungefähr 14 Tagen wird auch Familie Abr(aham) / Irene / Familie Norbert mit Nettchen u vielen andern umziehen /Soviel ich weiß ziehen alle in dieselbe gegend oder Umgegend. Wenn Ihr Emil schreibt / möchtet Ihr ihm das mitteilen /… Röschen u. Julius sind schon weg / aber noch kein Bekannter hat geschrieben.*[419]

Und auch diese Postkarte enthält noch einen handschriftlichen Gruß der schon seit Wochen verschollenen Edith (s.o.).

Diese Karte war das letzte Lebenszeichen, das die *„Jungens"* von ihren Eltern erhielten. Eine Karte vom 30.11.41 kam wieder zurück zu den Eltern.[420] Das letzte Schreiben der Söhne, das die Eltern am 19.12. erhielten, war ein Brief, der bereits am 17.11. geschrieben worden war. Der Kriegseintritt der USA schnitt nun auch endgültig die letzten Kontakte zu den Söhnen, Verwandten und Bekannten in den USA ab. (Die Kriegserklärung Deutschlands und Italiens an die USA erfolgte am 11.12.1941.) Genauso erging es beispielsweise dem Ehepaar Cohnen, das auch noch in Köln war; sowie der Elisabeth Kohlbecher aus Frechen, die noch mit deren Tochter Henny über die Eltern Cohnen korrespondiert hatte.[421] Die letzte Information, die Bernhard und Amalie Cohnen („Malchen") von ihren Kindern noch erhielten, erfuhren die Baruchs bei einem Besuch dort: *„Manfred ist 120 Kilometer von New Jork in Stellung / er hofft aber bis neu??? jahr wieder zurück zu sein. In Neu Jork könnte er mehr verdienen. Henny hat Euch oder wollte Euch schreiben."*[422]

Nun hatten die so kontaktgeübten Baruchs kaum noch Kommunikationsmöglichkeiten. Auf den Straßen mußten sie wie Aussätzige den ‚Judenstern' tragen. Glaubensgenossen begegneten sie nur noch wenigen. Sie besuchten das noch verbliebene Ehepaar Cohnen und die Tante Mala, die seit Januar 1940 ebenfalls in Köln in der Beethovenstraße wohnte.

Auch die nichtjüdischen Frauen aus Frechen und anderswo, die ihnen die Treue gehalten hatten, kamen zuletzt seltener. Nicht weil sie nicht wollten, sondern sie hatten auch immer mehr die Last des Krieges in ihren Familien alleine zu tragen. Die Männer oder Söhne waren oft schon im Krieg, oder es fehlten auch schon Nachrichten von diesen.

So hatte eine Frau, ähnlich wie „Agnes" aus Frechen, sie immer wieder besucht mit oder ohne ihre Kinder, gelegentlich auch mit ihrem Mann Fritz Ichendorf. Manchmal kamen sogar die Kinder alleine zu Besuch. Sie wurden meist „die Ichendorfer" genannt.

Über deren bisher letzten Besuch hatte Dora Baruch am 1.11.41 berichtet: *„Vorige Woche waren die Kinder von Ichendorf bei uns. Haben sich nach Euch erkundigt u. lassen Euch grüßen. Sie sprachen von früher und daß ich Ihnen immer Himbeersaft gegeben habe Sigf(ried) habe auch gegeben aber viel weniger als ich. Die junge frau hat schon einige Wochen nichts von Ihrem man gehört u. ist mißgestimmt."*[423]

Die letzte Nachricht, die über das Denken, die Situation und den Seelenzustand der alten Baruchs berichtet, ist ein Dankesbrief, den die Beiden an eine Familie Jansen schrieben. Die Jansens waren früher, als die Baruchs von Frechen aus im Januar 1939 in der Cardinalstr. 9 eingezogen waren, noch Bewohner des Souterrains. Er, Bruno Jansen, war Dekorateur. Die Familie verzog bald darauf in die Ehrenstraße. Die Frau, Else Jansen, war die *„Cousine"* der Baruchsöhne und lebte - wohl als Christin - in einer sogenannten „privilegierten Mischehe". Sie war damals dadurch noch vor Verfolgung und Deportation geschützt.

Diese Familie Jansen schickte den alten

Baruchs Mitte Dezember 1941 ein offensichtlich aufwendiges Liebes- bzw. Lunchpaket. Der Empfang dieses Geschenkes war möglicherweise der letzte glückliche Moment, der den beiden nun einsamen Alten von anderen bereitet wurde.

Wie schon gesagt: Ihr nachfolgend zitierter Dankesbrief ist ihre letzte persönliche Nachricht. Er ist ein eindringliches Zeugnis für ihre ausweglose Lebenslage voller Verwirrung, Hilflosigkeit und tiefer Einsamkeit:

„Liebe familie Jansen!
Euere schöne Sendung haben wir mit Freude erhalten und sagen Euch meine Lieben unseren besten Dank / Das stimmt nicht(:) von Herzen Dank. Es würde uns nur leid tun / wenn Ihr Euch selbst darum beraubt hättet. Es schmeckt alles wunderschön. Es schmeckt alles umso besser / da wir gar keine Mühe damit hatten, und nur zu essen braucht(en). Daß Ihr gesund seid / freut uns, auch wir sind es Gtt s. D. / Mein Alter war erkältet u hustet dadurch mehr denn gewöhnlich. Dazu kommen die verschiedenen großen Aufregungen. Augenblicklich war es etwas ruhiger / Die Transporte nach Polen stockten oder sind verschoben / schon kommt etwas neues. Jetzt müssen die Häuser geräumt werden u. die Menschen müssen alle in das Fort u. Baraken Müngersdorf. Durch das Exembel (Polen) ist es nun nicht gar so schrecklich / Denn / wenn die Menschen im Lande bleiben können / sind sie schon froh. Wie man hört, können alte Leute wie wir in Altersheime / wir wissen noch nichts genaues / und wissen auch nicht was wir tun sollen. Solange es geht … und man gesund ist, bleibt man gerne selbstständig u. kocht sich selbst. Bis jetzt haben wir noch nichts anderes gegessen / weißt du 1 Else nur (koscher) Du weißt sicher / daß dieses da … nach unserem Ritus gemeint ist. Vielleicht könnt uns einmal raten. Selbstständig bleiben ist viel wert. Jedenfalls wird es Gemeinschafts Küche geben / Dann wird alles zusammen gekocht. Bis jetzt haben wir noch keine Wurst gegessen. Jetzt fehlen uns die Jungens. Die fehlen uns uns ja immer. Am 19. 12. hatten wir noch Brief von Ihnen / Der war am 17.11. geschrieben … . Eine Karte, die wir am 30.11. wegschickten / kam zurück. Sie sind beide schwer erregt über die Vorkommnisse, können aber nichts tun / Denn zuerst fehlten die Gelder und jetzt könnte … Geld nicht helfen. Nun könnt Ihr / meine Lieben / Euch denken / wie unruhig die Beiden sind. Siegfried war schwer erkältet und lag mit 39 ° Fieber im Bett. … . Nun nochmals für alles alles Gute herzlichen Dank / vielleicht kann ich mich einmal dafür erkenntlich zeigen / Nehmt nun herzliche Grüße u verbringt die Feiertge gesund u in Freude zusammen / wie es wünscht Onkel und Tante

Josef Baruch dankte zum Schluß noch einmal besonders mit der Bemerkung: *„Denn Tbk (=Tabak) und Cigarren ist für uns eine Seltenheit"*[424]

Über das weitere Schicksal der alten Baruchs gibt es nur nüchterne Daten. Sie kamen nicht nach Müngersdorf ins Fort oder in die dortigen Baracken. Sie mußten jedoch noch in die Cäcilienstraße umziehen. Auch kamen sie nicht in ein hiesiges Altersheim, das sie gerne dem Umzug, was sie sich auch immer darunter vorstellten, vorgezogen hätten. Sie wurden stattdessen 1942 mit acht weiteren Frechenern in das von den Nazis so bezeichnete Altersgetto Theresienstadt deportiert. Kurz nach der Ankunft starb Josef Baruch. Seine Frau blieb verschollen.[425]

Die Eltern Bernhard und Amalie Cohnen wurden noch mit anderen ehemaligen Frechenern, der Familie Alfred Schwarz, ins Barackenlager Müngersdorf gesteckt. Ihr dortiges Schicksal schildert ausführlich ein Zeitzeugenbrief, der in Band 2 veröffentlicht ist (dort: S. 123), bis sie dann 1942 über Mausbach (bei Aachen) nach Minsk deportiert wurden.

Die einzige Nachricht von deportierten Hausnachbarn der Baruchs in der Cardinalstraße 9, die uns heute erst bekannt wurde, ist das Foto eines Koffers: Es ist der Koffer der Familie Emil Nathan, der Etagennachbarn der Baruchs. Sie, die schon 1939 „unmittelbar vor der Ausreise in die Freiheit standen", kamen schließlich auch nicht weg und wurden am 24.7.1942 nach Minsk, u. a. zusammen mit dem Frechener Ehepaar Bernhard und Amalie Cohnen, „evakuiert". Nur die Aufnahme ihres weggeworfenen Koffers blieb von den Nathans übrig.[426]

DEPORTATION

DER „ABSCHIED" VON KÖLN

Josef Levy (Teil IX):

„... Die ausgewählte Stadt war Riga. Der Abschied von Köln wird mir nie vergesslich sein. Wir mußten uns mit 60 Pfund Gepäck per Person in der Messehalle in Köln-Deutz melden.
Nachdem alle Informationen erledigt waren, verbrachte der Transport von 1000 Juden die Nacht auf dem Boden der Messehalle. Am nächsten Morgen wurden wir zum Zug transportiert und meine lieben Eltern, meine noch schulpflichtige Schwester und meine Tante Jeannette Meier, die Schwester meines Vaters, wurden mit den restlichen unschuldigen Menschen aus unserer Heimat vertrieben, in welcher wir seit Jahrhunderten gelebt hatten. Und zwar vertrieben mit Gespött und mit dem bekannten Nazilied ‚Wenn's Judenblut vom Messer spritzt, dann geht's noch mal so gut!' Es war eine wirkliche Reise ins Unbekannte. Aber jeder der Zuginsassen wusste, daß nichts Gutes für uns auf dem Kalender stand. ..."

Es ist der Höhepunkt einer entmenschlichten Zeit, die Zeit der entfesselten Herrenmenschen. Zufällig entstehen zwei „Siedlungspunkte" Frechens im eroberten Osten:

In Frechen feiern die braunen Herren die Gründung einer Eroberungskolonie im fernen Rußland mit dem Namen *„Neu-Frechen"*. Sie bejubeln deren Bewohner. Dabei ist kein einziger der Erstbewohner aus Frechen. Der Nazibürgermeister Dr. Küper nimmt sogar die Urkunde zur Ehrenbürgerschaft an. Im Westdeutschen Beobachter träumt man entsprechend von Kolonialstätten voller Wehrbauern.[427]

In Riga werden dagegen zahlreiche ehemalige Frechener Juden unter schlimmsten Bedingungen „angesiedelt". Kein offizielles Frechen denkt mehr an sie. Die Erinnerung an sie wird bewußt ausgemerzt, da sie auch nur zur Vernichtung dorthin umgesiedelt werden; zur Vernichtung durch Arbeit oder durch Mord.

Diese gegensätzlichen Bilder zeigen die Perversion der Situation.

DIE ANKUNFT IN RIGA

Josef Levy (Teil X):

„ … Diese Ahnung wurde bald bestätigt, als wir am 10. Dezember 1941 auf dem Bahnhof Shirotawa-Riga ankamen. Dort erwartete uns eine Menge hoher SS-Offiziere mit Hunden und Peitschen versehen. Wir wurden mit vielem Geschrei vom Zuge verjagt und Peitschenschläge hagelten über uns ein. Mein Vater war einer der Ersten, der einen Peitschenschlag übers Gesicht erhielt. Man sagte uns, daß wir zu Fuß ins Getto Riga gehen müßten und unser Gepäck würde uns nachgeschickt. Wir sahen unser Gepäck nie wieder. Das Getto Riga lag in dem ärmsten und ältesten Viertel der Stadt. Dieser ganze Stadtteil war mit Stacheldraht umzingelt und wurde mit bewaffneten lettischen Nazis, die sich freiwillig zur SS gemeldet hatten, patrouilliert. Dort hatte man beim Einmarsch der Deutschen Armee tausende lettische Juden eingesperrt. Der Kölner Transport war der erste, der von Deutschland dort ankam. Als wir im Getto einmarschierten, war der Schnee auf dem Boden rot von Blut, da man kurz vor unserer Ankunft in brutaler Weise zigtausende lettische Juden, meistens Kinder, Frauen und ältere Leute ermordet hatte. Eine genauere Erklärung des Rigaer Gettos werde ich später beschreiben, denn zwei Tage nach unserer Ankunft mußte ich mich wieder einmal von meinen Lieben verabschieden. …"

Diese von Josef Levy erwähnten Mordorgien an lettischen Juden in Riga dienten der „Wohnraumbeschaffung" für die plötzlichen Massentransporte aus vielen Städten des Reiches, die u. a. schon nach Riga gingen. Jüdische Zuginsassen aus dem Reich, die zu früh oder während dieser „Aktionen" in Riga ankamen, wurden ebenfalls erschossen. Diese Deportationen aus dem Reich hatten andererseits u. a. den Zweck, Wohnungen frei zu machen für die „arischen Ausgebombten", etwa in Köln oder Hamburg, deren Häuser durch die alliierten

Luftangriffe bereits zerstört waren.

Die Massendeportationen wurden eingeleitet durch einen plötzlichen Entschluß Hitlers, *„die Juden aus Deutschland deportieren zu lassen."* Himmler ließ diesen *„Führerwunsch"* sofort ausführen.

Der Massenmord in Riga am 30.11. und 8.12.41

Der folgende Bericht eines lettischen Juden, Saul Friedländer, schildert uns den Ablauf des Massenmordes an den im Getto von Riga eingepferchten Juden Lettlands:[428]

„Am 12. November 1941 befahl Himmler dem HSSPF, Friedrich Jeckeln, die etwa 30 000 Juden des Rigaer Gettos zu ermorden.

Am Vorabend der Aktion, am 29. November, wurden die arbeitsfähigen Juden von der Masse der Gettobevölkerung getrennt. Am 30. November begann in den frühen Morgenstunden der Treck aus dem Getto in den nahegelegenen Rumbula-Wald. Etwa 1700 Wachen standen bereit, darunter ungefähr 1000 Mann lettische Hilfstruppen. In der Zwischenzeit hatten mehrere hundert sowjetische Gefangene auf dem sandigen Gelände von Rumbula sechs riesige Gruben ausgehoben.

Die Juden, die der Verschleppung zu entfliehen versuchten, wurden auf der Stelle getötet – in Häusern, auf Treppen, auf der Straße. Während die Ghettobewohner, eine Gruppe nach der anderen, den Wald erreichten, wurden sie von einem sich immer enger schließenden Korridor von Wachen zu den Gruben getrieben. Kurz bevor die Juden zu der Hinrichtungsstätte kamen, zwang man sie, sich ihrer Koffer und ihrer Taschen zu entledigen, ihre Mäntel abzulegen und schließlich ihre Kleidung auszuziehen. Dann stiegen die nackten Opfer über eine Erdrampe in die Grube hinunter, legten sich mit dem Gesicht nach unten auf den Boden oder auf die Leiber der Sterbenden und der Toten und wurden aus einer Entfernung von etwa zwei Metern mit einer einzigen Kugel in den Hinterkopf erschossen.

Jeckeln stand am Rand der Gruben, umgeben von einer Schar von Zuschauern, Angehörigen des SD (Staatssicherheitsdienst) und der Polizei wie auch Zivilisten. Reichskommissar Lohse kam kurz vorbei, und einige Polizeikommandeure wurden sogar von der Leningrader Front herangeholt. Zwölf Scharfschützen, die in Schichten arbeiteten, erschossen den ganzen Tag lang die Juden. Irgendwann zwischen 17 und 19 Uhr hörte das Töten auf; etwa 15 000 Juden waren ermordet worden.

Eine Woche später, am 7. und 8. Dezember, brachten die Deutschen fast die gesamte verbliebene Hälfte der Ghettobevölkerung um. Im Bericht Nr. 155 der Einsatzgruppe A vom 14. Januar 1942 ist das Gesamtergebnis zusammengefasst: ‚Die Zahl der in Riga verbliebenen Juden – 29 500 – wurde durch eine vom Höheren SS- und Polizeiführer Ostland durchgeführte Aktion auf 2500 verringert.'"[429]

Massenerschießung von Juden in Riga, Bikerniki-Wald

IN DER HÖLLE DES KZ SALASPILS
… erschossen wegen einer Kartoffel

<u>Josef Levy (Teil XI):</u>

„ … Eine große Gruppe junger Männer wurde ausgesucht, um in ein anderes Lager zu gehen. Und ich war auch darunter. Das Lager war ungefähr 20 Kilometer vom Getto Riga entfernt. Und lieber Herr Heeg! Merken Sie sich den Namen dieses Lagers gut. Es hieß Salaspils. Obwohl bei weitem nicht so bekannt, als die größeren berüchtig<t>en Vernichtungsläger war es eine wahre Hölle.

Wir mußten Baracken bauen und auf einem nahegelegenen Sägewerk arbeiten. Das Lager war hyg<i>enisch das primitivste, was ein Mensch sich vorstellen kann. Die Kost bestand aus einer dünnen Wassersuppe und einer Scheibe Brot pro Tag. Ich erinnere mich, daß wir Weihnachten 1941 als einzige Kost für drei volle Tage ein Klümpchen Würfelzucker erhielten. Tagtäglich gab es <Er->Hängungen und Erschießungen. Menschen starben wie die Fliegen von Seuchen, Hunger und Mißhandlungen. Zwei Frechener jüdische Burschen wurden dort ermordet: Günter Kaufmann und Ludwig Voos. Der Letztere wurde vom Kommandanten des ganzen baltischen Gebietes, Obersturmführer Lange, persönlich erschossen, da er erwischt wurde, sich einen halbverfaulten Kartoffel zu braten. Ich könnte sie noch mit vielen grausamen Einzelheiten bekannt machen, aber es fällt mir selbst zu schwer, die Erinnerung *wieder durchzuleben. Wie ein Wunder wurden die Überlebenden nach neun Monaten von dort wieder entlassen und ins Rigaer Getto zurücktransportiert. Bis heute weiß ich noch nicht, wie ich diese neun Monate überstehen konnte. Im Getto traf ich Gottseidank meine Lieben wieder; deren Freude, mich zu sehen, keine Grenzen fand. ..."*

Vor den Kölnern, zu denen Josef Levy gehörte, hausten unter unbeschreiblichen, viehischen Zuständen schon tausende süddeutsche Juden in Salaspils. Am 22. Dezember wurden auch aus den nachfolgenden Transporten weitere Männer zwischen 15 und 55 Jahren dorthin verschickt.[430]

Das heute fast unbekannte KZ Salaspils war ein wahres Terror- und Vernichtungslager. Hier herrschte die nackte Willkür in ihrer brutalsten Form. Menschen wurden in Scharen durch Arbeit, Verhungern, Quälen, Erfrieren und vor allem durch reine Lust am Mord vernichtet.
Hilde Zander (Sherman) schreibt dazu: *„Die wenigen Menschen, die aus Salaspils zurückkamen, waren Gespenster, Schatten und starben noch drei Monate danach wie die Fliegen an Entkräftung. Darunter beispielsweise auch Harry Stein aus Prag, vormals Europameister im Freistilringen."*[431]
So kann man sich vorstellen, in welch erbarmungswürdigem Zustand auch Josef Levy ins Getto zurückkehrte.

Es gab in Salaspils viele Fälle willkürlicher Morde, wie die der Frechener Ludwig Voos und Günter Kaufmann.
Heinz Freund aus Mönchengladbach wurde gleich beim Einmarsch in Salaspils erschossen. Er war schwerhörig und kam deshalb dem Kommando „Mützen ab!" nicht schnell genug nach. So wurde ihm sofort von einem SS-Offizier, der 1977 für 283 nachgewiesene Morde vier Jahre Gefängnis bekam, die *„Mütze vom Kopf geschossen"*[432].

Rudolf Billig, der aus Erftstadt-Liblar stammte, war auch in Salaspils: *„ .... Tod kam durch Hängen und durch Erschießen und manchmal durch Verhungern. Der Galgen war nie leer. Fast täglich waren Erhängungen und wir mußten daran vorbei marschieren... . Am 2. Januar 1942 versuchten zwei junge Leute zu fliehen, wurden jedoch gefasst und mit Maschinengewehren erschossen. Das ganze Lager mußte das mit ansehen. An dem Tag waren es 40 Grad unter Null."*[433]

Grenzenloser Terror in Salaspils

Der Kölner Baermann, der wie Josef Levy monatelang diesen Terror erlebte und überlebte, beschrieb ihn folgendermaßen in Kogons Buch „Der SS-Staat":[434]

„Durchfroren und ausgehungert kamen wir auf einem freien, schneebedeckten Feld an, wo nur eine große Holzbaracke ohne Dach stand. Dort lebten bereits 4000 Juden aus Süddeutschland, die uns wie Wölfe nach Esswaren und Trinkbarem überfielen. Die Haare wurden uns geschoren, dann teilte man uns in Kojen ein, die 45 cm hoch, 2m lang und 1,50m breit warten. Jede dieser Kojen beherbergte drei Lagerinsassen. Man lag auf eisüberkrusteten Brettern bei strengster Kälte. Am dritten Tag nach unserer Ankunft sahen wir das erste Brot und einen Pferdeschlitten voll mit Kartoffelschalen aus der SS-Küche in Riga. Ein SS-Oberscharführer Nickel präsentierte sich als Kommandant, teilte die Arbeit ein und befahl uns, die Arbeit aufzunehmen, ohne Mäntel und ohne Feuerstellen. Das

Programm umfasste den Bau von 45 Baracken, in denen später Letten und Russen untergebracht wurden. Bis auf fünf Baracken wurde es erfüllt. Außerdem mußten auch Wachttürme gebaut und das ganze Geviert mit Stacheldraht eingezäunt werden. In diesem Vernichtungslager hungerte ich sieben Monate. Ich wog zum Schluß noch 72 Pfund und war vollständig verlaust. Eine kleine Gruppe lettischer SS machte eine Schießübung auf willkürlich ausgewählte 14 Kameraden, deren durchlöcherte Leichen wir später in einen nahen Wald tragen mußten. Der Schießakt vollzog sich zum Gaudium eingeladener SS-Offiziere, unter denen sich SS-Sturmbannführer Rudolf Lange, Kommandeur der Sicherheitspolizei und des SD in Lettland, SS-Untersturmführer Maiwald sowie Beamte der Gestapo befanden. Bei einer anderen Gelegenheit mußten wir auf Befehl von Lange 16 Kameraden erhängen, die bei 30 Grad Kälte im Mantel gearbeitet hatten. Abgemagert wie ein Skelett wurde ich für den „Stürmer" photographiert."

DAS GETTO IN DER ALTSTADT VON RIGA (BESCHREIBUNG)

Josef Levy (Teil XII):

„ ... Jetzt, da ich eine Zeit im Getto verbrachte, kann ich selbiges etwas näher schildern. Seit der Ankunft des ersten Transportes deutscher Juden, welcher unserer von Köln war, kamen dauernd neue Transporte nicht nur von Deutschland, sondern auch von Österreich und der Tschechei im Getto an. Jeder Transport brachte neue eintausend unschuldige jüdische Menschen. Hier ist eine ungefähre Anzahl, der von den Nazis eingeteilten Gruppen, die dann in besondere Viertel eingeteilt wurden; zum Beispiel: Gruppe Köln, Düsseldorf, Bielefeld, Leipzig, Kassel, Hannover, Berlin, Dortmund, Prag und Wien.

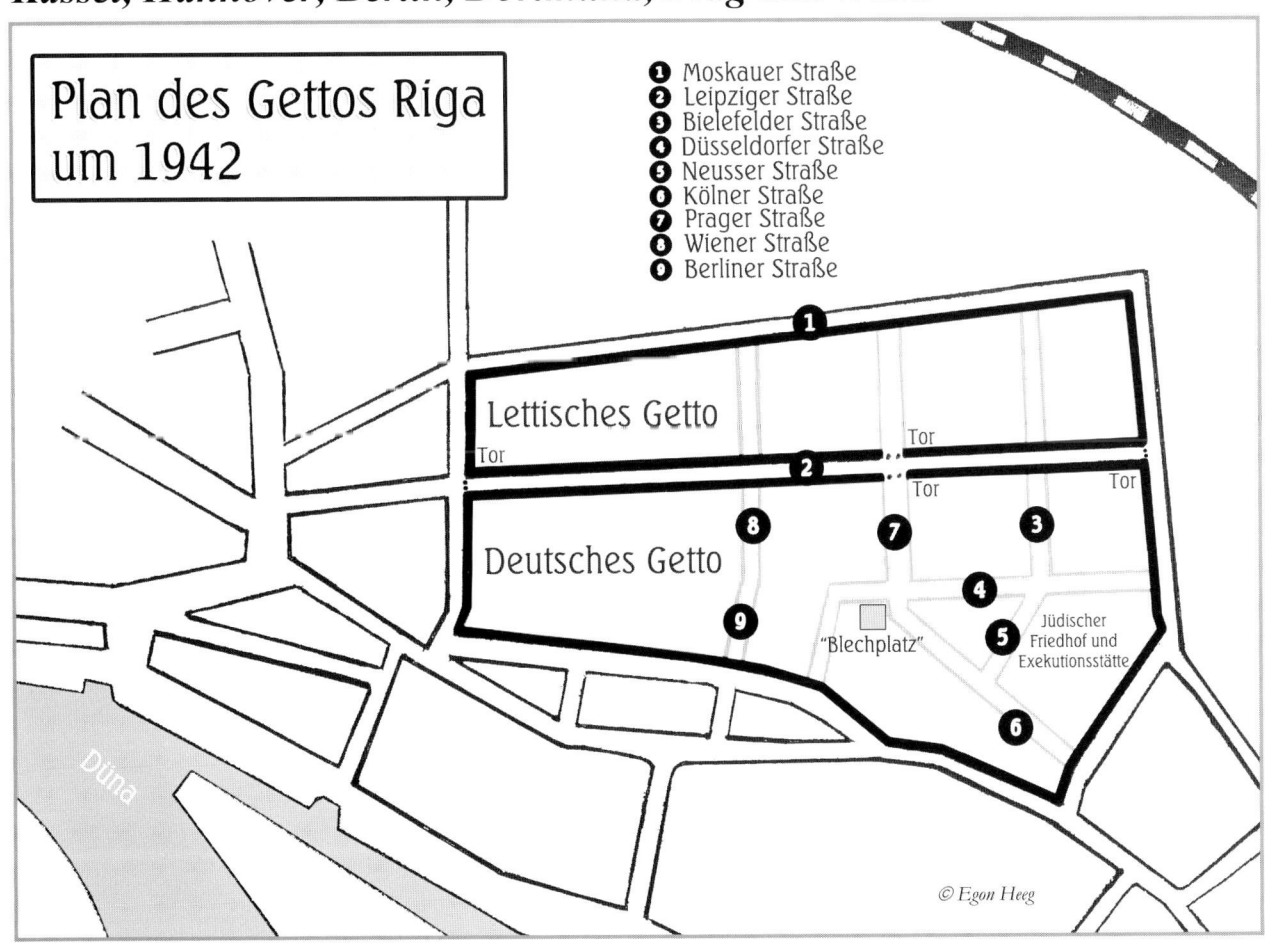

Plan des Gettos Riga um 1942

1. Moskauer Straße
2. Leipziger Straße
3. Bielefelder Straße
4. Düsseldorfer Straße
5. Neusser Straße
6. Kölner Straße
7. Prager Straße
8. Wiener Straße
9. Berliner Straße

© Egon Heeg

Das Rigaer Getto

Manche Transporte sollten das Getto nie erreicht haben und sofort bei der Ankunft in Riga ermordet worden sein.

Die Menschen lebten in den alten Häusern mit mehreren Familien zusammengepfercht in einer Wohnung. Auf der anderen Seite des Gettos lebten die lettischen jüdischen Männer, welche die vorher beschriebene Aktion überlebt hatten. Es wurde das Lettengetto genannt und war streng getrennt vom sogenannten Deutschen Getto. Der Lagerkommandant war der sadistische Obersturmführer Kurt Krause, der für viele Morde verantwortlich war. Später wurde er durch den österreichischen Unterscharführer Roschmann, den man den Metzger von Riga nannte, abgelöst. Adjutant der beiden war der gefürchtete Kölner Unterscharführer Max Gymnich. Man hatte einen jüdischen Ältestenrat, der aber leider nichts daran ändern konnte, eine Verbesserung der ‚Sterbensration' der Lebensmittel zu erkämpfen. Sie waren auch machtlos, die öfteren Aktionen zu verhindern, in welchen man tausende Leute aussuchte, die man dann im sogenannten Hochwald in der Nähe von Riga erschoss und in Massengräber warf. Jeden Morgen mußten die Insassen des Gettos sich zur Arbeit melden und wurden dann als Kommandos unter schwerer Bewachung, meistens mit lettischen SS-Leuten, die öfters noch brutaler als ihre deutschen Gegensätze waren, in besondere Arbeitskommandos zur Arbeit befördert. Beide Gettos, das lettische sowie das deutsche, hatten einen jüdischen Ordnungsdienst, der von der SS bestimmt

Jüdische Sklavenarbeiterkolonne aus dem Getto in Riga

wurde. Einem Mitglied des lettischen jüdischen Ordnungsdienstes war es gelungen nach Schweden zu entfliehen. Als Gegenmaßnahme erschoß die SS alle fünfzig Mitglieder des lettischen jüdischen Ordnungsdienstes sowie 200 Geiseln. ..."

Unter den vielen Grausamkeiten, die Josef Levy hier berichtet, sind zwei Aspekte, die er nur knapp erwähnt. Die schreckliche „Lebensmittelversorgung", die er als „Sterbensration" bezeichnet, und die Tatsache, daß ausgerechnet ein Kölner, der „Unterscharführer Max Gymnich", zu den „Herren über Leben und Tod" im Lager gehörte.

Lebensmittelversorgung: „Sterbensrationen"

Am 15. Januar 1942, fünf Wochen nach der Ankunft des ersten Kölner Transportes in Shirotawa, wurde den Gettobewohnern, die sich bis dahin ausschließlich von vorgefundenen Lebensmitteln notdürftig ernährt hatten, erstmals offiziell Verpflegung zugeteilt.[435]
Einige der einstigen Gettoinsassen beschrieben die Lebensmittelzuteilungen, die sie damals erhielten.

Die Leipzigerin Gerda Gottschalk erinnert sich:
*„Die Lebensmittelzuteilung bestand aus 160 Gramm Brot pro Tag. Es war gefroren, unausgebacken, sauer. Einmal wöchentlich erhielten wir je eine Handvoll Möhren und Kartoffeln, meist gefroren, und eine Handvoll Grütze. Davon kochten wir dünne Suppen. Das Brot verwaltete jeder selbst. Der Hunger war meist so groß, daß wir schon am Abend die für den Morgen bestimmte Scheibe Brot verschlangen.
Da die ins Ghetto gelieferten Lebensmittel häufig aus Küchenabfällen bestanden, grassierten unter den Bewohnern bald verheerende Magen- und Darmerkrankungen.
Der Hunger trieb viele in den Selbstmord. Eine Familie legte sich nachts, des Lebensmittelkampfes müde, in den Schnee und wurde erfroren aufgefunden. Eine Frau stürzte sich aus dem 2. Stock eines Hauses auf die Straße und hinterließ einen 7jährigen Knaben."*[436]

Hilde Sherman (damals Hilde Zander) wohnte als Mönchen-Gladbacherin in der Düsseldorfer Straße des Gettos. Sie überliefert uns folgende Darstellung:[437] *„Unsere tägliche Lebensmittelration bestand pro Kopf aus einer Scheibe Brot von knapp zweihundert Gramm, aus einigen gefrorenen Kartoffeln, und etwas eingemachtem Weißkohl aus Holzbottichen, auf deren Boden in der Regel Scherben, rostige Nägel und ab und zu eine tote Maus lagen. Jede Hausgemeinschaft verpflegte sich für sich allein."*

Max Gymnich
Der Kölner SS-Unterscharführer in Riga

Als der Kölner Transport in Riga-Shirotawa angekommen war und die Ankömmlinge von der SS aus dem Zug gepeitscht worden waren, war, wie meist beim Eintreffen solcher Massentransporte, auch die oberste Führung des Ghettos Riga anwesend. Lagerkommandant war damals der SS-Obersturmführer (= Oberleutnant) Krause. Krause war einst ein unscheinbarer „Heilgehilfe" im Krankenhaus von Herne gewesen.[438] Das war eine Tätigkeit, deren Erfahrungen ihm im Getto viel bei seinen sadistischen Quälereien und Morden „nutzten".

Er war ein *„kleiner, mickriger Mann"*, laut Jeanette Wolff, der einerseits durch *„Größenwahn"*, andererseits aber auch durch *„Verfolgungswahn"* charakterisiert war.[439] Das war eine explosive Charaktermischung, die sich oft in schlimmsten Grausamkeitsausbrüchen äußerte. Er, der einstige Krankenhausangestellte, zeichnete sich in Riga durch seine besonders sadistischen Quälereien und Morde aus.

Als Krause sich nach der Ankunft des Kölner Transportes in Riga den Ankömmlingen „vorstellte", hatte er seinen Schäferhund sowie seinen Adjutanten Max Gymnich dabei. Sehr bald lernten die jüdischen Gettoinsassen: Wenn dieses Trio gemeinsam im Lager auftrat, war stets das Allerschlimmste zu befürchten: urplötzliche Gewalttaten, Erhängungen, Erschießungen und auch große Mordaktionen. Gymnich war in der gesamten Zeit, in der das Getto bestand, der eilfertige und brutale „Schatten" des jeweiligen Gettokommandanten; zunächst von Krause, später vom Österreicher Eduard Roschmann, einem Juristen, der von den Insassen bezeichnenderweise *„Metzger von Riga"* genannt wurde. (Im Roman „Akte Odessa" von Frederick Forsyth wurde ihm ein grausiges Denkmal gesetzt.)

Das „Besondere" an Gymnich war: Er war ein Kölner und seine ersten Lagerinsassen aus dem „Altreich" waren die 1000 Juden vom Kölner Transport. Darunter waren viele, die aus Köln und Umgebung stammten, ja sogar ehemalige Nachbarn und gute Bekannte Gymnichs.
Da liegt es nahe, sich einmal genauer mit diesem Menschen zu befassen. Denn dabei stoßen wir auf auffällige Widersprüche in seiner Persönlichkeit: Da war einerseits der Kölner Max Gymnich und andererseits der Max Gymnich in Riga. Das scheinen zwei völlig verschiedene Menschen gewesen zu sein.

Es ist von vornherein festzustellen: Verstehen oder erklären können wir seinen Charakter und sein Verhalten nicht. Er wird durch das bessere ‚Kennenlernen' nur unerklärlicher.

Nehmen wir nur einmal als Beispiel einen Vorfall, der sich – wie viele andere – in Riga ereignete und an dem Gymnich aktiv beteiligt war!

Am 1. November 1943 begann die Auflösung des Gettos Riga mit einer großen *„Aktion"*. Zu unterschiedlichen Zeiten mußten in unterschiedlich selektierten Gruppen die Juden das Lager verlassen. Beispielsweise wurden auch die Kinder bis zu 12 Jahren ausgesondert. Es war zu vermuten, daß diese ermordet werden sollten.

Hilde Zander beobachtete damals u. a. Krause, Max Gymnich und den SS-Mann R. beim Ausmarsch der lettischen Juden:[440]

„Gymnich trug einen langen, dünnen Eisenstab, der aussah wie ein Spieß. Mit dem stach er prüfend in die Säcke und Beutel der lettischen Juden, die das Ghetto verließen. Plötzlich sahen wir mit Entsetzen, wie er in einen Rucksack stach, den ein Mann auf dem Rücken trug. Ein Strahl Blut quoll hervor, der Rucksack wurde auf die Straße gezerrt, aufgemacht und ein kleines Mädchen von etwa drei Jahren herausgezogen. Die Kleine war mit Schlaftabletten betäubt. Der Mann hatte geglaubt, sie so zwischen Holzscheiten aus dem Ghetto bringen zu können. R. zog seinen Revolver und erschoß den Mann und das Kind auf der Stelle. Wir wußten nun, was sich anbahnte: eine große Aktion."

Das war der „Rigaer" Max Gymnich, wie er leibte und lebte. Betrachten wir nun den einstigen Kölner Max Gymnich!

Im Lager Riga „lebte" auch eine junge Kölner Jüdin mit ihren Eltern und ihrem jüngeren Bruder. 1943 gelang ihr mit einem jungen lettischen Juden die Flucht aus Riga. Sie versteckten sich bis zum Einmarsch der Russen erfolgreich in den Wäldern; ebenfalls unter schwersten Entbehrungen und schlimmsten klimatischen Bedingungen, jedoch frei vom Terror.

Nach dem Krieg wanderte diese junge Frau mit ihrem Freund in die USA aus. Sie hieß mit Geburtsnamen Selma (Helma) Baruch. Ihr Vater Alexander Baruch und ihr älterer Bruder stammten aus Frechen. Der schon erwähnte Frechener Josef Baruch war ihr Onkel. Mit ihr hatte ich bis zu ihrem Tod telefonischen und brieflichen Kontakt.
Sie kannte Max Gymnich schon seit Kindheits-

tagen. Ihr älterer Bruder, der noch seine Jugend in Frechen verbracht hatte und rechtzeitig in die USA „ausgewandert" war, war ein Schulkamerad von Max Gymnich gewesen. So ging der junge Max bei der Familie Alexander Baruch ein und aus. Ja *„als Kind hat der mehr bei uns gegessen als bei sich"*, erzählte sie mir.[441] Später wurde er Taxifahrer und stand oft am Dom mit einem jüdischen Kollegen, der auch in Riga einer seiner Gefangenen wurde. Noch 1938/39 wird Max Gymnich als *„Kraftw(agen)führer"* im Kölner Adressbuch aufgeführt.[442]

Dieser in Köln unauffällige, scheinbar normale Mensch wurde in Riga zu einem brutalen, gewissenlosen und führenden Täter. Ist das schon unbegreiflich, so ist folgendes noch unbegreiflicher:
Josef Levy, der im Lager wie alle anderen Juden unter der Schreckensherrschaft des Kommandanten und Gymnichs zu leiden hatte und dessen Mutter bei einer von beiden eingeleiteten Mordaktionen umkam, wußte mir folgendes zu berichten: *„Wenn Gymnich dienstfrei hatte, ging er manchmal auf die Jagd, auf Hasenjagd. Dazu kommandierte er sich stets einen Jagdgehilfen ab. Das war in der Regel ich. Er nahm mich, so vermute ich, weil ich Köln kannte und Kölsch sprach. Auf der Jagd benahm er sich kumpelhaft, sprach mit mir stets über Köln und die Umgebung und machte Witze, als wenn wir uns als Kölner im Urlaub getroffen hätten. Da dieses ,freundliche' Verhalten bei ihm nichts zu bedeuten hatte – man kannte seine plötzlichen Stimmungsumschwünge aus dem Lager – hatte ich permanent eine Höllenangst, plötzlich von ihm erschossen zu werden. Diese Kumpelhaftigkeit trieb er sogar noch auf die Spitze: Eines Tages geschah es, daß er sehr viele Hasen geschossen hatte. Da schenkte er mir einen mit der Maßgabe, meine Familie sollte sich den braten. Man stelle sich vor, wir kamen in Riga fast um vor Hunger und dann das. Ich wollte ,das Geschenk' nicht annehmen. Denn es war anzunehmen, daß er mich dann, wie oft üblich, als ,Dieb' erschießen würde. Er zwang mich jedoch, den Hasen mitzunehmen. – Und es passierte nichts. Im Lageralltag war er dann wieder der gefürchtete, rücksichtslose und brutale SS-Führer."*[443]

Gymnich überlebte den Krieg. Er wurde neben anderen ehemaligen SS-Schergen aus Riga von den Alliierten in Deutschland verhaftet. Als der einstige jüdische Lagerinsasse Karl Schneider aus dem Kölner Transport davon erfuhr, rief er von Schweden aus per Zeitungsannoncen andere Überlebende auf, *„Schriftliche Zeugenausssagen"* an ihn nach Stockholm zu senden, um *„genau dokumentiertes Belastungsmaterial"* zu erhalten für einen eventuellen Prozeß.[444]

Nun sollte man nicht glauben, kein Frechener Nichtjude hätte je etwas von dem Elend Frechener Juden in Riga gewußt, geschweige denn sie dort gesehen oder erlebt. Im Band 2 erwähne ich einen Frechener Soldaten, der zufällig in Riga das Getto sah und vor allem die Frechenerin Hedwig Voos mit ihrem Kind Esther *„in einem erbärmlichen Gesundheitszustand"* hinter dem Stacheldrahtzaun entdeckte. Das Kind war die uneheliche Tochter eines hiesigen Nazis, eines ortsbekannten Schürzenjägers, der nichts zur Rettung seiner Tochter und deren Mutter unternahm. Ob dies auch der derselbe Frechener Soldat war, der nach einer Aussage Josef Levys ihm eines Tages am Tor des Gettos heimlich unter Lebensgefahr ein kleines Paket mit Essensachen für eine Frechener Jüdin zusteckte, ist nicht mehr festzustellen, da Josef Levy sich nicht mehr an die Details erinnern konnte.[445]

Es gab aber auch einen Frechener Polizisten, der das Getto Riga zumindest gekannt haben muß. Der seit dem 1. Oktober 1937 als Kriminaloberassistent zur Sicherheitspolizei übergewechselte Frechener Polizeibeamte (F. M.) aus der Franzstr. hatte im Oktober 1942 ausdrücklich gemeldet, daß seine Frau aus der katholischen Kirche ausgetreten sei.[446] Er selbst war schon 1941 aus der ev. Kirche ausgetreten. Offensichtlich waren das erforderliche Vorbedingungen für seine kurz darauf erfolgte „Abordnung" durch das Reichssicherheitshauptamt nach Riga *„zur Dienstleistung beim Befehlshaber der Sicherheitspolizei und des SD Riga".*[447] Damit war er bei jener Behörde tätig, die auch für den Terror gegen die dorthin deportierten Kölner bzw. Frechener Juden maßgeblich mitverantwortlich war. Ob und inwieweit er selbst schließlich aktiv am Terror gegen sie beteiligt war, muß wahrscheinlich für immer offen bleiben.

IM LAGER JUNGFERNHOF

Josef Levy (Teil XIII):

„ … *Ich selbst wurde dem Arbeitskommando ‚Deutsches Rotes Kreuz' zugeteilt und diente für einige Zeit im jüdischen Ordnungsdienst. Nach einem neunmonatigen Aufenthalt mußte ich meinen Angehörigen wieder ‚Adieu' sagen, da ich mit noch mehreren jungen Menschen wieder in ein anderes Lager gebracht wurde. Beim Abschied hatte ich das komische Gefühl, meine ‚Lieben' niemals wiederzusehen. Die neue Unterkunft hieß Jungfernhof und war ein riesengroßes Bauerngut, das für die Verpflegung der SS verantwortlich war. Hier gab es wenigstens zu <u>meiner</u> Zeit keine Ermordungen, aber viel Arbeit und wenig Brot. Der Kommandant war Unterscharführer Seekt, den ich mit eigenen Augen in dem vorher beschriebenen Lager Salaspils Leute erschießen sah. Hier war er nur ein strenger Mann, der das letzte Tröpfchen Blut von unserer Arbeit verlangte. Bei meinem Aufenthalt im Lager Jungfernhof erhielt ich die traurigste Nachricht meines Lebens. Obwohl Briefwechsel unter Todesstrafe verboten war, gelang es meinem lieben Vater, einen Brief zum Jungfernhof zu schmuggeln, in welchem er mir mitteilte, daß viele jüdische Menschen, darunter meine gute Mutter zusammen mit meiner Tante Nettchen, aus dem Rigaer Getto in einen Lastwagen aufgeladen wurden und ins Unbekannte transportiert wurden. Ob meine Mutter nun nach Auschwitz gebracht wurde, um dort vergast zu werden, oder im Hochwald in der Nähe von Riga ihr Ende fand, konnte ich niemals ausfindig machen.* …"

DIE AUFLÖSUNG DES GETTOS – BEIM ARMEEBEKLEIDUNGSAMT

Josef Levy (Teil XIV):

„ … Gerade zu dieser Zeit wurde das Getto in Riga aufgelöst und die noch lebenden Insassen in Arbeitsläger, aber der größte Teil in die berüchtigten Vernichtungsläger so wie Auschwitz, Bergen-Belsen und Stutthof transportiert. Als ich im Juni 1943 vom Jungfernhof entlassen wurde, hatte ich das wahnsinnige Glück in das Armeebekleidungsamt eingeteilt zu werden, das etwa zwanzig Kilometer von Riga entfernt war. Dort arbeiteten eine Menge früherer Gettoinsassen. Und welche unerhörte Freude es für mich war, dort meinen guten Vater und meine kleine Schwester vorzufinden. Die Freude war zwar groß, aber ich erspähte sofort die große Veränderung, die in meinem Vater vorgegangen war. Er sprach kaum, verkroch sich nach der Arbeit in eine Ecke und guckte starr vor sich hin. Mein Vater war immer ein optimistischer Mensch, der uns dauernd Hoffnung gab, diese schreckliche Zeit zu überleben. Das völlige Gegenteil seines jetzigen Benehmens hatte nur einen Grund: nämlich seine geliebte Ehefrau war nicht mehr zu seiner Seite. Ehe ich das Lager des Armeebekleidungsamtes beschreibe, möchte ich nur noch berichten, daß mein Vater plötzlich sehr krank wurde. Medizinische Hilfe für Juden war nicht vorhanden und so verloren meine junge Schwester und ich auch ihren zweiten Elternteil. Es freut mich noch bis heute, daß ich meines Vaters letzten Wunsch erfüllen konnte. Er bat mich, ihm ein Glas Schnaps zu besorgen. Das war unter den Umständen sehr schwer. Aber es gelang mir. Er leerte das Glas in einem Schluck

und erwachte nie wieder. Beim Armeebekleidungsamt mußten die jüdischen Insassen schwere Arbeit verrichten. Von der Front kamen Waggons mit blutigen Uniformen an, die man ausladen mußte. Wir verluden und sortierten neue Uniformen aller Arten, die zu der Front geschickt wurden. Obwohl wir natürlich noch immer noch unter dem Befehl der SS waren, standen wir in direktem Kontakt mit der Wehrmacht. Unser Lagerkommandant war Unteroffizier Müller aus Mülheim-Ruhrort. Und seine Adjutanten waren Obergefreiter Sass und Unteroffizier Schwellenbach. Deren Behandlungen uns gegenüber waren etwas mehr menschlich, obwohl diese auch öfters ihre schlechte Seite zeigten. Obwohl die Essensrationen etwas besser waren; waren sie weit von genügend. Öfters erhielten wir Besuch von der SS und das hieß immer, daß wieder etwas Schlimmeres passieren würde. Zum Beispiel am 2. Februar 1944 wurden die noch lebenden 17 Kinder unserer Gruppe erbarmungslos von ihren Eltern entrissen. Die beiden Kinder des jüdischen Mannes, der im Getto den ganzen Arbeitseinsatz geleitet hatte, waren darunter. Was mit denen passierte, können sie sich jetzt schon wohl selbst denken. Im April 44 wurden 200 Gefangene ins Unbekannte geschickt. Und im Juli 44 erschien Oberstürmführer Dr. Krebsbach mit einem Adjutanten. Wir mußten alle nackt antreten und Dr. Krebsbach ging durch die Reihen.

Und welche körperliche Verfassung ihm nicht gefiel, wurde einfach mit einer Handbewegung zur Seite geschickt. Und wir alle wußten, daß es für die Unglücklichen das Todesurteil bedeutete. Können Sie Herr Heeg sich vorstellen, daß ein deutscher Arzt, der einen Schwur ablegen mußte, Menschen zu helfen, sich für eine solche Niedertracht hingab. Eine Monat später wurden 500 unserer Gruppe in das gefürchtete Vernichtungslager Stutthof geschickt. Auch bei unserem Aufenthalt beim Armeebekleidungsamt wurden die Haare von Männern und Frauen voll-

ständig geschoren und wir erhielten nun Zebrakleider, d.h. Sträflings-uniformen.

Am 9. Oktober wieder 300 Häftlinge zum Stutthof. Einige Tage später, als nur noch 200 Armeebekleidungsamtinsassen übrig blieben, schickte man 140 Leute nach der lettischen Hafenstadt Libau. Hierbei war auch meine junge, tapfere Schwester Gustl. Sie sollten dort für das Armeebekleidungsamt weitere Arbeit verrichten. Aber die Unsicherheit, wohin meine Schwester hintransportiert wurde, ließ mich nicht los und ich glaubte, nun auch sie verloren zu haben. Ich war bei den letzten 60 Leuten, die Aufräumungsarbeiten verrichten mußten, als jetzt die russische Armee kurz vor Riga stand…."

„DEPORTATIONEN" ZURÜCK INS REICH

Josef Levy (Teil XV):

" ... Die letzten sechzig wurden dann kurz vor dem Einmarsch der Russen auf ein Schiff verladen und nach Libau verschickt. Dort trafen wir wieder mit unserer Gruppe zusammen. Und Wunder über Wunder! Ich sah mein Schwesterlein wieder. In Libau entluden oder verluden wir Schiffe mit Uniformen und Lebensmitteln. Immer noch unter der Leitung des Armeebekleidungsamtes, obwohl jetzt dauernd ein hoher Offizier der SS vorhanden war. Behandlung und Kost waren ungefähr auf demselben Grade wie beim Armeebekleidungsamt in Riga. Ich möchte hier jedoch mitteilen, daß unsere dünne Sträflingskleider, uns kaum vor der harten Kälte beschützten und daß wir dauernd unter Hunger litten. Es gab sehr wenig Schlaf, da wir dauernd bereit sein mußten, Tag und Nacht zum Hafen gebracht zu werden. Geschlafen wurde auf dem Boden, der mit einer Schicht Stroh bedeckt war. Hier verloren wir auch zahlreiche unserer Leidensgenossen bei einem russischen Bombenangriff. Die rote Armee rückte nun auch gegen Libau an. Und eines Tages verschickte man die noch überlebenden Männer und Frauen per Schiff nach unserem alten Heimatland zurück. Das Reiseziel war die Hansestadt Hamburg. Wir wurden nun vollständig von der Wehrmacht abgetrennt und die SS wartete schon beim Schiff, als wir ankamen. Nun wurde die Behandlung wieder viel brutaler. Unsere nächste Unterkunft war das bekannte und verrufene Gefängnis Hamburg-Fuhlsbüttel. Hier verhungerten wir beinahe. Jeden Tag mußten wir schwere Kisten mit Patronenhülsen von Waggons ausladen und eine weite Strecke dieselbi-

gen schleppen. Mein bester Freund starb in meinen Armen vor Erschöpfung bei dieser Arbeit. Bei Bombenangriffen durften alle Gefangenen in den Luftschutzkeller gehen; außer natürlich die Juden. Oft mußten wir Aufräumungsarbeiten machen an den Schäden, die englische und amerikanische Flugangriffe hinterlassen hatten. Im März 1945 wurden jeden Tag etwa 30 Leute unserer Gruppe per Lastwagen ins Vernichtungslager Bergen-Belsen befördert. Es ging nach dem ABC! Als der Name L an die Reihe kam, wurden die Transporte plötzlich unterbrochen. So kam ich nicht nach Bergen-Belsen. Aber etwas genauso Schlimmes erwartete mich. Dieses will ich nun beschreiben. Die Frauen, die zu unserer Gruppe gehörten, waren im Frauenabteil des Gefängnisses untergebracht. Wir sahen sie zum ersten mal wieder als sie am 1. April auf dem Gefängnishof antreten mußten. Männer und Frauen erhielten ein Stückchen Brot und etwas Handkäse. Es wurde uns mitgeteilt, daß wir in ein Lager nach der Stadt Kiel versetzt würden und wir dahin zu Fuß marschieren müssten. Unter schwerer SS-Begleitung mußten wir halbverhungerten und seelisch erschöpften Menschen den Fußmarsch antreten. Nicht alle erreichten Kiel, da sie einfach nicht mehr weiter konnten. Was mit denen geschah, brauche ich wohl nicht mehr zu beschreiben. Als der SS-Kommandant im Erziehungslager in Kiel-Hassee uns empfing, sprach er seine Verwunderung darüber aus, daß es überhaupt noch Juden gäbe. ‚Diesem werden wir hier schnell abhelfen!' So waren seine Worte. Leider kann ich mich nicht mehr auf den Namen dieses SS-Offiziers erinnern. Man teilte uns in eine Baracke ein, die viel zu klein war. Und wir schliefen beinahe aufeinander. Die SS piesackte nicht nur uns, sondern auch polnische Kriegsgefangene und Sträflinge aller Art. Nachts hörten wir in unserer Baracke Maschinengewehrfeuer und am nächsten Morgen mußten wir dann die erschossenen Leichen auf Pferd und Wagen verladen. Wir erwarteten jeden Mo-

ment, daß wir die nächsten Opfer sein würden. Mit den kleinsten Rationen wurden wir manchmal in die Stadt geschickt, um an den Schutterhaufen <Schutthaufen> zu arbeiten. Bei einer dieser Arbeiten fand ich einmal ein Stück Brot und ein Hemd. Der bewachende SS-Mann mußte selbiges gesehen haben. Und er wollte mich erschießen. Ich spürte schon den Revolver an meiner Schläfe. Ein Wunder passierte. Und der SS-Mann änderte seine Meinung und gab mir anstatt einen Fußtritt in meinen leeren Magen. Wir spürten, daß die Engländer immer näher kamen und beteten zu Gott, daß wir diese grausame Zeit überleben würden. ...."

Während die wenigen Überlebenden der seit 1941 in den Osten verschickten Juden wegen der vorrückenden Sowjetarmee wieder ins Reichsgebiet ‚zurückdeportiert' werden mußten (teilweise in den berüchtigten „Todesmärschen"), kam es im Rheinland noch zu einer letzten entgegengesetzten Deportationswelle. Angesichts der drohenden Niederlage auch im Westen sollten nun alle hiesigen „*Geltungsjuden*", die in sogenannten „*Mischehen*" lebten und bisher weitgehend als „geschützt" galten, mitsamt ihren Familien nach „Osten" in Zwangsarbeits- bzw. Konzentrationslager deportiert werden. Diese östlichen Transportziele lagen aber wegen der Kriegslage fast alle im Reichsgebiet.

Die Deportation von „jüdischen Mischehen" bzw. „Mischlingen"

In Frechen lebten während des 3. Reiches fünf Frauen, die aus jüdischen Familien stammten, aber schon vor 1933 mit katholischen Männern verheiratet waren. Obwohl diese Frauen mit einer Ausnahme katholisch geworden waren, galten sie seit den Nürnberger Rassegesetzen als sogenannte „*Volljüdinnen*" bzw. „*Geltungsjüdinnen*". Vor den großen Deportationen der Jahre 1941-43 wurden sie noch bewahrt aus Rücksicht auf ihre „arischen" Ehepartner. Doch schon 1940/41 setzten die Nazis bzw. die Gestapo die Ehemänner unter Druck, sich von ihren Frauen scheiden zu lassen. Das hätte die Deportation der Frauen zur Folge gehabt. Kein einziger der Ehemänner ließ sich ‚überreden'. Zwei Soldaten, der in Frankreich stationierte Heinrich Schaaf und Johannes H. (Ostfront), wurden deshalb sofort ‚unehrenhaft' aus der Wehrmacht entlassen. Diese Ehemänner hielten konsequent zu ihren Frauen.⁴⁴⁸

Der in katholischer ‚Mischehe' lebende Heinrich Schaaf (1) als Soldat in St. Lô (Normandie), 1940. – Kurz vor seiner ‚unehrenhaften' Entlassung aus der Armee

Was passieren konnte, wenn eine solche Frau nicht mehr den gewissen Schutz durch ihre Ehe mit einem „Arier" hatte, zeigt das Schicksal der gebürtigen Frechenerin Johanna Abraham[449], die bereits vor 1933 aus Frechen verzogen war. Sie hatte 1928 den evangel. Arbeiter W. H. Bücking geheiratet, der bis dahin in der Ziegelei Schumacher an der Elisabethstraße gearbeitet hatte. Das Ehepaar lebte seitdem in Bremen. Offensichtlich bestand diese Ehe 1940 nicht mehr. Denn die Frau hieß jetzt wieder Johanna Abraham, („geb. Abraham"!) Ohne diesen „Eheschutz" wurde sie nach Minsk deportiert und starb dort im Sommer 1942 im Lager.

Während des Krieges gab es noch drei offiziell gemeldete „Mischehen"-Familien in Frechen (Radermacher, Cremer und Gimborn). Deren drei Mütter wurden im Krieg regelmäßig, bis 1944, als in der Gemeinde wohnhafte „Volljuden" an den Landrat gemeldet. Aufgrund ihrer zeitweiligen Erfahrungen (s. oben im Falle der Soldaten z.B.!) war allen diesen Familien ziemlich klar, daß der ‚Schutz durch die Mischehe' für diese Frauen auf „wackligen Füßen" stand.

Die Familien der beiden o.a. ehemaligen Soldaten lebten während des Krieges in Köln. Dort konnten sie wegen der wachsenden Zerstörung durch die Bombenangriffe leicht unabgemeldet verschwinden bzw. untertauchen. Besonders die Familie Schaaf tauchte fast den gesamten Krieg über bei Verwandten und Bekannten unter. Aber auch manche Söhne und Töchter aus den anderen Frechener „Mischehen", die als sogenannte „Halbjuden" („Mischlinge 1. Grades") zählten, waren immer wieder im weitgehend zerstörten Köln untergetaucht oder nicht zu finden.

Wie unberechenbar die Nazis in der Mischehenfrage waren, zeigt allein der Fall der Familie Cremer:
Während ein Sohn, Albert Cremer, als sogenannter „*Halbjude*" sogar Soldat (Obergefreiter) war und an der Ostfront kämpfte – in den Augen der Nationalsozialisten eigentlich ein ‚rassenpolitisches Sakrileg' –, saß sein Bruder Heinrich bereits in verschiedenen KZ (Mauthausen, Dachau); zuletzt sogar in Auschwitz. Dort überlebte er nur, weil ein kommunistischer KZ-Häftling aus Frechen, ein Maurer, ihn in die Baukolonne für die Verbrennungsöfen „vermittelt" hatte.[450]

Das Mißtrauen der ‚Mischehenfamilien' gegenüber dem angeblichen „Schutz" ihrer Familien war allzu berechtigt. Das bestätigte das Verhalten der NSDAP in der Region:
Mit der zunehmenden Verschlechterung der Kriegslage steigerte sich der Haß der Nationalsozialisten auf die in ihren Augen ‚Schuldigen', d.h. die Juden, ins Unermeßliche. Nun beabsichtigten sie auch die *„Evakurierung"* <sic!> *„der in Mischehe lebenden Juden"*. Dies geht aus einem Rundschreiben des *„Rassenpolitischen Amtes"* hervor, das der Kreishauptstellenleiter Blask der NSDAP des Landkreises Köln 1943 an die hiesigen Ortsgruppenleiter und Bürgermeister verschickte. Dieses Schreiben ist übrigens ein klarer schriftlicher Beleg dafür, daß die örtlichen Gemeindeverwaltung bzw. -polizei und die hiesige NSDAP über geplante „Judenevakuierungen" – also Deportationen – informiert waren. Im Brief wurde festgestellt, daß für die Staatspolizei *„zahlreiche Juden und auch Mischehen aus Köln"* verschwunden waren bzw. nicht mehr von ihr ausfindig gemacht werden konnten, und es wurde moniert, daß es *„Volksgenossen"* gab, die für solche versteckte Mischehen die Lebensmittelkarten besorgten.[451]

Wie unerbittlich und ohne jede Einschränkung die regionale NSDAP inzwischen vorzugehen beabsichtigte, zeigt folgende Passage des Rundschreibens: *„Gleichzeitig mache ich darauf aufmerksam, dass der Gauleiter ausdrücklich die Evakuierung"* <sic!> *„*aller*" Juden – ohne jegliche Ausnahme *– d.h. auch für solche Fälle, wo man glaubt auf den deutschblütigen Teil, der vielleicht im besonderen Einsatz steht, Rücksicht nehmen zu müssen, fordert."*[452]
Noch war dieser Briefinhalt „STRENG VERTRAULICH". Doch es war nur noch eine Frage der Zeit, wann die hiesigen Nazis auch diese wahnhafte Absicht in die Tat umsetzen würden.

Im Spätsommer 1944, als die Amerikaner bereits an der Reichsgrenze bei Aachen standen, war es soweit. Nun ging es Schlag auf Schlag!
Am 10. September 1944 empfing man im Frechener Rathaus um 12.25 Uhr folgenden Fernspruch: *„In jüdischer Mischehe lebende Personen sind aufzufordern, sich binnen 24 Stunden im Barackenlager Köln-Müngersdorf einzufinden. Bettwäsche ist mitzubringen. Evtl. polizeiliche Zuführung. Namen sind bis Montag 11,00 Uhr mitzuteilen."*[453]

NATIONALSOZIALISTISCHE DEUTSCHE ARBEITERPARTEI

Landkreis K ö l n

Köln-Lindenthal, den 24.August

An alle Ortsgruppenleiter und Bürgermeister

im Landkreis K ö l n

STRENG VERTRAULICH

Bürgermeister
Frechen
27. AUG. 1943

Nachstehend gebe ich Ihnen auszugsweise Kenntnis von einem Rundschreiben, das der Leiter des Rassenpolitischen Amtes, Pg. Merzenich, an die Kreisbeauftragten sandte:

"Bezüglich der Evakuierung der in Mischehe lebenden Juden stösst die Staatspolizei insofern auf Schwierigkeiten, als zahlreiche Juden und auch Mischehen aus Köln verschwunden sind und ihr Aufenthalt bisher nicht ausfindig gemacht werden konnte. Es wird daher dringend gebeten, die Arbeit der Staatspolizei dadurch zu unterstützen, dass in den Kreisen, in denen durch Zuzug von umquartierten Bombengeschädigten, über die darunter befindlichen Juden bezw. Mischehen entsprechende Meldung an das RPA Gauamt erfolgt. Für das Kreisgebiet der Hansestadt Köln sind Meldungen der Ortsgruppen unmittelbar an die Kreisleitung Köln, Josefstr.37, zu senden.

Hierbei mach ich ausdrücklich darauf aufmerksam, dass es leider noch Volksgenossen gibt, die für diese aus Köln und Aachen stammenden Mischehen, die Lebensmittelkarten, in deren Auftrag besorgen und diese sich dadurch weiter tarnen können. So haben wir in den letzten Tagen in Köln der Staatspolizei eine Putzfrau namhaft gemacht, die seit einem Jahr für eine in München lebende Mischehe fortlaufend die Lebensmittelkarten bei der Bezirksstelle in Empfang nahm und dann weiterleitete.

Gleichzeitig mach ich darauf aufmerksam, dass der Gauleiter ausdrücklich die Evakuierung aller Juden - ohne jegliche Ausnahme - d.h. auch für solche Fälle, wo man glaubt auf den deutschblütigen Teil, der vielleicht im besonderen Einsatz steht, Rücksicht nehmen zu müssen, fordert."

Sollten Sie innerhalb des von Ihnen betreuten Gebietes ähnliche Feststellungen machen, bitte ich um sofortige Meldung nach hier.

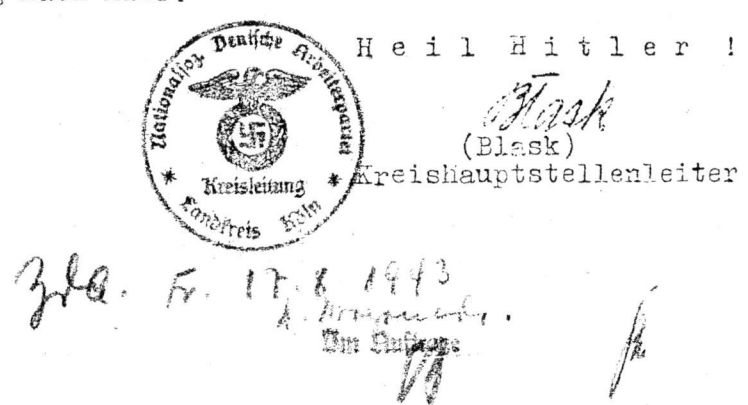

H e i l   H i t l e r !

(Blask)
Kreishauptstellenleiter

Schreiben des NSDAP-Kreishauptstellenleiters Walter Blask bezüglich der Deportation („Evakuierung") von ‚in Mischehe lebenden Juden', 1943

Umgehend eilfertig wurden die diesbezüglichen Schreiben angefertigt und den drei noch offiziell in Frechen wohnenden Ehepaaren, die in ‚Mischehe' lebten, zugestellt (siehe Faksimile eines Briefes in Bd. 2, S. 33). Bereits um 14.15 Uhr erhielten der schwerkriegsbeschädigte Bertram Radermacher sowie auch Wilhelm Gimborn und Johann Heinrich Cremer die Mitteilung durch die Polizei überbracht.[454]

Schon am nächsten Morgen um 9.20 Uhr meldete der Frechener Bürgermeister Volm, daß die drei Ehepaare *„zu dem Barackenlager Köln-Müngersdorf abgereist sind."*

„Die Schlüssel der von den jüd. Mischlingen im Landkreis Köln geräumten Wohnungen" mußten auf Befehl der Staatspolizei *„sofort"* an die Kreisleitung der NSDAP des Landkreises Köln abgegeben werden.[455]

Wenn auch offiziell „nur" die Ehepaare ins Lager mußten, ihre bei ihnen noch lebenden minderjährigen Kinder hatten sie mitnehmen müssen. Sie konnten sie ja nicht alleine vor ihren im Eiltempo verlassenen und verschlossenen Wohnungen auf der Straße lassen. So befanden sich auch die Cremer-Töchter Anna und Helene mit ihren Eltern in Müngersdorf.[456]

Doch damit nicht genug! Bereits am 17. September folgte ein weiteres Schreiben der Gestapo. In diesem forderte der Kriminal-Kommissar Bethke, daß sämtliche jüdische Mischehen, *„soweit sie noch nicht erfasst wurden,"* sofort festzunehmen und ins Lager Müngersdorf einzuliefern seien. Jetzt mußten allerdings schon alle Familienangehörigen verhaftet werden, auch die Söhne und Töchter. Ebenfalls waren alle übrigen *„Mischlinge 1. Grades"*, die in eigenen Haushalten lebten, zu verhaften.[457]

Sofort wurden Polizisten zu den einzelnen Wohnungen der in Frechen noch gemeldeten *„Halbjuden"* geschickt. Das waren aber nur noch 9 von den einst über 20 listenmäßig erfaßten Frechener *„Mischlingen 1. Grades".*

Doch selbst von denen waren einige nicht anzutreffen. Sie wohnten entweder nicht mehr hier oder waren zur Zeit in anderen Orten. Der zu verhaftende Johann K. war sogar *„seit 4 Wochen zur Wehrmacht eingezogen"* (!) und Anna W. aus der Breite Straße befand sich im Reichsarbeitsdienstlager in Pommern(!).

In einem Fall entstand nun offene Unruhe in der Nachbarschaft. Johanna Sester aus der Funkenstraße war dem Befehl nicht gefolgt, weil sie krank wurde. Sie befand sich deshalb am 28. September noch immer in ihrer Wohnung. Als sie an diesem Tag nun von der Frechener Polizei verhaftet und abtransportiert werden sollte, protestierten Nachbarn offen auf der Straße und riefen den Pfarrer Hennes von St. Audomar und den Arzt Dr. Pingen zu Hilfe. Beide eilten sofort herbei. Der Arzt schrieb die Frau ohne Zögern bettlägerig schwerkrank. Er

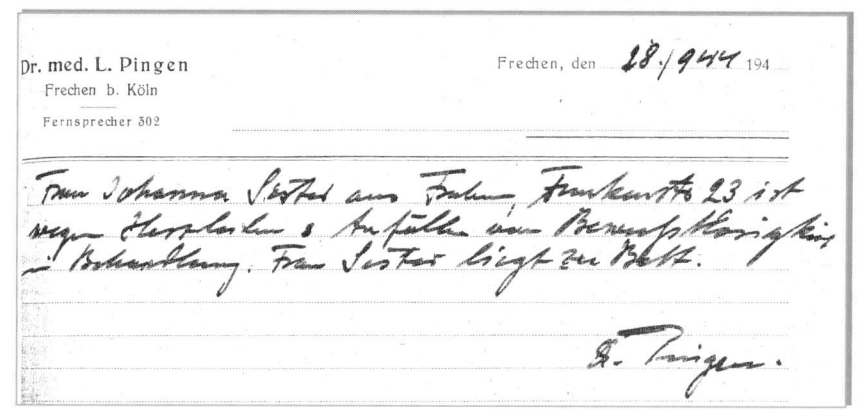

Das Attest des Dr. Pingen bewahrte Johanna Sester vor der Deportation

widersetzte sich mit Unterstützung des Pfarrers dem Abtransport.[458] Das Attest des Arztes rettete Johanna Sester so vor dem Lager Müngersdorf und vor der anschließenden Deportation sowie wahrscheinlich auch vor dem Tod im KZ (s.u.!).[459]

Der Kölner Erzbischof Frings, der bereits im März 1944 in einer Ansprache in Groß

Die katholische „Halbjüdin" Johanna Sester (X) in Kevelaer als Teilnehmerin der Wallfahrt der Pfarre St. Audomar, 1920er Jahre

St. Martin gegen die Rassendiskriminierung eindeutig Stellung genommen hatte, protestierte gegen diese Verhaftung von „Mischlingen" aus dem Köln-Bonner Raum beim Gauleiter Grohé und bei der Gestapo. Doch er erhielt keine Antwort.[460]

Die Gestapo war mit der aus ihrer Sicht zu geringen Zahl an Verhaftungen nicht zufrieden. Dr. Hoffmann, der Leiter der Kölner Gestapo, forderte am 30. Oktober vom Landrat Heinrich Loevenich, in seinem Dienstbereich die noch nicht festgenommenen Personen aufzuspüren und ins Lager Müngersdorf einzuliefern.[461]

Doch der Brief gelangte aufgrund der katastrophalen Kriegslage erst im Dezember 1944 ins „Landratsamt". Das befand sich jetzt wegen der Zerstörung des Kölner Kreishauses in einer Steinbaracke in Frechen. Obwohl der Termin der Gestapo für die Durchführung des Befehls längst verstrichen war und der Verfasser, der SS-Sturmführer Dr. Max Hoffmann, bereits am 26.11.1944 von Mitgliedern einer Ehrenfelder „Großbande" erschossen worden war, gab der Landrat Heinrich Loevenich noch am 12. Dezember das Schreiben an den Frechener Bürgermeister Volm zur Erledigung weiter.[462]

Das weitere Schicksal der Verfolgten aus „Mischehen"

In Müngersdorf blieben die Insassen des Lagers nur wenige Wochen. Dann wurden sie ‚selektiert' für zwei Zugtransporte. Zunächst wurden Kranke und Gebrechliche einem sogenannten „Krankentransportzug" zugewiesen. Die arbeitsfähigen Insassen wurden anschließend mit einem „Arbeitstransport" in Zwangsarbeitslager geschickt.[463]

Die arbeitsunfähige, kranke katholische ‚Geltungsjüdin' Johanna Cremer, deren Sohn Albert in Rußland gefallen war, wurde dem „Krankentransport" zugeteilt. Das war gleichsam ihr Todesurteil. Sie wurde ins KZ Theresienstadt deportiert und kam dort am 11. Februar 1945 in der berüchtigten „kleinen Festung" um. Ihrer Familie hatte man weisgemacht, sie käme dort in ein Altersheim.[464]

Die arbeitsfähigen Insassen des Lagers Müngersdorf wurden in innerdeutsche Lager verschickt. Beispielsweise kamen Klara Martha Rademacher und Helene Cremer nach Kassel. Auch die Katholikin Henriette H., die in Köln verhaftet worden war, wurde zur Zwangsarbeit abtransportiert. Ihr Mann befreite sie während eines Bombenangriffs aus einem Lager im hessischen Raum. Die ganze Familie H. tauchte daraufhin einschließlich der Kinder bis Kriegsende unter.[465]

Ein Teil der in Müngersdorf Inhaftierten konnte aufgrund der Endkriegswirren von dort noch vor der Deportation fliehen und untertauchen.

Johann Heinrich Cremer und seine Kinder Anna, Johann und Toni beispielsweise schlugen sich durch, indem sie vorgaben, bombengeschädigte Kölner „Arier" zu sein, die keine Papiere mehr hatten. Dabei half ihnen in kritischen Momenten das Erscheinugsbild des beinamputierten Toni Cremer, der von den Leuten als ein ‚Kriegsversehrter' angesehen wurde.[466]

Andere wiederum waren schon vor den ‚Septemberverhaftungen' untergetaucht. Dazu gehörte die Familie Schaaf. Sie wurde zuletzt viele Wochen lang in einem Kamin der Fabrik Clarenberg bis zur Befreiung durch die Amerikaner versteckt.[467]

Ein anderer sogenannter „Mischling", G., wurde ebenfalls in einem Kamin einer Brikettfabrik (Sibylla) versteckt und so gerettet. Katharina Cremer wurde von „Billa Claßen", der Frau eines kommunistischen KZ-Häftlings aus Frechen, längere Zeit versteckt. Mit Lebensmitteln versorgt werden konnte sie aufgrund der Tatsache, daß eine Nachbarin der Familie Cremer, Frau M., die auf dem ‚Bezugsscheinamt' im ehemaligen Volkhaus arbeitete, ihr illegal die Lebensmittelkarte zukommen ließ. Schließlich schlug auch sie sich bis zu ihrer Befreiung in Sachsen als angeblich „Bombengeschädigte" durch. Drei anderen der 10 Cremer-Kinder, Maria, Lisa und Hubert, gelang dies auf ähnliche Weise in diesen Endkriegswirren. Das gilt ebenso für Karola Radermacher und weitere dieser Verfolgten aus Frechen.[468]

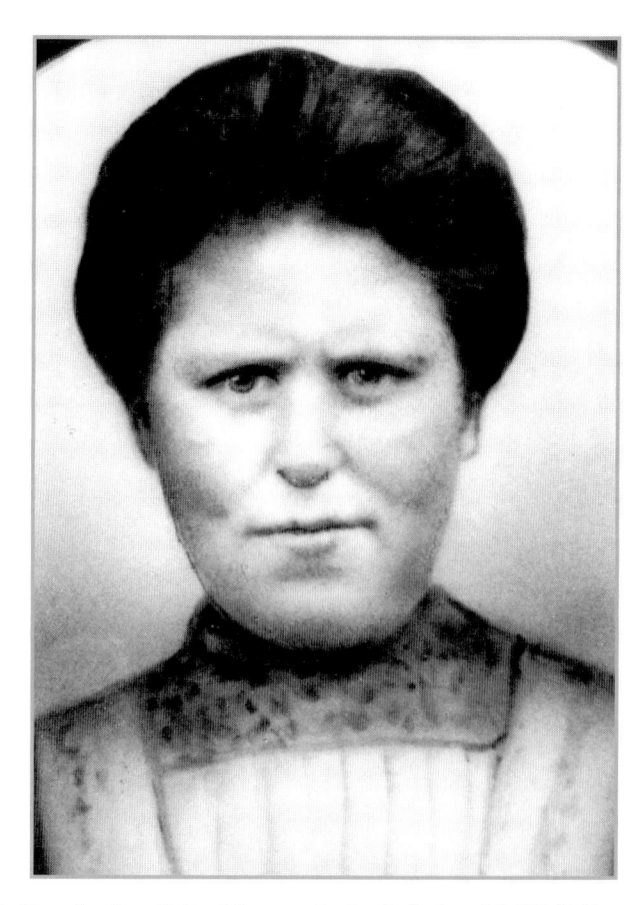

Der katholische „Halbjude" Albert Cremer fiel als Soldat in Russland. – Seine Mutter, die katholische „Volljüdin" Johanna Cremer, wurde danach ins KZ Theresienstadt deportiert und starb dort 1945. (Foto um 1910)

Vater Johann H. Cremer (1) und Überlebende seiner Familie vor St. Audomar anlässlich der Hochzeit der Tochter Katharina (2). Seine Kinder Heinrich (3), der u.a. das KZ Auschwitz überlebte, Johann (4), Anna (5) und Lisa (6). Der beinamputierte Sohn Toni fehlt. Foto um 1950.

ENDLICH WIEDER FREI

DIE BEFREIUNG
1. MAI 1945

Josef Levy (Teil XVI):

„ … Am 1. Mai 1945, einige Tage vor Kriegsschluß in Europa, kam der Tag der Befreiung. Zwar noch nicht durch die englischen Truppen, sondern durch das schwedische Rote Kreuz. Wir waren überrascht am Abend vorher wieder Zivilkleider erhalten zu haben. Am nächsten Morgen hieß der SS-Befehl: ‚Juden nicht zum Appell antreten, sondern in ihrer Baracke verbleiben!' Wir wußten natürlich von gar nichts und glaubten, noch immer ermordet zu werden, ehe die Engländer das Lager erreichten. Plötzlich hieß es, Juden vor der Kommandantur antreten. Dort sahen wir wieder die Frauen unserer Gruppe, die im Frauenlager untergebracht waren. Dann fuhr ein großer Lastwagen vor mit einem ‚Roten Kreuz'. Gut gekleidete Herren ließen sich vom Lagerkommandanten alle unsere Namen verlesen. Und nachdem dieses erledigt war, hieß man uns in den Lastwagen zu steigen. Nach allem, was wir durchgemacht hatten, trauten wir niemandem, da wir Gerüchte gehört hatten, daß man Juden in Lastwagen vergast hatte. So wollten wir zuerst nicht in den Lastwagen klettern. Nur nachdem die gutgekleideten Herren in akzentiertem Deutsch uns versicherten, daß wir durch eine Abmachung des schwedischen Grafen Bernadotte, der mit Himmler persönlich einen Vertrag abgeschlossen hatte, uns Juden zu befreien. Was die Schweden Himmler dafür versprachen, erfuhren wir nicht. Ich nahm nun meine junge Schwester bei der Hand und wir erstiegen alle den Lastwagen.

Nach einigen Kilometern hielt der Chauffeur an und man gab uns Essenspakete und Zigaretten. Immer wieder versuchten die Leute uns zu versichern, daß wir uns nicht mehr sorgen sollten. Und man sagte uns, daß wir als freie Menschen nach Schweden befördert würden. Der Wagen brachte uns zu der Dänischen Grenzstadt Padsburg. Als wir durch die Straßen dieser Stadt marschierten, wurden wir von den Dänen mit Bravo-Rufen und Essenspaketen überschüttet. Dieser Tag ist für mich immer in meiner Erinnerung. Wir wurden gebadet, entlaust und gefüttert. Mit frischen Kleidern beförderte ein Zug uns nach Kopenhagen. Von hier wurden wir mit dem Fährboot in die schwedische Hafenstadt Malmö transportiert.

Sehr geehrter Herr Heeg! An dieser Stelle möchte ich bemerken, daß die Befreiung meiner Gruppe in höchster Zeit kam. Die meisten unserer Leute waren so erschöpft von Hunger und den schrecklichen Konditionen, daß wir es nicht viel länger aushalten konnten.

In meinem Falle möchte ich Ihnen erklären, daß die zwölf Jahre der Naziherrschafft tiefe körperliche sowie seelische Wunden hinterließen, unter denen ich durch mein ganzes Leben leiden muß. …."

Für einige der Juden, die mit Josef Levy nach Dänemark kamen, endete ausgerechnet diese Befreiung tragisch. Als die völlig ausgehungerten von den Dänen mit Essen versorgt wurden, starben einige an dieser Nahrung, weil sie normale Portionen noch nicht wieder vertragen konnten. Einer von diesen Unglücklichen war der Frechener Dagobert Voos.

Straßenbahnfahrausweis des Dagobert Voos von 1938

Der Retter im letzten Moment
Graf Folke Bernadotte (2.1.1895 - 17.9.1948)

Als Josef Levy und die übrigen jüdischen Männer 4 Tage lang unter schwerer SS-Bewachung von Hamburg nach Kiel-Hassee marschieren mußten, war gleichzeitig auch die überlebende jüdische Frauengruppe auf diese Weise dorthin gesondert unterwegs. Bei ihr befand sich Josefs jüngere Schwester Gustl Levy. Wer bei den Männern unterwegs nicht mehr mitkam, wurde erschossen. Bei den Frauen ließ die SS die völlig entkräfteten und dann zusammengebrochenen einfach am Wegrand liegen. Es waren somit zwei der vielen damaligen Todesmärsche von KZ-Insassen.

Der bereits dezimierten Frauenkolonne begegnete hinter Neumünster ein Autokonvoy mit schwedischen Fahnen.
Eine der Frauen, die Jüdin Hilde Zander (H. Sherman), berichtet darüber: *„Es muß kurz nach Mittag gewesen sein, als uns eine kleine Autokolonne überholte: Vier oder fünf Personenautos, alle mit großen schwedischen Flaggen geschmückt. Wie kamen die hierher? Ach, wenn sie doch nur die armen zurückgelassenen Frauen mitgenommen hätten! Aber die Schweden nahmen überhaupt keine Notiz von uns. Vielleicht existierten wir gar nicht mehr, und nur unsere Körper wankten noch als Gespenster über die Straßen?"*[469]

Diese Jüdinnen, die sich mit letzten Kräften noch den Weg entlang schleppten, konnten nicht ahnen, daß die vorbeifahrenden schwedischen Diplomaten damals bereits ihre Befreiung ausgehandelt hatten:
Heimlich hatte sich Heinrich Himmler, der „Reichsführer SS", am 19. Februar in den Heilstätten Hohenlychen in der Uckermark mit Folke Graf Bernadotte, dem damaligen Vizepräsidenten des Schwedischen Roten Kreuzes, getroffen. Himmler hoffte, durch dessen Vermittlung mit den Westmächten einen Separatfrieden schließen zu können. Zunächst erreichte der Schwede die Freigabe von skandinavischen KZ-Häftlingen; in weiteren Treffen u. a. den Freikauf von Häftlingen

Folke Graf Bernadotte

anderer Nationen. Hierzu gehörten auch diese beiden jüdischen Marschkolonnen, denen die schwedischen Unterhändler zufällig auf einer letzten Fahrt zu Himmler begegneten. Das Ergebnis dieser letzten Verhandlung am 21. April in Berlin (!) war dies: Graf Bernadotte übermittelte am 24. April ein Kapitulationsangebot Himmlers an den Westen, als die Sowjets bereits an der Stadtgrenze Berlins standen. Die Briten gingen natürlich nicht darauf ein. Hitler stattdessen enthob Himmler aller Ämter und stieß ihn aus der NSDAP aus. Schließlich beging Himmler Selbstmord.[470]

Auf jeden Fall verdankten auch Josef und Gustl Levy, wie viele Tausend andere KZ-Häftlinge, Graf Bernadotte ihr Leben und ihre Freiheit bzw. Befreiung in „letzter Minute". Sonst wären die beiden mit Sicherheit, wie ihre Mitgefangenen, die polnischen Offiziere, in der Nacht zuvor, vom 30. April zum 1. Mai, von der SS erschossen worden.

Folke Graf Bernadottes weiteres Schicksal ist in diesem Zusammenhang als äußerst tragisch zu nennen. Er, der Präsident des Schwedischen Roten Kreuzes, konnte als UN-Vermittler zwischen Israel und den arabischen Staaten 1948 einen Waffenstillstand durchsetzen.
Kurz darauf wurde er von jüdischen Extremisten ermordet.[471]

Liste Nr. 1 der durch den Grafen Bernadotte freigekauften Juden

List No. 1

ABOUT JEWS LIBERATED FROM GERMAN CONCENTRATION CAMPS ARRIVED IN SWEDEN IN 1945

WORLD JEWISH CONGRESS
RELIEF AND REHABILITATION DEP.
THE JEWISH AGENCY FOR PALESTINE
RESCUE COMMITTEE

GREV MAGNIGATAN 11
STOCKHOLM

„Gustl Levy" (unterstrichen), aufgeführt auf Seite 150 dieser Liste

Kosterlitz, Günther, 25. 3. 07, Breslau.
Krämer, Gertrud, 19. 11. 28, Mannheim.
Krämer, Renate, 2. 1. 25, Niederklein.
Kugelmann, Lina, geb. Tannenbaum, 13. 8. 96, Mansbach.
Kugelmann, Edith, 28. 12. 22, Witzenhausen.
Kupperschlag, Marion, 20. 11. 26, Solingen.
Kupperschlag, Ruth, 3. 3. 25, Solingen.
Lechmann, Margot, 4. 1. 29, Stettin.
Langstadt, Hilda, geb. Wertheim, 31. 5. 12, Berlin.
Lan, Rudolf.
Lehmann, Hilde, 26. 7. 22, Lauenau.
Lemberger, Max, 5. 3. 00, Celeynia.
Lewie, Erna, geb. Stiefel, 15. 3. 08, Limburg a/L.
Levie, Erwin, 3. 8. 07, Gelsenkirchen.
Levy, Auguste Senta, 11. 8. 27, Frechen, b/Köln.
Levison, Heinz Simon (Kuxi) 16. 8.20, Berlin.
Lewin, Siegfried, 16. 2. 04, Bischofsburg.
Lewin-Hirsch, Erna, 11. 4. 08, Neustadt.
Lipschitz, Rolf, 17. 2. 25, Bremen.

150

Löbenstein, Margot, 6. 8. 23, Datterode.
Löwenberg, Eva, 10. 9. 23, Schenklengsfeld.
Löwenberg, Martin, 21. 1. 28, Schlenklengsfeld.
Manne, Erika, geb. Schwarz, 5. 2. 15, Freren i/Hann.
Manne, Martin, 29. 1. 99, Hannover.
Markus, Leonore, 14. 1. 21, Dresden.
Melzer, Lotte, 10. 5. 26, Berlin.
Metzuger, Ernst, 15. 4. 12, Gross-Reken.
Metzger, Max, 8. 4. 03, Gross-Reken.
Meyer, Irene, 31. 7. 25, Bad-Driburg.
Meyer, Irene, geb. Guchheim, 4. 8. 21, Gelsenkirchen.
Meyer, Max, 6. 6. 07, Husten i/W.
Michel, Ela, 19. 11. 20, Westhafen.
Michelsohn, Gertrud, 1. 2. 19, Hausberger Posta, Westf.
Michelsohn, Herta, 17. 4. 20, Herstelle.
Mossbach, Erwin, 8. 2. 05, in Schwerte/Ruhr.
Mosler, Ilse, 14. 10. 99, Landeshut.
Nachemstein, David, 29. 9. 99, Strassburg.
Nathan, Annemarie, 12. 10. 21, Hamburg.
Nathan, Emmy, 19. 2. 25, Emmerich a/R.
Nathan, Sophie, 7. 11. 21, Emmerich a/Rh.
Nathan, Tea, geb. Bendix, 28. 7. 92, Berg-Steinfurt.
Nemeth, Clara, 18. 10. 22, Leipzig.
Nemeth, Rosa, 24. 6. 21, Leipzig.
Neuberg, Ingeborg Lieselotte, 9. 7. 24, Bremen.
Neumann, Gertrude Ester, geb. Löwenthal, 20. 6. 02, Stuttgart.
Nothmann, Gerda Lina, 26. 5. 27, Berlin.

FREIHEIT IN SCHWEDEN UND DEN USA

Josef Levy (Teil XVII):

„ … In Schweden brachte man uns in eine Quarantäne und dann in ein Erholungslager. Die schwedische Regierung sowie deren Bevölkerung gebührt viel Lob. Sie verwandelten Leute, die beinahe ‚vertiert' waren, durch die richtige Kost mit Vitaminen und anständiger Bekleidung, aber vor allen Dingen mit verständiger Behandlung wieder zum normalen Menschen. Ich bin den Schweden für ewig dankbar.

Nach einer langen Ausruhensperiode wurde uns klargemacht, daß wir auswandern könnten zu unseren Verwandten, die das Glück hatten, früh genug Deutschland verlassen zu haben. Diese lebten nun in verschiedenen Ländern. Meine Schwester und ich hatten noch einige Vettern und Cousinen in Amerika. Und sie schickten uns Bürgschaften. Es dauerte jedoch noch eine geraume Zeit, bis unsere Visas uns erreichten. Wir hatten auch die Wahl, in Schweden zu verbleiben. Ich war einer der Ersten unserer Gruppe, der sich freiwillig zur Arbeit meldete. Da Hitler mir keine Chance gab, einen Beruf auszuüben oder in eine höhere Schule zu gehen, mußte ich mir als Arbeiter mein Brot verdienen. Ich kam auf ein schwedisches Bauerngut, welches auch eine Gärtnerei hatte. Mein Arbeitgeber war so mit meiner Arbeit zufrieden, daß er mich fragte, ob ich noch unter meinen Kameraden so gute Arbeiter wie ich selbst kennen würde. So brachte ich noch fünf unserer früheren KZ-Gruppe nach dem Dorfe Lerum, welches zwanzig Kilometer von der schwedischen Stadt Gotenburg gelegen ist.

Pflege, Erholung und Ausbildung in Schweden 1945-47

Josef Levy (X)

Ein Jahr nach der Befreiung veranstaltete die Stadt Gotenburg einen Ball für die Flüchtlinge, die nach Schweden gerettet wurden. Dieser Tag war einer der glücklichsten meines Lebens, da ich dort meine zukünftige Lebensgefährtin kennenlernte.

Nun eine kleine Erklärung meiner Gattin Silvia!
Sie wurde in Lodz, Polen, geboren. Aber als sie noch ein Kind war, zog ihr Vater mit seiner Frau und jüngeren Bruder in die Nähe von Danzig. Als die Deutschen in ihre kleine Stadt einzogen, wurde die ganze Familie Zucker ins Lodzer Getto transportiert. Den jüngeren Bruder schickte man ins Vernichtungslager Stutthof, wo er ermordet wurde. Lodz war unter der deutschen Besatzung besser als Litzmannstadt bekannt. Dort verrichtete die Familie Zucker unter unbeschreiblichen Bedingungen Sklavenarbeit. Im August 44 wurde das Getto in Litzmannstadt aufgelöst. Und Vater, Mutter und Tochter Zucker wurden nach Auschwitz-Birkenau versandt. Der bekannte Dr. Mengele suchte die Eltern meiner Frau für Vergasung aus. Meine trauernde Gattin wurde dann nach Bergen-Belsen geschickt, wo sie in dem Dorf Unterlus für die Firma Rheinmetall arbeiten mußte. Im April 45 wurde Bergen-Belsen befreit und meine Frau wurde als Schwerkranke nach Schweden zur Erholung geschickt.

Silvia Levy, geb. Zucker (+2003)

Nun zurück zu meinem eigenen Report! Nachdem ich neun Monate um meine Frau geworben hatte, heirateten wir am 9. November 1946 und ich verließ meine Arbeitsstelle in der Gärtnerei, um mit meiner Gattin in einer Keksfabrik unser Brot zu verdienen.

Frau Levy und ihre Arbeitsgruppe in der Keksfabrik in Schweden

Nach langen bürokratischen Verwicklungen erhielten meine Frau, Schwester und ich unsere Visas für Amerika, welches von uns Mitte Januar nach einer stürmischen Seereise erreicht wurde. Die Verwandten erwarteten uns am Schiff, und es war ein tränenreiches Wiedersehen. Durch meinen Vetter, der aus Horrem bei Köln stammte und Metzger war, brachte er es fertig, mich als Mitglied der Metzgergewerkschaft zu machen. Ich fing als Gehilfe an, und arbeitete mich dann nach oben als kompletter Metzger ein. Ich arbeitete meistens in Engros-Metzgereien, welche schwere Arbeiten verlangten. Sie wurden entweder in kalten Kühlhäusern oder in nassen Schlachthäusern verrichtet. Ich mußte jeden Morgen um 2.30 Uhr aufstehen, um in der Frühe zur Arbeit anzutreten. Meine Gattin arbeitete als Hutmacherin. Obwohl ich einen starken Körperbau habe, muß ich leider berichten, daß ich sehr oft krank war und im Ganzen sieben Operationen durchmachen mußte. Darunter waren eine ernste an der Wirbelsäule und die andere, eine ganz schwere Herzoperation, welche im Jahr 1974 stattfand. Diese

Sylvia Levy als Putzmacherin in den USA mit selbstgefertigtem Hut

Herzoperation hinterließ eine sehr böse Narbe, die vom Hals bis beinahe zum Nabel geht und mir bis heute noch Schwierigkeiten macht. Welche mich von vielen Aktivitäten zurückhält. Seit 1945 hatte ich eine Prostata-Kondition. Ich war damals nur 35 Jahre alt. (Ein Versprecher: Josef Levy war damals im 25. Lebensjahr!) Mein Urologe sagte mir, daß ich viel zu jung für eine solche Krankheit war. Und daß diese Infektion nur von den unhygienischen Konditionen in den Lägern zustande kam. Dieses wurde jedoch von der Wiedergutmachungsbehörde in Deutschland vollständig abgelehnt. Ich litt unter dieser peinlichen Krankheit bis zu meinem 56. Jahre, als endlich meine Prostata operiert wurde.

Unsere Ehe ist eine vorzügliche. Meine Gattin steht mir treu zur Seite und ist so wie meine verstorbene Mutter. Leider war es uns trotz großer Versuche nicht vergönnt, Kinder zu haben. Trotz den Krankheiten hatten wir auch schöne Lebenserfahrungen. Wir waren einige Male auf Europareisen, einige Male in Israel und kennen viel von Amerika und Kanada. Seit ich gezwungenerweise seit des Herzleidens in den Ruhestand treten mußte, das war im Jahre 1973, arbeiten meine Frau und ich viel für gute Zwecke. Momentan bin ich der Vorsitzende meiner ‚Odd-Fellow-Loge', die etwas verwandt mit den Freimaurern ist. Und auch in Deutschland existiert.[472]

Gustl Levy im Alter von 30-35 Jahren (in den USA)

Meine jüngere Schwester Auguste war verheiratet und hatte einen Sohn. Sie war jahrelange krank mit Drüsenkrebs, erlag aber einem Herzinfarkt vor fünf Jahren.

Ich lese viel und bin ein großer Liebhaber klassischer Musik und habe eine große Auswahl von musikalischen Aufnahmen. Wir haben enge Freunde, die mit mir in den KZ-Lägern waren, aber auch amerikanische Freunde. Wir wohnen in einer Vorstadt von Neuyork in einer schönen Gegend.

SCHLUßWORT VON JOSEF LEVY

Josef Levy (Teil XVIII):

„ ... Hiermit glaube ich alles berichtet zu haben, was sie interessieren könnte. Ich hoffe, daß mein Bericht sie nicht gelangweilt hat. Ich wünsche sehr, daß sie in ihrem zukünftigen Buch über die Juden aus Frechen wenigstens von meinem Material etwas gebrauchen können. Besonders jedoch wünsche ich, daß mein Bericht eine Warnung für die junge deutsche Generation ist, daß eine solche Katastrophe nie mehr wieder vorkommen soll. Auch ist es mir wichtig, daß die Frechener Bürger einmal wissen sollen, was mit ihnen (richtig: ihren) *früheren jüdischen Mitbürgern passiert ist. Ehe ich Ihnen mitteile, was ich persönlich über das Schicksal der Frechener Juden weiß, bitte ich nur um Entschuldigung, wenn mein Deutsch nicht so korrekt ist. Seit 42 Jahren rede ich und denke ich meistens nur in der englischen Sprache. Ich muß mich auch entschuldigen, wenn die Aufnahme nicht so gut gelungen ist.*

Vor unserem Transport nach Riga gingen noch ein oder zwei Transporte von Köln aus nach dem Osten. Darunter waren auch die Kriegerwitwe Emma Baruch und ihre beiden verheirateten Töchter Henni und Frieda. Man hat nie wieder etwas von denen gehört. Dasselbe kann man von Alfred Schwarz, dessen Ehefrau Edith und Sohn Robert gesagt werden. Mit unserem Rigaer Transport waren die folgenden Frechener Juden: Familie Isidor Voos, mit Töchter Edith und Hedwig, Sohn Ludwig und Enkel Esther.

Die Söhne des Josef Voos: Julius mit Frau und Kindern und Sohn Dagobert. Der ältere Bruder Ferdinand war schon vor dem Krieg ausgewandert)

Familie Moritz Kaufmann, Frau und Sohn Günther.

Max Abraham und Ehefrau Frieda.

Alle obig genannten wurden getötet.

Dagobert Voos starb kurz nach der Befreiung.

Vor dem Weltkrieg ausgewanderte Juden aus Frechen waren die folgenden: [473]

Albert Voos, ausgewandert nach Schanghai; nach dem Krieg nach Chicago verzogen, später nach Düsseldorf zu seiner Schwester, wo er verstarb.

Die Söhne des Josef Baruch und dessen Ehefrau Dora nach England ausgewandert; dann nach Chikago verzogen. Deren Namen waren Siegfried und Isidor; obwohl der letztere, der mein bester Freund war, nur Erich genannt wurde. Siegfried ist an einem Kopftumor gestorben und Erich erlag einem Herzinfarkt.

Erich und Siegfried Baruch mit dessen Sohn Steven in den USA

Familie Siegfried Baruch in den USA

Siegfrieds Sohn Steven lebt in Milwaukee im Staate Wisconsin. Und seine Mutter lebt noch in Chikago. (Anm.: Die Mutter von Steven Baruch verstarb inzwischen)

Siegfried Abraham nach Schanghai ausgewandert später nach Neuyork verzogen, wo er verstarb.

Josef Voos mit Frau und Töchter Rita und Herta. Alle verstorben außer Herta, die als Frau Pappas im Staate New Jersey lebt. [474]

Manfred Cohnen und Schwester Henni Stern leben nicht zu weit von mir entfernt. [475]

Manfred Cohnen als amerikanischer Soldat im 2. Weltkrieg, 1944

Bernhard Schwarz wanderte nach Kapstadt Südafrika aus. Weiß nicht, ob er noch lebt. Seine Schwester Mine Geller, geborene Schwarz kam von Südamerika nach Neuyork, wo sie plötzlich verstarb.

Der Sohn der Kriegerwitwe Kaufmann, dessen Namen Otto ist, lebte in Detroit im Staate Michigan. Es ist mir unbekannt, ob er noch unter den Lebenden ist.

Fritz und Paula Seligmann verstarben in Neuyork. Deren Sohn Alfons lebt in der Neuyorker Gegend. Herr Arnold Heumann lebte noch nach

Henny und Leo Stern, 19.8.2003

dem Kriege in Brüssel; muß aber jetzt ganz sicher nicht mehr unter den Lebenden sein.

Nach unserem Transport nach Riga verblieben noch Frechener Juden in Köln. Ich bin sicher, daß sie Herr Heeg, eine Liste der solchen im Frechener Bürgermeisteramt besitzen. Von deren Schicksal ist mir leider nichts bekannt, jedoch ein Kind kann sich ausrechnen, was mit den armen Menschen passiert ist.
Die einzige genaue Auskunft ist mir von Josef und Dora Baruch bekannt, die im Lager Theresienstadt in der Tschechei umkamen.
Die Familie Max Liff mit deren Sohn Berthold, der mein Freund war, schlüpften über die Grenze nach Belgien, wurden aber dort von den Nazis angeblich nach Auschwitz geschickt.
Leider ist es mir unmöglich weitere Auskünfte über die früheren Frechener Juden zu geben.

Frau Herta Hess, geborene Billig, kam nach der Befreiung nach Frechen zurück und ich nehme an, daß Sie wissen, daß sie dort vor kurzem verstarb. Sie und ihr Mann Karl Hess waren auch mit mir in den Rigaer Lägern.

Ich hoffe, daß ich noch mal von Ihnen hören werde und möchte nur noch bemerken, daß ich vielleicht den Nazi-Unmenschen vergeben kann, aber zu vergessen werde ich nie im Stande sein. Ich wünschte Ihnen und Ihrer Frau alles Gute und bitte Sie, Grüße an die Frechener zu bestellen, die ihren unschuldigen jüdischen Mitbürger gut gesinnt waren. Zum Schluß noch eine Bemerkung. Nicht alle Deutschen, mit denen wir in den Lägern in Kontakt kamen, waren Unmenschen.
Ich mache auch die junge deutsche Generationen nicht verantwortlich

für die Schulden ihrer Vorfahren.

Hatte vergessen zu berichten, daß ich auch für einige Jahre ein eigenes Kalbfleisch-Engros-Geschäft hatte. Es war jedoch zu klein, um mit den Riesenfirmen zu konkurrieren. und mußte dann aufgegeben werden.

Lieber Herr Heeg! Das wäre nun für heute alles! Nochmals alles Gute!

Mit bestem Gruß verbleibe mit Hochachtung.

Ihr Josef Levy.

Aufgenommen im Februar 1989 in Yonkers, State New York, USA. …."

Neues jüdisches Leben in den USA: Manfred Cohnen feiert mit seiner Gattin und seinen Enkeln ein religiöses Fest.

… UND DIE FRECHENER TÄTER?

Dank der schon beschriebenen Rettungsaktion des schwedischen Grafen Bernadotte waren Josef Levy und seine Schwester Gustl wenige Tage vor Kriegsende, am 1. Mai 1945, befreit worden. Sie zählten zu den wenigen Frechener Juden, die die Deportationen überlebten. Die weitaus meisten waren in den Lagern umgekommen bzw. umgebracht worden.[476] Der Teil, der sich noch rechtzeitig vor dem Krieg ins Ausland retten konnte, lebte nun weit weg von hier in anderen Ländern.[477]

Frechen hingegen war bereits am 4. März durch die Amerikaner vom Nazijoch befreit worden. Allerdings waren die hiesigen Naziführer und manche ihrer fanatischen Gefolgsleute noch rechtzeitig auf die andere Rheinseite geflohen oder untergetaucht.

Nach der Lektüre des hier beschriebenen umfangreichen Terrors, der in Frechen 12 Jahre lang vor allem gegen die hiesigen Juden ausgeübt wurde, stellt sich dem Leser unweigerlich die Frage: Was ist mit den großen und kleinen Frechener Tätern nach dem Krieg passiert? Sind sie zur Rechenschaft gezogen worden? Sind ihre Taten geahndet worden bzw. gesühnt worden?

Sieht man einmal von den Kommunisten ab, so sind die Verfolgungen und Verhaftungen anderer politischer und religiöser Gruppen und Personen durch Frechener Nazis nie gerichtlich behandelt und geahndet worden. Vor allem nicht die in diesem Buch umfassend dargestellte systematische Verfolgung der Frechener Juden durch hiesige Nazis.

Nur dank der *„unablässigen Bemühungen"* einiger mißhandelter Kommunisten und des ihre Interessen vertretenden „VVN" (Vereinigung der Verfolgten des Naziregimes) kamen wenigstens Schwurgerichtsprozesse zu einem Teilaspekt des Frechener Naziterrors (Gewalttaten im Jahre 1933) gegen 4 Frechener Nationalsozialisten und den damaligen Polizeikommissar zustande (Köln. Rundschau KL Nr. 121 v. 26.5.1950).

Im ersten Prozeß (1948-49) wurden die beiden Frechener Naziführer, der ehemalige Landrat und Kreisleiter Heinrich Loevenich und der einstige Ortsgruppenleiter und kommissarische Bürgermeister Reiner Stumpf, aber auch der Polizeikommissar Anton Weyer am 28.5.1949 verurteilt. Sie erhielten u.a. Haftstrafen bis zu 3 1/3 Jahren.

Der Hüchelner Hauptlehrer Niemann, ein katholischer Nazigegner, schrieb damals („Mai 1949") in einem Bericht: *„Ende der Frechener ‚Gewaltigen' aus der Nazizeit. Das Urteil wird allgemein als zu milde betrachtet."*[478] Offensichtlich hatte es breite Diskussionen darüber in der Frechener Bevölkerung gegeben.

In einem zweiten Verfahren wurden der ehemalige Frechener SA-Führer Hermann Böhm sowie der SS-Mann Jakob Schumacher im Mai 1950 in gleicher Angelegenheit zu 1 Jahr bzw. 1 Jahr 9 Monaten Zuchthaus bestraft.

Doch all die, welche wie Niemann die Urteile als zu milde betrachtet hatten, wunderten sich wenige Monate später, im Herbst 1950: Der zunächst Höchstbestrafte, der ehemalige Landrat und Kreisleiter Loevenich, hatte Revision eingelegt und wurde nun mangels Beweisen freigesprochen.

Das lag u.a. an einer Schwäche der damaligen Prozesse. Sie basierten im wesentlichen auf Zeugenaussagen Betroffener und der Art der Fragestellung an diese. Denn aussagekräftige zeitgenössische Schriftstücke bzw. Aktenbelege spielten keine Rolle, weil sie wohl nicht oder kaum vorlagen.

Da hatten NS-Führer, je höherrangig sie waren, also die möglichen Schreibtischtäter, es leicht, sich an kein Wissen um die Vorgänge oder an keine Verantwortung erinnern zu können; im Gegensatz zum einst sichtbar gewalttätigen Fußvolk.

Und wie sah es um die Ahndung der hiesigen Judenverfolgung aus?

Sie spielte auch in jenen oben erwähnten Prozessen nur eine periphere Rolle, obwohl 1933 ebenfalls Juden im Rahmen der Kommunistenverfolgung inhaftiert worden waren.
Doch diese wichtigen Zeugen bzw. ihre Aussagen fehlten. Diese Opfer waren entweder umgebracht oder an unbekannten Orten außer Landes. Möglicherweise wußte keiner der Ankläger von ihrer Involvierung.
So war es schon vorher in den Entnazifizierungsverfahren für die internierten Nazifunktionsträger (bis hinab zum Ortsgruppenleiter) einfach, sich weitgehend dumm zu stellen und immer nur das zuzugeben, was nicht geleugnet werden konnte. Das gilt insbesondere für die Kenntnis und Mittäterschaft bei der jeweils örtlichen Judenverfolgung (siehe Vernehmungsprotokoll R.Stumpf vom 15.8.1947).[479]

Die einzige Ahndung in Bezug auf die hiesige Judenverfolgung, vor allem die Pogromnacht und die Boykottaktionen in Frechen, erfolgte aufgrund von Untersuchungen des Entnazifizierungsausschusses des Landkreises Köln, der in Frechen tagte: Einige Verantwortliche und Täter, derer man aufgrund von Zeitzeugenaussagen habhaft wurde, wurden quasi zu ‚symbolischen Sühnemaßnahmen' herangezogen. Das heißt: Sie mußten einige Male Instandsetzungsarbeiten am zerstörten Judenfriedhof leisten, der geständige, im Jahr 1938 erst 14-jährige Hitlerjunge in gleicher Weise wie die älteren Nazitäter und -führer. Während hierbei noch der ehemalige Landrat und Kreisleiter Loevenich teilnehmen mußte, wurde ihm in seinem Revisionsprozeß wegen der o.a. Kommunistenmißhandlung am Rande bestätigt, er sei kein Täter des Pogroms von 1938 (sog. „Kristallnacht") gewesen, da er nicht in Frechen anwesend gewesen war (!). Die naheliegende Frage nach seiner zu vermutenden ‚Schreibtisch- oder Befehlstäterschaft' im Landkreis Köln wurde damals seltsamerweise vom Gericht nicht gestellt (siehe auch Kapitel „1938 – Der Novemberpogrom").[480]
1951 wurde er vom Entnazifizierungsausschuß (LRB Düsseldorf) in die Kategorie IV C eingestuft.

Aus den Zeiten des SS-Staates

Das waren keine Menschen mehr

Die Schinder und die Geschundenen
Landrat a. D. Loevenich, sein Bürgermeister und sein Polizeikommissiar zu Zuchthausstrafen verurteilt

Zwei weitere Menschenschinder vor Gericht
Nachspiel zum Prozeß gegen die Frechener Unmenschen

Nazi-Landrat Loevenich erneut vor Gericht
Er will von Mißhandlungen der Frechener Bergarbeiter nichts wissen

Einige Schlagzeilen Landkölner Zeitungen bezüglich Frechener Nazi-Prozesse, 1949/1950

Das öffentliche Interesse an einer Ahndung der örtlichen Naziverbrechen

Wie schon die erwähnte Äußerung des Hüchelner Hauptlehrers andeutet, gab es nach 1945 ein offensichtlich breites lokales Interesse an einer gerechten Ahndung der hautnahen lokalen Verbrechen im 3. Reich. Als die Militärbehörden erste ortsbekannte Nazis gefaßt hatten und im Rathause verhörten, gab es vor dem Gebäude einen Volksauflauf teilweise erbitterter Bevölkerung, wie sich ein damaliger einheimischer „Hilfs-Dolmetscher" erinnerte. Als dann zwei Verhörte, u.a. ein Hauptgewalttäter der „Kristallnacht", von der Militärpolizei aus dem Rathaus geführt wurden, war die Stimmung so aufgeheizt, daß es zu Rufen kam wie: „Die werden jetzt auf dem Marktplatz aufgehängt."[481]

Aber auch die lokale bzw. regionale Presse zeigte, nachdem sie wieder zugelassen bzw. entstanden war und frei berichten konnte (mit genügend Papierzuteilung), ein entsprechend breites Interesse an diesem Thema, vor allem an den erwähnten Kommunistenprozessen. Das gilt selbstverständlich auch für das interne Parteiblatt der Frechener Kommunisten, das „Frechener Blitzlicht."[482]

(Siehe Anhang / Hintergrundinformation 4)

Verhörprotokoll des internierten Reiner Stumpf (Abschrift), 1947

NACHTRÄGE ZUM BAND 2
(zum Kapitel „Zum Gedenken – Die Frechener Opfer der Judenverfolgung", S. 41ff)

Ergänzungen bzw. neue Erkenntnisse: Weitere jüdische Frechener, die noch nach dem 30. Januar 1933 in Frechen lebten

Zu Teil A, S. 45ff

Ich konnte zwischenzeitlich noch weitere jüdische Mitbürger feststellen, die nicht in den offiziellen zeitgenössischen Listen bzw. Statistiken der Nazizeit in Frechen als „Juden" festgehalten worden waren:

Liff, Ludwig
Beruf: Vertreter
geschieden
Wohnung: Frechen, Kölner Str. 9 (bis Sept. 1933)
weitere Meld.:   Rotterdam, Holland (zw. 18.-23.9.1933)

Schwarz, Brünetta, geb. Samuel
Verh.:   mit Max Schwarz
Wohnung: Frechen, Hauptstr 28 (bis ca. 18. Februar 1933)
weitere Meld.:   Köln-Ehrenfeld (ab ca. 18. Februar 1933)

Schwarz, Kurt Jakob
geb.: 22.03.1924
Eltern: Max und Brünetta Schwarz
Wohnung: Frechen, Hauptstr 28 (bis ca. 18. Februar 1933)
weitere Meld.:   Köln-Ehrenfeld (ab ca. 18. Februar 1933)

Sternberg, Philipp Dr. med. vet.
geb.:   8.8.1899 in Haren / Ems
Beruf::   Tierarzt / amtl. Trichinenbeschauer (1925/1933)
Eltern:
verh.:   mit Ruth Frank (30.08.1938)
Wohnungen: Haren/Ems (vor 19.2. 1925)
Frechen: Frechen, Breite Str. 45 (1925 -1933)
                   Haren/Ems (ab 2. Hälfte Juli 1933)
ausgewandert: USA (1939?)
gest.:   ? (lebt 1947 noch. - Ein Brief vom 20.7.47 aus USA in Haren erhalten)
 Quellen: StaF 7275; Stadt Haren/Ems (Fr. Graveler-Groß)
Anmerkung: Die Hochzeit fand noch in Haren statt.
                   Siehe auch das Kapitel „Die berufliche Kaltstellung des Dr. Philipp Sternberg" in diesem Band 3!

Ergänzende Erkenntnisse und Korrigenda zu den Personen in Teilband 2

Nach der Veröffentlichung v. Bd. 2 gab es auch eine Reihe von neuen Erkenntnissen zu den einzelnen Personen aufgrund neuerer Forschungsergebnisse. Etliche davon wurden mir freundlicherweise u.a. von Lesern, meist Forschern aus anderen Regionen, mitgeteilt. Herr Ulrich Flecken sei hier besonders erwähnt.

Zu Teil A Seite 45ff:

Cohen, Max Noe (Band 2, S. 53)
Anm.: Er war der Bruder von Cohen, Josef (Onkel von Josef Levy)

Cohnen, Manfred (Band 2, S. 54)
Er starb am 19.12.2008

Hertz, Henriette, geb. Meyer (Band 2, S. 57)
Ihr Mann Ludwig verstarb im Jahre 1926 in Mönchen-Gladbach.
Das Ehepaar Hertz wurde auf dem jüd. Friedhof zu Mönchen-Gladbach beerdigt.

Levy, Joseph Andreas (Band 2, S.64)
Er starb am 9. März 2003 im Staat New York/USA

Liff, Johanna geb. Rosenthal (Band 2, S. 66)
Sie wurde am 19.6.1860 in Butzbach/Hessen geboren.
Sie verstarb am 4.11.1938 in Hoengen-Warden (heute: Alsdorf)

Lippmann, Albert (Band 2, S. 67)
Er wanderte aus, ca. 1939 (Palästina?/ USA). Nach dem Krieg lebte er in den USA.
Er gelangte wieder in den Besitz des elterlichen Fachwerkhauses in der Breite Str. 18. Das Haus wurde später an die Mieter verkauft.

Lippmann, Henriette geb. Hartoch (Band 2, S. 68)
Eltern: Metzger Aron (André) Hartoch und Henriette Hartoch geb. Levy

Meyer, Mathilde geb. Salomon (Band 2, S. 70)
Eltern: Metzger Jakob Salomon und Juliane Salomon geb. Mayer aus Treis

Schwarz, Max (Band 2, Seite 76)
Er wohnte bis Mitte Februar 1933 noch in Frechen Hauptstr. 28 (Haus Samuel)
Er zog in der Woche vom 13.2. bis zum 18. 2. 1933 mit Frau und 1 Kind unter 14 Jahren nach Köln-Ehrenfeld um.
Die Eintragung in Greven's Adressbuch von 1934 war überholt.

Voos, Isaak (Band 2, Seite 82)
Wohnung: Freiheitsring 1B (1938/39)
Anmerkung: Die falsche Adresse basierte auf einem Tippfehler in einer zeitgenössischen Originalquelle. Zwischenzeitlich wurde diese Angabe auch in einer anderen lokalen Forschungsarbeit zitiert.

Zu Teil B, Seite 85ff:

Vornamensänderung: Mitteilung des emigrierten Dr. Max Samuel aus Brüssel

Meyer, Ludwig (Band 2, S. 101)
Er heiratete am 5.8.1926 in Jülich Sofia Elkan.
Im Frühjahr 1933 war er bereits für einige Wochen in Schutzhaft gesperrt worden und kam erst durch Vermittlung der Frau des Frechener Bürgermeisters Dr. Toll frei.

Samuel, Maximilian Dr. (Band 2, S.102)
1940 floh er vor den deutschen Truppen von Belgien nach Frankreich. Er wurde von Drancy am 31.8.1941 mit seiner Frau Hedwig (Anna) Samuel geb. Marcks und einer Tochter, Lieselotte Samuel, über Cosel nach Auschwitz deportiert. Die Ehefrau wurde sofort in die Gaskammern geschickt. Er und seine Tochter wurden 1943 ermordet.

Voos, Pauline (Band 2, S. 108!)
Name und Daten sind in diesem Kapitel zu streichen (!), da diese Person bereits im Teil A (S. 103) unter dem Namen „Stern, Pauline" aufgeführt ist.

Wargarcz, Meta geb. Levi (Band 2, S. 110!)
Sie war verheiratet mit Wolf Wargarcz (geb. am 7.3.1900 in Polen)
Das Ehepaar lebte noch 1935 mit der Tochter Marion in Aachen, Pontstr. 20
Nach dem Krieg wohnte sie in „Brooklyn", NY, USA. 1951 wurde ihr durch das „*Wiedergutmachungsamt*" das Haus ihrer Eltern (Hauptstraße 16) zurückgegeben, das sie anschließend verkaufte.

GEDENKBLATT
Die jüdischen Opfer des Naziterrors in Frechen (1933-1945)

Sie wurden alle in Frechen gedemütigt, diskriminiert, verfolgt.
Die hier nicht starben, flohen aus Frechen oder wurden verjagt.
Manche emigrierten. Andere wurden deportiert zur Vernichtung.

Abraham, Alfred Jakob

Abraham, Elfriede, geb. Winter

Abraham, Hermann

Abraham, Karoline, geb. Lippmann

Abraham, Max Abraham

Abraham, Salomon

Abraham, Siegfried

Baruch, Amalie

Baruch, Dora, geb. Heyum

Baruch, Emma, geb. Seligmann

Baruch, Erich Isidor

Baruch, Johanna

Baruch, Josef

Baruch, Siegfried

Billig, Albert

Billig, Rosalia, geb. Meyer

Cohen, Johanna

Cohen, Josef

Cohen, Max Noe

Cohnen, Amalie, geb. Mayer

Cohnen, Bernard

Cohnen, Henriette ('Henny')

Cohnen, Manfred

Cremer, Johanna, geb. Voos

Gimborn, Selma (Johanna), geb. Meier

Heres, Henriette, geb. Schwarz

Hermann, Helene, geb. Sommer

Hermann, Hugo

Hermann, Richard

Hertz, Henriette (auch Henny), geb. Meyer

Hess, Herta, geb. Billig

Hess, Karl Normann

Heumann, Arnold

Heumann, Billa, geb. Benjamin

Heumann, Emilie, geb. Meier

Heumann, Ivo-Rolf

Kaufmann, Babette, geb. Schwab

Kaufmann, Berta, geb. Kaiser

Kaufmann, Leo

Kaufmann, Max Günther

Kaufmann, Moritz

Kaufmann, Otto

Koch, Henny Juliette, geb. Baruch

Levi, Carl

Levi, Emma

Levi, Helene

Levi, Rafael

Levi, Rosa, geb. Cahn (auch Kahn)

Levi, Sarah, geb. Ehrlich

Levy, Joseph Andreas

Levy, Norbert

Levy, Paula, geb. Cohen

Levy, Senta Auguste ('Gustl')

Liff, Berthold

Liff, Helmut

Liff, Johanna, geb. Rosenthal

Liff, Jutta, geb. Leiser

Liff, Max

Liff, Moises („Moses')

Lippmann, Albert

Lippmann, Henriette,
geb. Hartoch

Lippmann, Hermann Julius

Lippmann, Josef

Lippmann, Martha,
geb. Isaak

Lippmann, Moritz

Mendel, Erna, geb. Billig

Meyer, Bertha

Meyer, Mathilde,
geb. Salomon

Meyer, Moritz

Meyer Regina, geb. Voos

Radermacher, Martha Clara,
geb. Voos

Salomon, Gretel

Salomon, Herta

Samuel, Irene

Samuel, Karoline

Samuel, Philipp (Philip)

Samuel, Saly (auch Sali),
geb. Büthen

Schaaf, Helene, geb. Lebelt

Schnog, Frieda, geb. Baruch

Schwarz, Alfred

Schwarz, Bernard

Schwarz, Edith Eva,
geb. Levi

Schwarz, Max

Schwarz, Robert Andreas

Seligmann, Arthur Alfons

Seligmann, Fritz Wilhelm

Seligmann, Paula,
geb. Samuel;

Sester, Rosalia, geb. Levy

Simons, Albert

Simons, Silva Klara,
geb. Samuel.

Sternberg, Philipp Dr.med.vet.

Voos, Adolf

Voos, Albert

Voos, Bernhard

Voos, Carolina

Voos, Edith

Voos, Esther

Voos, Eva

Voos, Hedwig

Voos, Helene, geb. Simon

Voos, Isaak („Isidor')

Voos, Ludwig

Voos, Rosalie,
geb. Lippmann

Winter, Elise

LITERATUR
Siehe auch Band 2!

Götz Aly, Hitlers Volksstaat, S. Fischer-Verlag, Frankfurt a. Main, 2005

H.-Dieter Arntz, Judaica – Juden in der Voreifel, Kümpel-Verlag, Euskirchen, 1983

H.-Dieter Arntz, Judenverfolgung und Fluchthilfe im deutsch-belgischen Grenzgebiet, Kümpel-Verlag, Euskirchen, 1990

Wolfg. Benz (Hrsg.), Überleben im Dritten Reich, Beck-Verlag, München 2003

Hajo Bernett, Der jüdische Sport im nationalsozialistischen Deutschland 1933-38, Verlag Karl Hofmann, Schorndorff, 1978

Dieter Corbach, 6.00 Uhr ab Messe Köln-Deutz – Deportationen 1938-1945, Köln, Scriba-Verlag, 1999

Hermann Daners/Josef Wißkirchen, Was in Brauweiler geschah, Verein f. Gesch. e.V., Pulheim 2006

Eric Ehrenreich, Otmar von Verschuer and the „Scientific" Legitimization of Nazi Anti-Jewish Policy, in: Holocaust and Genocide Studies 21. no. 1 (Spring 2007), S. 55-72

Jürgen Falter, Thomas Lindenberger, Siegfried Schumann, Wahlen und Abstimmungen in der Weimarer Republik, Verlag C.H. Beck, München, 1986

Franz Fichtl u.a., „Bambergs Wirtschaft Judenfrei", Collibri Verlag, Bamberg, 1998

Saul Friedländer, Die Jahre der Vernichtung, Beck, München, 2006

Heinrich De Groote, Judenverdrängung, Judenverfolgung, und Judendeportation auf dem Land unter den Bedingungen der nationalsozialistischen Herrschaft 1933-45 (Europäische Hochschulschriften, Reihe III, Bd. 992), Frankfurt/M. Lang 2005

Gerd Friedt, Carpena Judaica. Zur Geschichte der Kerpener Juden seit dem Mittelalter, (Hg. Heimatfreunde Stadt Kerpen e.V.), Beiträge zur Kerpener Geschichte und Heimatkunde Band XI, Kerpen 2008

Johannes Gläßer, Die Gleichschaltung in Frechen, Schriftl. Hausarbeit i. R. d. Ersten Staatsprüfung Köln, 1995

John A.S. Grenville, Die „Endlösung" und die „Judenmischlinge" im Dritten Reich, in: Das Unrechtsregime, Hg. Ursula Büttner (Festschrift f. W. Jochmann), Hamburg 1986, Bd. 2, S.91-121

Monika Grübel/Georg Möhlich (Hg.), Jüdisches Leben im Rheinland, Böhlau-Verlag Köln, 2005

Peter Hayes und Irmtrud Wojak, „Arisierung" im Nationalsozialismus. Volksgemeinschaft, Raub und Gedächtnis, Frankfurt a. M., 2000

Egon Heeg, Er träumte vom Fußball bei Frechen 20, in: 75 Jahre Spielvereinigung Frechen 20, Frechen, 1995

Egon Heeg, Der Frechener Judenfriedhof – Denkmal und Mahnmal zugleich, in: Hrsgr. Stadt Frechen, Lebendiges Frechen, Frechen, Dez. 1988, S. 8-14

Egon Heeg Frechener Straßen – Spiegel der Frechener Geschichte, Rheinland-Verlag, Köln, 1992

Egon Heeg, Die Köln-Frechener Keramik, 1919-1934, Rheinland-Verlag, Köln, 1992

Egon Heeg, Kreuz wider Hakenkreuz - Carl Havenith und seine katholische Jugend in Frechen (1931 – 1934), Teil I-III, in: Pulheimer Beiträge zur Geschichte und Heimatkunde, Hg.: Verein für Geschichte und Heimatkunde, Pulheim-Br., Bd. 12, Bd. 13., Bd. 15

Axel Huettner, Die jüdische Gemeinde von Kirchen 1736-1940, Lörrach-Hagen

Eric A. Johnson, Der Nationalsozialistische Terror, Siedler-Verlag, 2000

Serge Klarsfeld, Memorial to the Jews Deported from France, Beate Klarsfeld Foundation, New York, 1978

Peter Kleefisch, Die Kreisleiter der NSDAP in den Gauen Köln und-Aachen, Düsseldorf und Essen, Düsseldorf, 2000

Günther Kraushaar, Wenn alles in Scherben fällt, Hrgr.: Frechener Geschichtsverein e.V., Frechen, 2005

Peter Longerich, „Davon haben wir nichts gewusst!". Die Deutschen und die Judenverfolgung 1933-1945, Pantheon-Verlag, 2007

Neomi Naor u. Nika Robrock, Erinnerung – Eine Dokumentation über die Jüdinnen und Juden in Düren von 1933 bis 1945, Hahne und Schloemer, Düren, 1994

Joh. Neuhäusler, Wie war das in Dachau?, Manz AG, München, 1960

Reiner u. K.-J. Nolden, Klaus Schnitzler, Sie waren Nachbarn, Freunde, Kameraden. Zur Geschichte der Juden von Drove, Hahne und Schloemer, Düren, 2008

Elfi Pracht, Jüdisches Kulturerbe in NRW, Teil 1, Regierungsbezirk Köln, Bachem-Verlag, Köln 1977

Monika Richarz, Bürger auf Widerruf – Lebenszeugnisse deutscher Juden 1780-1945, Beck, München, 1980

Bernd Schmalhausen, Dr. Rolf Bischofswerder, Pomp-Verlag, Essen, 1998

P. Schmid (Schriftleiter, Hauptstellenleiter im Gaupresseamt), Die NSDAP. im Landkreis Köln – Ein Ehrenblatt in der Geschichte der Bewegung; in: Landrat Loevenich (Hg. u. Kreisleiter des Landkreises Köln), Heimatkalender für den Landkreis Köln 1937, S. 21ff

Hilde Sherman, Zwischen Tag und Dunkel – Mädchenjahre im Getto, Ullstein-Verlag, Frankfurt-Berlin, 1984

Leo Sievers, Juden in Deutschland, Lizenzausgabe, o.D.

Irena Strzelecka, Medizinische Experimente im KL Auschwitz, in: Auschwitz, Nationalsozialistisches Vernichtungslager, Oswiecim, 1997, S. 131ff

Horst Wallraff, Nationalsozialismus in den Kreisen Düren und Jülich, Hahne und Schloemer, Düren, 2000

Horst Wallraff, Vom preußischen Verwaltungsbeamten zum Manager des Kreises, Hahne und Schloemer, Düren 2004

Alfred Winter, The Ghetto of Riga an Continuance, A Survivors Memoir, 1998

Josef Wißkirchen, Reichspogromnacht an Rhein und Erft 9./10. November 1938, Verein f. Geschichte und Heimatkunde, Pulheim 1988

Josef Wißkirchen, Machtergreifung im ehemaligen Landkreis Köln, in: Pulheimer Beiträge zur Geschichte und Heimatkunde Band 26, 2002

Josef Wißkirchen, NSDAP-Kreisleiter Henrich Loevenich, in: Pulheimer Beiträge zur Geschichte und Heimatkunde Band 30, 2006, S. 295ff

Jeanette Wolff, Mit Bibel und Bebel, Gedenkbuch, Verlag Neue Gesellschaft, Bonn, 1981

Michael Zimmermann (Hg.), Geschichte der Juden im Rheinland und in Westfalen, (Schriften z. pol. Landeskunde NRW Band 11), Kohlhammer-Verlag, Köln, 1998

Thomas Zuche (Hg.), StattFührer – Trier im Nationalsozialismus, Paulinus-Verlag, 2005

ABBILDUNGSNACHWEIS

Privatbesitz
Stadtarchiv Frechen
Kreisarchiv
Sammlung Heeg

ANHANG

Hintergrundinformation 1

Die „Nacht" vom 30. zum 31. Januar 1933
Der kommunistische „Feuerüberfall" auf das Parteibüro der NSDAP

Es war am 30. Januar 1933, kurz vor Mitternacht!

Am Freiheitsring 62 wohnte der Polizeihauptwachtmeister Albert Lohe. (Grevens Adreßbuch 1934 2. Band) Lohe war vor einiger Zeit nach Frechen versetzt worden und seitdem Stellvertreter des schon seit längerem dienstunfähigen Polizeikommissars Neiß. Lohe sollte sich in Frechen sehr bald nach der Machtergreifung als ein allzu williges Werkzeug der Nationalsozialisten erweisen.

Laut eigener Aussage schlief Albert Lohe an jenem Abend schon. Plötzlich wurde er durch den Knall zahlreicher Schüsse aus dem Schlaf gerissen. Als er an das Straßenfenster stürzte, sah er, daß in Höhe der Ringschule eine heftige Schießerei im Gang war. Er will selbst ca. 40 Schüsse gehört haben. Er zog schnell seine Polizeiuniform an. Unmittelbar danach sah er ca. 20-25 Personen in Richtung auf sein Haus kommen. Er eilte hinaus. Er erkannte sofort, daß es sich um Kommunisten handelte. Er stellte und durchsuchte die Leute, fand aber keine Waffen. Sie behaupteten, sie seien von SA und Nazis vom Parteibüro der NSDAP aus beschossen worden.

Daraufhin eilte er zum Parteibüro der NSDAP in der Hüchelner Str. 71. Dort traf er entsprechend viele NS-Leute an. Deren Anführer Reiner Stumpf und der SA-Führer Hermann Böhm, ein Nachbar Lohes, behaupteten natürlich das Gegenteil: Sie wären mit 50-60 Kugeln beschossen worden, aber keiner von ihnen hätte zurückgeschossen. Doch ein ortsansässiger Lieferwagenfahrer sei in den rechten Fuß getroffen worden und mit dem Krankenwagen ins Katharinenhospital gebracht worden. Tatsächlich handelte es sich bei dem Angeschossenen um den SS-Mann G.. Das war jemand, der selbst schon ein Vorstrafenregister hatte (Diebstahl, Schlägerei). Ein Jahr später formulierte Reiner Stumpf, der Ortsgruppenleiter der NSDAP, das Ereignis so: *„In der Nacht zum 31.1.33, punkt 24 Uhr krachten die Schüsse der Kommune auf unsere Geschäftsstelle. Durch Beinschuss verletzt, mußte unser Pg. G..... zum Krankenhaus transportiert werden. Haussuchungen förderten kein belastendes Material, aber auch keine einzige Waffe bei diesen Heckenschützen zutage…".* [1]

Am nächsten Morgen wurden die Verhöre weitergeführt. In der neueren Literatur wird heute eine einzige scheinbar neutrale Zeugenaussage erwähnt, die eines angeblich „unbeteiligten Zivilisten". Der schob den Kommunisten die alleinige Schuld zu. [2] Tatsächlich handelte es sich bei diesem „zufälligen" Augenzeugen um den Architekten Heinrich Loevenich. Der war aber damals der Kreisleiter der NSDAP.

Bei all diesen fragwürdigen parteiischen Aussagen wollen wir die Schuldfrage hier nicht weiterverfolgen. Wahrscheinlich war von beiden Seiten geschossen worden. [3] Zwar waren die Kommunisten vor dem NS-Parteibüro erschienen. Isoliert gesehen war es also ein Überfall. Doch es hatte vor diesem Gefecht schon den ganzen Tag auf beiden Seiten vorbereitende Versammlungen vor allem von Rotfront und SA gegeben.

Im Grunde war dies noch eine der häufigen Straßenschlachten der ‚Weimarer Zeit' zwischen diesen beiden radikalen Lagern, bei denen aber in Frechen in der Regel die Kommunisten schon allein wegen ihrer zahlenmäßigen Überlegenheit die Oberhand behielten.

**Wichtig für die Gesamtzusammenhänge, auch hinsichtlich der Judenverfolgung, ist diese Schießerei vom 30. Januar aus folgendem Grund:
Zunächst schienen die polizeilichen Ermittlungen wegen der fehlenden Beweise nichts zu bringen. Doch gerade dieses Ereignis sollte Wochen und Monate später, im Zuge der kommunalen Machtusurpation der Nationalsozialisten, deren willkommener Anlaß zu Verhaftungen und schließlich brutalstem Terror werden; auch zu willkürlichen Verfolgungsmaßnahmen gegen völlig unbeteiligte Juden.** [4]

---
[1] in: Stadt Frechen Hauptamt, 1961 von Brühl übersandte Akte der Ortsgruppe Frechen der NSDAP; hier Schreiben des Ortsgruppenleiters R. Stumpf an die Kreisleitung v. 10.01.34
[2] Eric A. Johnson, Der Nationalsozialistische Terror, Siedler-Verlag, 2000, S. 183
[3] Sammlung Heeg, ZZA NS-59 u. NS-3 = unbeteiligte Zeitzeugen
[4] Siehe auch: Josef Wißkirchen, NSDAP-Kreisleiter Henrich Loevenich, in: Pulheimer Beiträge zur Geschichte und Heimatkunde Band 30; 2006, S. 295ff

Hintergrundinformation 2

Dr. Toll

Im Jahre 1951 wurde Frechen Stadt. Zu den prominenten Gästen zählten zwei Männer aus der Politikerriege der Weimarer Zeit. Einerseits war es der Regierungspräsident Dr. Warsch, der in seiner offiziellen Funktion der Stadt die Urkunde überreichte. Andererseits war es der wohl bedeutendste Bürgermeister, den Frechen je hatte, der 1933 von den Frechener Nazis aus dem Ort verjagte Dr. Toll. Gemeinsam war beiden: Sie waren in der Weimarer Zeit Zentrumspolitiker gewesen. Doch, wie mir ein früherer Stadtdirektor Frechens berichtete, ging Dr. Warsch dem einstigen Parteikollegen aus dem Wege, weil er ihm vorwarf, nach der Machtergreifung einen Aufnahmeantrag in die NSDAP gestellt zu haben.[1]

Tatsächlich hatte Dr. Toll am 1. Mai 1933 diesen Antrag gestellt. Damit könnte man ihn noch zu jener Gruppe zählen, die gerne abfällig nach dem Kriege als „Märzgefallene" bezeichnet wurde, weil man diesen Leuten pauschal unterstellt, ihr politisches Hemd gewechselt zu haben, um aus persönlichen Gründen ihren Posten zu retten.

Wer so voreilig undifferenziert urteilt, macht es sich zu leicht. Dr. Toll war während der Weimarer Republik im Landkreis Köln als Kreisvorsitzender der Zentrumspartei der eifrigste, konsequenteste und erfolgreichste politische Gegner der Nazis aus dem Lager der demokratischen Parteien. Er konnte nicht ernsthaft glauben, daß die hiesigen fanatischen Nazis ihn plötzlich als einen der ihren anerkennen würden. Er wollte nach eigener Aussage durch das Aushalten im Amt das schlimmste so lange wie möglich verhüten. Man mag ihm im Nachhinein vorwerfen, das sei falsch gewesen. Der ungebremste blutige Terror der Nazis brach jedenfalls über Frechen erst nach seinem Sturz und dem von der NSDAP für ihn ausgesprochenen ständigen Ortsverbot herein.

Seine in diesem Buch beschriebenen Verhaltensweisen und die folgende Kurzbiographie aus meinem früheren Buch „Frechener Straßen" mögen dem Leser helfen, zumindest einen eigenen Eindruck zu gewinnen.

[1] Sammlung Heeg, Zeitzeugenaussage ZZA NS-9

Textauszug aus E. Heeg, Frechener Straßen, Dr-Toll Str., S. 63f:

Dr. Peter Toll, Bürgermeister

26 Dr.-Toll-Straße

Von 108 Bewerbern um die vakante Bürgermeisterstelle Frechens — der Bürgermeister erfüllte damals auch die Funktion des heutigen Stadtdirektors — entschied sich die Bürgermeistereiversammlung in ihrer Sitzung vom 2. 6. 1925 für den damaligen Beigeordneten der Stadt Viersen, Dr. Peter Toll (1891—1966).

Frechen war eine Bürgermeisterei mit besonders großen wirtschaftlichen und sozialen Problemen. Die Wohnungsnot war für uns heute unvorstellbar. Dr. Toll ging diese Probleme mit Elan an. Er setzte die notwendige Zusammenlegung der Gemeinden Bachem, Frechen und Buschbell, ein heißes Eisen, gegen den Widerstand vieler Kirchturmpolitiker durch. Obwohl seine Partei, das Zentrum, bis 1933 im Gemeinderat die absolute Mehrheit der Mandate besaß, versuchte er, manchmal unter Mißbilligung seiner eigenen Partei, auch die oppositionelle SPD für seine kommunalpolitischen Ideen und Vorhaben zu gewinnen, indem er diese an den Problemlösungen beteiligte und sich konzessionsbereit zeigte. So wurde damals trotz der Wirtschaftskrise besonders die Wohnungsnot gelindert. Frechen gewann innerhalb der Rheinprovinz eine Spitzenstellung im Wohnungs-, Schul- und Straßenbau. Gleichzeitig entwickelte es sich zum rheinischen „Mekka" der Stadtplaner und Architekten aufgrund seiner Baumaßnahmen im Bereich der Keimesstraße und des Freiheitsrings (u. a.). Dieser Entwicklung wurde ein abruptes Ende gesetzt, als die Frechener Nationalsozialisten nach den Märzwahlen 1933 — ohne Wählerauftrag — die Macht an sich rissen. Sie zwangen den Bürgermeister, mit dem sie sich früher sprichwörtlich „bis aufs Messer" auseinandergesetzt hatten, zurückzutreten, obwohl dieser versuchte, durch äußere Anpassung (zuletzt auch Antrag auf Eintritt in die NSDAP am 1. 5. 1933/Parteianwärter) sein Amt zu behalten, um weiter seine erfolgreiche Politik fortsetzen zu können und um das schlimmste Unheil zu verhüten (lt. Aussage v. Pfarrer Hennes 1946). Druckmittel war — wie überall — eine Untersuchung über Verfehlungen im Amt (s. **70**). Am 21. Juni 1933 fand der Rücktrittsakt statt. Die örtliche NSDAP inszenierte um 14.30 Uhr den üblichen Volksauflauf vor dem Rathaus. Die tobende Menge forderte und erzwang die „Beurlaubung" des Bürgermeisters (laut Protokoll: auf eigenen Wunsch). Im Juli 1933 erhielt Dr. Toll ein unbefristetes Aufenthaltsverbot für die Gemeinde Frechen.

Kurzfristig wurde er noch einmal Bürgermeister in Andernach, mußte aber bereits 1934 dieses Amt trotz massiver Proteste zahlreicher Andernacher Bürger abgeben. Aufgrund mancher seiner Handlungsweisen sah die NSDAP die „politischen Notwendigkeiten", ihn abberufen zu lassen. Beispielsweise hatte er es gewagt, dem früheren Landtagsabgeordneten (KPD) und Frechener Gemeinderatsmitglied Johann Bürger ein gutes Leumundszeugnis für dessen Landesverratsprozeß auszustellen.

Im Juli 1943 trat er der Berliner Widerstandsgruppe um die 1944 hingerichteten Dr. Grosskurth und Herbert Richter bei.

Hintergrundinformation 3

Der 21. Juni: Die Machtergreifung im Kreis und in Frechen

Der inszenierte Sturz von Landrat Heimann und Bürgermeister Dr. Toll

Der 21. Juni war der Tag der endgültigen Machtusurpation im Landkreis Köln und in Frechen. Es war eine von den Nationalsozialisten, speziell dem Kreisleiter der NSDAP, gut vorbereitete Inszenierung eines Polit-Schauspiels. Perfekt vorbereitet war es vor allem aus dramaturgischen Gründen. Schon am 20. Juni hatten die Nationalsozialisten den Frechener Bürgermeister Dr. Toll gezwungen, nun auch nominell die Führung der Frechener Polizei in die Hände seines Stellvertreters, des Beigeordneten (und Ortsgruppenleiters der NSDAP) Reiner Stumpf zu geben. [1]

Am Morgen des 21. Juni wurde durch einen sich revolutionär gebärdenden Volksauflauf von zusammengetrommelten Nationalsozialisten aus dem gesamten Landkreis, vornehmlich SA, der Rücktritt des Landrats in Köln erzwungen. Der Kreisleiter Loevenich trat dabei als großer „Friedensstifter" auf. Mit dem Hinweis auf die bedrohliche Lage „überzeugte" er den Landrat Heimann und auch dessen Stellvertreter Dr. Gies davon, zurückzutreten und ihr Beurlaubungsgesuch einzureichen. Nur so konnte er dem Wunsch der „gesamten Bevölkerung" entsprechen, d.h. selbst kommissarisch die Amtsgeschäfte des Landrats übernehmen. Der Ausdruck „gesamte Bevölkerung" bedeutete damals in NS-Sprache immer „die Nationalsozialisten". Die anderen zählten nicht. [2]

Wenige Stunden später, unmittelbar nachdem Heinrich Loevenich um 13 Uhr die Amtsgeschäfte in Köln übernommen hatte, wurde exakt das gleiche revolutionäre Possenspiel vor der Eingangstreppe des Frechener Rathauses aufgeführt. Frechener SA-Leute, die noch Stunden vorher in Köln aufgetreten waren, spielten nun auch hier in schlecht getarntem Räuberzivil die gewaltbereiten Revolutionäre. [3] Hier übernahm der Ortsgruppenleiter Reiner Stumpf die Rolle des ‚Friedensstifters'. Das war eine Rolle, die ihm überhaupt nicht lag. So beging er den Fauxpas, daß er anschließend in seinem Bericht über das Ereignis an den neuen Landrat stolz und eitel formulierte, er habe den Rücktritt des Dr. Toll „angeordnet". Das entsprach der Wahrheit. Dr. Toll war von ihm gezwungen worden. Doch das entsprach nicht dem theatralischen und pseudolegalen ‚Drehbuch' des Kreisleiters Loevenich. Offensichtlich wurde Stumpf durch eine rechtzeitige telefonische Beratung, wohl seitens des neuen (*„stellvertr. kommissarischen"*) Landrats, ‚bewogen', die obige Formulierung übertippen zu lassen und einen formaljuristisch sauberen Machtübergang zu schildern. [4]

Daß dies ein von langer Hand vorbereitetes Possenspiel war, zeigt auch die Pressemitteilung des einstigen zentrumsnahen „Frechener Tageblattes" vom nächsten Tag:
Bereits am Tag der Ereignisse, am 21. Juni erhielt dessen Redaktion eine umfangreiche Berichterstattung von der NSDAP. Das Frechener Tageblatt wurde gezwungen, diese wortwörtlich in der Ausgabe für den 22. Juni zu veröffentlichen. Sie bestand

1. aus einer wortgetreuen „Wiedergabe" eines Artikels des Westdeutschen Beobachters, der ebenfalls erst am nächsten Tag(!) erschien und
2. aus einem bereits vorformulierten, jedoch scheinbar eigenen Jubelbericht des Frechener Tageblattes über den spätabendlichen Empfang Loevenichs in Frechen, dessen Höhepunkt ein Fackelzug à la 30. Januar in Berlin war. [5]

Am 22. Juni erfolgte schließlich die schriftliche Verfügung des „neuen" Landrates Loevenich: *„Die Verwaltung"* (der Gemeinde Frechen) *„wird von dem kommissarischen Beigeordneten Stumpf mit Unterstützung seitens des kommissarischen Beigeordneten Hesemann geführt."* [6]

Dreieinhalb Monate nach der Machtübergabe im Reich an Hitler war nun im Landkreis Köln und in Frechen die endgültige Machtübernahme durch die Nationalsozialisten vollzogen worden.

---

[1] Egon Heeg, Frechener Rathäuser, Stadtarchiv Frechen, 2001, S. 72
[2] Siehe den Artikel des Frechener Tageblattes v. 22. Juni 33!
[3] Sammlung Heeg, Zeitzeugenaussagen ZZA NS-1, -6, -7, -24 -28
[4] Bericht des kommissarischen Bürgermeisters an den komm. Landrat v. 21.6.33
[5] Sammlung Heeg, ZZA NS-24 (Mitteilung des früheren Redakteurs des Frechener Tageblattes)
[6] Verfügung des „Landrates" v. 22.6.1933

> Heute mittag gegen 2 1/2 Uhr versammelte sich eine große Anzahl Ortseingesessener vor dem Rathause, die die Beurlaubung des Bürgermeisters forderte. Daraufhin hat der Ortsgruppenleiter Stumpf ~~xix Exxxiaxxxxx xxx Bxxgxxxxxixxxxxxxxgxxxxxxxx~~ nach Rücksprache mit dem stellvertretenden kommissarischen Landrat Loevenich die Beurlaubung des Bürgermeisters angenommen und die Führung der gesamten Dienstgeschäfte auf Anordnung des Landrats Loevenich übernommen. Die Amtsgeschäfte im poli-

Die verräterische Korrektur: *Die ‚Anordnung' der Beurlaubung des rechtmäßigen Bürgermeisters Dr. Toll ist übertippt. (Ausschnitt aus dem Bericht des „kommissarischen Bürgermeisters Stumpf" an den „stellvertretenden kommissarischen Landrat Loevenich über die Machtusurpation in Frechen, 21.6.1933)*

Frechener Tageblatt vom 22.6.1933

Landrat Heimann beurlaubt.
Kreisleiter Lövenich mit der kommissarischen Leitung des Kreises Köln-Land beauftragt.

Die Regierungspressestelle teilt mit: Der Landrat des Kreises Köln-Land, Heimann, ist gestern auf seinen Antrag bis auf weiteres beurlaubt worden. Mit seiner vorläufigen Vertretung ist der Erste Kreisdeputierte, Lövenich, der Kreisleiter der NSDAP. Köln-Land, beauftragt worden.

*

Zu den Vorgängen, die zu der Absetzung Heimanns führten, schreibt der „Westdeutsche Beobachter":

Gestern morgen kurz vor 11 Uhr hatte sich vor dem Landratsamt Köln-Land eine große Menschenmenge angesammelt, die spontan die Absetzung des Landrats Heimann verlangte. Es war bekannt geworden, daß Landrat Heimann die Gemeindesteuern um hundert Prozent erhöhen wollte. Darüber sehr in Aufregung geraten, erschienen nun viele alte Nationalsozialisten aus sämtlichen Bürgermeistereien des Landkreises Köln und wollten ihrer Unzufriedenheit durch eine Demonstration vor dem Landratsamt Ausdruck geben. Die Menschenmenge stieg auf etliche Tausend an und nahm eine bedrohliche Haltung gegen den Landrat an. Sprechchöre wurden gebildet und verlangt daß Landrat Heimann, der ehemals der Zentrumspartei angehörte, wegen Sabotage an der nationalen Aufbauwirtschaft zurücktreten müsse. Die Menschenmenge war nicht mehr zu halten, bis der Kreisleiter Pg. Lövenich erschien und sie zur Ruhe mahnte. Immer wieder ertönte der Ruf: „Landrat Heimann muß verschwinden". Daraufhin verhandelte Kreisleiter Pg. Lövenich mit dem ehemaligen Landrat und seinem Assessor Dr. Gies und wies auf die Gefahren hin, die aus der bedrohlichen Haltung der Menschenmenge entstehen könnten. Der Regierungspräsident Dr. zur Bonsen wurde sofort in Kenntnis gesetzt und sagte sein persönliches Erscheinen zu. Als der Regierungspräsident die Lage übersah, legte er dem Landrat Heimann nebst seinem Assessor Dr. Gies die Beurlaubung nahe. Diesem Ersuchen sind Landrat Heimann und Assessor Dr. Gies auf Drängen der gesamten Bevölkerung denn auch nachgekommen.

Kreisleiter Pg. Loevenich, als erster Kreisdeputierter und Kreisausschußmitglied, wurde vom Regierungspräsidenten Dr. zur Bonsen mit der Leitung der Geschäfte des Landratsamtes Köln-Land beauftragt.

Nach einer kurzen Ansprache des neuen kommissarischen Landrats stimmte die Menge begeisterte Hochrufe auf unsern Führer Adolf Hitler, auf unser Vaterland und auf die nationale Revolution an. Mit besonderer Genugtuung nahm die Bevölkerung davon Kenntnis, daß unser bewährter Pg. Kreisleiter Loevenich die Geschäfte und die Wahrung der Interessen des Landkreises Köln übernommen habe. Sofort zog sich in disziplinierter Ordnung die gesamte Bevölkerung wieder zurück mit der Genugtuung nun ihre Interessen durch einen alten Nationalsozialisten gewahrt zu sehen. Pg. Kreisleiter Loevenich übernahm mittags um 1 Uhr die Geschäfte des Landkreises Köln und somit ist die Gewähr dafür gegeben, daß nunmehr auch im Landkreise Köln nach nationalsozialistischen Grundsätzen gearbeitet wird.

Soweit der „Westdeutsche Beobachter". Wir freuen uns in dem neuen Landrat einen Sohn unserer Heimatgemeinde Frechen zu sehen. Daß er die Sympathien und das Vertrauen der Gemeinde besitzt, beweist der gestern abend stattgefundene Empfang in unserem Orte.

Außer der SA. und SS. hatten sich zahlreiche Vereine und fast die ganze Bevölkerung am Bahnhof eingefunden, die einen Fackelzug veranstalteten und ihn zum Hindenburgplatz führten. Die Straßen waren festlich geflaggt und illuminiert. Auf dem Platze wurden verschiedene Begrüßungsansprachen gehalten, an die sich eine eindrucksvolle Kundgebung und Beglückwünschung im Schützenhause anschloß.

Die ruhige und besonnene Art, sein großes Gerechtigkeitsgefühl und nicht zuletzt seine sachlichen Kenntnisse, mit denen er die Dinge anfaßt, geben Gewähr, daß es ihm gelingen wird Ordnung zu schaffen und die Schwierigkeiten zu meistern, zum Wohle unserer lieben deutschen Heimat. Dem neuen Landrat „Sieg-Heil!"

Hintergrundinformation 4

Quellenbeispiele: Zeitungsberichte 1947-50

Damit sich der Leser selbst einen Eindruck von der damaligen Situation und Stimmungslage in Frechen machen kann, seien hier exemplarisch einige Originalausschnitte aus diesbezüglichen zeitgenössischen Quellen wiedergegeben:

Das waren keine Menschen mehr

Köln-Land. Die Schamröte mußte einem ins Gesicht steigen, wenn man die Zeugenvernehmung in der weiteren Verhandlung vor dem Kölner Schwurgericht gegen das Nazidreigestirn Landrat-Bürgermeister-Polizeikommissar von Frechen anhörte. In der viehischsten Weise wurden die verhafteten Kommunisten, um sie zu Aussagen zu zwingen, mit Gummiknüppeln und anderen Werkzeugen so lange geschlagen, bis sie bewußtlos waren. Dann wurden sie mit kaltem Wasser wieder zum Bewußtsein gebracht, um aufs neue „vernommen", d.h. den unmenschlichsten Prozeduren unterworfen zu werden. Einer der so Mißhandelten ist wenige Tage später im Düsseldorfer Lazarett gestorben, ein zweiter beging einen Selbstmordversuch.

Die drei Angeklagten können sich nicht damit herausreden, daß sie solche Mißhandlungen nur widerwillig geduldet und als Beamte keine Möglichkeit gehabt hätten, sie zu unterbinden. Die Aussagen der Opfer ergaben deutlich, daß die Nazihelden aus sadistischer Lust die Schandtaten der SS unterstützten. Kommissar Weyer ist der Typ des sturen Beamten, der bedenkenlos jeden Befehl ausführt. Weit unsympathischer aber noch ist das Verhalten des Landrats und Kreisleiters Lövenich und des Bürgermeisters Stumpf. Schon im Sommer 1933 gingen im Publikum allenthalben Gerüchte herum, in welch furchtbarer Weise politisch Andersdenkende behandelt wurden, um Geständnisse zu erpressen. Oftmals war das Publikum selbst Ohrenzeuge derartiger Roheiten, wenn die Schreie der Gequälten aus den Gefängnissen hallten. Und da behaupten Landrat und Bürgermeister noch, sie hätten von solchen Vorgängen nichts gewußt! Lövenich wird außerdem noch vorgehalten, daß er selbst, als von Amts wegen eine Untersuchung der Vorgänge in Frechen eingeleitet wurde, vor dem untersuchenden Beamten erklärt hatte, er übernehme als Kreisleiter und Landrat die volle Verantwortung für das, was in Frechen geschehen sei.

Der Staatsanwalt beantragte nach eingehender Zeugenvernehmung gegen Weyer und Stumpf wegen Körperverletzung in 9 Fällen — davon in einem mit Todesfolge — Erpressung von Geständnissen und Verbrechen gegen die Menschlichkeit 3 bzw. 2½ Jahre Zuchthaus, gegen Lövenich, dem zwei Fälle, davon einer mit Todesfolge, zur Last gelegt sind, 2 Jahre Zuchthaus bei sofortiger Verhaftung.

Die Geschworenen hielten berechtigterweise den Landrat und Kreisleiter Lövenich, der der Vorgesetzte der beiden anderen war und der auch das SS-Kommando einsetzte, für den Hauptschuldigen und verurteilten ihn zu 3 Jahren 3 Monaten Zuchthaus, Stumpf zu 3 Jahren und Weyer zu 2 Jahren 9 Monaten Zuchthaus. Allen Angeklagten wurden die Ehrenrechte auf 3 bzw. 4 Jahre aberkannt und ihre sofortige Verhaftung angeordnet.

Kölnische Rundschau, KL Nr. 63 v. 31.05.1949

Aus den Zeiten des SS-Staates

Frechen. Erinnerungen an die grauenhaftesten Zeiten der Inquisition ruft ein Prozeß wach, der gestern vor dem Kölner Schwurgericht gegen den ehemaligen Polizeikommissar Anton Weyer, den ehemaligen Bürgermeister Reinhold Stumpf (beide aus Frechen) und den ehemaligen Landrat des Kreises Köln-Land, Heinrich Lövenich, begann.

Den Angeklagten wird vorgeworfen, mindestens neun Kommunisten, die wegen angeblichen Besitzes von Waffen und Sprengstoff verhaftet worden waren, auf Grund des berüchtigten „Grauert-Prügel-Erlasses" —, der seinerzeit bereits in dem Hochkreuz-Prozeß eine Rolle gespielt hatte —, der SS „zur Behandlung" übergeben zu haben. Von diesem Kommando seien die Verhafteten so lange in geradezu viehischer Weise mißhandelt worden, bis sie, ihrer Sinne kaum mehr mächtig, alles unterschrieben, was ihnen vorgelegt wurde.

Die Angeklagten können die Mißhandlungen von Verhafteten nicht bestreiten, suchen sich aber gegenseitig die Schuld zuzuschieben. Die Zeugenaussagen, die am Nachmittag begannen, werden den wahren Sachverhalt und das Maß der Schuld des einzelnen Angeklagten zu klären haben.

Kölnische Rundschau, KL Nr. 62 v. 28.05.1949

Die Schinder und die Geschundenen

Landrat a. D. Loevenich, sein Bürgermeister und sein Polizeikommissar zu Zuchthausstrafen verurteilt

Der Landrat des Landkreises Köln wurde vom Schwurgericht in Köln wegen Verbrechens gegen die Menschlichkeit, Aussagenerpressung und gefährlicher Körperverletzung im Amte in neun Fällen, darunter ein Fall mit Todesfolg, zu einer Zuchthausstrafe von drei Jahren und drei Monaten verurteilt, der Bürgermeister Reinhold Stumpf wegen derselben Taten zu einer Zuchthausstrafe von drei Jahren und der Polizeikommissar Anton Weyer zu einer Zuchthausstrafe von zwei Jahren und neun Monaten. Die bürgerlichen Ehrenrechte wurden den Angeklagten Weyer und Stumpf auf die Dauer von drei Jahren, Loevenich auf die Dauer von vier Jahren aberkannt.

Zwei Tage lang bemühte sich das Schwurgericht in Köln in der vergangenen Woche, den Ereignissen nachzuspüren, die vom 12. Juli bis 18. Juli 1933 im Frechener Rathaus und in einer dunklen Ringofenkammer einer stillgelegten Tonröhrenfabrik abgelaufen sind, wo bei Licht einer Kerze Menschen mit Gummiknüppeln und Latten geschunden und zusammengeschlagen wurden, um sie zu Aussagen zu zwingen.

Im Hintergrund sollte nach den Worten des Staatsanwalts der „bewaffnete Aufstand" gestanden haben, wie er gemeinhin genannt wird. In Wahrheit war dieser Aufstand als „Kommunistischer Umsturzversuch am Vorabend der nationalen Revolution" in einem Buch des Eckart-Verlags Berlin in Millionenauflage an 186 Druckseiten an allen Kiosken zu kaufen. Er stellte lediglich einen Vorwand dar, um die gesamte Opposition von links hinter Gitter zu bringen. Überall im Lande gab es vorbeugende Festnahmen, es wurden Vernehmungen durchgeführt, man forschte nach Waffen und Sprengstoff, und als die legalen Mittel nicht schnell genug zum Ziel führten, entschloß sich die Partei, die in ihrer SA und SS mit der Polizei gekoppelt wurde, zu rücksichtslosen Gewaltmaßnahmen. Den Schein der Rechtmäßigkeit gab ein Erlaß des Staatssekretärs Grauert aus dem preußischen Innenministerium, der bestimmte, daß Festgenommene der SS zur Vernehmung überstellt werden konnten.

Was geschah nun in Frechen?

Dort war noch ein Feuerüberfall auf das Parteihaus aufzuklären, ein Taxifahrer war ermordet, ein SA-Mann war erschossen worden, und wie ein drohendes Verhängnis stand über dem Landkreis Köln die Gewißheit, daß Sprengstoff verborgen gehalten wurde. „Für das, was geschehen ist, gibt es nur einen einzigen Milderungsgrund", hieß es in der Urteilsbegründung des Schwurgerichts, „der Sprengstoff bildete eine Lebensgefahr für die ganze Bevölkerung, ihn zu finden war daher zweifellos die besondere Aufgabe der Behörden, die Erfüllung der Aufgabe entsprach einer geordneten Staatsführung, jedoch die Mittel, mit denen die Aufgabe gelöst werden sollte, waren in keiner Weise gerechtfertigt."

Man hatte etwa 60 Bürger aus Frechen, meist Anhänger der KPD, nach Köln ins Gefängnis geschafft. Im Juli 1933 wurden sie entlassen und nach einigen Tagen in Frechen abermals zur Vernehmung geholt. Inhaber der Polizeigewalt war der erst kurze Zeit in Frechen tätige Polizeikommissar Weyer, der es später bis zum Major gebracht hat.

Ihm gelang es zunächst nicht, im Wege der ordnungsmäßigen Vernehmung die erhofften Auskünfte von den Häftlingen zu erhalten. Der Bürgermeister und gleichzeitig Ortsgruppenleiter, Stumpf, war ebenso wie der Landrat und Kreisleiter, Loevenich, mit dem Ergebnis der Untersuchung unzufrieden.

Am 12. Juli erschien plötzlich ein SS-Kommando aus Köln im Frechener Rathaus und besetzte im oberen Stockwerk ein Zimmer. Darauf begannen die Grausamkeiten. Wer die SS gerufen hat, war jetzt, nach 16 Jahren, nicht mehr festzustellen.

Wir können die Aussagen der Opfer, die als Zeugen am Schwurgericht vorbeidefilierten, außer Betracht lassen. Diesmal genügt, was die Angeklagten selbst aus freien Stücken mitteilen.

Der Angeklagte Weyer: Er hat den Grauertschen Prügelerlaß in Händen gehabt. Als das SS-Kommando eintraf, etwa ein halbes Dutzend Raufbolde schlimmster Sorte, ließ er sich die Festgenommenen einzeln vorführen, hörte sie noch einmal kurz und schickte sie dann durch Polizisten zur SS oder brachte sie selbst hinauf. Er hörte die Schreie der Opfer, sah sie wieder, wenn sie sich, schwarz und blau geschlagen, blutend und in Schmerzen windend, in sein Dienstzimmer schleppten, er vernahm sie unverzüglich, fertigte ein Protokoll an und ließ die Geschundenen unterschreiben, was sie nicht einmal mehr lesen konnten. Die Beamten und Angestellten des Rathauses begannen rebellisch zu werden, draußen auf der Straße schrien Frauen, die das Schreien der Opfer aus dem Rathaus gehört hatten, und nun kam ein teuflischer Gedanke, die Aktion nach zwei Tagen am Rathaus abzubrechen und in eine stillgelegte Tonröhrenfabrik zu verlegen. Im Zwielicht einer spärlich erleuchteten Ringofenkammer gingen die Folterungen in unmenschlicher Weise weiter. Nach jeder Mißhandlung wurden die Häftlinge zu Weyer zurückgebracht, und in ihrem taumelnden Zustand der Benommenheit und der halben Bewußtlosigkeit wurden sie erneut vernommen. Als bereits die Ärzte im Ort murrten und vorstellig wurden, endlich nach zwei Tagen, plagten den Kommissar Gewissensbisse, er begab sich mit dem Bürgermeister und dem Landrat in die Kammer, und dann sorgte der Landrat dafür, daß die SS-Leute am nächsten Tag nicht mehr erschienen.

Einer der Häftlinge kam nach Düsseldorf ins Gefängnislazarett und starb dort an seinen schweren Verletzungen. Der Gefängnisgeistliche erstattete Anzeige bei dem preußischen Ministerpräsidenten Göring, das Schreiben wurde an die Regierung in Köln weitergeleitet, und eines Tages meldete sich ein Regierungskommissar in Frechen und forderte in einer Konferenz vom Landrat, dem Bürgermeister, dem Polizeikommissar und dem SS-Standartenführer Max Rechenschaft. Er habe die Vollmacht, die Schuldigen zu verhaften und könne sie in ein KZ bringen, erklärte er. Loevenich hat alsbald die Beteiligten aus dem Zimmer gewiesen und sich mit dem Regierungsvertreter unter vier Augen unterhalten. Anschließend erklärte er dem Bürgermeister und dem Polizeikommissar: „Was geschehen ist, dafür habe ich allein die Verantwortung. Der Fall ist erledigt!" Damit war das Verfahren abgeschlossen.

Der Angeklagte Stumpf, ein stupider Tor, der noch Mitte April 1945 an den „Endsieg" geglaubt hat, erklärte mit verkniffenem Gesicht: „Ich habe mich nicht eingemischt, ich war niemals zugegen, als mir den Sprengstoff haben wir gefunden, als mir ein Festgenommener ohne jede Mißhandlung unter vier Augen den Lageort verraten hat!" Er habe nur dabeigesessen, wenn die Leute nach der Mißhandlung vernommen worden seien, ich sah, wie die Leute hinaufgeführt wurden und wie sie zurückkamen, schmerzverzerrt, blutend, sehr benommen." So sind seine Worte, und weiter: „Die Schreierei war zu hören, aber die ganze Sache lag beim Kommissar, der Landrat hatte ihn angewiesen." Vorsitzender: „Aber Sie, der Bürgermeister, Sie waren im Rathaus der Hausherr, warum haben Sie die SS-Leute nicht hinausgewiesen?"

Schließlich erklärt der Landrat: „Ich weiß überhaupt nichts! Als ich die Geschichte in der Ringofenkammer sah, habe ich dafür gesorgt, daß die Aktion am nächsten Tag nicht fortgesetzt werde." Mehr sagte er nicht. Er will keinen Erlaß gekannt haben, und er hat auch die SS nicht nach Frechen gerufen, behauptet er, und sein ehemaliger Polizeikommissar am Portepee läßt, indem er erklärt, er wurde als Kommissar in jedem Falle seine untergebenen Beamten decken, der Herr Landrat erinnere sich jedoch nicht einmal an die Unterredung mit jenem Regierungsassessor, bei dem der Landrat allein die Verantwortung übernommen habe, winkt Loevenich uninteressiert ab.

Dann begann der Aufmarsch der Zeugen. Was der Kommissar von sich und seinen Mitangeklagten berichtet hatte, bestätigten sie und ergänzten es in erschütternder Weise. Verwunderlich war, daß der Staatsanwalt zwar gegen Weyer eine Zuchthausstrafe von drei Jahren beantragte, gegen den Bürgermeister nur zweieinhalb Jahre Zuchthaus und gegen den Landrat lediglich zwei Jahre.

Bei Weyer hätten keine politischen Motive mitgespielt, er habe sich in Ausübung einer beruflichen Pflicht in der Wahl der Mittel schwer versündigt. Seine Strafe war daher mit zwei Jahren und neun Monaten Zuchthaus die geringere. Bei dem Bürgermeister aber hätten politische Motive eine verhängnisvolle Rolle gespielt, er wollte sich über das Interesse an der Sache hinaus an den Opfern, seinen politischen Gegnern, rächen, er mußte härter als Weyer bestraft werden, zumal er Vorgesetzter von Weyer gewesen ist. Er wurde zu einer Zuchthausstrafe von drei Jahren verurteilt. Der Schuldigste aber sei Loevenich, der Vorgesetzte des Bürgermeisters und der oberste Vorgesetzte des Kommissars im Landkreis. Er war verpflichtet, die Mißhandlungen sofort abzustellen. Er als Landrat sei der Hauptverantwortliche für die Schandtaten, die so viel Leid und Qual über die Einwohner von Frechen gebracht hätten.

Die Verurteilten wurden im Gerichtssaal verhaftet.

Rheinische Zeitung Nr. 63 v. 30.05.1949

Zwei weitere Menschenschinder vor Gericht

Nachspiel zum Prozeß gegen die Frechener Unmenschen

Frechen. Wegen Verbrechens gegen die Menschlichkeit waren, wie erinnerlich, im vorigen Jahre der frühere Landrat von Köln-Land Lövenich, der ehemalige Bürgermeister Stumpf von Frechen und der 1933 nach dort kommandierte ehemalige Polizeimajor Weyer zu Zuchthausstrafen verurteilt worden, weil sie die Hauptverantwortlichen für die Mißhandlungen von Kommunisten in der Zeit vom 10. bis 24. Juli 1933 auf Grund des berüchtigten „Grauererlasses" waren.

Den unablässigen Bemühungen einiger der Mißhandelten war es unterdessen gelungen, zwei weitere Menschenschinder ausfindig zu machen, die sich damals an diesen Quälereien beteiligt hatten, so daß auch diese beiden, der ehemalige SA-Truppführer Hermann Böhm und der SS-Mann Jakob Schumacher aus Frechen, nunmehr vor das Kölner Schwurgericht gestellt werden konnten.

Schumacher hatte einem sogenannten SS-Rollkommando angehört, daß mit der bei den Nazis bekannten Methode für die gewünschten „Geständnisse" zu sorgen hatte. Er vermochte sich zwar an die ihm zur Last gelegten Fälle im einzelnen nicht mehr zu erinnern, gab aber zu, auf Befehl zuerst im Frechener Rathaus und dann, als man die Exekutionen wegen des Aufsehens, das diese Prügeleien in der Bevölkerung erregt hatten, nach einer außerhalb des Ortes gelegenen Fabrik verlegt hatte, sich an den viehischen Prügeleien mit Gummiknüppeln und sonstigen Schlagwerkzeugen beteiligt zu haben.

Insgesamt konnten ihm sechs Fälle, in denen er von den mißhandelten Zeugen einwandfrei wiedererkannt wurde, nachgewiesen werden.

Dagegen bestritt der Angeklagte Böhm bis zur letzten Minute hartnäckig, sich auch nur ein einziges Mal an den Mißhandlungen beteiligt zu haben, und behauptete, er habe in den ersten fünf oder sechs Tagen nichts von dieser sogenannten Kommunistenaktion gewußt. Dies war schon deshalb unglaubwürdig, weil Böhm als Truppführer der zuständige Führer der Frechener SA gewesen war, und mit seiner Truppe zum Teil die Verhaftungen durchzuführen, zuweilen auch die bereits im Kölner Gefängnis sitzenden Kommunisten nach Frechen zu bringen hatte, wo sie wegen Waffen- und Sprengstoffbesitz verhört werden sollten. Es sei ganz ausgeschlossen, so führte der Staatsanwalt aus, daß ausgerechnet der Führer der SA in dem kleinen Ort, in dem die ganze Bevölkerung über die Mißhandlungen sich in größter Erregung befunden hatte, nichts gemerkt haben wollte.

In drei Fällen konnte er von Zeugen, die bei den Prügeleien übel zugerichtet worden waren, einwandfrei als der wieder erkannt werden, der nicht nur die Mißhandlungen geleitet, sondern sich auch selbst daran beteiligt hatte.

Ganz besonders tragisch war der Fall eines Gefangenen Buir, der am 18. Juli derartig geschlagen worden war, daß er sieben Tage später im Gefängnislazarett Derendorf an den Folgen der erhaltenen Verletzungen verstorben war. Wie sich aus dem ärztlichen Gutachten ergab, war der Mann regelrecht zu Tode geprügelt worden. Zwei andere Zeugen waren derartig mißhandelt worden, daß sie in ihrer Verzweiflung Selbstmordversuche unternommen hatten. Es konnte den beiden Angeklagten indessen nicht nachgewiesen werden, daß sie auch an diesen drei Fällen aktiv beteiligt waren.

Trotz des hartnäckigen Leugnens Böhms hatte der Staatsanwalt keinen Zweifel an der Schuld beider Angeklagter. Ihre Vergehen seien zwar nicht so schwer, wie die der früher verurteilten drei Haupttäter, da sie wohl mehr ausführende Organe gewesen seien, indessen müsse auch ihnen durch eine Zuchthausstrafe beigebracht werden, daß es ein Gesetz in der Brust des Menschen geben müsse, das auch durch keinen Befehl von oben aufgehoben werden dürfe. Er beantragte deshalb gegen Schumacher zwei Jahre, gegen Böhm eineinhalb Jahre Zuchthaus und gegen beide drei Jahre Ehrverlust.

Das Gericht verurteilte Schumacher wegen Verbrechens gegen die Menschlichkeit und schwerer Körperverletzung zu einem Jahr neun Monaten, Böhm wegen dergleichen Verbrechen zu ein Jahr Zuchthaus und sprach beiden die bürgerlichen Ehrenrechte für drei Jahre ab. Von dem vom Staatsanwalt beantragten Haftbefehl gegen Böhm wurde abgesehen, da er nicht fluchtverdächtig ist.

Kölnische Rundschau, KL Nr. 121 v. 26.05.1950

Nazi-Landrat Loevenich erneut vor Gericht

Er will von Mißhandlungen der Frechener Bergarbeiter nichts wissen

Am 28. Mai vorigen Jahres verurteilte das Kölner Schwurgericht den ehemaligen Landrat des Landkreises Köln, Loevenich, wegen Verbrechens gegen die Menschlichkeit, Aussagenerpressung, schwerer Körperverletzung und Körperverletzung mit Todesfolge zu einer Gesamtstrafe von drei Jahren und drei Monaten Zuchthaus und sprach ihm die bürgerlichen Ehrenrechte auf vier Jahre ab. Loevenich beantragte Revision durch den Obersten Gerichtshof. Diese wurde verworfen. Daraufhin betrieb Rechtsanwalt Fünfzig als Verteidiger das Wiederaufnahmeverfahren, dem das Landgericht Köln stattgab. Infolgedessen begann am Montag vor dem Kölner Schwurgericht eine neue Verhandlung gegen Loevenich.

Der rechtskräftig verurteilte Polizeikommissar Beier aus Frechen sagte aus, Loevenich habe nicht nur alles gewußt, sondern ausdrücklich dafür die Verantwortung übernommen, und wenn Loevenich jetzt etwas anderes behaupte, so sei dies nicht kameradschaftlich. Es widerspreche auch der Unterhaltung, die zwischen den im vorigen Jahr Bestraften nach ihrer Verurteilung in der gemeinsamen Gefangenenzelle stattgefunden habe. Loevenich habe schon im ersten Verfahren bestritten, dann aber in der Zelle gesagt: „Nun sind wir ja unter Kameraden, und was Sie (gemeint ist der Polizeikommissar Beier) gesagt haben, ist natürlich richtig, aber ich konnte das doch nicht zugeben."

Der Prozeß dreht sich bekanntlich um die Mißhandlung von Nazigegnern im Juni 1933 im Rathaus Frechen und in einer nahegelegenen Tonröhrenfabrik. Man warf den Frechener Verhafteten die Ermordung eines Taxichauffeurs, verbotenen Besitz von Waffen und Sprengstoffen vor, und es ist heute noch in Frechen bekannt, wie die Sondervernehmungen im Rathaus und in der Tonröhrenfabrik gehandhabt worden sind. Im Gerichtsgefängnis Düsseldorf-Derendorf starb einer der Gefolterten.

Von alledem will Loevenich nichts gewußt haben. Dabei bezeichnete ihn der Vorsitzende des Schwurgerichts sehr richtig als **den Nationalsozialisten von Frechen**, und Zeugen weisen darauf hin, Loevenich habe in unmittelbarer Nähe des Rathauses gewohnt, wo sich zur Zeit der grausamen Vernehmungen Hunderte von Frauen, Kindern und sonstigen Angehörigen der Opfer protestierend versammelten.

Mehrere Frauen, so sagen die Zeugen, seien zu Loevenich gelaufen, um ihn zum Eingreifen zu veranlassen. Diese Aussagen machen die Zeugen allerdings erst jetzt. Auf Vorhalt von Gericht, Verteidigung und Staatsanwaltschaft erklärten sie, in der Voruntersuchung und der ersten Verhandlung nicht danach gefragt worden zu sein.

Zu Gunsten des Angeklagten Loevenich muß gesagt werden, daß er später Protest bei der Gauleitung der NSDAP erhob und um sofortige Zurückziehung der Vernehmungskommandos der SA und SS ersuchte.

Freispruch

In den späten Abendstunden des Montags kam das Gericht zu einem Freispruch. 30 Zeugen wurden in dem Wiederaufnahmeverfahren gehört. Nach den Ausführungen des Staatsanwalts konnte dem Angeklagten nicht nachgewiesen werden, daß er von den Untaten gewußt hatte. Der Freispruch auf Kosten der Staatskasse wird der Bevölkerung in Köln-Land, die von der Tätigkeit des Nationalsozialisten Lövenich sehr ungünstig beeindruckt war, nicht gerade den besten Eindruck vom Verlauf des Prozesses geben.

Rheinische Zeitung, Nr. 243 v. 18.10.1950

Das Frechener Blitzlicht

Mitteilungsblatt des kommunalpolitischen Ausschusses der KPD Frechen
Kreis Köln-Land.
August 1947
Als Manuskript gedruckt. Unverkäuflich. Nur für Mitglieder.

Das Blitzlicht

ist ein Informationsblatt und dient den Genossen und Genossinnen sowie den Sympathisierenden der KPD zur Aufklärung von Fällen, welche die Gesamtheit der Großgemeinde interessieren. Es soll Auskunft geben in allen wirtschaftlichen und politischen Fragen. Mängel und Fehler werden aufgezeigt. Das Blitzlicht ist ferner um die Richtigstellung aller Fragen bemüht. Der Inhalt des Blattes ist mit allen Arbeitskollegen und besonders mit den Freunden der Einheit zu diskutieren.

Zum Geleit

Und nun erst die "Entnazisierung"

Spottet es nicht jeder Beschreibung, daß man die kleinen Pgs., welche zum größten Teil auf Grund ihrer Stellung der Partei beitreten mußten, aus der Arbeit und Stellung hinauswirft, dagegen die großen Pgs. auf ihren Posten läßt? Wäre es nicht besser, man würde einen L ö v e n i c h, den Verantwortlichen für Mord, Mißhandlungen und Folterungen, begangen 1933 an Antifaschisten, zur Rechenschaft ziehen? Leider wird dieser heute noch in jeder Hinsicht unterstützt und nach Möglichkeit mit Zusatznahrung versorgt. Jeder ehrlich denkende

– 4 –

Mensch nimmt Anstoß an einem solchen Verhalten der hierfür zuständigen Ämter.
Wäre es nicht Aufgabe der kleinen, ehrlichen Pgs, daran mitzuhelfen, daß die großen Pgs. von ihren Posten kommen? Wollen sie weiter abseits stehen und die Antifaschisten für sich kämpfen lassen? Nein, sie müssen selbst mitkämpfen, das deutsche Volk aus diesem Elend herauszubringen.

Wir stellen vor:

<u>Heinrich der Zerbrochene</u>,

im "Tausendjährigen Reich" Landrat und Kreisleiter, eiserner Besen im nazistischen Sinne, besonders im Jahre 1933 bei den Verfolgungen bekannter Antifaschisten, während des Krieges Vorsitzender des Sondergerichts. 1945 riß er wie alle Helden des Dritten Reiches aus.

1933   *1947*

Wer beschreibt das Erstaunen der Frechener Bevölkerung, als er im Frühjahr 1946 wieder auftauchte und sogar Zusatz-Krankenpflege erhielt. Lange war dieser Zustand ein Rätsel bis jetzt bekannt wurde, daß Heinrich bei der Aktion "2o Juli 1944" als Statist mitgewirkt haben soll. Danach war also Heinrich illegaler Kämpfer, und diese Tätigkeit hat ihn so angegriffen, daß er heute Zusatzverpflegung dringend benötigt.
Man muß aber fragen, warum verduftete Heinrich denn 1945? War er selbst sich nicht ganz klar darüber, wie die Frechener Bevölkerung zu seinem Antifaschismus Stellung nehmen würde.

<u>Rainer der Vergeßliche</u>,

Ortsgruppenleiter und Bürgermeister, Spezialist in Kommunistenmord und Verfolgung, Judenaktionen, Rüpeleien und Prügeleien. Rainer ist der Mann, den "die Liebe" aller Frechener Antifaschisten ganz besonders verfolgt. Es würde zu viel Raum in Anspruch nehmen, alle seine Schandtaten während der Nazizeit aufzuzeigen. (Er ist eine wilde Bestie, die auch als solche behandelt werden muß). Aller Mut war ihm 1945 verflogen, schnell nahm er Reißaus. Heute sitzt er in einem Internierungslager und soll jetzt abgeurteilt werden. Und als

ihn der Untersuchungsrichter fragte, da verfuhr er nach Schema Hess: Er weiß nichts von Kommunistenverfolgungen, er weiß nichts von Judenaktionen, von KZs und schlechter Behandlung von ausländischen Arbeitern. Er war nur kaufmännischer Angestellter des WB. Es ist doch ein Glück, daß nicht alle Menschen ein so schlechtes Gedächtnis haben und daß diese dafür sorgen, daß dieser Schädling des Volkes dahin kommt, wo er wegen seiner Gemeingefährlichkeit hingehört.

Auszüge aus: Das Frechener Blitzlicht, September 1947, S. 3 und 4

ANMERKUNGEN

(Die Hintergrundinformationen haben eigene kapitelbezogene Fußnoten; s. dort)

[1] s. Die Levys …, Bd. 2, S.13!
[2] Stadt Frechen, Bauakte Rosmarstr. 10
[3] Egon Heeg, Die Köln-Frechener Keramik 1919-1934, Rheinland-Verlag, Köln S.73 und S. 187 und E. Heeg, Die Levys…, Band 2, S.23
[4] Stadtarchiv Frechen (StaF), „Wiedergutmachungssache der Erben Norbert Levy"; Schreiben der Stadt Frechen v. 17.3.1958 an die Fleischerinnung Köln
[5] ebenda
[6] s. v.a. Bd. 2, S.42 und Gedenkplatte am Haus Rosmarstr. 10!
[7] Grevens Adressbuch 1934, Band 2
[8] StaF, Bescheinigung der Stadt Frechen für Arnold Heumann vom 9.9.1957
[9] Frechener Tageblatt v. 14.12.1931
[10] StaF, Schriftliche Aussage der Wwe. Katharina Loevenich v. 9.4.1962
[11] StaF, Schriftliche Aussage des Wilhelm Haas v. 4.4.1962
[12] Egon Heeg, ZUSAMMENSTELLUNG der Wohnplätze jüdischer Frechener im Ort Frechen von 1795 bis 1940
[13] H.-Dieter Arntz, Judaica – Juden in der Voreifel, Kümpel-Verlag, Euskirchen, 1983 und H.-Dieter Arntz, Judenverfolgung und Fluchthilfe im deutsch-belgischen Grenzgebiet, Kümpel-Verlag, Euskirchen, 1990, Gerd Friedt, Carpena Judaica Zur Geschichte der Kerpener Juden seit dem Mittelalter, (Hg. Heimatfreunde Stadt Kerpen e.V.), Beiträge zur Kerpener Geschichte und Heimatkunde Band XI, Kerpen 2008
[14] Siehe H.-DieterArntz, Judaica, Kümpel KG, 2. Auflage 1983, S. 175
[15] Siehe auch H.D. Arntz, a.a.O!
[16] Frechener Tageblatt v. 20.6.1932
[17] StaF, Nr. 6149
[18] ebenda
[19] ebenda
[20] Egon Heeg, Die Levys… Bd. 2, S. 18f
[21] Sammlung Heeg, Korrespondenz des Autors mit Josef Levy: Levy-Brief v. 20.6.1995, Bl. 4
[22] Sammlung Heeg, ZZA (Zeitzeugenaussage) NS-24 und Levy Brief 1995, Bl. 4, a.a.O.
[23] Sammlung Heeg, ZZA NS-6 und ZZA-NS Manfred Cohnen 5/1989
[24] Sammlung Heeg, ZZA NS Johannnes Heres 1/1990
[25] Greven`s Adressbuch v. Köln und Umgegend 1929, 2. Band
[26] Sammlung Heeg, ZZA NS-35
[27] Siehe z.B.: Westdeutscher Beobachter Nr. 34, 1928 und WB Nr. 29, 1929!
[28] Frechener Tageblatt v. 13.04.1931
[29] Frechener Tageblatt v. 3.10.1931
[30] Frechener Tageblatt v. 9.10.1931
[31] Tobias Arand, Die jüdische Abteilung der Kölner ‚Jahrtausendausstellung' der Rheinlande 1925 in: Monika Grübel/Georg Möhlich (Hrsgr.), Jüdisches Leben im Rheinland, Böhlau-Verlag, Köln 2005, S. 194
[32] Sammlung Heeg, Bestand Niemann; hier: Die Jahrtausendfeier des Landkreises Köln in Hücheln 1925, unveröffentlichtes Material
[33] ebenda
[34] Sammlung Heeg, Bestand Niemann, Leihquittungen in den Unterlagen der Jahrtausendausstellung
[35] ebenda
[36] Sammlung Heeg, Bestand Niemann; hier: Die Jahrtausendfeier des Landkreises Köln a.a.O.
[37] Sammlung Heeg, WB v. 12.2.28; WB vom 15.06.29; WB vom 19.08.28.- Egon Heeg, Kreuz wider Hakenkreuz Bd.12, S.76
[38] z.B. „Frechener Krummnasen"
[39] Siehe z.B.: Westdeutscher Beobachter Nr. 34,1928 oder WB Nr. 29, 1929
[40] P. Schmidt, Die NSDAP im Landkreis Köln; in: Heimatkalender für den Landkreis Köln 1937 (Hg. Landrat Loevenich), S.22
[41] Egon Heeg, Die Köln-Frechener Keramik 1919-1934, Rheinland-Verlag, Köln, S. 124
[42] in: Stadt Frechen Hauptamt, 1961 von Brühl übersandte Akte der Ortsgruppe Frechen der NSDAP; hier: Rundschreiben des Kreiskulturwartes Herrlich v. 2.1.1934 Köln an die Ortsgruppenleiter
[43] in: ebenda; hier: *Schreiben des Ortsgruppenleiters R. Stumpf an die Kreisleitung v. 10.01.34, „KAMPF DER NSDAP FUER DIE DEUTSCHE KULTUR UND DIE UNWISSENHEIT der deutschen BEVOELKERUNG IN DER hiesigen ORTSGRUPPE", „angeheftet den Aufsatz, welcher mit Schreiben vom 2.1.ds.Jrhs. Mit Termin 10. 1. 1934 angefordert wurde. Heil Hitler! Stumpf"*
[44] Siehe auch: Peter Klefisch, Die Kreisleiter der NSDAP in den Gauen Köln und Aachen, Düsseldorf und Essen, Düsseldorf, 2000, S. 164f sowie: Josef Wißkirchen, NSDAP-Kreisleiter Heinrich Loevenich, in: Pulheimer Beiträge zur Geschichte und Heimatkunde Band 30; 2006, S. 295ff
[45] in: Stadt Frechen Hauptamt, a.a.O. ; hier: Schreiben des Ortsgruppenleiters an die Kreisleitung vom 30.10.1933
[46] ebenda; hier: Schreiben des Ortsgruppenleiters an die Kreisleitung v. 23. 08.1933
[47] „Freiheitsgesetz" ist das irreführende Kürzel für „Gesetz gegen die Versklavung des deutschen Volkes" StaF, 509, fol.

[47] 09ff. und Sammlung Heeg, Bestand Kohlbecher, Muckes / Toll, Reuter
[48] ebenda
[49] ebenda
[50] ebenda
[51] StaF, 660 fol. 018
[52] STaF 660, fol. 018 sowie StaF 770
[53] StaF, 660, fol. 152
[54] ebenda
[55] StaF 660, fol. 156
[56] StaF 660, fol 152
[57] ebenda
[58] in: Stadt Frechen Hauptamt, a.a.O. ; hier: Rundschreiben des Kreisleiters der NSDAP Nr. 1/1932
[59] ebenda: Rundschreiben des Kreisleiters Nr. 4/1932
[60] ebenda: Schreiben Kreisleiter an Ortsgruppenleiter v. 26.10.1932
[61] StaF 660, fol. 009
[62] in: Stadt Frechen Hauptamt, a.a.O. ; hier: Schreiben des Kreisleiters Loevenich an die Ortsgruppenleiter v. 21.11.32
[63] ebenda: Schreiben des Kreisleiters v. 24.11.1932 an die Ortsgruppenleitung
[64] s. Band 2, S. 21f!
[65] z.B. Rundschreiben des Kreisleiters vom 5.1.33 oder Kreisleiter-Rundschreiben vom 20.4.1933; in: Stadt Frechen Hauptamt, a.a.O.
[66] in: Stadt Frechen Hauptamt, ebenda, hier: Schreiben des Kreisleiters Loevenich an den Ortsgruppenleiter Stumpf v. 17.1.1933
[67] StaF 660, fol. 06
[68] StaF 660, fol. 137 r. u. v.
[69] Siehe Bericht über die Vereidigung der Hilfspolizei im Frechener Tageblatt v.16.3.33
[70] StaF 660, fol. 137 r. u. v.
[71] StaF 660, 137 r. u. v.
[72] in: Stadt Frechen Hauptamt, a.a.O.; hier: Schreiben des Ortsgruppenleiters der NSDAP an den Kreisleiter v. 27. Februar 1933
[73] StaF, Protest des Joh. Bürger v. 27.2.1933 im Auftrag der K.P.D. an den BM Dr. Toll
[74] StaF, Antwortschreiben des Bürgermeisters Dr. Toll vom 1. März 1933 an die KPD bzw. Joh. Bürger
[75] ebenda
[76] Eric A. Johnson, Der Nationalsozialistische Terror, Siedler-Verlag, 2000, S.183
[77] StaF 799, fol. 331ff
[78] ebenda, fol. 32
[79] StaF 660, fol. 134
[80] E. Johnson, a.a.O und Wißkirchen a.a.O
[81] StaF Schreiben des BM an den Landrat v. 2.3.33
[82] StaF z.B Ablehnende Stellungnahme des BM Dr. Toll v. 8.3.1933 zu „Inhaftnahme"-Forderungen des Kreisleiters Loevenich
[83] StaF 799, fol. 1ff Schreiben des BM Dr. Toll an den Landrat betr. Schutzhaftmaßnahmen v 2. u. 3. 03. 1933
[84] StaF 644, fol. 027 Rundverfügung des RP v. 13.03.1933
[85] StaF Schreiben Dr. Toll an den Landrat v. 13.03.1933.- Die Tatsache, daß später in den Akten unterschiedliche Rechtsgrundlagen für diese Verhaftungen angegebenen wurden, ist ein zusätzlicher Hinweis dafür, daß hier die Nationalsozialisten spontan auf eigene Faust gehandelt hatten ohne die vorherige Einschaltung des Landrates Heimann.
[86] StaF, Nachweisung der Schutzhaftmaßnahmen im Jahre 1933 dat. 8.11.33
[87] Egon Heeg, Kreuz wider Hakenkreuz, - Carl Havenith und seine katholische Jugend in Frechen (1931 1934), Teil III; in: Pulheimer Beiträge zur Geschichte und Heimatkunde, Hg.: Verein für Geschichte und Heimatkunde, Pulheim-Br., Bd. 15, S.216
[88] Frechener Tageblatt v. 8.5.1933
[89] in: Stadt Frechen Hauptamt, a.a.O. ; hier: Schreiben des Ortsgruppenleiters an die Kreisleitung vom 12.5.1934
[90] ebenda; Schreiben des Ortsgruppenleiters an die Kreisleitung vom 18.7.1934
[91] ebenda: Meldung des Kassenwarts B. an d. Ortsgruppenleiter v. 14.12.34
[92] in: Stadt Frechen Hauptamt, a.a.O. hier: Schreiben des Betriebsleiters der Grube Schallmauer Hesemann an den Ortsgruppenleiter Stumpf in Frechen v. 28.02.1933
[93] ebenda, Schreiben des Betriebsleiters der Grube Schallmauer Hesemann an den Ortsgruppenleiter Stumpf in Frechen v. 28.02.1933
[94] ebenda
[95] ebenda
[96] StaF, Brief der Frau Moritz Meyer an den Frechener BM Dr. Toll v. 17.3.1933
[97] Sammlung Heeg, Unterlagen (Kopien u. Originale) Kohlbecher/Muckes, Dr Toll/Reuter
[98] StaF, z.B Ablehnende Stellungnahme des BM Dr. Toll v. 8.3.1933 zu „Inhaftnahme"-Forderungen des Kreisleiters Loevenich. - Selbst dem früheren KPD-Fraktionsführer Bürger stellte er, noch nach seinem eigenen Sturz, anlässlich dessen Hochverratsprozeß ein gutes Leumundszeugnis aus. (Sammlung Heeg, Unterlagen Kohlbecher/Muckes/Dr Toll/Reuter. Siehe E. Heeg, Frechener Straßen, S. 64
[99] StaF, Schreiben des BM Dr. Toll v. 23.3.33 an den Landrat

[100] StaF, Stellungnahme des BM Dr. Toll v. 22.3.33 zur Schutzhaft Moritz Meyer
[101] StaF, Brief des Karl Seyfang an die Gauleitung der NSDAP v. 29.3. 1933 in Sachen Moritz Meyer
[102] ebenda
[103] ebenda: Brief des Karl Seyfang an die Gauleitung v. 29.3.1933 in Sachen Moritz Meyer
[104] ebenda
[105] Siehe Kapitel „Der Kampf gegen Judenfreunde in der NSDAP" – und - in: a.a.O. ; hier: *Anordnung* des *Stellvertreters des Führers*, Rudolf Hess, vom 18.09.34 Schreiben des Kreisleiters H. Loevenich v. 20.09.34 an die Ortsgruppenleiter: *„gez.: R. Heß"* und *„gez.: Loevenich Kreisleiter"*
[106] StaF, Verpflichtungserklärung der Frau Ludwig Meyer v. 5.4.1933 und Sammlung Heeg, Unterlagen bzw. Informationen Reuter/Toll 1980
[107] StaF, Bericht des Dr. Toll v. 10.4.33 an den Landrat
[108] StaF, Schreiben v. Frau Arnold Heumann an den Reg.-Präs. v. 29.3.1933
[109] ebenda Schreiben v. Frau Heumann an den RP vom 29.3.33
[110] ebenda
[111] ebenda
[112] StaF, Schreiben Dr. Toll an Landrat Heimann v. 6.4.33
[113] StaF, Schreiben des NSDAP-Ortsgruppenleiters v. 25.7.33 an den Landrat
[114] ebenda
[115] in: Stadt Frechen Hauptamt, 1961 von Brühl übersandte Akte der Ortsgruppe Frechen der NSDAP; hier: Boykottbefehl des Landrats an die Ortsgruppen v. 29.3.1933
[116] Sammlung Heeg, ZZA NS-26 u. ZZA NS-49
[117] Frechener Tageblatt v. 28.6.1933
[118] Fr. Tagebl. vom 3.4.33
[119] Dazu Egon Heeg, Kreuz wider Hakenkreuz, Pulheimer Beiträge Bd. 15, Folge III, S. 201ff
[120] E. Johnson, S. 199, E. Heeg. Rathäuser s. 74 u. 75, Wißkirchen, Bd.30, S. 311
[121] Sammlung Heeg, ZZA NS-34 , 1987
[122] Siehe Johnson a.a.O., Wißkirchen a.a.O., sowie Heeg, Frechener Rathäuser, Sammlung Heeg, Bestand (Kopien) VVN-Prozessunterlagen (Vereinigung der Verfolgten des Naziregimes) H. 1947-50
[123] StaF, Verhörprotoll Fritz Heidbüchel durch Polizeimeister Albert Lohe vom 14.7.33
[124] Die hiesigen Nazis versuchten tatsächlich mittels einer umfangreichen Materialsammlung, u. a. auch unter Angabe diesbezüglicher Vorwürfe, gegen Dr. Toll vorzugehen. Sammlung Heeg, ZZA sowie Unterlagen bzw. Informationen Reuter-Toll 1980
[125] ebenda
[126] StaF, Stellungnahme des komm. Bürgermeisters Stumpf an den komm. Landrat betr. Beschwerde des A. Billig
[127] StaF, Schreiben A.Billigs an die „Polizeibehörde" Frechens: Beschwerde über ungerechtfertigte Beschlagnahmung v. 18.7.33. Siehe auch vorheriges Kapitel!
[128] StaF, Empfangsbestätigung des Josef Baruch für sein Fahrrad v. 26.02. 1934
[129] StaF, Begründungsschreiben der Ortspolizeibehörde v. 25.7.1933 bezügl. Albert Billig
[130] StaF, Verzichtserklärung des Albert Billig vom 11.9.1933
[131] StaF, Schreiben des W. P. v. 21.7.1933 an die Polizeiverwaltung und Ortsgruppe der NSDAP Frechen
[132] Johnson, a.a.O, S. 186
[133] Dr. Küper war laut Frechener Tageblatt seit dem 21. Juli 33 neuer Frechener Bürgermeister
[134] Frechener Tageblatt vom 23.05.1933
[135] Sammlung Heeg, Brief des Josef Levy v. 20.06.1995, Blatt 4
[136] Sammlung Heeg, Gespräch J. Levy Febr. 2002
[137] In den Frechener Akten, die ihn betreffen, sind betr. der Religionszugehörigkeit keine diesbezüglichen Angaben von ihm gemacht worden; z.B. StaF Nr. 7275
[138] StaF, Nr. 7275
[139] Sammlung Heeg, ZZA NS-34 Aussage des damaligen Frechener SS-Mitgliedes P. W. Er. war wegen des brutalen Terrors von Polizei und SS in Frechen aus der SS ausgetreten. Er kam deshalb vorübergehend in Schutzhaft und wurde schließlich freigelassen unter der Bedingung, den Regierungsbezirk Köln nicht mehr zu betreten.
[140] Frechener Tageblatt v. 3.6.1933, Fälschlicherweise heißt es *„gemäß Gesetz zur Wiederherstellung des Berufsbeamtentums vom 7. April"*.
[141] Frechener Tageblatt v. 7.7.1933. Damit wurde indirekt bestätigt, daß die Frechener SS – ohne jede gesetzliche Vorgabe – auf eigene Faust gehandelt hatte.
[142] Frechener Tageblatt v. 16.8.1933
[143] StaF, Nr. 7279
[144] Auskunft v. Frau Graveler-Groß, Stadt Haren
[145] Sammlung Heeg, Baruch-Briefe
[146] Siehe: Josef Wißkirchen, Machtergreifung im ehemaligen Landkreis Köln, in: Pulheimer Beiträge zur Geschichte und Heimatkunde Band 26; 2002 und Josef Wißkirchen, NSDAP-Kreisleiter Heinrich Loevenich, in: Pulheimer Beiträge zur Geschichte und Heimatkunde Band 30; 2006 sowie Frechener Tageblatt v. 15.3.1933
[147] StaF, Schreiben des Ortsgruppenleiters Stumpf an die Ortspolizeibehörde v. 16.3.19(33) betr. Geschäft Levi
[148] ebenda
[149] in: Stadt Frechen Hauptamt, a.a.O. ; hier: Anordnung des Umgangsverbots von Parteigenossen mit Juden v. 18.09.34
[150] ebenda

[151] in: Stadt Frechen Hauptamt, ebenda; hier: Schreiben des Ortsgruppenleiters Stumpf v. 9.10.34 an den Kreisleiter Loevenich
[152] ebenda
[153] Sammlung Heeg, Zeitzeugenaussagen ZZA NS-24 und ZZA NS-59
[154] in: Stadt Frechen Hauptamt, a.a.O. , Schreiben des Ortsgruppenleiters Stumpf v. 12.2.1935 an den Kreisleiter Loevenich betr. Stahlhelmaufmarsch
[155] ebenda
[156] Rhein. Merkur, Pinchas Lapide, Und der Rabbi betete das Vaterunser, in RM Nr. 31, 44. Jhrg.
[157] StaF, Polizeibericht vom 19.07.1934 über die jüdische Versammlung vom 18. Juli 1934
[158] ebenda
[159] ebenda
[160] StaF, 880, fol. 141v
[161] StaF, 880, fol. 094v
[162] StaF, 880, fol. 135
[163] Karl Göbels, Frechen damals, S. 262
[164] StaF, 880 r u. v
[165] StaF, 668/ fol. 33
[166] StaF, Schriftl. Verfügung des Landrats Loevenich an den Frechener Bürgermeister v. 15.1.1935
[167] StaF, Bericht des Bürgermeisters Dr. Küper an den Landrat v. 22.1.1935 betr. Boykottklage des Norbert Levy
[168] in: Stadt Frechen Hauptamt, a.a.O. ; hier: „Stiller Boykott"-Aufruf des Kreisleiters Loevenich an die Ortsgruppenleiter
[169] StaF, 668, fol. 038v
[170] StaF, 668, fol. 37
[171] Michael Zimmermann (Hg.), Geschichte der Juden im Rheinland und in Westfalen, (Schriften z. pol. Landeskunde NRW Band 11), Kohlhammer-Verlag, Köln, 1998, S.232f
[172] Dieser Fall hatte sich bereits im Dezember 1934 ereignet; s.o.!
[173] WB v. 3.8.1935
[174] WB v. 3.8.1935
[175] StaF, 880, fol. 127v
[176] StaF, 880, fol. 146r
[177] StaF, 725, fol. 131v
[178] StaF, 725
[179] StaF, 705, fol. 99v
[180] StaF, 705, fol. 193
[181] ebenda
[182] Sammlung Heeg, ZZA-NS 61. Das ist nur ein Beispiel für mehrere Zeitzeugenaussagen, die diese Frau M. betreffen
[183] Siehe E. Heeg, Die Levys… , Band 2, S 124
[184] Siehe auch G. Friedt, Judaica Kerpen, S. 413
[185] Sammlung Heeg, Levy-Gespräch 2-2001
[186] Sammlung Heeg, Bestand Walter B. / = Kopien aus einem Privatarchiv Nr. 2
[187] Philipp Faßbender war bis nach der „Machtergreifung" Hitlers Mitglied des Zentrum gewesen. Nach dessen Auflösung trat er im Frühjahr 1933 der NSDAP bei. Er zählt somit zu jener Personengruppe, die in der Literatur gerne als sogenannte „Märzgefallene" bezeichnet wird. Zu seiner Hilfe zum Schutze Verfolgter siehe hier Kapitelende und Band 2, S. 122!
[188] Sammlung Heeg, Bestand Walter B. Nr. 5 = Kopien aus einem Privatarchiv
[189] ebenda
[190] Sammlung Heeg, ZZA NS-26
[191] Sammlung Heeg, Bestand Walter B. Nr. 3 / = Kopien aus einem Privatarchiv
[192] ebenda Nr. 1
[193] ebenda
[194] s. E. Heeg, Die Levys … Band 2, S. 122!
[195] StaF, Nr. 506, fol. 06r
[196] ebenda, Nr. 506, fol. 06v
[197] StaF, Polizeibericht des PHW K. v. 7.9.1937
[198] StaF, ebenda
[199] StaF, Schreiben BM an Landrat v. 9.11.1937
[200] ebenda
[201] StaF, Mitteilung des Josef Baruch v. 17.08.1938 an den Bürgermeister der Gemeinde Frechen
[202] Sammlung Heeg, ZZA Manfred Cohnen, Henny Stern, ZZA NS-7. Über gleichartige grundstücksbedingte Kontaktmöglichkeiten berichtet H.-Dieter Arntz in seinem Buch Judaica im Hinblick auf Eifelorte. (H.-Dieter Arntz, Judaica – Juden in der Voreifel, Kümpel-Verlag, Euskirchen, 1983
[203] Sammlung Heeg, ZZA NS-22
[204] StaF, Mitgliederliste des jüdischen Vereins in Frechen vom Juni 1938
[205] StaF, Schreiben des Landrats an die Bürgermeister hins. Verfügung v.14.7.1937 Nr. 2296 „Judenkartei"
[206] StaF, „Verzeichnis der in der Gemeinde Frechen wohnhaften Volljuden" sowie „Mischlinge 1." und „2. Grades" v. 12.8.1937, Bürgermeister an Landrat
[207] StaF, 705, fol.110f

[208] StaF, 705 fol. 90.
[209] StaF, 705, fol. 080
[210] ebenda
[211] StaF, 705, fol. 085v
[212] StaF, 705, fol. 32ff
[213] StaF, 705, fol. 34/35
[214] ebenda
[215] StaF, 705, fol. 036
[216] StaF, 705, fol 42-44
[217] StaF, 705/ fol. 076, 061 und 060
[218] StaF, 705, fol. 69f
[219] StaF, 705, fol.71-75
[220] StaF, 705, fol. 56
[221] StaF, 705, fol. 40v und 31v
[222] Michael Zimmermann (Hg.), Geschichte der Juden im Rheinland und in Westfalen, (Schriften z. pol. Landeskunde NRW Band 11), Kohlhammer-Verlag, Köln, 1998, S.235
[223] Siehe. E. Heeg, Die Levys…, Band 2, S. 24! StaF Mitgliedeverzeichnis der Synagogengemeinde v. 10.06 38, StaF, Abwanderungsstatistik der Frechener Juden v. 1.8.38
[224] Sammlung Heeg, Bestand Kohlbecher/Muckes, hier: Schreiben des BM an den Entnazifizierungshauptausschuß des Landkreises Köln im Rathaus Frechen, 15.4.47 – 8.5.47
[225] ebenda
[226] Sammlung Heeg, Mdl. Mitteilungen v. Henny Stern und Manfred Cohnen 1989 bis 2007
[227] Sammlung Heeg, ZZA NS-21
[228] Sammlung Heeg, ZZA H. Stern 1996 u.a.
[229] Egon Heeg, Der Frechener Judenfriedhof – Denkmal und Mahnmal zugleich, in: Hrsgr. Stadt Frechen, Lebendiges Frechen, Frechen, Dez. 1988, S. 8f
[230] Egon Heeg, Kreuz wider Hakenkreuz, - Carl Havenith und seine katholische Jugend in Frechen (1931 – 1934), Teil I-III; in: Pulheimer Beiträge zur Geschichte und Heimatkunde, Hg.: Verein für Geschichte und Heimatkunde, Pulheim-Br. Bd. 15
[231] u.a. Sammlung Heeg, ZZA NS 29, NS-30, ZZA NS-32
[232] StaF Mitteilung der Stadt Frechen an die Jewish Trust Corporation in Mülheim/Ruhr am 12.8.1954
[233] In der offiziellen Gewerbeliste vom August 1983 wurde das Geschäft aber noch immer als Metzgerei Cohnen geführt.
[234] Sammlung Heeg, ZZA: M. Cohnen und H. Stern, ZZA-NS-32, ZZA-NS-30, ZZA-NS-29, ZZA-NS-12
[235] Dr. Franz-Josef Kiegelmann, V.H.W. Schüler, Frechener Juden – vertrieben, verschleppt, verschollen, ermordet…, in: Jahrbuch des FGV, Bd. 4, 2008, S.188
[236] Sammlung Heeg, ZZA:NS-32 und ZZA J. Heres 1
[237] Egon Heeg, Kreuz wider Hakenkreuz, - Carl Havenith und seine katholische Jugend in Frechen (1931 – 1934), Teil III; in: Pulheimer Beiträge zur Geschichte und Heimatkunde, Hg.: Verein für Geschichte und Heimatkunde, Pulheim-Br., Bd. 15
[238] Sammlung Heeg, ZZA: NS-35
[239] StaF, Schreiben des RA. L. Sondheim in der Wiedergutmachungssache „Fred Seligmann" v. 24.6.1957
[240] Sammlung Heeg, Bestand Kohlbecher/Muckes/…, Schreiben des BM an den Entnazifizierungshauptausschuß des Landkreises Köln im Rathaus Frechen, 15.4.47 – 8.5.47
[241] ebenda Nr. 116 b
[242] Sammlung Heeg, ZZA NS-37
[243] Sammlung Heeg, Bestand Kohlbecher/Muckes/…., Schreiben des BM an den Entnazifizierungshauptausschuß des Landkreises Köln im Rathaus Frechen, 15.4.47 – 8.5.47 und Sammlung Heeg, ZZA: NS-41
[244] Egon Heeg, Kreuz wider Hakenkreuz, - Carl Havenith und seine katholische Jugend in Frechen (1931 – 1934), Teil I-III; in: Pulheimer Beiträge zur Geschichte und Heimatkunde, Hg.: Verein für Geschichte und Heimatkunde, Pulheim-Br., Bd. 12, Bd. 13, Bd. 15
[245] Sammlung Heeg, ZZA NS-36 u. 39, siehe auch Kapitel „Arisierung!"
[246] ebenda und Sammlung Heeg, ZZA: NS-41
[247] a.a.O.
[248] siehe Bd. 2, S. 121! - Sammlung Heeg, ZZA: NS-27 und Sammlung Heeg, ZZA: Anna Cremer-2
[249] StaF, Schreiben d. Stadt Köln in der Wiedergutmachungssache „Otto Israel Kaufman" v. 22.3.1961;. Zum Schicksal von Frau L. Kaufmann und ihrem Sohn Günther siehe Bd. 2 S.59 u. 60
[250] Günther Kraushaar, Wenn alles in Scherben fällt, Hg. Frechener Geschichtsverein e.V., Frechen, 2005, S. 20ff; Es gibt zumindest eine noch frühere Fassung dieses Berichtes
[251] ebenda, S.20
[252] ebenda, S. 20f.- Soweit er sich in etwa mit der Schilderung Josef Levys deckt, sei auch er hier zitiert: „Die Familie Levi <Levy> flüchtete sich entsetzt in die Wurstküche." <die Waschküche! Der Verf.> *„Nun drang der SA-Haufe, dem sich einige, vom Lärm angelockten Zivilisten und Jugendliche angeschlossen hatten, in das Geschäft ein. Kräftige Arme stürzten die Theke um. Der Inhalt der Ladenkasse verstreute sich klingelnd über den Boden, wo er alsbald von flinken Jungenhänden aufgesammelt wurde. In einem wüsten Zerstörungsdrang begannen die Eindringlinge alles Erreichbare zu zerschlagen und zu vernichten. Einige Männer polterten über die Treppe in das obere Stockwerk. Sie schnitten die Federbetten auf, übergossen sie mit dem Inhalt von Einmachgläsern und warfen alles durch die Fenster auf die Straße*

Die beiden Mädchen aus der Bibelschar waren mittlerweile zu ihrem Elternhaus gelangt, das in der Nähe des Geschäftes lag. Hausbewohner, die vom Fenster aus das Unbegreifliche beobachteten, zogen sie schnell herein. „Tante P., ist das Krieg?" fragte die eine verstört."

[253] Sammlung Heeg, Josef Levy, Brief v. 20.06.1995
[254] ebenda
[255] Sammlung Heeg, ZZA NS-31
[256] Standesamt Frechen, Sterbeurkunde
[257] Egon Heeg, Der Frechener Judenfriedhof – Denkmal und Mahnmal zugleich, in: Hrsgr. Stadt Frechen, Lebendiges Frechen, Frechen, Dez. 1988,S. 8-14
[258] Polizei-Tageb. 11.11.38 Kopiensammlung Heeg
[259] Günther Kraushaar, Wenn alles in Scherben fällt, Hrgr.: Frechener Geschichtsverein e.V., Frechen, 2005, S. 21f
[260] Sammlung Heeg, Josef Levy, Brief v. 20.06.1995
[261] Sammlung Heeg, ZZA NS-61
[262] Sammlung Heeg, ZZA NS-1
[263] Sammlung Heeg, ZZA NS-61.- Günther Kraushaar, Wenn alles in Scherben fällt, Hrgr.: Frechener Geschichtsverein e.V., Frechen, 2005
[264] Sammlung Heeg, Josef Levy, Brief v. 20.06.1995, Blatt 11 u. 12; Anmerkung: Es waren insgesamt vier junge jüdische Männer im Rathaus Frechen inhaftiert worden: Josef Levy, Erich und Siegfried Baruch sowie Ludwig Voos.
[265] Sammlung Heeg, ZZA NS-48; ZZA NS-61 u. 64
[266] ebenda
[267] Sammlung Heeg, „Übersicht über die infolge der am 11.11.1938 stattgefundenen Judenaktion entstandenen Schäden (Schätzung)" Originaldurchschlag.- Veröffentlicht in: E. Heeg, Die Levys …, Band 2, S. 25
[268] Sammlung Heeg, ebenda und StaF, Handschriftliche Nachberechnungen zu diesen Schäden der „Judenaktion"
[269] Sammlung Heeg, Bestand Kohlbecher/Muckes, hier: Schreiben des BM an den Entnazifizierungshauptausschuß des Landkreises Köln im Rathaus Frechen, 15.4.47 – 8.5.47 Nr. 116e
[270] Sammlung Heeg, ZZA NS-64, ZZA NS 22 und Tätigkeitsbericht der Polizei Frechen v. 10.11.38
[271] S. E. Heeg, Die Levys …, Band 2, S. 83 und hier: Bericht Josef Levy / Folge XI
[272] Sammlung Heeg, ZZA Anna Cremer-2
[273] ebenda
[274] ebenda
[275] Siehe Band 2, S.122!
[276] Sammlung Heeg, ZZA Margot Schuhmacher
[277] Sammlung Heeg, ZZA Anna Cremer-2
[278] ebenda.- Gemeint ist Msgr. Theo Lövenich, der zusammen mit dem bekannteren Pfarrer Stock in den Gestapo-Gefängnissen in Paris Seelsorger war
[279] Sammlung Heeg, ZZA NS-2
[280] Sammlung Heeg, ZZA NS-5
[281] Sammlung Heeg, ZZA NS-4
[282] Sammlung Heeg, ZZA NS-3
[283] ebenda
[284] StaF, Meldung des HPW Josef R. v. 10.11.1938 und v. 11.11.38
[285] S. Bd.2 S. 25 und Sammlung Heeg, „Übersicht über die infolge der am 11.11.1938 stattgefundenen Judenaktion entstandenen Schäden (Schätzung)" – Originaldurchschlag
[286] Wißkirchen, Die Reichspogromnacht an Rhein und Erft, S. 64; DNB= Deutsches Nachrichten Büro
[287] Kraushaar a.a.O.
[288] StaF, Fernspruch des Reg.präs. vom 10.11.38 „Aufruf Dr. Göbbels.", angen. am 11.11.38 16.10 Uhr
[289] Egon Heeg, Der Frechener Judenfriedhof – Denkmal und Mahnmal zugleich, in: Hrsgr. Stadt Frechen, Lebendiges Frechen, Frechen, Dez. 1988, S. 8-14
[290] Polizei-Tageb. 10.11.38 Kopiensammlung Heeg
[291] ebenda
[292] Sammlung Heeg. Brief Josef Levy v. 26.12.1989 Abschn. Nr. 4
[293] Sammlung Heeg. Brief Josef Levy v. 26.12.1989 Abschn. Nr 5
[294] Dazu: Daners/Wißkirchen, Was in Brauweiler geschah, S. 75 und Wißkirchen, Die Reichspogromnacht an Rhein und Erft, S.
[295] s. Egon Heeg, Die Levys…Band 2
[296] Sammlung Heeg, verschiedene Zeitzeugenaussagen: ZZA NS-12, -25, 31 u.a.
[297] StaF, Schreiben des Norbert Levy v. 14.11.38 an den Bürgermeister Dr. Küper
[298] RGBl.I, .1642
[299] StaF, Brief Nr. 3966/38, Bürgermeister Küper an Landrat
[300] ebenda
[301] ebenda
[302] StaF, Mitteilung des Josef Baruch v. 17.08.1938 an den Bürgermeister der Gemeinde Frechen
[303] StaF, 880, fol. 217
[304] StaF, 880, fol. 218v
[305] Angaben u.a.:v. Kreisverwaltung Landkreis Köln, Apernstr. 21 Akte 601
[306] ebenda sowie Unterlagen des derzeitigen Eigentümers
[307] ebenda

[308] Corbach, a.a.O., S.564
[309] Angaben der Kreisverwaltung des Landkreises Köln, Apernstr. 21, Akte 601 sowie Unterlagen des derzeitigen Eigentümers
[310] StaF, Mitteilung des Josef Baruch v. 17.08.1938 an den Bürgermeister der Gemeinde Frechen
[311] Siehe Kapitel Baruchbriefe!
[312] S. auch Bd.2, S. 115ff!
[313] Greven's Adressbuch Bd. 2, 1938
[314] Sammlung Heeg, ZZA NS-48 und ZZA R. Sester 2. Siehe auch Die Levys Bd. 2, S. 79!
[315] Sammlung Heeg, Bestand Baruch-Briefe 1939-41 (Kopien)
[316] Sammlung Heeg, Bestand Baruch-Briefe 1939-41 (Kopien), Blatt B1
[317] Wißkirchen, Juden 2, S.163/164
[318] Sammlung Heeg, Baruch-Briefe, B 64
[319] Sammlung Heeg, Baruch-Briefe, B33
[320] Sammlung Heeg, Baruch-Briefe 1939-41, B11
[321] Louise Berg, s. Die Levys..,Bd.2, S. 88
[322] Sammlung Heeg, Baruch-Briefe, B16
[323] Sammlung Heeg, Baruch-Briefe, B19
[324] Sammlung Heeg, Baruch-Briefe, B19
[325] Sammlung Heeg, ZZA NS-59
[326] Sammlung Heeg, Baruch-Briefe, B12
[327] StaF, Schreiben des Bernhard Cohnen an das Bürgermeisteramt Frechen vom 12.12.1938
[328] Sammlung Heeg, Baruch-Briefe, C20
[329] Sammlung Heeg, Baruch-Briefe, B31
[330] Sammlung Heeg, Baruch-Briefe, B22
[331] Sammlung Heeg, Baruch-Briefe, A25
[332] Sammlung Heeg, Baruch-Briefe, B40
[333] Sammlung Heeg, Baruch-Briefe, C2
[334] StaF, Brief Nr. 3966/38, Bürgermeister Dr. Küper an Landrat
[335] Sammlung Heeg, Baruch-Briefe, B35
[336] Siehe Bd. 2, S.26 und 29!
[337] Sammlung Heeg, ZZA NS-42
[338] Sammlung Heeg, Baruch-Briefe, A19
[339] Sammlung Heeg, Baruch-Briefe, B34
[340] Sammlung Heeg, Baruch-Briefe, B34
[341] Sammlung Heeg, Baruch-Briefe, B34
[342] Sammlung Heeg, Baruch-Briefe, B70
[343] Sammlung Heeg, Baruch-Briefe, B70
[344] StaF Brief Norbert Levys an dem Bürgermeister v. 13.10.1939
[345] Sammlung Heeg, Baruch-Briefe, B49; s. Die Levys Bd.2, S. 99 u. 111
[346] Sammlung Heeg, Baruch-Briefe, B10
[347] Sammlung Heeg, Baruch-Briefe August, B52
[348] Sammlung Heeg, Baruch-Briefe, B34
[349] StaF Brief Norbert Levys an dem Bürgermeister v. 13.10.1939
[350] ebenda
[351] ebenda
[352] Sammlung Heeg, Baruch-Briefe, B25
[353] Sammlung Heeg, Baruch-Briefe, B23
[354] Sammlung Heeg, Baruch-Briefe, B52
[355] Sammlung Heeg, Baruch-Briefe, B28
[356] Sammlung Heeg, Baruch-Briefe, C 20
[357] Sammlung Heeg, Baruch-Briefe, B35
[358] Sammlung Heeg, Baruch-Briefe, B17
[359] s. E. Heeg, „Die Levys…", Bd.2, S.118!
[360] Sammlung Heeg, Baruch-Briefe, C21
[361] Sammlung Heeg, Baruch-Briefe 16.6.39-A7
[362] Sammlung Heeg, Baruch-Briefe, B23
[363] Sammlung Heeg, Baruch-Briefe, A24
[364] Sammlung Heeg, Baruch-Briefe, A10
[365] Sammlung Heeg, Baruch-Briefe, A7
[366] Sammlung Heeg, Baruch-Briefe, B64 III
[367] Sammlung Heeg, Baruch-Briefe C17 und ZZA NS-33 sowie ZZA NS-55. Willi M., der heute (2009) wieder im Erftkreis lebt, bestätigte mir diese Zusammenhänge. 1941 war seine Mutter in 3. Ehe mit dem erwähnten Adolf B. verheiratet
[368] Sammlung Heeg, Baruch-Briefe, B14
[369] Sammlung Heeg, Baruch-Briefe, D72.- „**Nr. 2**" ist wohl ein Flüchtigkeitsfehler. Die Familie Siemes wohnte Norkstraße 72
[370] Sammlung Heeg, Baruch-Briefe, B53

[371] Sammlung Heeg, Baruch-Briefe, B7
[372] Sammlung Heeg, Baruch-Briefe, B23
[373] Sammlung Heeg, Baruch-Briefe, B78; s. auch Die Levys Bd. 2,S. 119
[374] Sammlung Heeg, Baruch-Briefe, C15
[375] Polizeiverordnung über die Kennzeichnung der Juden vom 01.09.1941 (RGBl I, S.547)
[376] Sammlung Heeg, Baruch-Briefe, B56
[377] Sammlung Heeg, Baruch-Briefe, B57
[378] Sammlung Heeg, Baruch-Briefe B57
[379] Sammlung Heeg, Baruch-Briefe, A24
[380] Mitteil. Stadtarchiv Köln 77. Heft, S. 534: Anordnung über die „Zusammenlegung der Juden" (GestapoKöln) v. 12. Mai 1941.) Die Juden dürfen ab dem 1. Juni nur noch in „jüdischen Häusern" untergebracht werden.
[381] Sammlung Heeg, Baruch-Briefe, C13; jedoch scheinen die Lebensdaten bei Corbach (siehe Literatur), S.355 nicht korrekt; zumindest der Vater wohl 1904 oder 1894 geb. und nicht 1854!
[382] Sammlung Heeg, Baruch-Briefe, B56
[383] Sammlung Heeg, Baruch-Briefe, C15
[384] Sammlung Heeg, Baruch-Briefe, C12
[385] Sammlung Heeg, Baruch-Briefe, B56
[386] Sammlung Heeg, Baruch-Briefe, B54
[387] Sammlung Heeg, Baruch-Briefe, B55
[388] Sammlung Heeg, Baruch-Briefe, B55
[389] Sammlung Heeg, Baruch-Briefe, B55
[390] Sammlung Heeg, Baruch-Briefe, B57
[391] Sammlung Heeg, Baruch-Briefe, B13
[392] Sammlung Heeg, Baruch-Briefe, B13
[393] Sammlung Heeg, Baruch-Briefe, C11
[394] Sammlung Heeg, Baruch-Briefe, C16
[395] Sammlung Heeg, Baruch-Briefe, C16
[396] Sammlung Heeg, Baruch-Briefe, C16
[397] Mitteil. Stadtarchiv Köln 77. Heft, S. 534
[398] Sammlung Heeg, Baruch-Briefe, C9
[399] Sammlung Heeg, Baruch-Briefe, C9
[400] Sammlung Heeg, Baruch-Briefe, C9
[401] Sammlung Heeg, Baruch-Briefe, C9
[402] Sammlung Heeg, Baruch-Briefe, C10
[403] Sammlung Heeg, Baruch-Briefe, B72 u. B73
[404] Sammlung Heeg, Baruch-Briefe, B73
[405] Siehe Band 2!
[406] Dieter Corbach, 6.00 Uhr ab Messe Köln-Deutz, Deportationen 1938-1945, S. 32 ff
[407] Mitteil. aus dem Stadtarchiv Köln 77. Heft S 535
[408] Sammlung Heeg, Baruch-Briefe, C7
[409] Sammlung Heeg, Baruch-Briefe, C7
[410] = die Frechenerin Babette Kaufmann / s. Bd.2
[411] Sammlung Heeg, Baruch-Briefe, B74 Postkarte hinten
[412] Sammlung Heeg, Baruch-Briefe, B74 Postkarte hinten
[413] Sammlung Heeg, Baruch-Briefe, B75
[414] Sammlung Heeg, Baruch-Briefe, A3
[415] Sammlung Heeg, Baruch-Briefe, C6
[416] Sammlung Heeg, Baruch-Briefe, C7
[417] Sammlung Heeg, Baruch-Briefe, C7
[418] Siehe „Die Levys, Band 2 Gedenkbuch" sowie nachfolgende Kapitel in diesem Band!
[419] Sammlung Heeg, Baruch-Briefe, A16 Postkarte hinten 19.11.41/ A15
[420] Sammlung Heeg, Baruch-Briefe, B 60; siehe auch Zitat d. Briefs an Familie Jansen am Kapitelende!
[421] s. Bd. 2!
[422] Sammlung Heeg, Baruch-Briefe, A16
[423] Sammlung Heeg, Baruch-Briefe, A4
[424] Sammlung Heeg, Baruch-Briefe, B60 u. B61
[425] s. Bd. 2!
[426] Dieter Corbach, S. 268 und Titelmontage
[427] Egon Heeg, „Neu-Frechen" in Russland – eine kurzlebige Eroberungskolonie; in: Pulheimer Jahrbuch Band 32, 2007, 274- 289
[428] Saul Friedländer, Die Jahre der Vernichtung, 2. Band, Beck, München, 2006, Seite 289
[429] Bericht Nr. 155 der Einsatzgruppe A 1942
[430] Dazu auch: Bernd Schmalhausen, Dr. Rolf Bischofswerder: Leben eines jüdischen Arztes aus Dortmund, Bottrop, Essen, Pomp 1998, S. 60: „Am 22. Dezember 1941 mußten mehrere Hundert männlicher Bewohner des Ghettos antreten zum Abtransport in das 18 Kilometer von Riga entfernt liegende Lager ‚Salaspils'. Die für Salaspils Ausgewählten waren zwischen 15 und 55 Jahren alt."

[431] Hilde Sherman Zwischen Tag und Dunkel, Ullstein, 1993 S. 58
[432] Hilde Sherman Zwischen Tag und Dunkel, Ullstein, 1993, S. 58
[433] H. u. C. Bormann, Heimat an der Erft, Die Landjuden…, Erfstadt 1992, S. 15
[434] Bericht Baerman in: Eugen Kogon, Der SS-Staat, Das System der deutschen Konzentrationslager, 4. Auflage, Frankfurt, 1958, S.223f
[435] Gerda Gottschalk, Der letzte Weg, Konstanz, 1991, S. 26
[436] Ebenda S. 34f
[437] Hilde Sherman, Zwischen Tag und Dunkel, Ullstein, 1993, S.40
[438] J. Wolf, Mit Bibel und Bebel, Verlag Neue Gesellschaft, Bonn, 1981, S. 24
[439] Wolff S. 42 u. 47
[440] Hilde Sherman, a.a.O., .S. 86/87
[441] Sammlung Heeg, ZZA Helma Schneider Gespräch 3/2002
[442] Grevens Adressbuch der Hansestadt Köln 1939 Bd. 1 und Bd.2
[443] Sammlung Heeg, Joseph Levy, Gespr. Nr.51 24.4 2002. und 69 , 27.2.2003
[444] H.-Dieter Arntz, Judaica,Kümpel, Euskirchen, 1983, S. 367
[445] Sammlung Heeg, ZZA NS-19 und ZZA Josef Levy 4/2002
[446] StaF, 909/481
[447] StaF, 909/482
[448] Siehe Bericht dazu in Band 2, S. 122!
[449] S. Band 2, S. 85!
[450] Sammlung Heeg, ZZA NS-Anna Cremer und ZZA NS- Heinrich Cremer
[451] StaF, Schreiben des Kreishauptstellenleiters Blask der NSDAP v. 24.8.1943 an die Ortsgruppenleiter und Bürgermeister
[452] ebenda
[453] StaF, Protokoll des Fernspruchs vom 10.9.1944 d. Meister d. Schp. Joh. K.
[454] StaF, Aktennotiz v. 10.9.1944 von Polizeimeister Gustav K.
[455] *StaF, Fernspruch der Staatspolizei Köln v. 12.9.1944*
[456] Sammlung Heeg, ZZA NS-Anna Cremer
[457] StaF, Schreiben der Gestapo Köln v.17.9.1944 an den Bürgermeister
[458] Sammlung Heeg, ZZA NS-37
[459] StaF, Attest des Dr. Pingen vom 28.9.1944
[460] Peter Fuchs, Chronik zur Geschichte der Stadt Köln, Greven-Verlag; 1991; Seite 248
[461] StaF, Schreiben der Gestapo Köln, Dr. Hoffmann, v. 30.10.1944 an den Landrat in Köln
[462] Peter Fuchs, a.a.O.; Seite 249
[463] Sammlung Heeg, ZZA NS-Anna Cremer
[464] Sammlung Heeg, ZZA NS-Anna Cremer
[465] Sammlung Heeg, ZZA NS- Joh.H. 1
[466] Sammlung Heeg, ZZA NS-Anna Cremer 2 u. 3 u. ZZA NS-Karola Radermacher
[467] Siehe Band 2, S. 122!
[468] Sammlung Heeg, ZZA NS-Karola Radermacher und ZZA NS-Anna Cremer 3
[469] Hilde Sherman Zwischen Tag und Dunkel, Ullstein, 1993S. 141. Dazu auch: S.129
[470] Siehe dazu auch : KSTA NR. 42 SA/SO 18.19.2.1995 „VOR 50 JAHREN"
[471] Goldmann Lexikon, Taschenausgabe Band 3, 1998, S. 1091
[472] In Deutschland gibt es seit 1870 derartige Odd-Fellow-Logen. Die ersten „Odd-Fellow-Logen" entstanden im frühen 18. Jahrhundert als eine Art Notgemeinschaft von Handwerkern. Thomas Wildey gründete 1819 die erste Odd-Fellow-Loge in den USA. Er wandelte diese Loge jedoch in einen sozialen Orden, der als oberstes Prinzip die Brüderlichkeit aller Menschen lehrt..
[473] Die Schicksale aller jüdischen Frechener, die nachfolgend von Joseph Levy geschildert werden, sind umfassend und detailliert im bereits erschienenen Gedenkband (E. Heeg, Die Levys …, Band 2) aufgrund umfasserer Quellenrecherchen geschildert. Dort sind auch diese Erkenntnisse von Joseph Levy eingearbeitet.
[474] Frau Herta Pappas, mit der ich ebenfalls korrespondierte, ist inzwischen verstorben.
[475] Manfred Cohnen, mit dem ich korrespondierte, verstarb kurz vor Drucklegung dieses Bandes im Dezember 2008
[476] Siehe Egon Heeg, „Die Levys…", Bd. 2, S. 28-35 u. 41ff!
[477] ebenda
[478] Sammlung Heeg, Bestand Niemann
[479] Sammlung Heeg, Bestand VVN-Unterlagen, Kopie ‚Abschrift' des Vernehmungsprotokolls R.Stumpf v. 15.8.1947 beim Spruchgericht Hiddesen
[480] Eine detaillierte Auflistung seiner Vita einschließlich der Entnazifizierung in: Kleefisch, a.a.O., S.165f.
[481] Sammlung Heeg, ZZA NS-4/1970
[482] Sammlung Heeg, „Das Frechener Blitzlicht." 1947/48